西南财经大学金融学院金融市场研究系列报告

中国理财市场发展报告（2012～2013）

西南财经大学信托与理财研究所
普　益　财　富
编著

中国财政经济出版社

图书在版编目（CIP）数据

中国理财市场发展报告.2012～2013/西南财经大学信托与理财研究所，普益财富编著.—北京：中国财政经济出版社，2013.4

（西南财经大学金融学院金融市场研究系列报告）

ISBN 978-7-5095-4398-6

Ⅰ.①中…　Ⅱ.①西…②普…　Ⅲ.①金融市场-经济发展-研究报告-中国-2012～2013　Ⅳ.①F832.5

中国版本图书馆CIP数据核字（2013）第064269号

责任编辑：翁晓红　郁东敏　　　责任校对：徐艳丽

封面设计：邹海东

中国财政经济出版社 出版

URL：http：//www.cfeph.cn

E-mail：cfeph@cfeph.cn

社址：北京市海淀区阜成路甲28号　邮政编码：100142

营销中心电话：88190406　北京财经书店电话：64033436　84041336

北京中兴印刷有限公司印刷　各地新华书店经销

889×1194毫米　16开　15.5印张　431 000字

2013年4月第1版　2013年4月北京第1次印刷

定价：48.00元

ISBN 978-7-5095-4398-6/F·3563

（图书出现印装问题，本社负责调换）

质量投诉电话：010-88190744

反盗版举报热线：010-88190492、010-88190446

西南财经大学信托与理财研究所简介

西南财经大学信托与理财研究所（以下简称“研究所”）是专业信托与理财研究机构。研究所成立于2006年6月，依托西南财经大学金融学科的核心研究力量，目前已经发展成为中国信托与理财市场上专职研究人员多、研究成果丰硕、社会影响力较强的专业研究机构。

研究所的专/兼职研究人员大多具有银行、信托、证券等行业的从业经验和高级管理经历，具有深厚的经济理论底蕴和丰富的金融实践经验。研究所在与金融理财机构进行“产学研”交流过程中，吸收了大批实业界专家，搭建了业内专家库，包括监管机构、行业协会、金融理财机构等实业界人士，重点针对金融理财业务的产品设计、操作流程、运营机制、组织架构、风险控制、法律法规等实务性研究领域进行研讨。研究所以信托理财产品与市场、信托法律基础理论、理财机构战略管理与发展为重点研究领域，希望为金融机构的信托理财业务提供战略规划设计和产品开发设计方面的实质性支持，提升金融机构理财业务的综合竞争能力。研究所自成立以来，陆续推出了信托理财市场年度报告、行业和产品排行体系及报告、相关理财标的市场监测报告等等多项研究成果。此外，研究所还与行业协会、金融机构和高校合作展开了广泛的业务培训、市场调研和专题研究，为信托理财观念的推广普及和信托理财市场的规范发展贡献了力量。

西南财经大学信托与理财研究所网址：http：//www. lccp. cn。

普益财富简介

“普益财富”诞生于2006年，现主要股东为2010年“福布斯中国潜力企业榜”第14位的泛华保险服务集团。2007年，普益财富与西南财经大学信托与理财研究所达成战略合作协议。在该协议框架下，普益财富基于金融理财数据库研究的基础，致力于理财行业的研究，为我国第三方金融理财服务市场的发展提供服务平台。

“普益财富”作为国内领先的金融理财市场服务平台，依托于西南财经大学信托与理财研究所的专业研究，以金融理财市场上全方位数据的搜集、整合与分析解读为基础，通过金融理财市场数据服务、理财产品设计研发和个人高端理财服务的全面整合，打造集合数据、品牌、产品研究与定制、交易支持服务为一体的综合服务平台，满足金融理财市场用户多边需求，推动中国金融理财行业的整体发展。

普益财富网址：http：//www. pywm. com. cn。

全国统一服务电话：400－8878－566。

中国网　网上中国

中国网是国务院新闻办领导，中国外文出版发行事业局（中国国际出版集团）管理的国家重点新闻网站。中国网始建于1997年，是用简体中文、繁体中文、英文、法文、德文、日文、西班牙文、阿拉伯文、俄文、韩文和世界语10个语种11个文版对外发布信息的“超级网络平台”，其读者分布在世界200多个国家和地区。中国网具有国务院新闻办等70多个国家部委、直属机构、办事机构的新闻发布会直播授权和日常信息的发布授权，力求通过精心整合的即时新闻、翔实的背景资料和网上独家的深度报道，向世界及时全面地介绍中国，并竭诚为中国和世界各国的访问者提供迅捷、权威的信息服务。

中国网财经作为中国网旗下最重要的部门之一，拥有中央权威新闻采编渠道、即时全方位理财数据资源，以独立的价值判断、独到的报道角度、独特的中央外宣平台报道优势，覆盖财经、金融、理财、商业、消费等领域，致力于向个人和企业提供及时、准确、全面、专业的财经金融新闻资讯、行情报价及服务。目前中国网财经下辖宏观、产经、消费、理财、汽车、科技等多个子频道，实现了对商业报道领域的全面覆盖。截至2013年3月，中国网财经在财经细分领域的艾瑞排名为第四名，仅次于新浪财经、和讯及腾讯财经。

中国网网址：http：//www. china. com. cn；

中国网财经网址：http：//finance. china. com. cn。

编　委　会

前 言

银行理财产品是我国金融体系结构变迁背景下商业银行经营转型和战略调整的产物，其业务模式和市场形态所具有的综合性和跨领域特征，在我国当前分业经营、分业监管的金融体系中具有非常鲜明的创新意义。银行理财产品2006年开始爆发性增长，年度发行规模和年末管理资产余额年复合增长幅度分别达85.61%和47.53%，2012年发行规模达30.36万亿元，2012年底余额为7.10万亿元。由于理财产品的发展既迎合了银行业务转型和经营战略调整的基本要求，又符合我国利率市场化改革推进进程的总体方向和节奏；既创新了融资机制，增加了金融支持实体经济发展的方式，又扩展了投资渠道，满足了居民多方面增加财产性收入的愿望，因此其未来理应还有更大的发展空间。

然而，自诞生之日起，银行理财市场发展中遇到的问题和背负的争议就从来没有间断过：从2007年起QDII理财产品净值的大幅缩水，到2008年初结构性理财产品的零负收益事件；从2009年银信合作理财产品的超常规扩张，到2010年后银信理财业务合作的不正常收缩；从2011年对理财产品作为"影子银行"主力影响货币供应量、社会融资规模的关注，到2012年对理财产品是否以"资产池"运作之名行"庞氏骗局"之实的争论。我们在回顾近年银行理财市场的发展进程时发现，公众、行业和决策监管层对理财产品的关注已从最初的个别业务流程环节、个别产品、个别机构、个别行业层面，逐渐提升到理财市场总体发展态势和运行效应层面，尤其是决策监管层在近年从微观审慎向宏观审慎监管转化的理念下，越来越关注理财市场的系统性风险因素及其对整个金融体系的影响。因此在理论研究层面上，针对理财市场运行中的系统性风险机理和监测方法的研究就显得尤为迫切和重要。

除银行理财外，其他各类型机构所开展的财富管理业务在2012年均表现出如火如荼之势。全年度集合信托募集资金近万亿元，年底余额为1.88万亿元，"资金池"、基建信托受市场热捧，房地产信托兑付情况远比市场预期平稳，然而"刚性兑付"问题仍值得业界深思。基金、证券公司、保险等机构的资产管理业务均得到政策上的大幅度松绑，它们的投资标的范围显著拓宽，尤其是非交易所转让的股权及债权的融资性项目被纳入可投资范围后，这些机构从此将涉足信托公司的核心业务。同时，各类资产管理机构在产品层面基本实现了可相互投资的格局，因此机构间的创新合作如雨后春笋般建立起来，由过去的银信合作逐步拓展到银证合作、银基合作、银保合作、证信合作等等，给产品设计、投资运作、风险控制等环节带来了前所未有的创新突破点。

相信我国理财市场在金融机构、投资者、监管层的共同努力下，仍将维持近年来快速发展态势，产品发行规模及存量余额、投资者群体、创新特色的增多将成就一场更加宏伟的理财“盛宴”。

在本年度报告出版前，西南财经大学信托与理财研究所、普益财富基于完善的金融理财数据库和系统的专业研究团队，已连续推出4个年度的《中国理财市场发展报告》，且在内容的深度和广度方面不断进步，从而寄希望全面把握住各类理财品种的行业监管动向、市场发展脉络、机构运作机制以及产品创新特质。本年度报告从多方位的视角总结和梳理2012年的中国理财市场，对每个理财领域进行了深入的政策解析、热点评论及问题探讨，同时客观地预测了未来发展趋势。

本年度报告与以往相比不同之处在于：银行理财部分，随着银行理财产品发行量的快速增加，一些问题也逐渐显现，因此，本报告以市场热点的形式回顾了2012年度银行理财市场出现的新变化和新问题，并对出现的问题如何解决进行了展望；集合信托部分，本报告加强了对集合信托的行业标志性意义事件的分析，特别是将标志性意义事件串联起来，形成事实链条，通过归纳总结，找出其中的共性；基金、证券公司集合理财、保险部分，由于一系列资产管理新政的出台与实施，极大地促进了基金、证券公司、保险的业务创新，因此，本报告加大了对法律法规的解读以及各类创新产品特点的分析。值得一提的是，本报告增加了专家文章部分，该部分内容均是由各大金融机构在理财业界具备多年实战经验的专家所表达的观点。

西南财经大学信托与理财研究所、普益财富将一如既往地立足于理财领域，为我国金融理财业务和市场的发展提供公正、独立的参考依据和决策佐证。

编　者

2013年4月

目　录

第一篇　宏观经济解读

第一章　宏观经济 ……………………………………………………………………（ 2 ）
　第一节　2012 年全球经济回顾与展望 ……………………………………………（ 2 ）
　第二节　2012 年中国经济回顾与展望 ……………………………………………（ 10 ）

第二篇　专家观点荟萃

第二章　专家文章 ……………………………………………………………………（ 22 ）
　理财业务应高举资产管理的大旗
　——南京银行金融市场部总经理　戴娟 ……………………………………………（ 22 ）
　利率市场化条件下的银行理财业务发展问题
　——中国农业银行个人金融部副总经理　李国峰 ………………………………（ 26 ）
　银行理财业务应回归中间业务的本质
　——中国农业银行个人金融部副总经理　李国峰 ………………………………（ 28 ）
　浅议商业银行理财业务组织架构及风险体系建设
　——中信银行理财业务管理部总经理　李洁怡 ……………………………………（ 31 ）
　2013：渐入佳境——从 VVIP 投资策略到 B. R. I. D. G. E. 架构
　——渣打银行（中国）财富管理部总经理　梁大伟 ………………………………（ 33 ）
　国内商业银行理财业务创新及其未来发展趋势
　——招商银行总行金融市场部总经理　刘小腊 ……………………………………（ 34 ）
　发展农合机构理财业务　增强农村金融服务能力
　——广东省农村信用社联合社理事长　罗继东 ……………………………………（ 39 ）
　2013 年主要市场投资机会分析与展望
　——中国银行个人金融部总经理　梅非奇 …………………………………………（ 43 ）
　金融改革创新下的银行理财业务发展模式
　——中国农业银行金融市场部副总经理　彭向东 …………………………………（ 45 ）
　私人银行的服务模式
　——上海浦东发展银行私人银行部总经理　任军 …………………………………（ 54 ）
　美国资产管理业务发展特点及对国内商业银行理财业务的启示
　——上海浦东发展银行资金总部总经理　谢伟 ……………………………………（ 55 ）

撬动财富　缔造共赢
——华夏银行个人金融部总经理　许明 …… (60)
城市商业银行理财业务的发展
——泰安市商业银行监事长　张海涛 …… (62)
银行理财产品的未来
——中国光大银行个人金融部总经理　张旭阳 …… (65)
银行理财业务迎来新机遇
——嘉兴银行副行长　章张海 …… (71)
加强理财产品风险管控　促进理财业务稳健发展
——北京银行副行长　赵瑞安 …… (74)

第三篇　理财市场研究

第三章　银行理财市场 …… (78)
第一节　2012 年银行理财产品发行情况 …… (78)
第二节　2012 年银行理财产品运行情况 …… (87)
第三节　2012 年银行理财产品到期情况 …… (92)
第四节　2012 年银行理财市场热点回顾 …… (103)
第五节　2013 年银行理财市场展望 …… (120)

第四章　集合信托市场 …… (123)
第一节　市场概览 …… (123)
第二节　政策法规解析 …… (128)
第三节　集合信托市场热点 …… (134)
第四节　集合信托市场问题 …… (144)
第五节　2012 年集合信托展望 …… (151)

第五章　阳光私募市场 …… (153)
第一节　政策法规解析 …… (153)
第二节　市场热点分析 …… (155)
第三节　2012 年阳光私募市场情况回顾 …… (161)
第四节　行业问题分析 …… (170)
第五节　行业展望 …… (171)

第六章　基金市场 …… (172)
第一节　2012 年基金市场概览 …… (172)
第二节　2012 年基金市场热点分析 …… (181)
第三节　2013 年基金行业问题 …… (193)
第四节　2013 年基金市场展望 …… (195)

第七章　证券公司集合理财市场 …… (197)
第一节　证券公司集合理财市场概况 …… (197)

第二节　2012 年证券公司集合理财相关政策法规解读 …………（204）
第三节　2012 年创新型证券公司集合理财产品评述 …………（207）
第四节　证券公司集合理财业务存在的不足 …………（211）
第五节　2013 年证券公司集合理财市场展望 …………（212）

第八章　保险市场 …………（215）
第一节　市场概况 …………（215）
第二节　市场热点 …………（219）
第三节　未来展望 …………（231）

后　记 …………（233）

第一篇 宏观经济解读

第一章 宏　观　经　济

第一节　2012 年全球经济回顾与展望

回顾全球经济，整体来说，2012 年全球经济增长低于长期平均水平，但波动幅度是几十年来最小的。2012 年世界经济增速明显放缓，国际货币基金组织更是将全球经济增长预期从 4.5% 下调至 3.3%。从全球范围来看，美国经济呈现不稳定的温和复苏；欧债危机短期内无法得到明显改善；中国、印度和巴西等新兴市场国家经济增速放缓；拉美和加勒比地区经济好转，但仍面临诸多不确定因素。基于目前的宏观预测，预计 2013 年全球 GDP 增长 3.6%。

2013 年，全球经济仍处于危机后的调整期，国际环境充满复杂性和不确定性；国内原有竞争优势、增长动力逐渐削弱，新优势尚未形成，市场信心和预期不稳，经济运行处在寻求新平衡的过程中（见图 1－1）。

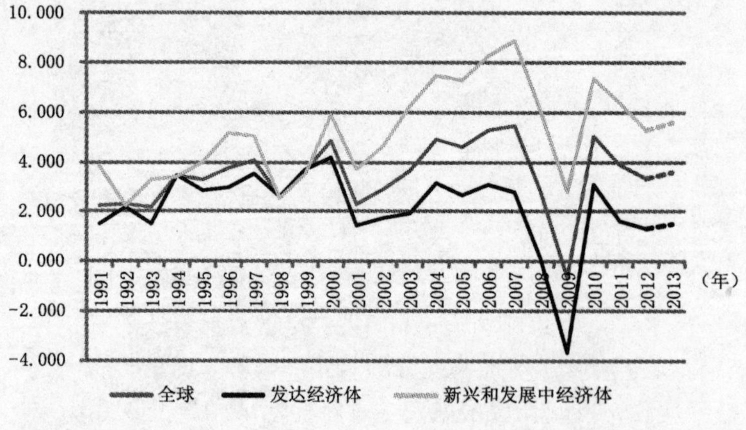

图 1－1　1991～2013 年全球、发达经济体、新兴和发展中经济体 GDP 环比增长率（%）

注：2013 年数据为预测值。

资料来源：普益财富。

2012 年，全球经济遭受了一连串的冲击：中国、巴西、印度等国的经济增长放缓；希腊处于能否继续留在欧元区的艰难处境；中东部分石油生产国社会动荡升级；美国遭遇“财政悬崖”等等。全球经济持续放缓促使越来越多的国家进一步放松货币政策，再加上各国经济复苏的不稳定性和不确定性进一步增加，导致大宗商品、外汇和股票等市场的波动性维持在较高水平。

一、美国经济仍然面临风险，整体不稳定温和复苏

整体来看，美国经济在2012年复苏缓慢，国际货币基金组织（IMF）预计美国2012年全年GDP增长为2.2%，高于发达经济体平均水平。在全球经济环境低迷大背景下，美国经济依然表现出相当的韧性，2012年整体呈现“V”型走势，第一季度GDP增长率为2.0%，第二季度增长率为1.5%，第三季度增长率为2%，尽管出现反弹，但是与上年第四季度4.1%的增速相比明显放缓（见图1－2）。

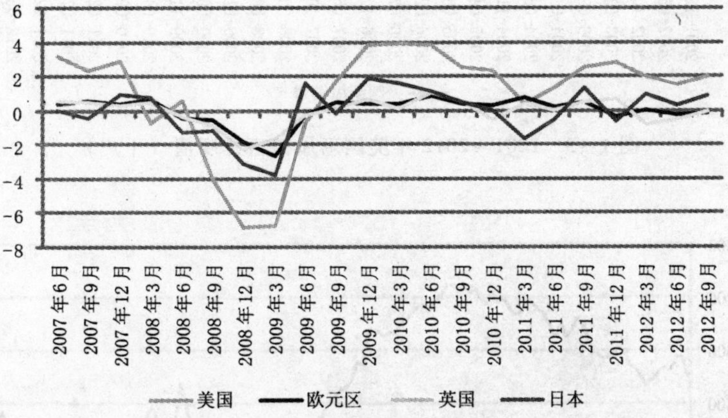

图1－2 2007～2012年美国、欧元区、英国和日本GDP季度环比增长率（%）

资料来源：普益财富。

2012年房地产市场复苏成为美国经济增长的亮点。首先，新屋销售量连续实现增长，且增长幅度超过预期，经季调后2012年新建住房销售量震荡上升，而新屋平均售价仅在6月出现大幅度下跌，全年价格总体稳中有升，尤其是在美联储实施第三轮“量化宽松”政策（QE3）之后，价格上升幅度增加。成屋销售（折年数）上半年出现恶化，下半年逐渐好转，但全年总体成屋销售量在波动中增加。成屋库存方面，全年总体呈现下降之势，虽然年中震荡明显，但是相比上年，库存压力继续得到释放。全年成屋价格（尤其是上半年）呈现上升之势，成屋市场销售状况有所改善。此外，2012年前三季度美国住房市场出租空置率和出售空置率双双出现下降，住房自有率略微上升，全美房屋居住单元数量逐步上升。营建许可方面，已获得批准的新建私人住宅数目全年呈波动上升之势，新屋开工也是稳中有增。房价指标呈现出触底回升的迹象，房价指数在第二季度上涨4.8%，创下8年来最大季度增幅。

另外，在市场复苏带动之下，住宅建筑商信心指数持续攀升，房地产相关的建材业同样受益。房地产市场成为投资的一个方向。如美国黑石公司已经购买了数千套美国的房产，巴菲特也安排了38.5亿美元参与竞价美国次级债。这些从侧面反映出资金在流入美国的房地产市场。美国各经济领域对商业地产的需求稳固增强，持续低廉的融资成本将促使房地产投资信托基金（REITs）继续优化资本结构，参与项目开发和收购；物业租金和企业盈利能力仍有较强的提升空间，因此目前美国房地产市场进入持续缓慢上涨的通道。当然次贷危机遗留下来的诸多问题还未解决，美国房地产市场全面复苏还需时日（见图1－3～图1－6）。

就业市场方面，2012年美国失业率呈现下降趋势，上半年失业率维持不变，下半年出现一定好转，主要与季节性因素、新增就业人数、就业参与率和就业占总人口比例短暂上升有关，就业市场总体出现一定程度的回暖。2012年美国失业率从2011年平均8.95%逐渐下滑至8%附近，其中9月失业率仅为7.8%，创2009年1月以来最低值。2012年美国非农就业人数呈“V”型走势，上半年增幅逐渐减少，第三季度的QE3刺激政策在一定程度上改善了就业形势，9月份以来非农就业人数增幅

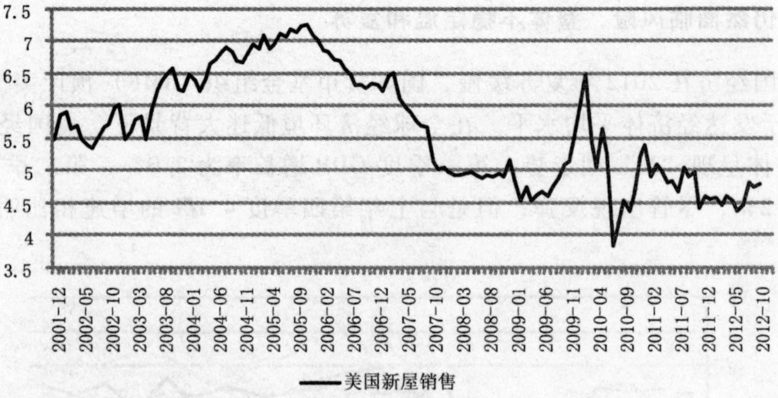

图1－3　2001～2012年美国新屋销售月度值（千户）

资料来源：普益财富。

图1－4　2001～2012年美国成屋销售月度值（万户）

资料来源：普益财富。

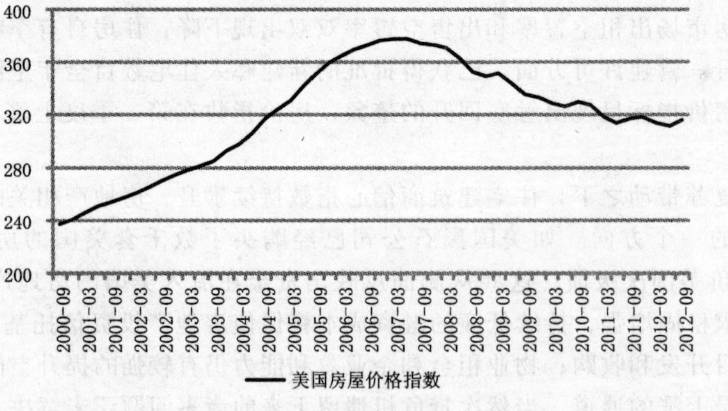

图1－5　2000～2012年美国房屋价格指数

资料来源：普益财富。

有所回暖，前10个月非农就业人数平均增加值为13.98万人。劳动者的失业时间越长，越难再次就业，从而造成恶性循环。同时一个很清晰的逻辑摆在大家面前：美国经济最重要的支撑是个人消费，就业市场的惨淡导致薪资出现收缩，这在很大程度上抑制消费者支出，从而减缓美国经济复苏的步伐。因此，就业市场的复苏仍然需要一段长期过程（见图1－7）。

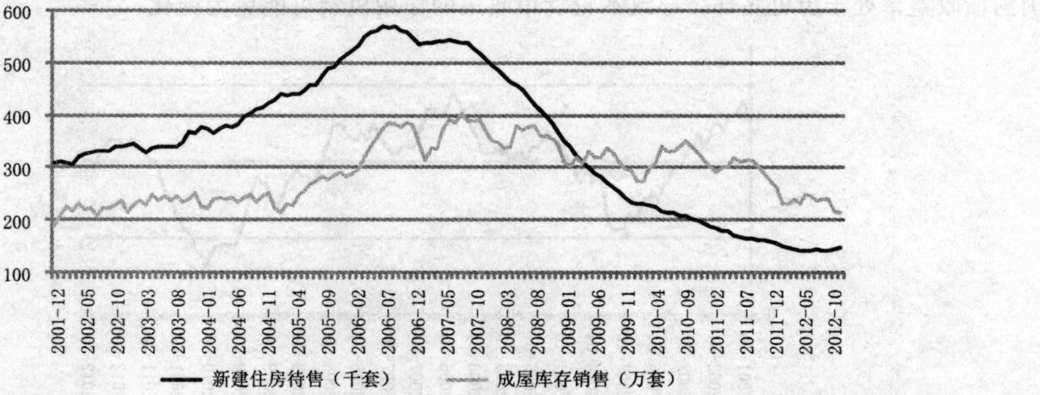

图 1－6　2001～2012 年美国新建住房待售和成屋库存销售量

资料来源：普益财富。

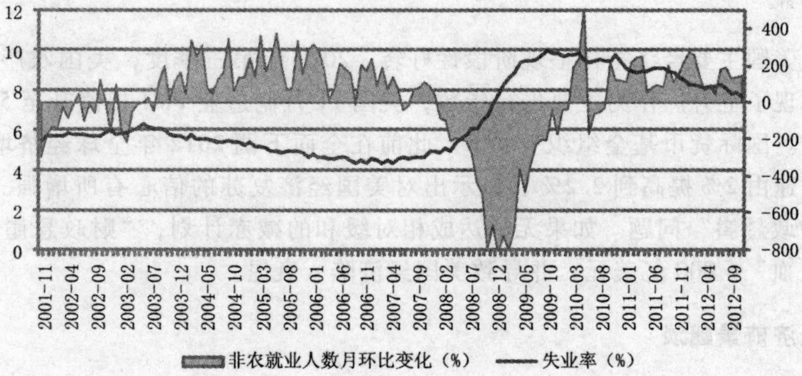

图 1－7　2001～2012 年美国非农就业人数月环比变化（千人）和失业率（%）

资料来源：普益财富。

量化宽松——通过印钞来提振经济——能够提振股票、大宗商品等资产的投资人气。这主要是因为量化宽松会给市场注入流动性，促使长期利率稳居低位，并且引发市场对中长期通货膨胀的担忧等，这些因素都将或多或少地为各种资产价格提供支撑。

2012 年 9 月美国联邦储备委员会（Federal Reserve Board，FED，简称“美联储”）正式推出第三轮“量化宽松”政策，虽然这一政策是在美国消费者核心支出物价指数（Price Indexes for Personal Consumption Expenditures Excluding Food and Energy，简称 PCE）在 2012 年前 3 季度持续下行的背景下推出的，但其对 PCE 的影响仍然明显，在 QE3 推出后该指数下行趋势立即停止，并且在年末呈现小幅上扬的态势（见图 1－8）。

新一轮量化宽松政策与 QE2 较为相似，但阻力较 QE2 推出时大。具体表现在四方面：第一，从推出的预期来看，美联储在 QE3 推出前已经将预期引导作用发挥得淋漓尽致。从 2011 年 8 月起的一年时间里，市场多次燃起对 QE3 的预期，几乎每一次都给市场价格带来一番波动。在正式推出 QE3 之前的一个月，美联储更是利用 FOMC 会议纪要、杰克逊霍尔央行年会以及非农就业数据的几个机会窗口，将市场对 QE3 的预期推到极致。因此，与 QE2 相似，在 QE3 推出前的两个月，大宗商品已经消化了市场对宽松政策的预期，大宗商品价格走势强劲。第二，从政策的力度来看，在 QE3 中每月购买 400 亿美元的机构抵押支持证券（MBS），叠加扭曲操作的影响，每月共买入 850 亿美元，规模力度较前两轮更小，边际效应将进一步递减。第三，从推出的目的来看，QE3 的推出除了解决在 QE2 中未能解决的失业率问题外，美国大选和“财政悬崖”的不确定性有可能影响 QE3 对经济的边际效应。第四，从作用的机制来看，QE2 推出时美国的 10 年期国债收益率处于相对高位，而当前美国国债收益率处于历史底部，导致本轮货币政策的作用机制可能更为钝化。

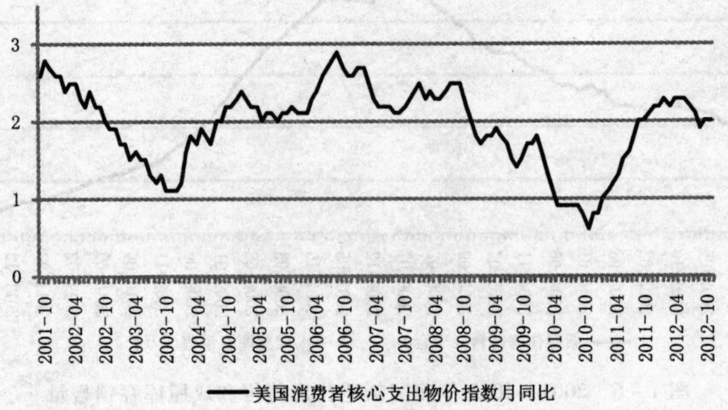

图1－8 2001～2012年美国消费者核心支出物价指数月同比（%）

资料来源：普益财富。

QE3推出后，美国主要经济指标呈现阶段性好转。2012年第三季度，美国农产品、石油类产品、消费品的出口都出现了上升。作为主要先行指数，美国11月制造业PMI初值升至52.4，为6月以来最高，且好于预期。国际货币基金组织（IMF）此前在全面下调2012年全球经济增长预测时，唯独对美国经济全年增速由2%提高到2.2%，显示出对美国经济复苏的信心有所增强。而目前，美国经济最大威胁是“财政悬崖”问题。如果无法达成相对缓和的减赤计划，“财政悬崖”可能在2013年初令美国经济“失血”6 000亿美元，并导致美国经济陷入衰退。

二、欧元区经济前景黯淡

2012年困扰欧元区最大的经济问题依然是主权债务危机，这一问题始于2009年12月8日，以三大评级机构下调希腊主权评级为标志的欧债危机，已延续三年。经过三年的痛苦摸索，欧元区基本明确了以财政紧缩和结构性改革为主、外部援助为辅的综合应对措施。随着援助希腊与援助西班牙银行业协议的达成、援助爱尔兰和葡萄牙项目的稳步推进以及欧洲央行公布直接货币交易计划（OMT），2012年下半年以来，欧洲股市实现大幅回升。其中，欧债危机“祸首”希腊，其股市在过去6个月内强劲反弹逾70%，成为半年内全球股市涨幅“状元”。然而，不可忽视欧债危机的长期性及对市场的负面影响，欧元区应对危机仍任重道远，未来不排除危机恶化的可能性，笼罩欧洲股市的不确定性仍将存在。

欧元区债务危机的持续恶化已经影响到实体经济，2012年第一季度欧元区（17国）GDP零增长。两大核心国家德国和法国虽未陷入衰退，但17个国家中有9个国家是负增长。其中希腊GDP同比下降6.2%，处于深度衰退。第二季度欧元区经济环比下降0.2%，同比下降0.5%。其中，德国环比增长0.3%，低于第一季度的0.5%，但好于市场预期；法国持平；意大利连续第四季度出现下降，降幅达0.8%；欧元区第三季度基本面未有改观。欧盟委员会发布的报告显示，2012年9月反映经济信心的欧元区经济敏感指数连续19个月下滑，达到85点，为2009年9月以来最低点。其中，欧元区核心国家的信心出现大幅下滑。值得注意的是，德国经济增长率已经不足以使整个欧元区经济保持在零水平之上，且在欧元区和整个欧盟经济衰退的大潮中，德国开始走下坡路：制造业订单减少，工业产出量减少，进出口总额减少，不排除2013年陷入衰退的可能。欧盟委员会预计2012年欧元区GDP增长率下降0.1%；欧洲央行预计萎缩0.2%～0.6%；IMF预计下降幅度为0.4%。第一，经济增长乏力严重拖累重债国的减赤进程。第二，实体经济下滑将降低银行的资产质量和盈利能力，欧洲银行业风险进一步加剧。第三，经济不景气导致失业率飙升，社会风险持续发酵。第四，由于经济持续低迷，反对财政紧缩的声音日益增大，将严重损害各国政府的稳定性和执行力，重债国的政治乱局和核心国的政权更迭可能引发新的市场恐慌。

从中长期看，欧债危机不是单纯的主权债务危机，而是欧洲一体化过程中诸多矛盾和缺陷的体现。欧洲面临财政紧缩和经济增长的两难局面；欧元区面临着“转型”和“危机”的艰难平衡。动荡和低迷，仍将是一个长期的反复过程。如果不继续推行紧缩，市场会认为政府减赤不力；而如果进一步推行紧缩，市场又会担心实体经济陷入衰退。如果希腊退出欧元区，其他成员国的主权债务信用评级也会遭受降级，届时影响难以估量（见图 1－9）。

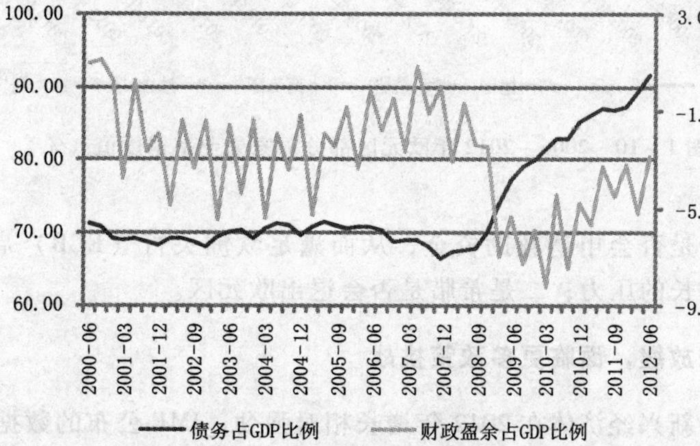

图 1－9 2000～2012 年欧元区债务占 GDP 比例与财政盈余占 GDP 比例（%）

资料来源：普益财富。

主权债务危机对实体经济的冲击波及国民经济的各个层面，使得无论政府还是企业、机构还是个人都受到负面影响。在金融市场上，主权债务危机的影响令投资者大幅抛售股票、大宗商品等风险资产，欧债危机爆发后至 2012 年 6 月，欧洲斯托克 50 指数自 2007 年 7 月所创高点 4572.82 点下跌 55%，至 2050.16 点；斯托克欧洲 600 种银行股指数自金融危机前 2007 年 7 月所创高点 400.99 点，几近“腰斩”至 233.48 点。2012 年下半年以来，欧债危机形势缓解，欧洲股市大幅反弹，表现明显好于全球其他经济体市场。据统计，在 2012 年全球表现最好的是希腊股市，截至 2012 年 12 月 4 日收盘，希腊 ASE 指数自 6 月 5 日所创低点 471.35 点强劲反弹 74%，至 819.39 点；而欧元区高负债国西班牙和意大利股市分别上涨 34% 和 29%，欧洲斯托克 50 指数上涨 26%。另外，主权债务危机向银行系统蔓延，将造成信贷紧缩，从而加大经济下行风险。银行间拆借利率的持续上升表明欧洲银行间流动性不断恶化。即便是五大央行联手向欧洲银行系统注入美元流动性以及欧洲央行重启非常规的公开市场操作，向欧洲银行系统提供大量流动性以后，银行间拆借利率也依然没有回落。

经济下行的风险对就业市场的打击同样沉重，欧元区经济衰退推高了欧元区的失业率，2012 年欧元区的整体失业率维持在 11% 左右的高位（见图 1－10），西班牙和希腊等主要债务国的失业率已经高达 25% 以上。根据欧盟委员会的调查，未来欧元区就业预期持续下降，而消费者失业预期不断加大，显示未来欧元区就业市场情况将继续恶化。尽管欧元区成员国的情况有所不同，其中以西班牙的失业情况尤为严重，但是由于 2013 年经济形势的恶化以及债务危机的影响，大部分欧元区成员国就业率情况将难以改善。

长远来看，建立财政联盟是解决欧债危机根本问题的关键措施之一，但是，由于牵涉修改欧盟条约，财政联盟短期内难以实施，也难以起到稳定市场信心的作用。从另一方面来看，财政联盟的实质是希望各国都出让部分财政主权，从而能起到对欧元区成员国，尤其是各主要债务国的监督作用。2013 年德国和意大利的大选结果直接关乎政策的连续性，欧债危机的根本解决之路在于重塑财政与财政一体化，以救助换改革，而这显然是个更加漫长与曲折的过程。预计 2013 年的经济活动将取决

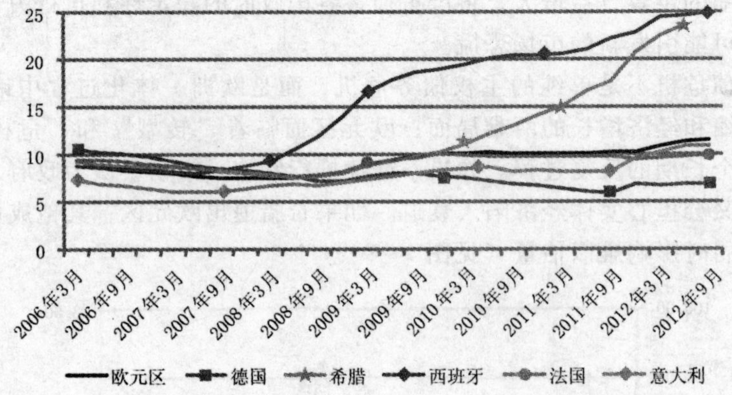

图 1－10　2006 ~2012 年欧元区部分国家失业率季度值（%）

资料来源：普益财富。

于两大事件：一是西班牙是否会申请救助资金，从而满足欧洲央行（ECB）启动债券购买计划的条件，并缓解欧元区经济增长的压力；二是希腊是否会退出欧元区。

三、新兴经济体增长放缓，面临更多政策挑战

与发达经济体相比，新兴经济体在 2012 年增长相对强劲，IMF 公布的数据显示，预计 2012 年全球新兴和发展中经济体的整体 GDP 环比增速将达到 5.3%，远远超过发达经济体 1.3% 和全球平均 3.6% 的增速。金融危机期间，新兴市场和发展中国家经济保持了较高增长，成为世界经济增长引擎。但 2012 年以来，外部环境恶化和内部结构问题同时作用，使该地区经济风险加大，经济增长进入下行通道。其中贵金属需求放缓已经严重打击了南非出口市场，而初级产品价格大跌使巴西本已糟糕的经济雪上加霜，俄罗斯经济又经受着石油价格波动所带来的影响，货币政策和内政不稳使印度经济难以保持高增长。主要新兴经济体在 2012 年进入降息通道，基准利率在 2012 年整体偏低，中国、俄罗斯、巴西和印度央行 2012 年全年降息幅度位于 25 ~75 个基点之间，其中巴西调降后的基准利率处于历史最低水平，印度央行三年来首次下调基准利率（见图 1－11）。

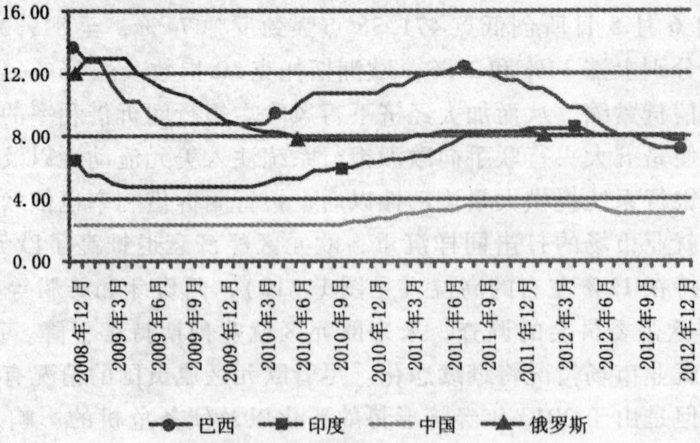

图 1－11　2008 ~2012 年“金砖四国”基准利率（%）

资料来源：普益财富。

2008 ~2011 年，发达经济体与新兴经济体 GDP 增速差距分别为 6.05、6.21、4.44 和 4.58 个百分点，新兴市场在危机中的前期表现非常强劲，但 2012 年，增速差距降至 3.99 个百分点，低于危机前 4 年和 21 世纪以来的平均水平，新兴经济体的相对表现明显疲软（见图 1－12）。

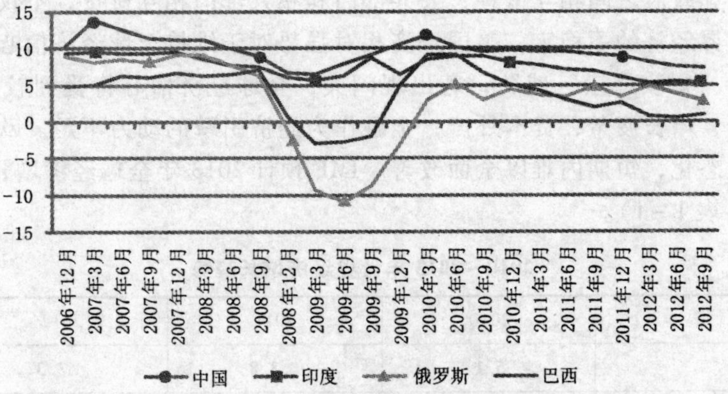

图1-12 2006~2012年金砖四国GDP季度同比增长率（%）

资料来源：普益财富。

作为世界第二大经济、新兴市场领军者，中国经济增速放缓：为了控制通胀而采取紧缩政策，导致政府基建投资下降；为控制房地产泡沫，遏制房地产投资的影响逐渐突显；需求方面，短期内国内需求难以迅速提振；再加上欧债危机以及国际需求整体减弱，贸易增速明显放缓。2012年第二季度中国GDP增长率下降到7.6%的三年最低水平。

经济改革推动，外资大量涌入，进出口总额大幅增长，印度经济一度呈现两位数增长。但2012年以来，经济政策的政治障碍重重、印度卢比大幅贬值、私人投资枯竭导致印度经济增长乏力。2012年第一季度GDP增速为5.3%，不仅低于政府预期的6.9%，而且是9年来的最低。

在欧美经济下滑的背景下，亚洲经济的高速增长受到抑制，亚洲开发银行预计，2012年亚洲经济增长6.1%，是近年来增长最为缓慢的年度之一；2013年的增长预测为6.7%，增速低于2011年的7.2%。受到2011年北非政局动荡牵连，非洲经济增长率曾跌至3.4%，2012年非洲经济重现增长。农产品、石油和矿产成功吸引到大量投资；随着中产阶级队伍的壮大，消费、住房和投资成为经济新的增长点；在自然资源并不丰富的国家，教育、企业的创新等拉动着经济的增长。世界银行预计，2012年撒哈拉以南非洲经济增长率为4.8%。IMF预计2012年非洲经济增长率为5.4%；非洲开发银行和联合国预计，2012年非洲经济增长率有望达到4.5%。

2012年以来，新兴市场经济增长放缓，需要更宽松的货币政策提振本国投资和消费，以弥补外需不足的影响，但消费者物价指数（CPI）的走高可能使政策实施遭遇严重阻碍，有必要警惕新兴市场这个经济增速“火车头”的失速风险。

四、2013年全球经济展望

2012年世界经济复苏道路坎坷。欧债危机恶化使得已经脆弱的经济复苏态势再度陷入困境。发达经济体经济增长率持续下滑，新兴市场和发展中经济体增速放缓。在全球金融危机后经历三年乏力且不平稳的复苏之后，全球经济可能正处在另一个衰退边缘。预计2013年全球经济将继续维持疲弱的增长，而这种增长率远远不足以解决大部分发达经济体持续的失业危机，并且将拖累发展中国家的收入增长。全球经济重新下行的趋势正在迫近，是因为主要发达经济体经济增长持续疲弱，并且自2008~2009年“大萧条”以来遗留的问题始终未能解决。

困扰全球经济的问题是复杂且互相联系的，其中最紧迫的挑战是持续的失业危机以及对经济增长的预期不断下降，发达经济体更是如此。不少发达经济体由于失业率始终在9%的高位徘徊，同时收入增长停滞不前，使得需求增长疲弱，进而拖累经济在短期内难以实现复苏。

2013年，全球经济仍将处于低速复苏阶段。新的增长点和增长区域尚未形成；货币政策和财政政策界限模糊，银行和政府之间相互依赖，公共部门和私人部门相互避责，不仅扭曲各自原本的责任和目标，还将加剧世界经济的不稳定。美国经济相对强势对于维持全球经济信心仍起着重要作用，然而，美国经济命运受“财政悬崖”威胁，若出现闪失，全球经济信心将受到较大冲击。新兴市场经济体受制于政策瓶颈，增长疲惫，资本外流，金融作为经济引擎的动力不足。欧债危机对欧洲乃至世界经济的拖累呈现常态化，短期内难以全面改善。IMF 预计 2013 年全球经济增长率为 3.6%，继续保持低速增长态势（见表 1－1）。

表 1－1　2010～2013 年世界经济增长趋势　（单位：%）

	2010	2011	2012	2013
世界经济	5.1	3.8	3.3	3.6
发达国家	3	1.6	1.3	1.5
美国	2.4	1.8	2.2	2.1
欧元区	2	1.4	-0.4	0.2
日本	4.5	-0.8	2.2	1.2
新兴市场和发展中国家	7.4	6.2	5.3	5.6
世界贸易	12.6	5.8	3.2	4.5

资料来源：IMF 世界经济展望，2013 年为预测值。

美国经济同样面临持续的高失业率、波动的消费者和企业信心以及金融部门的脆弱等因素影响。欧盟以及美国作为全球最大的两个经济体联系非常紧密，它们各自存在的问题很容易互相传导，并进一步造成全球经济的衰退。自 2009 年以来快速反弹的发展中国家经济可能在未来受到来自贸易以及金融渠道的冲击。世界经济低迷对贸易影响凸显，发达国家进口急剧减速，而发展中经济体出口相应放缓。如果欧债危机不再恶化、美国顺利通过“财政悬崖”，WTO 预计 2013 年世界贸易增长率为 4.5%，将好于 2012 年。其中，发达国家出口增速升至 3.3%，进口增长 3.4%；而发展中国家出口将增长 5.7%，进口增长 6.1%。

如何应对在这些问题上发生的政治分歧可能进一步侵蚀本已脆弱的消费者和企业信心。这些分歧同样面临复杂的国际政治协调难题，再加上这些问题互相纠结，因此，对于政策制定者来说，避免全球经济落入危险的下行轨道的唯一方法是共同协作，在短期优先进行产出以及就业市场的修复，为结构性改革打下更坚实的基础，从而实现中长期可持续均衡发展。

第二节　2012 年中国经济回顾与展望

2012 年，在欧债危机不断蔓延、发达经济体增长迟滞等因素的影响下，全球经济复苏的不稳定性和不确定性进一步增加，中国作为全球第二大经济体和其他新兴经济体一样面临通货膨胀、短期跨境资本回流以及外部需求放缓等风险。初步测算，2012 年前三季度国内生产总值353 480 亿元，按可比价格计算，同比增长 7.7%。其中，第一季度增长 8.1%，第二季度增长 7.6%，第三季度增长 7.4%。分产业看，第一产业增加值33 088 亿元，同比增长 4.2%；第二产业增加值165 429 亿元，增长 8.1%；第三产业增加值 154 963 亿元，增长 7.9%。从环比看，第三季度国内生产总值增长 2.2%，比第二季度加快 0.4 个百分点。这表明在外部环境以及经济自身面临增长结构调整等因素共同作用下，中国经济增速已经逐渐放缓（见图1-13和表1-2）。

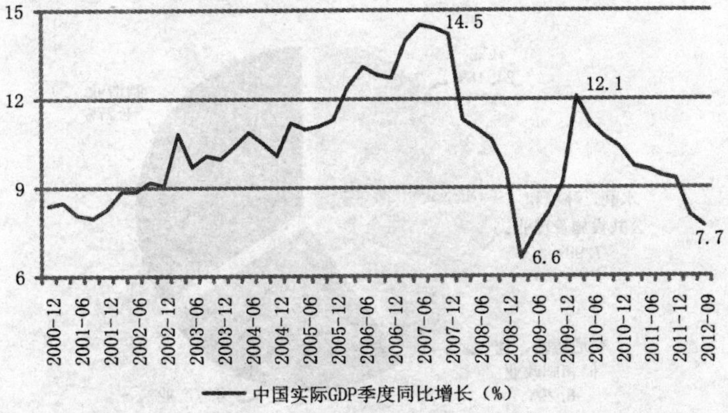

图1-13 2000~2012年中国GDP季度同比增长率（%）

资料来源：普益财富。

表1-2 2012年1~9月国内生产总值增长情况

	2012年1~9月	
	绝对量（亿元）	同比增长（%）
国内生产总值	353 480	7.7
第一产业	33 088	4.2
第二产业	165 429	8.1
第三产业	154 963	7.9

资料来源：普益财富。

一、固定资产投资平稳较快增长，制造业和房地产业依然是主要推动力

2012年全国固定资产投资增速较为平稳，1~12月，固定资产投资（不含农户）364 835.07亿元，同比名义增长20.5%（扣除价格因素实际增长18.8%）（见图1-14）。

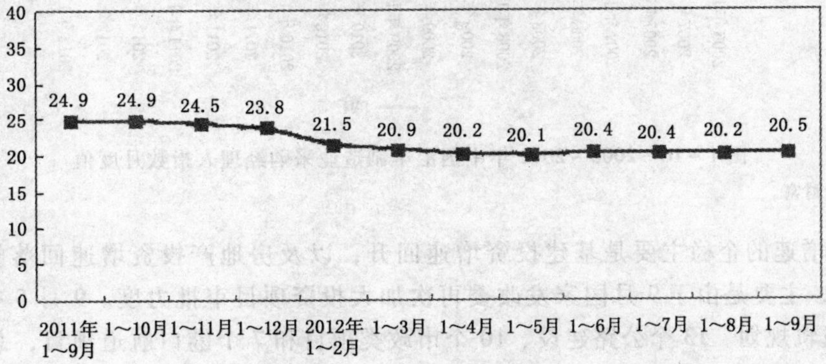

图1-14 2011~2012年中国固定资产投资完成额累计同比增长率（%）

资料来源：普益财富。

按行业构成比例来看，2012年占固定资产投资最大的几个行业分别是：制造业，房地产业，交通运输、仓储和邮政业以及水利、环境和公共设施管理业，四大行业占比达到整个固定资产投资的

75.82%，制造业和房地产业仍然是构成固定资产投资最重要的两个部分，累计占比达到59.54%（见图1-15）。

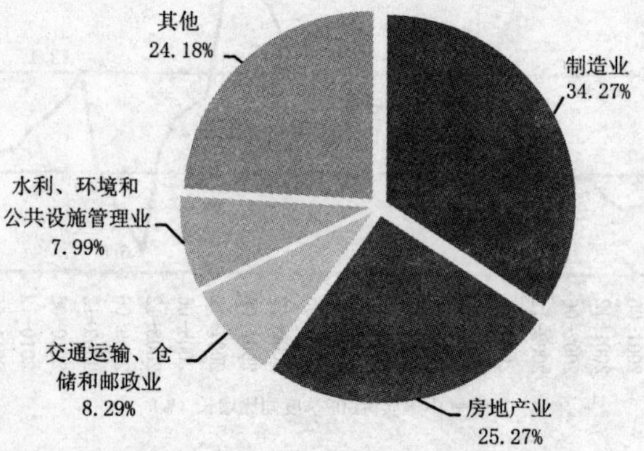

图1-15　2012年中国固定资产投资完成额按行业分类各部分占比（%）

资料来源：普益财富。

从2012年4月开始，制造业投资呈现平稳下行态势，汇丰银行与物流采购联合会数据显示，汇丰制造业采购经理人指数（Purchase Managers' Index，PMI指数）已由2012年8月的47.8上升到50以上，11月为50.4。调查显示，11月新出口订单指数增长至57.5，这也是自2005年3月来的最高峰，该指数10月为55.6。汇丰称，出口业务好转的制造企业多将其归因为外部需求转暖，这大体反映出全球经济条件的改善。由于11月增长态势趋于稳定，而且外需开始转暖，加上房地产市场已经慢慢复苏和政府下半年批复的投资工程开始上马，预计2013年第一季度可能继续上行（见图1-16）。

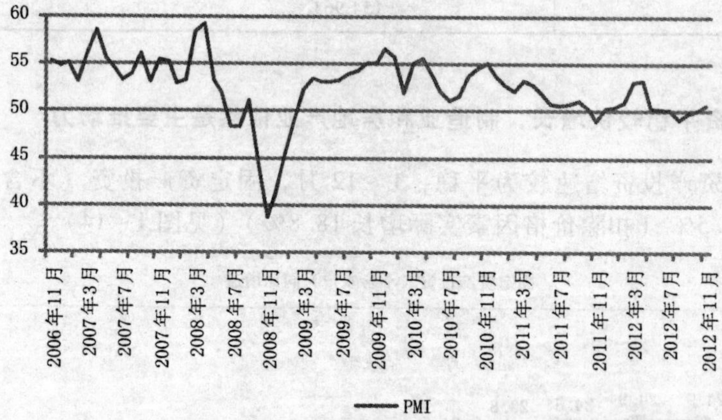

图1-16　2006～2012年中国汇丰制造业采购经理人指数月度值

资料来源：普益财富。

2012年投资增速的企稳主要是基建投资增速回升，以及房地产投资增速回落幅度收窄形成的。从基建投资来看，主要是由于9月国家发改委再次加大投资项目审批力度。9月5～6日，国家发改委批复了25个城轨规划、13个公路建设、10个市政类项目和7个港口航道项目，总投资规模超过1万亿元。10月10日，政府将年内铁路固定资产投资目标上调至6 300亿元，其中基建投资目标上调了200亿元至5 160亿元。随着前期审批项目的逐步开工，基础设施建设投资增速将继续回升。从数据上看，2012年前三季度的固定资产投资本年新开工项目计划总投资的累计增速已比上半年大幅提高了2.5个百分点，基础设施投资将在2013年持续增加。

房地产投资增速将逐步企稳。尽管2012年9月房地产累计投资增速较8月再次回落，但商品房销售面积累计同比增速继续好转，资金来源增速继续上升，其中定金、预收款和个人按揭贷款累计增速均快速上升。制约房地产投资的资金问题因商品房销售持续反弹在一定程度上有所缓解，这将有助于2013年房地产投资增速回稳。但是考虑到房地产调控措施短期内不会放松，同时中国人民银行的货币政策也不会明显放松，所以2013年房地产投资增速回稳的幅度不是很大。

制造业投资增速在去产能的过程中稳中有降。综合来看，未来投资仍主要为政府驱动，由于市场需求不足，企业自主投资的意愿难有明显改善，投资增速整体将呈现温和反弹，预计2013年增速将在21%左右（见图1-17）。

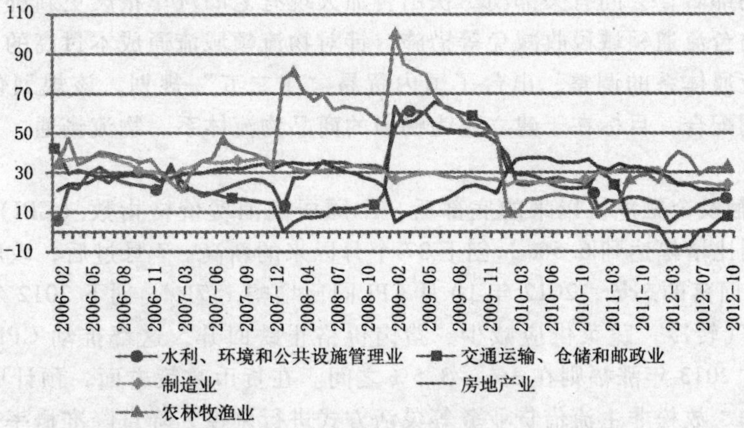

图1-17 2006~2012年中国固定资产投资完成额按行业分类各部分累计同比增长率（%）

资料来源：普益财富。

二、消费触底回暖、物价低位运行，货币政策获微调空间

2012年上半年，居民消费增长受到经济形势不明朗的制约，整体增长速度呈下行趋势，而从下半年开始，由于政府宏观经济政策和国际经济形势的转暖，整体增长速度呈上行趋势。第一季度由于经济形势的恶化以及汽车销售额下降等因素影响使得社会消费品零售总额累计同比增速从2011年末的近18%快速回落至14%附近；第二季度后，消费下滑趋势持稳。随着我国宏观经济的好转和世界经济的回暖，以及国家对通货膨胀的控制，消费增速稳定在14%附近，这预示着2013年全年社会消费品零售总额增速将高于2012年（见图1-18）。

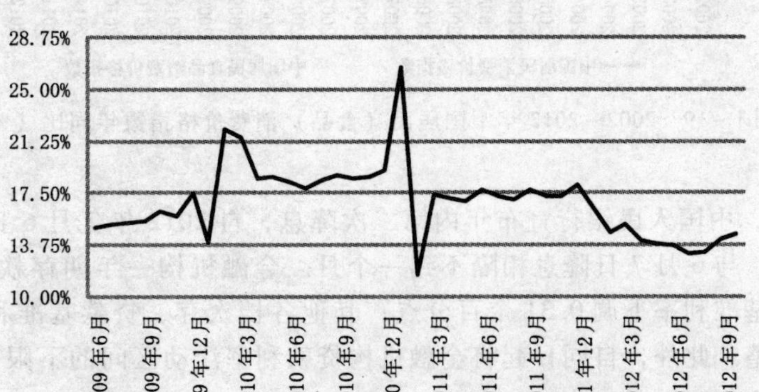

图1-18 2009~2012年中国消费品零售总额累计同比增长率（%）

资料来源：普益财富。

“十二五”规划强调，“坚持把经济结构战略性调整作为加快转变经济发展方式的主攻方向。构建扩大内需长效机制，促进经济增长向依靠消费、投资、出口协调拉动转变”，将消费放在“三驾马车”的首位，表明政府转变经济增长方式、力图提升消费对经济带动作用的决心。

在经济转型的战略指向下，政府对本轮房地产调控意志比以往要坚决得多，各地政府已纷纷开始寻求脱离房地产的新型发展道路，降低对房地产的依存度。随着房地产投机需求的回落，房地产交易水平仍将低位徘徊，这对家电等耐用消费品的短期增长将产生明显抑制作用。在整体放缓的同时，我们也看到了消费转型升级的信号。政府继续在全国28个省（区、市）实施家电下乡等扩大消费政策。同时按照国务院部署，会同有关部门尽快出台加大现有老旧汽车报废更新补贴办法，支持电子商务平台建设，推动出台流通领域税收减免等措施。针对物流领域流通成本过高的问题，中央逐步加强对商品供应渠道及流通体系的调整，出台了国内贸易“十二五”规划，该规划包括土地、税收及法律等多个部门的协调配合，目标在于建立更为畅通的商品物流体系。物流畅通，自然有利于消费的平稳发展。

自2009年7月触及金融危机以来的底部后，中国居民消费价格指数（CPI）开始快速上涨，至2011年7月，CPI同比增幅达到6.5%，创下37个月以来的新高。7月过后，政府宏观调控政策逐渐显现，CPI呈现逐月回落的态势，2012年10月CPI同比增幅1.7%，创下2012年物价的低点。不过进入11月以来，天气转冷，蔬菜供应减少、猪肉价格止跌回升，这都推动CPI于年底反弹。11月CPI重回“2时代”，2013年涨幅则在3%～3.5%之间。在货币政策方面，预计中国人民银行仍将主要采取公开市场操作、放松非主流借贷业务等灵活方式进行调控，降息降准概率低（见图1－19）。

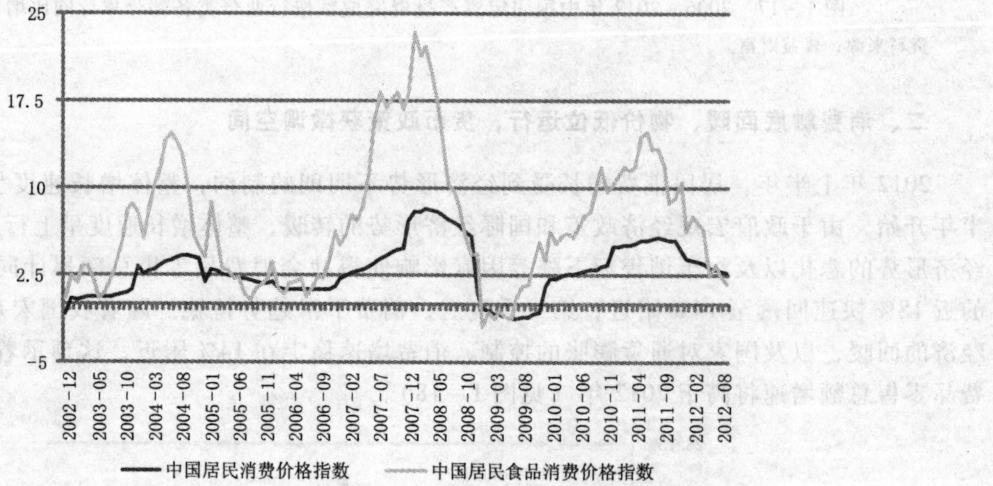

图1－19　2002～2012年中国居民（食品）消费价格指数年同比（%）

资料来源：普益财富。

2012年7月5日，中国人民银行宣布年内第二次降息，自2012年7月6日起下调金融机构人民币存、贷款基准利率，与6月7日降息相隔不到一个月。金融机构一年期存款基准利率下调0.25个百分点，一年期贷款基准利率下调0.31个百分点；其他各档次存、贷款基准利率及个人住房公积金存、贷款利率相应调整。此外，自同日起将金融机构贷款利率浮动区间的下限调整为基准利率的0.7倍（见图1－20）。

自2012年7月开始，中国人民银行调节流动性的手段出现变化。8月，逆回购成为中国人民银行投放资金的唯一工具，公开市场实现净投放3 440亿元，创14个月单月投放新高。截至9月末，中国人民银行继续坚持“逆回购”，以增加资金的流动性，保持货币政策的稳健状态。7月以来货币政策工具的新变化和国内房地产市场价格走势密切相关。部分城市房价环比出现上涨，导致市场预期发

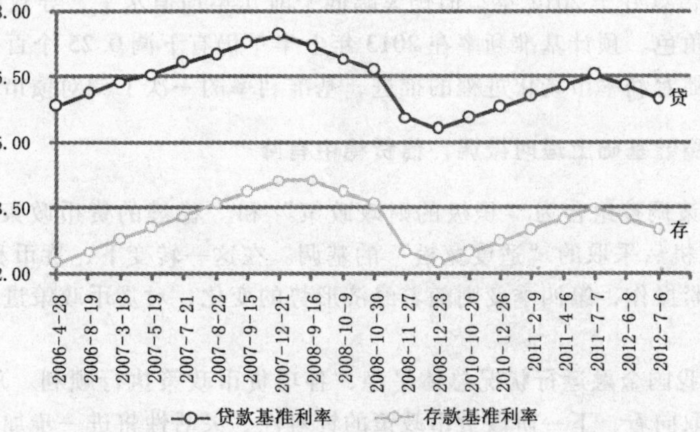

图 1－20　2006～2012 年中国金融机构一年期人民币存、贷款利率（%）

资料来源：普益财富。

生变化，稳定房价的压力加大。政府坚持的房地产调控政策是长远目标，不会因短期的经济下行而放弃，因此中国人民银行选择逆回购操作稳定流动性。

总体看，逆回购操作能够通过对数量、期限、力度的调整，实现对流动性的调节，实现货币政策"预调微调"的目的。但逆回购操作期限通常比较短，目前主要集中在 7 天和 14 天，通过逆回购向市场投放的流动性，将在 7～14 天内流回中国人民银行。因此，逆回购投放的流动性只能用于平滑短期流动性，无法用于支持中长期信贷扩张。

2012 年中国人民银行总共两次下调存款类金融机构存款准备金率，而自 2011 年初以来中国人民银行已经 6 次上调存款类金融机构人民币存款准备金率，2011 年末又下调一次存款类金融机构人民币存款准备金率，大型金融机构存款准备金率一度达到 21.5% 的历史高位。2012 年 2 月 24 日，中国人民银行再次宣布下调大型金融机构存款准备金率 0.5 个百分点。这是 2012 年以来存款准备金率的首次下调，向金融系统释放资金4 000 亿元左右。此次下调存款准备金率为实体经济的发展提供了资金支持，实体经济发展恢复了，以资本市场为代表的虚拟经济自然会有相应表现。同时，虚拟经济会先于实体经济对政策变化产生反应。5 月 12 日晚间，中国人民银行宣布从 2012 年 5 月 18 日起，下调存款类金融机构人民币存款准备金率 0.5 个百分点，表明货币政策进一步放松，是当前宏观经济指标放缓超预期后，中国人民银行作出的应对措施。此举有利于改善市场预期、增强银行的放贷能力（见图 1－21）。

图 1－21　2008～2012 年中国大型金融机构存款准备金率（%）

资料来源：普益财富。

2013年新增外汇占款好于2012年，但仍大幅低于前几年均值水平，导致中国人民银行不得不继续扮演释放流动性的角色。预计基准利率在2013年上半年仍有下调0.25个百分点的可能，以确保中国经济的企稳回升。随着利率市场化进程的推进，基准利率的一次下调对债市影响有限。

三、货币政策在稳健基础上适时微调，信贷稳中有降

2012年，宏观政策调控组合为“积极的财政政策”和“稳健的货币政策”。其中货币政策改变了2008年全球金融危机后采取的“适度宽松”的基调。在这一转变下，货币和信贷政策在2012年前三季度呈现明显的偏紧操作，第四季度则随着经济形势的变化，对货币政策进行了微调，在实际操作中实施了定向宽松。

2012年第三季度我国金融运行状况总体平稳，各项货币政策执行顺利。从目前国内外经济金融形势和国家宏观政策取向看，下一阶段货币政策的针对性、灵活性将进一步加强，以促进经济平稳健康发展。

2012年前三季度社会融资规模为11.73万亿元，比上年同期多1.92万亿元。其中，人民币贷款增加6.72万亿元，同比多增1.04万亿元；外币贷款折合人民币增加5 343亿元，同比多增573亿元；委托贷款增加8 600亿元，同比少增2 076亿元；信托贷款增加7 015亿元，同比多增6 176亿元；未贴现的银行承兑汇票增加7 631亿元，同比少增2 202亿元；企业债券净融资1.56万亿元，同比多增7 186亿元；非金融企业境内股票融资2 177亿元，同比少增1 338亿元。

从结构看，2012年前三季度人民币贷款占社会融资规模的57.3%，同比低0.6个百分点；外币贷款占比4.6%，同比低0.3个百分点；委托贷款占比7.3%，同比低3.6个百分点；信托贷款占比6.0%，同比高5.1个百分点；未贴现的银行承兑汇票占比6.5%，同比低3.5个百分点；企业债券占比13.3%，同比高4.7个百分点；非金融企业境内股票融资占比1.9%，同比低1.7个百分点。这表明目前实体经济通过贷款以外的方式获取资金的趋向更加明显。

2012年9月人民币贷款余额同比增长16.3%，分别比上月末和上年末高0.2个和0.5个百分点；当月人民币贷款增加6 232亿元，同比多增1 539亿元，创下2012年内的次低，而信托贷款却冲高至2 024亿元，创下历史统计以来的次高，仅次于2010年4月。

从贷款结构来看，中长期贷款多于短期贷款。2012年前三季度人民币贷款增加6.72万亿元，同比多增1.04万亿元。分部门看，住户贷款增加1.93万亿元，其中短期贷款增加9 608亿元，中长期贷款增加9 662亿元；非金融企业及其他部门贷款增加4.78万亿元，其中短期贷款增加2.37万亿元，中长期贷款增加1.39万亿元，票据融资增加8 313亿元。目前社会融资总规模里，虽然信贷仍然占据最大的比重，但是其他几个组成成分在近期呈现较快增势。

四、外汇市场走势跌宕，人民币汇率弹性增强

对于外汇市场来说，2012年同样是非常不平静的一年，以欧元区主权债务危机为代表的风险事件在上半年趋缓，令外汇市场走势上涨，发达经济体和新兴市场经济政府在应对复杂的宏观经济环境变化之际采取的各种货币与财政政策不断转换，令金融市场的波动更加剧烈，也使外汇市场政府干预越来越频繁（见图1－22）。

（一）避险需求推升美元

2012年，美元指数整体呈现头肩顶型走势。前三季度，美元指数前期震荡下行，后期先升后降，总体小幅走低。具体来看，年初尽管美国公布的多数经济数据表现良好，但受美联储表示将超低利率至少延续到2014年晚期、欧盟25国政府签订“财政契约”草案后欧债危机出现缓和、欧元区财长就希腊第二轮援助方案达成协议等因素影响，美元指数总体震荡下行。5月后，在投资者担忧希腊可能退出欧元区，特别是西班牙部分地方政府申请援助令市场担心欧债危机可能进一步升级等因素影响

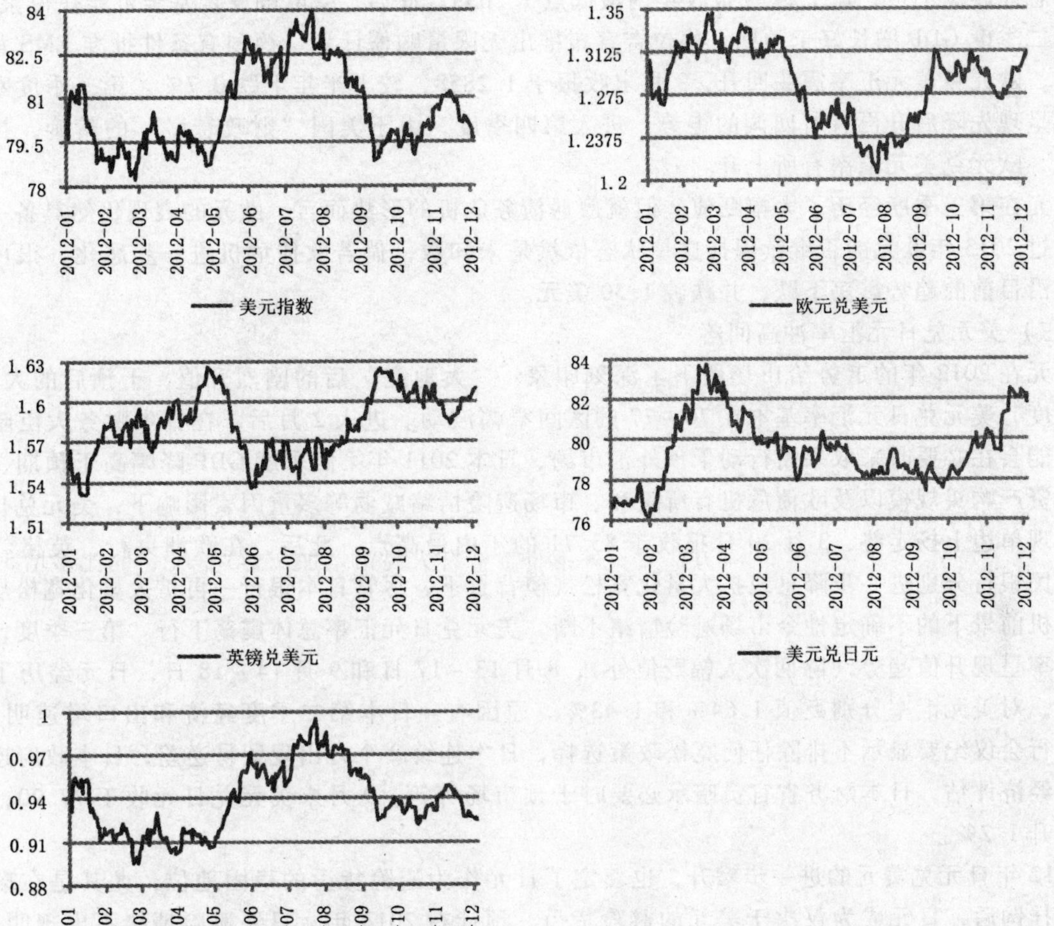

图 1－22 2012 年主要外币汇率走势

资料来源：普益财富。

下，美元指数震荡上行，7 月 24 日报收年内最高点 84.01。在欧洲央行可能为欧洲稳定基金（ESM）颁发银行执照，美联储推出新一轮量化宽松政策（QE3）等因素的影响下，美元指数下跌，9 月末收于 79.89，较上年末微跌 0.4%。第四季度由于美国大选刚刚落下及“财政悬崖”的担忧缓解，美元指数 11 月走出先扬后抑的对称性倒“V”型走势。

事实上自 2008 年以来，美元陷入了一个宽幅震荡区间，美元指数在 72～86 之间波动。预计在 2013 年上半年，影响美元走势的主要因素是市场关注美国如何避免岁末年初可能掉入“财政悬崖”的风险。如果不能化解“财政悬崖”，任由减支增税计划启动，那么将令美国经济重陷衰退，进而影响市场情绪，左右着美元的走势。

（二）欧元兑美元走势

2012 年欧元走势和美元走势相反，呈现头肩底型走势，总体小幅走低。第一季度，受欧元区财长就希腊第二轮援助方案达成协议、欧债危机出现缓和等因素影响，欧元兑美元汇率总体震荡走高，2 月 28 日收报于 1.3469 的年内最高点。第二季度，在投资者担忧希腊可能退出欧元区并引发连锁反应、西班牙银行业危机浮现、欧洲央行降息、西班牙和意大利国债拍卖情况不佳导致收益率大幅上升、西班牙部分地方政府向中央政府申请援助令市场担心欧债危机可能进一步升级等因素影响下，欧元汇率总体震荡下行，7月24日报收年内最低点1.2059。此后，受欧洲稳定基金可能获得银行执照、德国第二季度GDP增长好于预期、德拉吉宣布推出无限量购债计划、德国有条件批准EMS裁决等因素提振，欧元兑美元汇率震荡回升，9月末收报于1.2858，较上半年下跌0.7%。第三季度欧元兑美元汇率呈现先降后升再有所回调的走势。进入第四季度，由于美国“财政悬崖”的斡旋，投资者情绪乐观，欧元兑美元汇率有所上升。

欧元在第三季度经历了大幅贬值，但就遭遇债务危机的形势而言，欧元的表现仍然具备一定的韧性，不过2013年欧元能否继续保持这一状态依然是未知数，倘若欧债危机进一步恶化，很可能令欧元继续沿目前的趋势震荡下跌，并跌破1.30美元。

（三）美元兑日元汇率冲高回落

日元在2012年的走势给市场留下了深刻印象：“大地震”后的剧烈升值，干预后的大幅贬值。第一季度，美元兑日元汇率基本在76 ~77的区间窄幅波动。进入2月后，在日本财务大臣暗示日本政府可能会在必要时采取果断行动干预外汇市场、日本2011年第四季度GDP降幅高于预期、日本银行扩大资产购买规模以及欧债危机有所缓和、市场避险情绪减弱等多重因素影响下，美元兑日元汇率基本呈现单边上扬走势，3月20日报收于83.71的年内最高点。此后，在欧洲央行、英格兰银行和中国人民银行分别进一步降息或扩大量化宽松规模背景下，尽管日本银行一再扩大量化宽松规模，但欧债危机前景下的不确定性令市场避险情绪不断，美元兑日元汇率总体震荡下行。第三季度，日元兑美元汇率呈现升值趋势（除两次大幅贬值外），8月13 ~17日和9月14 ~18日，日元经历了两次急剧贬值，对美元汇率分别贬值1.64%和1.43%。原因有：日本第二季度经济和出口增速明显放缓，日本央行会议纪要显示不排除任何宽松政策选择，日本连续2个月出现贸易逆差，日本政府连续2个月下调经济评估，日本财务省官员暗示必要时干预市场等等。9月末美元兑日元收于77.90，较上半年末上升1.2%。

2012年日元兑美元的进一步攀升，也奠定了日元作为避险货币的稳固地位，尤其是在瑞士法郎和欧元挂钩后，日元成为仅次于美元的避险货币。预计在2013年，只要避险情绪不出现明显消退，日元整体仍会保持强势，甚至不排除兑美元创出历史新高，但日本官方频繁的干预将会限制日元多头的兴趣。预计美元兑日元汇率在74 ~82区间内波动，且整体波动区间将低于2012年。

（四）人民币汇率双向波动幅度加大

2012年第一季度，受中国人民银行表示将坚持实施稳健货币政策、中国2011年第四季度GDP增速高于预期、美元总体走弱等因素影响，人民币一年期无本金交割远期交易（NDF）震荡下行，1月27日报收于6.225的年内低点。此后，受中国政府工作报告将GDP增长目标调整为7.5%（近8年来首次低于8%），美元持续走强，中国人民银行先后宣布自5月18日下调人民币存款准备金率0.5个百分点、自6月8日起下调基准利率0.25个百分点、自7月6日起不对称下调存、贷款基准利率0.25个百分点和0.31个百分点。7月26日之后人民币汇率重拾升势，从9月开始，人民币兑美元即期汇率开始持续走强，并重新站上6.30整数关口；10月1日之后，人民币持续呈现加速升值趋势，10月中旬，人民币兑美元汇率突破6.28，为19年来首次突破这一关键点位（见图1－23）。

人民币远期市场出现较长时期的贬值预期，是多方面因素共同作用的结果，既与国内经济增速下降、贸易顺差降低有关，也与国际资本流出、全球避险情绪上升有关。中国未来经济增速放缓是人民币贬值的大背景，贸易顺差持续收窄影响着外汇储备的规模，进而也影响汇率走势。此外，热钱外流和欧美经济状况都造成了人民币贬值预期。

2013年人民币未来的走势受到外部环境，包括欧债危机未来的进一步发展态势、美国经济复苏力度以及内部环境即中国自身经济运行情况的影响。2013年上半年是欧债危机恶化的高风险窗口，一旦出现这种情况，中国的出口势必受到冲击。虽然出口已经不再是中国经济增长的核心动力，压缩顺差和促使经济转型也是政府的既定目标，但如果在短期内出口受到严重冲击，引发就业问题和经济

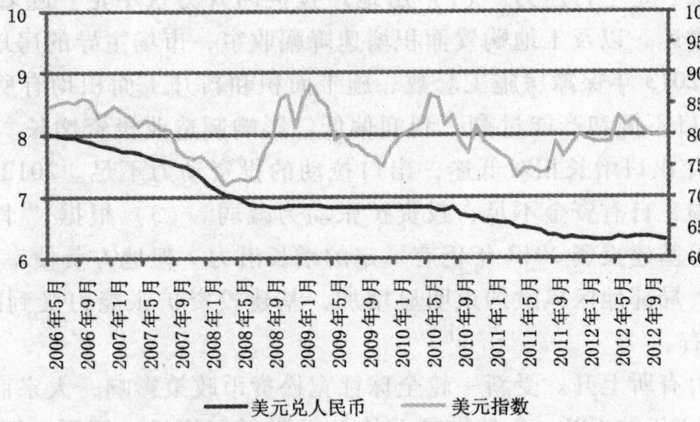

图 1-23 2006~2012 年美元兑人民币、美元指数走势

资料来源：普益财富。

波动，那么一旦欧债危机出现进一步恶化的情况，为了避免美元大幅升值带来的负面影响，人民币可能放缓兑美元的升值步伐，甚至出现贬值的情况。2013 年来自美国的压力会增加，一方面是因为 2013 年不论美国“财政悬崖”是否很好解决，各个党派都会将人民币汇率作为竞选的“谈资”之一；另一方面，虽然美国的经济增长状况迄今远好于欧洲，但就业以及房地产市场能否实现进一步复苏还是未知数，欧债危机进一步恶化可能对美国正在复苏的脆弱经济形成拖累，再加上美元不断走高对美国出口带来的压力也成为美国对人民币施压的理由之一。在目前内需不振、外需下滑的情况下，中国应适度扩大人民币兑美元中间价的波动幅度，逐步减少人民币对美元汇率的依赖，降低人民币对非美元货币的大幅波动，既有利于增加中国货币政策的操作空间，也有利于稳定对外贸易和推动人民币的国际化。

在上述多重因素的影响下，预期 2013 年人民币兑美元尽管仍然有升值空间，但很难维持 2012 年下半年单边升值的走势，双向波动的概率将大幅上升。

五、2013 年中国经济展望

2012 年是“十二五”的第二年，中国经济遭遇了来自外部和内部环境的双重考验，在调整经济增长结构、控制通货膨胀和高房价的客观要求下，经济增长速度有所放缓，预计 2013 年整体经济将继续维持温和回落的态势。

对这种放缓的预期，政策已经有所体现，“十二五”规划以调结构作为主题，将未来 5 年经济增长平均增速目标从“十一五”期间的 7.5% 下调到 7.0%。预计 2012 年开始的未来几年，中国经济的增长目标将下调至 7% ~8%。由于增长目标的调整，财政和货币政策将偏向温和。我国总需求增长仍面临一定下行压力。

首先，出口增长与 2012 年大体持平。近 10 年来，我国对外贸易年均增长 21.7%，比同期全球贸易年均 10% 的增幅高出 1 倍。其中，出口年均增长 21.6%，在全球出口中的份额由 2002 年的 5% 上升到 2011 年的 10.4%。但 2012 年以来全球贸易明显偏离了历史趋势。结合 2013 年总体国际形势和以往经验推算，考虑到我国劳动力成本上升、低成本优势逐步削弱以及结构调整升级等，预计 2013 年出口增长与 2012 年大体持平。

其次，消费增长有望保持基本稳定。在本轮经济持续下行中，就业总体稳定，城乡居民收入保持较快增长，为消费稳定增长奠定了基础。房地产销量持续回暖，与住宅相关的装修、建材、家电、家具等消费将有所回升；根据汽车购置周期和原油价格走势，汽车及石油制品消费将保持稳定增长；受通胀预期影响，珠宝和贵金属消费因保值需求出现恢复性增长。预计 2013 年消费增长 14% 左右。

再次，投资增长面临一定下行压力。（1）房地产投资回升力量不足。随着商品房销售回暖，销售增速超过新开工面积增速，以及土地购置面积增速降幅收窄，市场主导的房地产投资将出现小幅回升。但与2012年相比，2013年保障房施工套数、施工面积和新开工面积均有所下降，保障房投资增速将明显减缓。（2）出口不振和产能过剩、利润偏低，影响制造业投资增长。我国制造业投资与出口增长密切相关，2013年出口增长相对低迷，出口拉动的投资动力不足。2012年企业盈利水平普遍下降，众多企业出现亏损，自有资金不足，投资扩张动力减弱。（3）根据“十二五”规划部署，公路、铁路、地铁、水利等基建投资2013年仍有一定的增长潜力。但地方负债率较高，税收增收困难，而民生类支出压力较大，局部地区风险约束明显增加，基建投资扩张能力受到限制。预计2013年固定资产投资增长18%左右。

最后，物价上涨压力有所上升。受新一轮全球性宽松货币政策影响，大宗商品价格走高和短期资本回流，都可能推高2013年的CPI。食品供求总体处于紧平衡格局，国际、国内供给冲击或货币宽松都容易使物价上涨预期转化为上涨现实。随着生产者物价指数（PPI）逐步回升，将部分传导到CPI。2013年物价综合压力将略有上升。再考虑要素价格改革等，应为CPI上涨预留一定空间。

综合判断，2013年世界经济仍处在深度调整期，国内需求面临一定下行风险，物价上涨压力有所上升，全年经济增长与2012年大体持平。考虑所处的发展阶段和潜在的不确定因素，为我国经济在寻求新平衡的过程中保持基本稳定，并为体制改革和结构调整创造条件，建议将2013年经济增长预期目标确定为7.5%，CPI为4%左右。这一方面与“十二五”规划的预期目标逐步衔接，另一方面也有利于向市场传递积极、理性的调控信号。

第二篇　专家观点荟萃

第二章 专 家 文 章*

理财业务应高举资产管理的大旗

——南京银行金融市场部总经理 戴娟

国内商业银行的理财业务自2004年起开始发展。银行理财产品从无到有，到2011年末已发展至年发行量约17万亿元、保有量约5万亿元的庞大规模，已将公募基金产品、保险产品、信托产品、券商资产管理产品以及私募基金产品等通通甩在身后，稳居金融市场第一位的宝座。在理财业务高速发展、理财产品规模快速上升的同时，市场对其关注程度也在逐渐提高，理财产品的排名、评选及相关新闻时常见诸各大媒体，投资人对于理财产品的认识也在不断加深加强，而监管部门更是相继出台了两部主席令以及众多的规章制度，对理财业务的发展予以指导和规范。

理财业务和理财产品始自美国，是在20世纪70年代后的“综合化经营”和“银行脱媒”等金融创新浪潮推动下产生的创新产品；从定义上讲，是基于信托责任下的代客资产管理；从操作模式上讲，是商业银行受客户之托、代为管理客户资产、以实现其财富增值的“financing management”。

国外的经验已经证明，商业银行之所以要开展理财业务，其最根本的目的是实现从通过“借给别人钱来赚钱”到通过“替别人管理钱来赚钱”的业务过渡和转型，是实现低资本消耗、可持续发展的必然选择。在利率市场化的大环境下，能够在激烈的市场竞争中生存下来的一定是资产管理能力强的银行，而不是资本实力雄厚的银行。美国利率市场化后近90%的商业银行消失，其中不乏资本雄厚、实力强大者即是最好的佐证。

但可惜的是，国内商业银行对于理财业务和理财产品这一“舶来品”的态度总是处于变化和摇摆之中。从最初的“学习国外先进经验的试水”到2006~2007年的“间接参与权益类市场”；再到2008年后的“解决各种表内问题，如调整规模结构、减少资本消耗、拉动负债业务、应对同业竞争”；现在又在逐渐回归“代客理财”的本质。国内商业银行总是因为这样或那样的内外部原因，不断调整着理财业务的发展方向和策略。这样的摇摆也为整个理财业务的发展带来了巨大的负面影响，无论是监管部门还是宣传媒体抑或是投资人，似乎总认为商业银行发展理财业务的动机不纯，甚至从来没有把理财产品作为一个“好孩子”来看待，对此的批评、指责乃至投诉时有发生。

更为关键的是，当前银行理财产品还面临着“身份”缺失这一事关理财业务未来发展的法律风险。时至今日，理财产品是什么、理财产品的法理关系如何界定等原则性问题仍有巨大的争议。虽然中国银监会也出台了一系列规章制度加以指导和规范，但与保险、基金、信托等产品相比，理财产品

* 文章按专家姓氏拼音首字母排序，所述内容仅代表个人观点。

的“身份”明显缺少一部国家级别的法典予以明确。正是因为“身份”的不明确，造成投资人在购买理财产品时，虽一再测评风险承受能力、签署风险提示说明并承诺风险自担，但只要遇到亏损，就会与银行纠缠不休并要求各种赔偿或补偿，甚至引发群体事件。而国内商业银行也因顾忌商誉风险而将错就错，明知投资人有将银行理财产品视为储蓄替代品的倾向，但仍在变相透支银行信用的基础上通过快速发展理财业务来解决自身问题，严重扭曲了理财业务的本质，造成了怪现象，即“基金公司给投资人造成几千亿元的亏损，却能坦然收取几百亿元的管理费，投资人也对此习以为常；而银行理财产品为投资人带来稳定的投资回报，但稍有低于预期收益率即遭到投资人和媒体的口诛笔伐，监管部门也以维稳为原则要求银行妥善处理，变相导致银行实质承担保本保收益的责任。”

理财产品的“身份”问题事关重大，妥善解决需要政府多个部门的参与，甚至要上升至国家立法层面。在目前环境下，指望在短期内彻底解决几无可能。然而形势逼人，随着理财产品规模的不断膨胀以及投资范围的日渐宽泛，商业银行亟须在现阶段摸索出既适应形势、又基本满足监管要求的发展之路。有业内专家已经指出，商业银行如果能将理财业务向资产管理业务转型，即“理财业务的发展应高举资产管理的大旗”，不但能解决理财业务定位等问题，更能为自身迎接利率市场化提供支持。

理财业务如何“高举资产管理的大旗”？应从提高投研能力和改革组织构架两方面入手。

一、提升投研能力

无论是理财业务还是资产管理业务，其实质是为投资人获取绝对收益，而强大的投资研究能力正是获得绝对收益的有力保障。

不管是哪种产品，只有在获得绝对收益的基础上才能进行相对的排名。在中国现有的国情下，投资人根本无法接受本金亏损后的所谓“跑赢市场”或是“跑赢比较基准”。公募基金业自2007年“盛极而衰”至今，既有整个A股市场萎靡的大环境影响，也与其忽视投研实力提升、过分追求相对排名和规模增长而漠视投资人利益的发展取向有关。在权益类市场整体走熊三年的大背景下，商业银行的理财产品正是凭借其公布的预期收益率以及理财产品到期后预期收益率无一例外实现这两大“利器”，才不断吸引着投资人资金从各个市场“搬家”而来。但商业银行应该清醒地认识到，这种预期收益率的公布和实现同自身的投研能力实际上是无关或者关系不大的。相较于基金产品受到《中华人民共和国证券投资基金法》的约束，不能公开宣传预期收益率，基金业整体投研能力的下降又造成无法为投资人带来正回报，银行理财产品则占据了太多的“天时”和“地利”，但这种“天时地利”却让商业银行或多或少地忽视了对于自身投研能力的投入和培养。以商业银行发行的主流产品为例，其中绝大多数投资于固定收益市场的产品均采用持有到期策略，通过持有债券到期来规避市场风险，又因为目前尚无信用产品实质违约而不考虑信用风险，最后再通过不断发行新产品“接龙”来化解流动性风险。如果需要提高产品收益率水平，就加入各式各样的信托、信托受益权、信托回购、委托债权等，并继续采用持有到期和“接龙”的策略。这样的投资与其说是投研能力强，不如说是垄断地位强。

金融市场向来是“三十年河东、三十年河西”。一旦权益类市场反转，银行理财产品将无法在收益率水平上与基金等产品竞争，而银行理财产品以往所依赖的期限优势，也因为被基金公司大规模模仿和复制而荡然无存。一个月内超短期限的基金产品在2012年对于银行理财产品的“逆袭”就是最好的证明。即便商业银行还占有渠道优势，但相比于银行理财产品最低5万元人民币的认购标准，基金产品同样也有着1 000元认购的门槛优势。如果商业银行不在当前行业高峰期“广积粮”，切实提升自身投研能力、努力增加理财产品种类、提升理财产品收益，未来理财资金向权益类产品“搬家”的现象将很快发生。

现阶段商业银行迫切需要提升以下三种能力：

（一）对于信用类产品的研究能力

国内债券市场尚无信用类产品实质违约事件的发生，但过往的历史并不代表未来的可能，近年来此起彼伏的“近似违约”事件已经在敲响警钟。国外的历史经验证明，简单的财务分析和参考评级并不能保证投资信用类产品可以“高枕无忧”，只有深入的研究才能使投资人在规避风险的同时获得超额回报。但提升研究能力需要巨大的投入和漫长的时间，在这点上商业银行已经落后基金管理公司很多。

（二）对于固定收益类产品进行对冲的能力

持有债券到期吃票息、在市场流动性充裕时通过杠杆操作放大规模、按照成本法买卖，商业银行在开展理财业务的初期通过这些操作策略能够有效化解风险并提升产品收益率，但随着理财产品规模的膨胀、债券市场做空工具（国债期货重启）的出现以及监管对于理财业务会计核算原则的完善，再简单地坚持上述操作手段将面临巨大的市场风险，商业银行唯有不断强化自身在衍生品市场和国债期货市场上的对冲能力，方能“化险为夷”。

（三）对于权益类市场的参与能力

商业银行的强项在于固定收益类产品的投资，但这并不意味就要放弃权益类市场。权益类市场一旦反转，无论是在投资业务还是基于投资目的的融资业务上，均存在着巨大的“商机”。商业银行既可以投资结构化产品中的优先级、在严控风险敞口的前提下适度享受证券市场带来的高额收益（以2006～2007年为例，结构化产品的优先端收益率能够达到7%～8%，且本金亏损的概率极小），又能够通过与券商、基金开展融资融券业务或约定资产回购业务来实现“不做淘金人，但可以卖铁锹给淘金人”的目的。这同样需要商业银行提升对于证券市场的研究能力和产品创新能力。商业银行只有知道别人怎么赚钱，才能和别人一起赚钱，进而带领别人一起赚钱。

二、改革组织架构

将商业银行的理财业务独立出来，通过成立子公司或控股公司级别的资产管理公司或是基金管理公司来运营，既是在理财业务相关法律问题无法迅速解决背景下的权宜之计，也是未来理财业务法律关系明确后的必经之路。设立资产管理公司或基金管理公司来发展理财业务对商业银行有如下好处：

（1）商业银行将理财业务作为资产管理业务独立出来，通过设立基金管理公司或资产管理公司来运作，其收入、成本、损益清晰明了，保证了理财业务的独立性、透明性及公平性，理财业务的发展将越来越与其资产管理能力相关，而与资本实力无关。

（2）开设基金管理公司或资产管理公司可以在消耗银行更少资本的前提下，将原本理财业务带来的中间业务收入转变为可持续增长的投资收益，既实现了业务转型，也消除了全社会对于商业银行乱收费的质疑。商业银行花费1亿元资本金注册的基金管理公司，其代客理财规模完全有可能达到几百亿元甚至上千亿元，并产生更多的投资收益。而同样的资本金如果仅用来开展传统的银行业务，则受制于资本充足率指标，其杠杆效应大为降低。

（3）通过设立基金管理公司或资产管理公司，可以将理财业务与商业银行自营业务及其他业务隔离开，既能有效隔绝理财业务给商业银行带来的隐性声誉风险，也能有效阻断理财业务的流动性风险和信用风险向商业银行传染。

（4）商业银行将基金管理公司或资产管理公司作为人才培育基地，为自身业务培养、储备人才，从而进一步提升其自身的资产运营能力和风险管理能力。

（5）监管部门可以独立审查基金管理公司或资产管理公司运作的理财业务，不会因理财业务的问题而给商业银行自身业务的发展带来阻碍。

但目前商业银行设立资产管理公司或基金管理公司来发展理财业务也存在不少困难。

首先是多头申报，程序复杂。按照现有的《商业银行设立基金管理公司试点管理办法》规定，商业银行申请设立基金管理公司既需要报中国证监会审批，也需要报中国银监会审批，城市商业银行申请设立基金管理公司还需要报机构所在地银监分局审查。

其次是需要具备相应的前提条件。虽然没有政策法规明确说明设立基金管理公司和具备基金托管资格、企业年金托管资格和社保基金托管资格两者间的先后顺序，但鉴于现有的8家银行系基金管理公司的控股股东方均先拥有相应的托管资格和托管部门，再申请设立基金管理公司，商业银行如申请设立基金管理公司，也应同时或提前启动上述资格的申请。

最后还需要有明确定位。商业银行系的基金管理公司究竟该发展什么类型的基金产品事关公司未来的生存。在“权益类基金不发就要亏损、但是发了更是亏损”的大环境下，商业银行系的基金管理公司迫切需要寻找到适合自身特点的发展道路。简单的复制和模仿不仅会在短期内将公司的注册资本消耗殆尽，更会伤害客户群体。投资人如果丧失信心，又谈何“代客资产管理”呢？

目前市场上已有商业银行设立了基金管理公司，其理财业务也在过去几年中获得空前发展。这些“先行者”们正不断“与时俱进”，努力探索适合形势的发展之路。以现有的8家银行系基金管理公司以及其母公司为例，交银、中银、工银、建信、农银5家是在商业银行理财业务大规模发展前成立的，在其业务开展初期以发行股票型和混合型基金为主，货币基金和债券基金只是“应景之作”。但在过去两年中，工银和建信已逐渐将主要精力集中在中短期限、投资固定收益市场的基金产品上；交银也受交通银行委托，通过专户管理其一部分理财资金。类似于银行理财产品的基金在上述公司产品中的占比正在不断提高，有的甚至已超过权益类基金。而民生银行、浦发银行等设立的基金管理公司也通过类似的业务转型试图摆脱连续亏损的局面。考虑到工商银行、民生银行等已相继将其内部理财业务部门以资产管理部门的形式独立出来，未来不排除会有将旗下基金管理公司与资产管理部门进行业务整合的可能。或许不久的将来，冠以各种基金名称的理财产品就将出现在投资人面前。

自中共中央在2007年10月的十七大报告中首次提出要“创造条件让更多群众拥有财产性收入。保护合法收入，调节过高收入，取缔非法收入。逐步扭转收入分配差距扩大趋势”① 以来，金融业各界人士曾先后将股票、基金、保险等视为落实中央精神的主要途径。然而5年的经验证明，恰恰是既没有“身份”又被视为“坏孩子”的银行理财产品，在股票基金全军覆没、股民基民损失惨重时，为广大人民群众带来了数百亿元甚至上千亿元的财产性收入。所谓“瑕不掩瑜”，理财业务发展至今虽然仍有这样或那样的不合理、不合规，还被视为中国的“影子银行”，但正如中国社科院副院长李扬所说，“理财产品等……由市场创新而来的‘影子银行’业务活动，充分体现现代金融发展‘交易’的要素，具有重大的借鉴意义，或将成为未来金融创新的发展之路”，“影子银行是创新的源泉、风险的渊薮和监管的重点”。未来商业银行理财业务和理财产品的发展一定会对国内的金融改革产生重大的影响，甚至在金融改革中发挥主要作用，成为主要的发展方向和载体。

理财业务的良性发展离不开参与各方的共同努力，商业银行应想方设法在提升产品收益水平和合规水平的基础上树立品牌形象，以吸引投资人的认同；监管部门应在坚持基本原则的基础上“与时俱进”，不断完善监管法规，以指导商业银行开展业务；宣传媒体应加大金融知识的普及力度，以指导投资人逐步养成“买者风险自负”的意识；投资人也应不断提高识别水平和风险承受能力，正确树立“风险与收益成正比”和“理财产品不是储蓄替代品”的投资理念。唯有如此，中国的理财市场才能兴旺发达，投资人和商业银行才能实现双赢。

---

① 党的十七大报告单行本第39页，人民出版社出版。

利率市场化条件下的银行理财业务发展问题

——中国农业银行个人金融部副总经理　李国峰

2012年6月，中国人民银行将金融机构存款利率浮动区间的上限调整为基准利率的1.1倍，这是继2004年10月放开贷款利率上限和存款利率下限后，利率市场化改革向实质化迈进的重要一步。基于负债资源的争夺仍是当前推动我国银行理财业务快速发展的主要动因，存款利率市场化的稳步推进将对银行理财业务的发展产生深远影响。

一、银行理财业务契合了存款利率市场化要求

理财业务不仅是商业银行突破自身传统业务的一种创新业务，而且开辟了商业银行利率竞争的空间，在保持银行传统业务相对稳定的基础上，对法定人民币存款利率体系形成一定突破，这种源于市场内生力量的理财业务最终将突破存款利率管制，对我国存款利率市场化具有重要意义，其高速发展契合存款利率市场化的总体要求。

（一）理财产品满足了客户对资金收益的需求

银行理财业务是商业银行在向客户投资者提供理财顾问服务的基础上，接受客户的委托和授权，按照与客户事先约定的投资计划和方式进行投资和资产管理的业务活动。商业银行理财业务的基础资产主要为银行间市场国债、政策性银行金融债券、中国人民银行票据、企业债、资产证券化产品以及金融市场信托计划等。在投资者承受一定风险的条件下，商业银行扣除相应费用后以高于存款利率和略低于基础资产原价格的价格分拆转手，使投资者获得较高收益。理财业务的开展为投资者提供了更多的投资选择，居民和投资者对更高资金回报率的需求正是我国利率市场化改革的动力之一。

（二）理财业务促进了银行利率管理水平的提高

银行理财产品大部分以国债、政策性金融债、中国人民银行票据、企业债等银行间债券市场为基础资产，这促使商业银行建立起一套基于市场化的银行间市场利率风险管理和风险计量与监测系统，培养利率风险管理的专业人才，切实提高商业银行利率风险管理能力。

（三）开展理财业务加速了商业银行经营转型

理财业务的开展增加了商业银行中间业务收入，优化了收入结构，有利于商业银行经营模式的转型。理财业务还可以实现银行信贷存量管理向流量管理转变，推进资产和收入结构转型，形成资本节约型的发展方式。通过信托公司设立信托计划，将理财产品募集资金定向投资于银行既有的信贷资产，可以实现存量信贷资产的转出，实现信贷规模转出，调整银行资产负债结构，在既定的总资产规模下实现更高的利润，从而满足信贷监管、资本充足率等要求，减少经济资本占用。

（四）符合“先大额后小额”的利率市场化思路

我国商业银行理财产品主要是针对高端客户的竞争。商业银行充分利用稳健的信誉和高品质理财服务来吸引大客户，并绕过了存款利率限制，这实际上就是商业银行对存、贷款利率管制的突破。由于理财产品需要一定的资金门槛，实际上实现了大额资金来源对传统存款的替代，其利率也实现了市场化。并且，这对商业银行传统的存款业务（特别是小额存款）不会产生直接的冲击，只是一定程度上影响了客户的行为，促进了其理财意识的提高和对资金收益的追求，这正好符合我国利率市场化中“先大额后小额”的改革思路。

二、存款利率市场化条件下银行理财业务发展的基本趋势

随着利率市场化的推进，息差将大幅降低，商业银行对传统存贷业务的依赖逐渐下降，银行理财产品将逐步摆脱揽储工具的阴影，走向正轨，产品设计和差异化定价的竞争将会加剧，银行理财业务的发展将呈现几个趋势。

（一）理财产品揽储功能将日趋弱化

国内部分商业银行开展理财业务不完全是为了增加中间业务收入，更多是为了维系客户，争夺存款，理财业务沦为商业银行强化存贷业务的工具，陷入极为尴尬的境地。随着利率市场化的推进，以及监管部门对日均存贷比的要求、《银行业金融机构绩效考评监管指引》的落实，银行理财业务作为“吸储”工具的现状有望得到扭转。利率市场化压缩银行传统存贷业务收入，商业银行不得不向倚重中间业务转变，而理财业务将作为一项真正的中间业务壮大起来。

（二）银行理财产品定价日渐差异化

银行理财产品定价首先是参照定期存款利率的水平。银行存款具有“无风险”特性，而银行理财产品大部分为“非保本浮动收益”，投资者需要承担诸如政策性、流动性等风险，产品定价需在定期存款利率的基础上进行一定上浮，来补偿这些风险。随着利率市场化不断推进，息差的大幅降低将倒逼商业银行转变经营模式、盈利模式，加大中间业务投入，在理财业务模式、产品设计理念等方面，根据自身实际情况，找准市场定位，理财市场将会出现分化。各商业银行定价策略将更加差异化，银行理财产品收益率差异将拉大。

（三）大型银行市场份额或将大幅上升

目前，国有银行和大型股份制银行的存款利率政策相对稳健，特别是中长期定期存款利率普遍低于中小型银行，利率差异导致的“存款搬家”正持续加强。为稳定存款市场份额，避免资金转移演变为客户流失，大型商业银行会将业务重心逐渐向理财领域转移，努力提高理财产品发行能力，丰富理财产品期限、风险属性、交易渠道等，以理财锁定收益率敏感度高的客户。部分定期存款将逐步向理财产品转移，大型商业银行理财产品市场份额将大幅上升。

三、利率市场化条件下的银行理财业务监管建议

一定意义上，银行理财产品是表外化的银行负债，既规避了传统的审慎监管，也削弱了货币宏观调控的效果。同时，为吸引资金，特别是利率差异诱发的“存款搬家”逐步显现后，商业银行在理财产品设计时容易片面开展价格竞争。监管部门应当重视理财业务的发展情况，业务监管应走向标准、规范、持续，确保银行理财业务健康发展，避免风险的过度积累。

（一）加强银行理财产品的规范管理和监测监管

为应付内部考核、外部监管、上市银行信息披露的需要，商业银行很多理财产品设计都是月末到期，这样资金在月末考核时体现为银行存款。理财产品一定程度上对冲了信贷调控效果，影响了传统的货币统计 M2、新增信贷等统计指标，加大了货币调控的难度。此前，监管部门曾对商业银行执行过存款稳定性监管政策，要求月初三天存款下降幅度不能超过上月末余额的 0.2%，否则将实施惩罚性措施。但这无异于隔靴搔痒，收效甚微。因此，应有针对性地加大银行理财产品的规范管理，完善相关业务的监测监管，严格区分不同类型的理财产品分类标准，加强理财产品设计和理财合约的标准化，完善理财产品的相关统计、报送工作。

（二）提升商业银行风险管理和资产定价能力

为吸引更多资金，很多中小银行理财产品发行的预期收益率要普遍高于大型银行，这对其风险管理水平和资产定价能力都提出了非常高的要求。虽然目前没有发生大规模的银行理财产品违约风险，但如果表外资产出现大量风险，银行为避免声誉损失，必将动用表内资产弥补表外损失，即表外风险

转嫁表内。因此，应进一步加强银行风险管理和资产定价的水平，要根据金融机构经营的实际需要和市场的实际情况，设计符合客户需求和银行自身业务需求的、风险与收益相匹配的理财产品，真正推动商业银行风险管理水平和定价能力的提高。

（三）加快推进利率市场化改革步伐

理财产品和大量金融“脱媒”现象的存在，很重要的原因之一就是对利率的管制。在长期负利率环境下，为吸引更多的资金，银行理财产品的大发展是可以理解的。在当前过分依赖存款准备金的数量型工具而忽视利率价格型工具的政策下，很长一段时期内货币市场利率都要高于同期存款基准利率，这进一步刺激了金融“脱媒”现象的发生。因此，应深入推进利率市场化改革，实现利率市场化定价，使利率真正反映资金的成本，切实提高金融资源配置效率和政策调控效果。

（四）同步加强存款保险制度的建立与完善

从保护存款人利益、维护中小金融机构发展来看，利率市场化加大了中小金融机构经营风险，一旦流动性出现问题，极易导致清偿困难，危及区域金融稳定。建立并完善存款保险制度，在全球主要经济体中早已得到认同。自1933年存款保险制度在美国推出至今，全球已有上百个国家和地区相继推出此制度。作为全球第二大经济体的中国，尽快推出存款保险制度已是大势所趋。特别是当前国内利率市场化步伐的加快，一定程度上增加了银行业的脆弱性，适时建立、完善存款保险制度，有利于维护整个金融体系的安全。

银行理财业务应回归中间业务的本质

——中国农业银行个人金融部副总经理　李国峰

一、存在的问题

2012年，在投资市场持续震荡的背景下，从股市、楼市、基金撤退下来的资金，大量涌入相对稳健的银行理财产品。但“资金大转移”也掀起了不小的波澜，产品销售游走于政策边缘，巨亏事件、代销事件此起彼伏，理财产品市场隐现乱象丛生之势，银行履行风险揭示与告知业务不充分。如何有效解决“影子银行”问题已成为金融理论界与实际部门共同关注的热点问题。目前，银行理财业务竞争突出存在以下四个问题：

（一）人为隐藏风险要点

银行理财产品依附于特定的市场条件和产品结构，与资本市场紧密相连，不仅存在收益风险和流动性风险，而且客观存在本金风险。部分商业银行的产品宣传资料，风险提示不醒目、不明确；销售终端片面宣传产品的高收益和高流动性，忽视产品的潜在风险；只顾前期销售，忽视后期的跟踪服务。在理财产品日新月异、迅猛发展的今天，容易误导客户将银行理财产品等同于银行存款，进而人为隐藏理财产品风险，最终导致银行与客户间的矛盾与纠纷。

（二）投资范围广泛模糊

在银行理财产品募集资金的运用过程中，投资方向决定产品风险水平和预期收益可实现水平。由于现行银行资本可在国内外资本市场的不同产业间运作，投资范围广泛且资金运作空间较大，部分银行理财产品募集资金投向广泛而模糊，对外信息披露不够透明，投资标的配置比例不合理，投资方式不够规范，投资过程缺乏行之有效的监管措施，且投资监管体系不够完善和健全，无疑不利于加强银行理财产品投资风险的管控。

（三）片面强调收益

银行理财产品包括保本型和非保本型。在实际运作中，即使是非保本浮动收益类银行理财产品，按照监管部门的有关规定，银行必须尽职尽责履行风险揭示与告知义务，不仅要对投资项目可能出现的风险进行预测和审核，而且要将投资项目风险的存在方式、概率及防范措施等明确无误地告知客户；同时，银行还应对客户的风险承受能力进行评估，对产品风险度与客户的风险承受能力进行适合度检测，以便于客户及时全面地了解和认知风险。但是，在现实操作中，银行间执行制度的水平参差不齐，部分营销人员在向客户营销理财产品时履职不到位，要么不主动陈述，要么含糊带过，片面强调预期收益，甚至口头承诺保本保收益，相应造成银行理财产品功能异化和客户认知歧义，不利于银行理财业务健康有序规范发展。

（四）忽略了理财服务需求的层次性

在银行理财业务发展过程中，受理财业务发展水平、理财人员素质、客户价值及其风险承受能力等的影响，银行理财业务具有显著的层次性特征。在实际运作过程中，相当一部分银行故意隐瞒客户理财需求的层次性差异，一味强调银行理财产品的高收益，将客户在资本市场上的投机转化到银行理财产品竞争上。殊不知，银行理财产品服务只是银行理财业务的初级阶段，银行理财服务水平的高低体现在中高端客户资产组合的价值最优化上，体现在客户理财服务需求的最大满足上。

上述种种乱象的存在，实质上是因为银行理财产品承载了过多的职能，有的银行运用发行理财产品所募集的资金发放委托贷款、直接购买贷款；有的银行则通过信托产品、私募基金投入项目，逃避监管发放贷款；有的银行将发行理财产品所募集的资金计入存款，以应对存贷比约束和业绩考核，变相高息揽存。凡此等等，扰乱了理财业务市场，阻碍了银行理财业务的规范、健康、有序发展。银行理财业务要健康发展，必须摆脱强化存贷业务工具的阴影，回归“代客理财”的本质，真正成为商业银行的中间业务。

二、采取的措施

（一）引导客户需求，强化分层服务

所谓“银行理财服务”，是指银行通过产品销售、现金流管理、资产组合服务、业务咨询与投资顾问等方式，为高净值人群提供综合性、专业化、个性化、差异化的金融服务，以帮助客户实现经济自由、财务自主、生活自在。显然，银行根据客户个人与家庭生命周期的变化，发挥专业人才、金融产品、投资信息、服务渠道等的优势，指导和帮助客户适时合理地调整资产配置，防范和规避财务风险，保障生活品质稳步提升，是银行理财服务的根本。因此，从理论上而言，银行理财服务包括理财产品销售、资产配置服务、全面的财富管理三个阶段。随着客户价值的持续提升、金融服务需求的优化升级，银行理财服务的内涵也将随之发生变化。银行理财产品销售只是银行理财服务的初级阶段，单纯追求理财产品收益是客户对银行理财服务的误读。

在现实条件下，银行要提升理财服务品质，必须从加强客户教育和完善服务体系入手，卓有成效地开展工作。一是要通过强化客户教育，帮助客户了解和把握银行理财服务的本质与内涵，引导客户树立正确的投资理财理念，避免客户因单纯追求高收益而盲目跟风购买、造成损失。二是要通过加强客户理财服务需求引导，实现客户分层服务，帮助客户提升理财服务需求，选择与自身价值、风险承受能力、投资技能与经验等相一致的银行理财服务方式，提高客户与银行的合作价值。三是要强化客户分层服务与管理，在分层次建立和完善银行理财服务的客户准入标准基础上，细分客户需求，根据客户价值与金融服务需求差异，分层次研发和创新银行理财产品，有的放矢为客户提供个性化、差异化的银行理财服务。四是要牢固树立“以客户为中心”的经营理念，建立和完善激励约束机制，将员工的热情与激情由追求销售业绩引导到提高客户关系营销管理水平上，引导到提升银行理财服务品质上，引导到提升价值创造能力上，以避免在客户单纯追求理财产品高收益时推波助澜。五是要认真贯彻落实监管政策的有关要求，切实履行好银行理财产品风险揭示与告知义务；要根据经济金融环境与政策的变化，适时为客户提供风险预警服务，帮助客户调整资产配置结构，以丰富银行理财服务的内涵，提升服务品质。

（二）遵循“三化”要求，加强团队建设

在客户服务已从战术层面的维护管理上升为战略层面的创造价值的今天，与客户建立互利互信、合作共赢的良好关系，创造高满意度、高忠诚度、高贡献度的“三高”客户群体，既是提升银行理财服务核心竞争力的基础，又是银行理财服务的核心价值体现。银行要做好客户关系的营销管理、创造“三高”客户群体，就必须打造一支专业化、职业化、知识化“三化”的理财服务经营管理团队。为此，近几十年来，国际知名银行均遵循“专业化、职业化、知识化”要求，有效加强了银行理财服务团队建设，打造了一支职业道德良好、专业技能娴熟、从业经验丰富、具有较强的价值创造能力、受到客户认同与信任的专业理财服务队伍。

对于银行而言，遵循“三化”要求，加强团队建设，就是要强化员工的职业道德教育、提高员工的专业技能、与时俱进提升员工的价值创造能力。

一是要按照“职业化发展”的要求，强化员工的职业道德教育，督促员工牢固树立诚信观念，增强服务意识，提高职业水准。要全面落实员工持证上岗制度，培养员工正确的绩效观，督导员工恪守职业道德，严禁员工为提升销售业绩，或人为夸大收益、或故意隐瞒风险而误导客户购买理财产品；要自觉做到“服务到位，决策不越位”，严禁员工向客户推介风险水平高于其风险承受能力的理财产品，严禁员工擅自替客户决策购买银行理财产品，以避免理财产品错误销售和销售不当，规避银行的声誉与法律风险；要按照“精、深、专”的发展方向，建立和完善银行理财服务人员的成长与发展机制，夯实有利于银行理财服务可持续发展的人才基础。

二是要按照“专业化发展”的要求，有效增强银行理财服务人员的服务能力。要顺应国际银行业理财服务发展与客户需求变化的趋势，结合团队成员的专业特长与理财服务的现实需要，以市场掌控能力、政策运用能力、有效沟通能力、需求分析与满足能力、产品组合与创新能力、资产配置与财富管理能力、客户关系营销与管理能力为基础，有的放矢、扬长避短，重点培养和提高银行理财服务人员的专业服务技能与价值创造能力，变单一的理财产品销售为综合的理财服务，力求做到任何客户在任何时候、任何地方有任何需求，银行理财服务人员均能充分有效地满足客户需求，为客户提供综合性、专业化、个性化、差异化的银行理财服务。

三是要按照“知识化发展”的要求，适时加强银行理财服务人员的培训，与时俱进、增长才干。一方面，要建立和完善银行理财服务人员定期学习与交流制度，重点强化银行、保险、证券、信托、财会、投资、税务、法律、艺术品收藏与鉴赏等专业基础知识的学习，打造一个学习型的团队；另一方面，要适时组织银行理财服务人员学习宏观经济与金融政策，研究和探讨国内外经济金融环境变化与发展趋势，分析和把握客户的理财服务需求，进而达到与时俱进、全面提高银行理财服务人员政策水平、专业服务技能的目的。

（三）坚持“三性”原则，强化服务责任

资本市场始终处于一种变幻莫测的状态，“收益”与“风险”这对孪生兄弟是资本市场所固有而客观存在的。希望资本市场持续强劲而忽视风险存在，力求凭借投机而实现财富快速增长，无疑是天方夜谭，也是缺乏金融投资常识的表现。投资风险与收益之间始终是一种正相关的对等关系，投资的收益越高，风险也越大，这是金融投资理财的内在规律。为此，银行在为客户提供理财服务时，必须恪守“理性”、“良性”和“悟性”的“三性”原则，强化服务责任。

一是银行在为客户提供理财服务时要恪守“理性”原则。一方面，要培养客户“理性”的金融投资理财理念。理财服务的真正目的在于统筹配置好客户资产，实现“安全性、流动性、效益性”的有机统一，保障和提高客户的生活品质，而非单一的财富增长，因此，银行理财服务要立足于客户财富的持续增长，而非趋利性强的金融投机；客户理财资金的投入以不影响正常生活为前提，而非节衣缩食、卖房卖车；如同月有阴晴圆缺一样，金融投资理财有赢有亏，这是收益与风险共生作用的客观结果。另一方面，要引导客户“理性”对待金融投资风险的态度。银行不仅要本着对客户负责的精神，在充分了解和把握客户风险承受能力与投资经验的基础上，为客户选择与自身投资知识、投资经验、风险承受能力相适应的金融投资工具和产品，以最大限度地提高金融投资收益率，实现客户资产的保值增值；而且要引导客户不盲目跟风，克服贪婪，客观对待风险，积极配合银行适时调整资产配置，优化资产结构。

二是银行在为客户提供理财服务时要固守“良性”原则。其一，银行理财服务战略、策略及发展目标的制定，必须与市场需要和客户需求相适应，决不可不顾市场需要和客户需求盲目扩张，也不可不尽风险揭示与告知义务而误导客户，应立足于全面提升服务品质，建立和完善理财服务体系，增强客户与社会的认同感，否则无异于杀鸡取卵，难以实现银行理财服务的长期可持续发展。其二，要践行好服务责任，在为客户提供金融投资理财服务时，要以安全性为前提、流动性为基础、效益性为目标，帮助客户正确处理和兼顾好安全性、流动性与效益性的关系，否则，以牺牲客户资产的安全性、流动性为代价，盲目追求资产的效益性，必然导致客户资金链断裂，进而引发客户的财务危机，更不可能达到财务自由、经济自主、生活自在的目的。

三是银行在为客户提供理财服务时必须坚守“悟性”原则。“佛主拈花而笑，唯摩诃迦叶能悟”。这一方面要求银行在制定理财服务发展战略与策略时，必须从本行的实际出发，且要认真借鉴和吸取国内外同业理财服务的教训与经验，“悟”出本行的理财服务之道，决不可为争客户、上规模、不惜成本和代价，与同业开展恶性竞争，否则，必将损人不利己、进而损害整个银行业理财服务的发展。另一方面，银行理财服务人员要互相学习、相互借鉴、博采众长、举一反三，增强实战能力，决不可主观盲从、故步自封、照搬照套，而要从客户的实际出发，全面分析和把握客户需求，为客户提供周到、细致、尊享、专业的银行理财服务。

浅议商业银行理财业务组织架构及风险体系建设

——中信银行理财业务管理部总经理 李洁怡

近年来，伴随国内个人与机构财富的积累，在金融“脱媒”、利率市场化、通货膨胀等因素的刺激下，理财投资已成为客户的基本需要，理财业务呈爆炸性增长。与此同时，商业银行理财业务在组织架构方面走出了一条由分散到统一的发展路径。

在业务发展初期，分散管理的组织体系能够加快新产品上线速度，可以较灵活地对市场和客户需求做出反应，但随着业务的逐渐深化，存在着缺乏统一的部门或机构进行整体管控、不利于资源整合、难以进行有效的风险制衡和隔离以及人力配置、系统开发、品牌宣传等规模不经济的情况，不利于理财业务产品研发、风险管理、投资交易等模块的专业化发展，将严重影响理财业务的健康发展和商业银行风险管控。

随着业务的快速发展，监管部门和商业银行都充分认识到理财业务的重要作用和积极意义。商业银行有责任、有动力从银行未来经营转型、提升核心竞争力方面制定理财业务的战略定位，统筹规划未来发展，严格区分和隔离自营和代客业务，由专业部门、专业系统和专业人员负责理财业务的管理和运作。于是，在风险控制、业务发展、外部监管三方面因素的综合作用下，理财业务殊途同归地选择了由分散到统一、由兼营到专营的管理模式和组织架构。理财业务组织机构专营化、经营专业化、人员专职化（简称“三专”）已成为行业发展大趋势。理财业务“分散的销售渠道、统一的研发和风险管理、集约的会计、系统运营”模式基本定型。现阶段商业银行理财业务组织机构主流模式见表1。

表1　　商业银行理财业务组织机构主流模式

模式	职能划分	商业银行理财业务组织架构主流模式
分散	销售渠道	对公、对私渠道
统一	产品研发	理财业务管理部门（专业代客机构）
	投资交易	
	新产品审批	专业委员会
	日常风险管理	风险管理部
	风险政策	风险管理部、计划财务部
	风险限额及监控	
集约	系统维护	信息技术部
	会计核算、清算	运营管理部

理财业务组织架构是理财业务持续发展的基石，而理财业务风险体系建设是理财业务健康发展的核心和支撑。

由于理财业务涉及客户财务状况分析、投资顾问、产品销售、新产品开发和资产管理等多个环节，商业银行需要搭建风险管理闭环体系、建立专业审批委员会、采取有针对性的措施对理财业务各个环节的风险实施有效管理。

一、建立闭环式风险管理体系

一是搭建风险限额体系。从商业银行战略层面清晰界定理财业务风险属性，并确定运作模式、投资方向以及研发额度分配等多维度的风险限额；二是加强基础资产前端风险评估，风险评估流程贯穿支行、分行、总行各有权机构；三是建立投资对象准入、退出标准，标准涵盖投资范围、所属行业、信用等级等维度；四是建立产品上线核准机制，确保审批条件落到实处；五是建立全口径的投资运作监控体系；六是做好临期管理，形成理财业务风险管理闭环。

二、建立专业化专家审批委员会

基于全面风险控制和制衡、专业、独立的管理理念，理财业务审批应建立专业化专家审批委员会。委员会成员要求是银行任职干部、各领域的专家，从而将成员的专业、经验、职务要求相结合。在审批会议中委员会成员分别从信用、法律、合规、监管、市场、渠道和客户等角度发表意见和严格把关，相互渗透思想、交流见解，加深了对项目、对行业、对模式、对政策的全面了解，有效地将专业能力和技能运用落实到理财业务风险审批和业务推动中，风险审批更专业、更权威、更透彻、更到位，构筑理财业务的风险防范堤坝。

三、加强全节点风险管理控制

第一点是开发设计环节。由于理财业务通常都是一个产品组合或投资组合的开发过程，商业银行应制定新产品、新业务的开发设计管理规定，事前评估和管理理财业务的风险。

第二点是投资顾问环节。要按照“了解你的客户”的要求，客观评估客户的风险承受能力和投资意向，提供符合客户利益的投资顾问服务，并充分揭示风险。

第三点是营销环节。注意防范法律风险和合规风险，防止错误销售和不当销售。

第四点是投资操作环节。要严格控制操作风险，按照客户的指示或合同约定进行投资和资产管理活动。

第五点是售后管理环节。要做好产品投资后的风险监督、监控，建立区别于银行传统信贷的、适应于理财业务的风险监控体系，并保持文件和数据记录的完整性与可靠性。

第六点是信息披露环节。按照“三个透明”的原则，即基础资产透明（好资产或坏资产）、产品结构透明（有无嵌入衍生品及嵌入方式）、资产管理方式透明（尤其是资产组合产品的买入卖出规则），充分披露相关信息。

第七点是临期管理环节。整体掌控产品到期本金及收益偿还资金情况、产品承接情况等。

2013：渐入佳境——从 VVIP 投资策略到 B.R.I.D.G.E. 架构

——渣打银行（中国）财富管理部总经理 梁大伟

2012 年，经济在蹒跚前行中走向柳暗花明。在 2012 年取得进展的领域包括：欧洲央行采取行动，大大降低欧元区内引爆危机的风险；中国采取行动稳住增长势头；能源价格压力消退。

渣打银行财富管理部将 2012 年投资策略主题概括为 VVIP，即英文单词 Value（价值）、Volatility（波动）、Inflation（通胀）和 Paid（收益）首字母的合称。

所谓 Value，就是看好具有估值优势的风险资产，具体而言有全球股票、高收益债券、亚洲本币债券。

所谓 Volatility，就是指要充分利用市场波动，逢低买入股票和高收益债券，并且在股市和汇市的波动中寻求机会扩大收益。

所谓 Inflation，就是提醒投资者注意抵御通胀威胁，而股票和黄金恰恰是狙击通胀的有效工具。

最后是 Paid，就是指投资者在刚刚过去的这一年会追逐能够定期提供较为稳定现金流的投资工具，具体来说是投资级和高收益公司债，以及基本面良好且分红稳定、丰厚的上市公司的股票。

回顾 2012 年，VVIP 策略的正确性得到了有效的验证。

股票是对冲温和通胀的上佳工具，并且可以随着经济的长期增长而获得增值潜力。从全球范围来看，大部分股票市场较本国 10 年期国债能提供更高的收益率。而高收益债的收益率与股票盈利收益率间的利差处于 10 年来的低位，突现了股票的相对价值。因此，许多处于估值洼地的股票受到了投资者的青睐。债券方面，低利率环境下投资者对现金收益的追逐以及良好的风险—回报比令亚洲高收益债、发达国家高收益债表现突出。商品方面，各国央行纷纷放松银根，令部分投资者转向黄金，将其作为对冲通胀的工具。据此，有效利用市场波动投身于这些资产的投资者纷纷斩获了不错的收益。

2013 年，全球经济将渐入佳境，有望实现较强增长。但复苏势头并非一路畅通——预期经济在第 1 季度仍将疲软，特别是发达市场；然而，政策不确定性减少，加上尾部风险减退，应可吸引消费者与企业逐步增加消费和投资。通胀可能保持相对低企，但亚洲通胀很可能在上半年见底，然后逐步加快。财政政策不可能放松，美国和日本都在关注政府将如何及多快推出紧缩政策。然而，2013 年欧元区财政政策可能会较 2012 年宽松，短期内将仍偏向进一步放松货币政策。不过，随着 2013 年过去，踏进 2014 年，市场关注可能会从放松政策转移至紧缩措施，尤以亚洲区为然。

继 VVIP 策略成功之后，我们相信 B. R. I. D. G. E. 架构在 2013 ~ 2014 年间可对投资者起到引导作用。Bridge 的中文意译为“桥”，传递的是“过渡”的意象，这与渣打银行对 2013 年世界经济宏观走势的判断——渐入佳境相契合。将 B. R. I. D. G. E. 架构拆分详解，我们就能得到以下投资启示：

B = Broadening，全球复苏范围扩大。

我们相信全球复苏范围将会逐步扩大并加快步伐。

R = Receding，尾端风险消退。

有鉴于强力政策，尾部风险已见减退。预期此趋势将延续至2013～2014年。

I = Income，创收仍具实质意义。

我们从2012年起一直强调创收和现金流的实质意义，这一点因极低的利率环境和投资者相对审慎的态度而备受忽视。换言之，应尽力避免过度依赖高收益债券来创造收益。尽管我们维持超配美国高收益债券，但已调降亚洲高收益债券至标配。投资者应调整对于未来回报的期望，并确保持仓情况与其风险承受能力相适应。

D = Diversification，多元化投资日益重要。

我们向来主张持有多元化投资组合，预期相关度正常化则会令多元化投资方式更添优势。战略资产配置反映了传统组合模型中尚未涉及的多元化投资机遇。

G = Go，投资本地（债券）及全球（股市）。

亚洲本币计价债券仍具吸引力，因为这是收益较高、信用价值改善、预期货币升值以及全球基金经理逐步将资源更多配置到亚洲债券市场的结构性趋势。全球股市（包括亚洲股市）均实现增值。过去一年美国股市的强大韧性有目共睹，欧洲股市表现也表明投资不可能脱离当地环境。因此，我们相信多元化投资对于全球各地股市意义重大。

E = Equity，股票最具投资价值。

股票在资本市场中最具投资价值。从相对角度来看尤其如此。在大部分主要市场，股息收益率均跑赢当地的10年期政府债券收益率。高收益债券收益率下降意味着股票目前也是该资产类别中较优的投资选择。预期股市波幅将逐步走低。

辞旧迎新，全球经济有望从“艰难中前行”的局面转而渐入佳境。从具体资产类别来看，股票仍是渣打银行看好的资产类别。全球经济预计从2013年下半年开始加速增长，尾部风险得到抑制，这会降低股票的风险溢价。同时渣打银行看好高分红和大规模涉足新兴市场的发达国家上市公司，地域上则看好美国和中国。就行业而言，我们青睐美国科技行业（特别是与智能手机相关的领域）和亚洲非必需消费品以及金融行业。商品方面，因为从2013年下半年开始到2014年全球经济或许会显著加速，供应过剩的情况应当会逐步缓解，我们对商品的前景感到乐观。外汇方面，预计亚洲货币相对于其他主要货币将走俏，因为该区域预计继续会有资金流入。

建议投资者在购买理财产品时，除了考虑最高预期收益率外，也要根据对投资环境、投资标的、投资期限、收益计算方式等的偏好，结合自己的风险承受能力、投资经验和财务条件，选择适合自己的相关产品，才有可能获得理想的投资收益。

新的一年，渣打银行财富管理部将再接再厉，更好地融合其全球视野和本土经验，不断丰富产品线，进行多元化投资选择，优化客户体验，力求为客户提供更佳的投资咨询和理财方案，助其实现财富愿景，成为其值得信赖的投资顾问。

国内商业银行理财业务创新及其未来发展趋势

——招商银行总行金融市场部总经理　刘小腊

21世纪初，中国金融市场的快速发展和社会财富水平的迅速积累，对传统银行的业务模式提出了严峻挑战，国内银行纷纷思变，银行理财破茧而出。经过十多年的发展，国内商业银行理财很好地契合了宏观经济的变迁、社会融资结构的变化以及客户旺盛的财富管理需求，所以一经问世，便展现出蓬勃的生命力，无论是理财产品种类还是理财产品规模，均出现了井喷式发展，成为影响国内宏观经济和金融市场的一支重要力量。但在快速发展过程中，银行理财运作不透明、隐形担保、风险控制不到位等弊端也不断暴露，甚至被作为“影子银行”成为全社会热议的话题。

正如唯物史观所言，事物总是在曲折迂回中前进，通过解决发展中存在的问题而不断升华，直至量变达到质变。虽然商业银行理财目前还存在诸多不足，但瑕不掩瑜，国内金融市场的不断深化、利率市场化进程的持续推进以及商业银行转型的深入发展，将进一步激发银行理财的活力。同时，银行理财也必将回归财富管理的本质，以运作透明化、风险可控化、投资专业化作为发展宗旨，以产品基金化、资产证券化和理财结构化作为未来银行理财的创新方向。

一、我国商业银行理财业务的现状

在十多年的发展过程中，我国银行理财业务规模快速增长，迅速成为国内财富管理业务中的中流砥柱。同时，银行理财业务的发展脱离不了整体的宏观背景和金融市场格局，它充当着银行转型的急先锋，体现着明显的银行转型，甚至是宏观经济和金融市场转型的影子。

（一）初步建立以固定收益类理财为主体的产品体系

目前，商业银行的理财产品体系已比较齐备，涵盖了保本和非保本、本币与外币、不同期限及不同投资市场的理财产品。在产品类型方面，包括具有不同风险收益特征和时间期限的固定收益类理财产品、基于市场定价的“类货币市场基金”和“类债券市场基金”产品、FOF 等权益类理财产品、QDII 类理财业务等等。此外，商业银行理财业务还继续优化结构化产品的设计，从挂钩标的到产品结构，不断推陈出新，既满足客户多样化的理财需求，又结合自身优势，提高拆分平盘和产品报价的水平，逐步摆脱“拿来主义”，追求利润最大化。在各类型银行理财产品中，类存款型固定收益类理财产品一直占据绝对主导的地位，其他类型产品份额相对较小。

（二）主要采用“资产池”运作模式

商业银行纷纷采用“资产池”模式进行资产运作。一方面，银行通过“资产池”管理客户的认购、申购、赎回、到期、清算及产品报价等，发挥着产品端管理的功能；另一方面，通过“资产池”管理债券、拆借、回购、信贷资产、衍生交易等资产，发挥着配置资产管理的功能。“资产池”是财富管理的载体和工具，国内商业银行高度重视其效能的发挥。在优化产品发行的同时，注重资产配置的质量；在丰富交易工具的同时，注重投资策略的制定；在博取价差收益的同时，注重各类风险的防范；在管理资产负债的同时，注重各种风险限额的监控。

“资产池”模式最受诟病之处在于产品不能以单个产品独立核算，风险难以充分揭示。同时，由于“资产池”配置了相当比重的信贷资产，规避了信贷规模的控制，蕴藏着一定的风险。并且，银行对“资产池”收益实质上给予了一定程度的隐性担保，从而承担了一定的声誉风险，一旦预期收益未能实现，甚至本金不能保障，可能引起投资者和银行之间的纠纷。监管机构也认识到“资产池”模式的风险，并逐渐规范“资产池”运作，而这必将要求银行理财业务的转型。

（三）同质化严重

由于银行理财产品主要承担稳定存款、腾挪信贷额度的角色，再加上分业经营格局和刚性兑付的约束，各家商业银行理财产品难有差异化的动力，理财产品同质化现象非常明显。从产品类型看，银行理财主流模式主要是类存款型固定收益类理财，产品期限、风险特征描述都高度相同；在类基金产品和结构化产品方面，国内各家银行也基本上是大同小异。从资产配置看，投资品种主要集中在债券、信贷资产等，甚至连规避监管的路径也高度一致。

理财业务高度同质化，必然引发激烈的价格战，目前国内银行理财市场上的硝烟四起便是明证。造成理财模式高度雷同的本质原因是：国内理财市场发展的时间较短，技术含量不高，理财产品主要集中于类存款型固定收益类理财，运作模式容易复制。与此同时，商业银行缺少理财产品研发设计所需要的高端人才和技术，加之内部创新机构不够成熟，创新流程不够完善，难以培养高效的金融创新团队。虽然银行理财产品数量众多、种类繁杂，但是理财产品同质化比较严重，以致客户不能根据现实需要，自由选择产品和服务。

（四）与真正的财富管理尚有差距

财富管理的本质是金融机构发挥自身的专业优势，通过有效的资产配置和风险管控，实现客户收益最大化。在制度设计上，金融机构只是作为代客资产管理专业机构，客户需要承担相应的投资风险。为此，在客户和资产管理机构之间，要引入资产托管机构，以消除信息不对称问题。

考察我国商业银行的理财模式，理财“资产池”在风险转移上仍有缺陷，银行被认为承担着隐性担保职责，所以更无从谈起“根据投资收益决定理财产品价格”这一财富管理的最基本准则。目前，由于银行理财资金运作过程不透明，由投资带来的市场风险、信用风险、流动性风险、交易对手风险都要由银行承担，这与真正的财富管理明显相背离。

二、国内商业银行理财业务面临的挑战

债券、股票等直接融资工具的出现，扩展了社会的融资渠道，导致了银行在资产端和负债端都出现了“脱媒”。与此同时，直接融资和间接融资之间的激烈竞争以及不同金融机构之间的激烈搏杀，使利率市场化逐渐浮出水面。利率市场化的出现，又迫使银行进行转型，导致金融市场更进一步发展。资本市场发展、商业银行转型、财富管理业务、利率市场化之间不断动态演绎并持续强化。在此背景下，我国银行理财经过十来年的快速增长，已经成为国内财富管理业务中的主流力量。但随着社会融资结构的深刻变化、利率市场化的持续推进、大资产管理时代的到来和监管环境的不断变化，银行理财业务也面临着前所未有的挑战。

（一）社会融资结构变迁的挑战

自2002年以来，我国社会融资结构发生了深刻变化，信贷类融资占比不断下降，非信贷类融资占比不断攀升，由2002年的4.5%上升到2012年的39.82%，并且这种趋势将越来越明显（见图1）。这与中国直接融资市场的快速发展密不可分，尤其是债券市场的繁荣发展。然而，受制于信用体系、信用技术、信用文化的不成熟，以及缺乏成熟的、分散化的风险投资主体，目前我国对债券发行的管理仍非常严格，对违约事件基本持零容忍的态度，使企业发债的门槛非常高，这限制了企业通过发行债券特别是垃圾债券进行直接融资。在此背景下，商业银行类存款型理财成为基于监管套利的产物，其作为间接融资向直接融资转型中的过渡产品，获得了快速发展，产品规模增长趋势惊人（见图2）。然而，互联网、大数据时代的来临，将使信用数据的累积和社会信用体系的完善以超预期的速度进行，从而加速金融市场的成熟过程。随着社会融资结构的不断变化，一旦金融市场高度发达，类存款型理财便逐渐失去其存在的基础。

（二）利率市场化持续推进的挑战

在存、贷款利率受限的情况下，银行理财直接连通投资与融资，直接打通了存、贷款市场和金融市场之间的通道，形成对存、贷款利率的倒逼机制，承担着20世纪70年代美国货币市场基金的角色，成为利率市场化突破的先导。对于理财产品的负债端而言，理财产品是市场化存款产品替代品，其利率可以突破存款利率的上限；对于理财产品的资产端而言，理财产品是市场化贷款产品替代品，其利率可以突破贷款利率的下限。然而，从2012年央行连续的非对称降息，以及央行多次的政策表态来看，利率市场化已是离弦之箭，存、贷款利率的完全放开已渐行渐近。一旦存、贷款利率彻底市场化，银行理财业务反过来就面临存、贷款的更直接冲击，不得不改弦易辙，向结构化、基金化和证券化方向转型。

（三）大资产管理时代的挑战

自2012年5月以来，资产管理行业迎来了一轮监管放松、业务创新的浪潮。5月7日，中国证

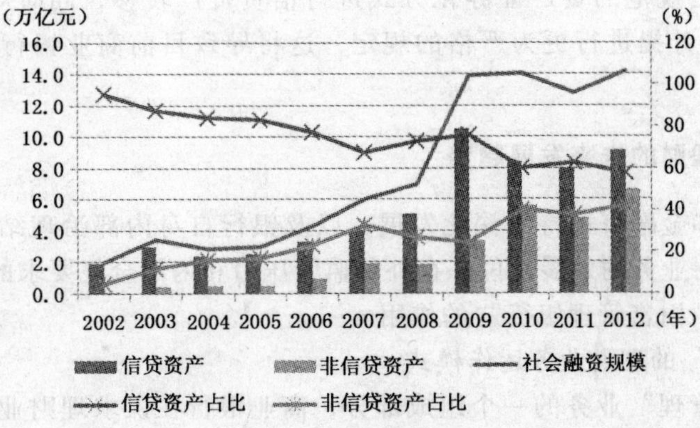

图 1 社会融资总量及结构变化

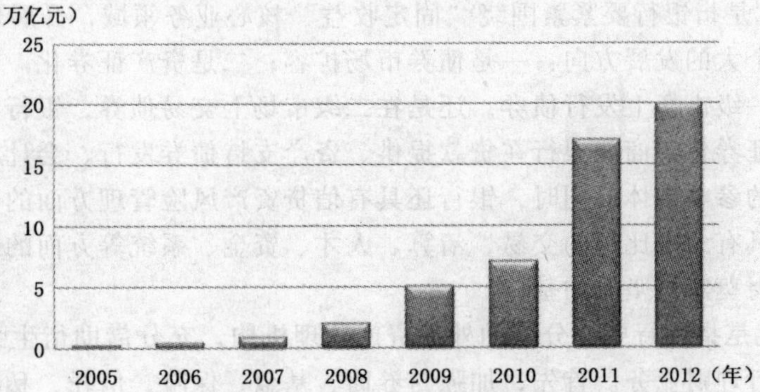

图 2 商业银行理财产品发行募集规模变化

监会在证券公司创新大会上宣布出台 11 个举措，支持证券行业创新。6 月 11 ~ 12 日，中国保监会在保险投资改革创新大会上宣布 13 项新政，推动保险行业全面进军资产管理领域。8 月 3 日，中国证监会发布《期货公司资产管理业务试点办法》，期货公司也将参与到资产管理行业中。11 月 1 日，中国证监会再次发布《证券投资基金管理公司子公司管理暂行规定》，基金获准发展类信托、PE 等投融资业务。12 月 30 日，中国证监会公布了《资产管理机构开展公募证券投资基金管理业务暂行规定(征求意见稿)》，拟允许符合条件的证券公司、保险资产管理公司、私募证券基金管理机构三类机构直接开展公募基金管理业务。伴随着监管的不断放松，银行、证券、保险、基金、信托之间的界限必将完全被打破，资产投资范围、投资门槛、投资限制的藩篱将不复存在，“泛资产管理”的战国时代已经拉开大幕。非银行金融机构在权益类和另类投资领域处于优势地位，随着股票市场的发展成熟和依托其上的衍生工具层出不穷，这些产品在收益方面较目前的银行理财产品竞争力更强，势必对商业银行理财业务形成巨大冲击。

(四) 监管环境变化的挑战

目前，监管机构遵循“先创新、再讨论、继而规范”的监管思路，为银行理财创新赢得了宝贵的机会，但也带来挑战。一方面，商业银行可涉足的市场领域越来越多，除了传统的银行间市场外，证交所、期交所、金交所也陆续向银行开放；与此同时，可交易的资产种类也越来越丰富，从国债、政策性金融债、拆借、回购等投资工具，发展到各类信用债、信贷资产转让、资产支持证券、贵金属买卖等各类投资工具及相应的衍生产品，并可通过互换交易等形式，间接进入股票、能源、农产品、工业金属等市场。这些都成为商业银行理财业务发展创新的动力源泉。另一方面，随着理财产品成为腾挪信贷额度的主要手段，部分金融机构将理财产品当作监管套利的手段以及理财产品案件的发生，监管重拳必将出击，用更规范的资产证券化方式进行信贷资产转移，同时对理财产品的投资标的、“资产池”结构和资本金计提进行更为严格的规定，这将导致目前商业银行理财产品的优势被大幅削弱。

三、我国商业银行理财的未来发展趋势

随着国内宏观经济和金融市场持续深化发展，以及银行自身内部治理结构和战略抉择的持续调整，商业银行应找准理财业务的发展定位，在外部监管压力和内部合规要求的限制下，理财业务将越来越规范，发挥真正的“财富管理银行”的作用。

（一）“核心＋卫星”的理财业务运作模式

作为国内“大资产管理”业务的一个组成部分，商业银行在谋求理财业务的未来发展时，首先需要明确其战略定位。结合国外的发展经验、国内的金融格局以及银行理财的发展实践，“核心＋卫星”作为未来理财业务的发展模式是可行的。

所谓“核心”，就是指银行要紧紧围绕“固定收益”核心业务领域，开展理财业务。在固定收益领域，国内市场有两个大的发展方向：一是债券市场扩容；二是资产证券化。在债券市场，银行具有传统优势，无论是在一级市场上发行债券，还是在二级市场上交易债券，银行都是最具市场影响力的参与主体。对于资产证券化，商业银行在贷款提供、资产支持债券发行、会计清算、资产支持债券交易等方面都是最广泛的参与主体，同时，银行还具有信贷资产风险管理方面的丰富经验。为此，在固定收益的领域，银行具有无可比拟的交易、清算、人才、资金、系统等方面的优势，这一切均为银行发展固定收益类的理财奠定了坚实的基础。

所谓“卫星”，就是指银行要充分借助外部资产管理机构，充分借助衍生工具，充分借助优势交易地位，做大做强银行理财业务。首先，加强与券商、基金、保险、信托、私募等资产管理机构的合作，通过角色和业务的互补，大力发展权益类理财业务。其次，要充分发掘银行在衍生交易领域的优势，大力发展结构化理财业务。据保守估计，全球的金融衍生工具种类超过 2 000 种，投资主体涵盖利率、汇率、商品、信用、贵金属等所有的可交易品种，但衍生交易的准入门槛通常很高，普通投资者很难进入这些领域进行交易，银行理财可以为投资者提供交易通道，扩展客户的资产配置范围。最后，银行要充分利用优势的交易地位，大力发展跨市场套利理财业务。国内商业银行在固定收益、衍生产品、贵金属、大宗商品等领域处于天然的交易优势，既可交易本币产品，又可交易外币产品；既可从事自营交易，又可从事客盘交易；既可开展境内交易，又可开展海外交易；既可从事场内交易，又可从事场外交易。所以，银行可以借助其优势的交易地位，丰富产品链条，优化结构设计，发掘套利机会。

（二）全新的理财业务产品格局

随着利率市场化的持续推进，理财产品创新层出不穷，固定收益类理财将会受到较大冲击，理财业务产品格局也将随之重建。资产证券化、产品基金化和理财结构化将成为商业银行理财的未来发展方向。

1. 资产证券化。利率市场化将对我国的金融市场进行重构，商业银行的业务模式将由“放贷——持有到期”演变为“放贷——资产证券化”，银行的盈利也将由“息差”模式转化为“佣金”模式。目前，中国人民银行和中国银监会就资产证券化具体实施方案已达成初步共识，包括国家开发银行在内的多家商业银行已开始着手新一轮资产证券化试点，并且中国人民银行建议在试点资产方面扩大至中小企业贷款、涉农信贷、信用卡和地方政府融资平台贷款。

但利率市场化和资产证券化不是一蹴而就的，是互相强化和动态演进的。美国从 20 世纪 70 年代开始进行利率市场化和资产证券化的探索，但直到 20 世纪 80 年代才完成利率市场化，资产证券化的高潮直至 21 世纪初才出现。鉴于资产证券化业务复杂、涉及面广、风险点多等特点，易于监管、可

紧可松、具有“试验田”性质的银行理财产品无疑是一个很好的创新载体。目前商业银行推出了一些“类证券化”的理财产品，主要体现为银信、银证等通道类业务，未来将逐步向真正的资产证券化产品进行转变，体现为风险的结构分层、现金流的结构重组等多种形式。

2. 产品基金化。基金类产品可以视为目前固定收益类理财产品的延伸和优化，它依然采用“资产池”运作模式，但操作过程更透明，资金由第三方机构托管，产品与“资产池”一一对应，根据“资产池”中资产的表现公布净值或收益，风险也由客户承担，银行不做隐性担保。因此，按净值分配收益的理财产品成为国内主流商业银行一致认同的理财市场发展方向，并可发挥银行在资金清算领域一贯的传统优势。

基金化理财产品将会增加对客户的吸引力，客户可以根据自身现金流的需求状况，主动选择申购或赎回，自主决定投资期限。对于银行而言，理财产品基金化运作后，由于按照公允价值计算客户收益，商业银行可以摆脱刚性兑付的风险，回归了财富管理的本质。但是，理财产品之间的竞争最终将演变为资产管理能力的比拼，考验银行在市场研究、投资交易、流动性管理、风险控制等方面的综合财富管理水平。

3. 理财结构化。结构化理财是未来国内商业银行的必然选择。一方面，一旦利率、汇率彻底市场化，必将引起国内理财业务模式的蜕变，基于利率管制的传统理财业务模式势必被高度市场化的存款所冲击，取而代之的是基于风险定价的结构化理财业务模式。另一方面，结构化理财迎合了客户多样化投资需求，结构化理财产品的投资范围广、结构丰富，可以很好地平衡投资与投机两者之间的搭配，在保障部分或全部本金安全的基础上，通过挂钩衍生产品，激发投资者的想像空间，使投资者可以在不付出很大成本的基础上，有机会投资于高风险、高收益领域，大幅度增加产品的吸引力。基于风险价值的结构化理财业务已经成为国外领先银行理财业务的主流模式。随着国内基础衍生工具的不断丰富、银行拆分平盘能力的快速提升，以及客户对理财产品认识的不断深入，通过嵌入衍生合约实现风险充分披露和转移的结构化产品将成为今后国内银行理财的发展方向。

发展农合机构理财业务　增强农村金融服务能力

——广东省农村信用社联合社理事长　罗继东

从2004年开始，我国理财市场的产品与业务规模呈现出快速的增长态势，发行量每年增长超过30%。以2007年宁波鄞州农村合作银行发行理财产品为标志，国内农村合作金融机构（以下简称“农合机构”）开始加入理财业务行列。据不完全统计，2009～2011年农合机构发行理财产品分别为124款、250款和620款。这一发行数量在我国理财市场中的整体占比非常小，2009～2011年分别仅为1.61%、2.23%和2.76%，表明我国农合机构理财业务近几年来市场占有率依然较低，开展情况并不理想。

一、农合机构理财业务发展存在的若干问题

（一）缺乏总部机制的集约式规划，投入产出效率不高，无法实现规模经济

目前，全国性商业银行理财业务中的产品开发、风险控制、人员培训、系统支持等环节由总行或总部负责，各地分支机构主要承担销售终端的职能，因此具有规模经济效益，特别是产品研发和服务培训方面可以实现规模优势。而农合机构由于以分散各地的基层联社独立法人建制，规模大小不一，单个农合机构既要承担产品研发、人才培养、风险管理，又要进行产品营销、客户教育及管理，且因受地域限制，市场分割格局明显，在理财业务方面的投入与产出效率并不明显，不利于各方面资源的

投入。

（二）未形成理财品牌效应，客户管理有待完善

农合机构多以市县建制，虽然初步具备品牌意识，但因区域性局限，理财品牌影响力受限。同时，由于实行独立法人治理以及服务地区金融的定位，全国农合机构处于较为分散、各自分割、相对封闭的状态，发展水平参差不齐，长期以来缺乏客户服务和客户管理的经验。未对客户的财务状况、投资目的、投资经验、风险偏好、投资预期等情况建立客户资料档案，未对不同风险识别能力、承受能力和资产净值客户进行分析和分层管理，农合机构长期培养起来的高端客户正在逐渐流失。

（三）农合机构对理财业务重视程度不够，未提到战略规划层面

作为应对利率市场化考验的重要练兵场，理财业务的发展推动并促使商业银行加快转变经营方式，提高经营服务水平，在理财业务高速发展的背后，商业银行正经历一场涵盖战略规划、机制体制、人员素质、科学技术等领域在内的重大变革。而长期以来，广大农合机构由于远离城市，未经历白热化的银行业竞争，同时过度依赖利差收入，对中间业务发展特别是理财业务等新型业务品种重视程度未到位，业务规划不符合监管部门要求，仍然停留在业务部门层面，导致业务发展缓慢。

二、农合机构发展理财业务具有十分重要的现实意义

（一）有效满足基层农合机构客户需求，助益城乡居民财产性收入增长

发行理财产品将有效地满足基层机构积聚已久的客户需求。就广东省目前业务试点的情况来看，广大农村地区，特别是珠三角城镇化程度较高的地区，客户理财需求旺盛，理财意识已逐渐形成，农村理财市场潜力巨大。理财产品的推出为各地客户提供了新的投资渠道，有利于通过引导客户实现资产保值增值，促进城乡居民财产性收入的增长。特别是通过理财产品成功地应对了部分村镇经济组织提出的理财需求，有效地稳定了传统客户资金，化解了存款"搬家"的被动局面。

（二）开拓基层农合机构中间业务收入新阵地，促进收入结构优化

理财产品的推出，开辟了基层农合机构中间业务创收的新阵地。随着利率市场化的进一步推进，银行金融机构面临收入结构转型的考验，仅依靠传统存、贷款利差盈利的方式将难以满足发展需求，提高中间业务收入占比，拓展更加多元化的盈利模式是商业银行未来的发展趋势，也是农合机构未来的发展方向。发行理财产品，逐步丰富金融产品线，开拓中间业务收入新阵地，是加快推进农合机构收入结构优化的有益尝试。

（三）有利于防止农村储蓄资金流向城市，稳定农村金融，支持农村经济发展

当前农合机构仍是农村金融的主力军，对发展农村经济具有举足轻重的作用，但随着城市金融业竞争的不断白热化，商业银行逐步争夺农村市场已经成为趋势，特别是近年来发展迅猛的理财业务已经开始大举进入农村市场，农合机构竞争力不足。由于大型商业银行和城市商业银行长期盘踞城市，对农村客户了解甚少，同时其理财产品投向多为城市项目，因此，由大型商业银行和城市商业银行主导理财市场的发展必然难以真正满足促进"三农"发展的目标，资金也将通过理财产品的投资而转向各家商业银行熟悉的城市项目，与"支农"的战略措施背道而驰。

三、农合机构发展理财业务市场潜力巨大，未来前景光明

农合机制作为农村金融市场的主力军在深化金融体制改革的征程中必将扮演重要的角色，而具体到理财这项业务上，则具有十分巨大的潜力。

（一）城乡客户收入增长，理财需求日益增加

党的十八大报告提出了"要深化金融体制改革，健全促进宏观经济稳定、支持实体经济发展的现代金融体系"，"加大强农惠农富农政策力度，让广大农民平等参与现代化进程、共同分享现代化成果"等重要的指导方针。中共中央、国务院《关于2009年促进农业稳定发展农民持续增收的若干

意见》（2008 年 12 月 31 日）第四点强调，要“增强农村金融服务能力”、“鼓励和支持金融机构创新农村金融产品和金融服务”。

近年来，农村理财意识明显增强，随着“三农”经济状况的不断向好，农村理财市场蕴藏的巨大空间和巨大潜力日益凸显。根据国家统计局数据，2012 年农村居民人均纯收入达到 7 917 元，实际增长 10.7%，连续三年增幅达到两位数以上，高出 GDP 实际增速 2.9 个百分点，延续了快速增长的好势头。随着农民收入水平的逐渐提高，农民的理财意识开始显现，迫切需要金融机构提供资产保值增值的理财服务。快速增长的储蓄存款孕育着农村理财市场，随着新农村建设步伐的加快，农民依靠种养业、发展农产品加工业等脱贫致富，手中的余钱便是潜在的理财资源。目前在县级农村金融机构，个人理财产品较少甚至是没有，随着各农村金融机构理财业务的逐渐开办，有理财需求的农户将成为农村金融机构的忠实客户，也将成为金融机构互相追逐的客源。

随着城乡一体化、农业产业化等新农村建设事业的不断深化，我国农村居民的收入水平和金融资产规模正在迅速增长。自 2005 年以来，我国农村和城镇的家庭人均可支配收入增长率均保持在较高水平。特别是最近三年，由于全面小康社会建设提速和一系列支农惠民政策的落实，受工资性收入增长、农副产品价格上涨及转移性收入占比上升等因素的影响，我国农村居民收入正加速上行，城乡居民收入增幅的差距呈逐步缩小之势。城乡居民收入增长带来理财需求日益增加，居民理财意识逐步形成，并逐步积累投资经验。

（二）网点众多，服务覆盖面广，具有得天独厚的优势

全国现有包括农村商业银行、农村合作银行、农村信用社在内的各类农村合作金融机构 2 万余家，营业网点超过 85 000 个，绝大多数的农合机构设于县域，直接面对占全国人口 80% 以上的县域居民，已成为服务中国 9 亿农民的最主要金融机构。众多的网点资源为农合机构发展理财业务提供了天然的优势条件，充分运用好这一资源将是未来农合机构提升服务水平、转变增长方式的关键所在。

（三）中间业务发展空间巨大

近年来，我国商业银行中间业务发展迅速，盈利结构得到了较大的改善，各主要商业银行中间业务收入在营业收入中的占比由 2002 年的平均 6.36% 上升到 2011 年第三季度末的 19.98%，其中，工行和建行中间业务收入占比最高，达到 23.62%，主要得益于投资银行、私人银行、理财服务、财务顾问和咨询等高附加值业务的快速发展。但广大农合机构差距较大，中间业务收入在营业收入中的占比仅为 4.58%，不仅远低于国内商业银行，更无法与发达国家商业银行 50% 以上的中间业务收入占比相提并论。农村金融机构一直以贷款利息为主要收入来源，其收入结构单一，抗风险能力差。

理财业务在农村地区的兴起，为农合机构提高中间业务手续费收入开辟了新的空间，未来理财业务的发展，将逐渐改变几十年来单靠贷款利息为主要收入来源的尴尬局面，在一定程度上提高中间业务收入，弥补利润缺口，增强农村金融机构的市场竞争优势。

利率市场化发展趋势是存款利率上扬、贷款利率下降，利差减小，利润空间骤然减少。面对利润收窄的不利态势，未来理财业务的发展成为农村金融机构新的利润增长点，同时可以分散利润风险，提高农合机构抗金融风险能力。据统计，2011 年各行理财产品收益率高于 3%（含）的占比高达 83%，上半年银行 1～3 个月（含）的理财产品平均收益率为 3.58%，1 个月（含）及以下产品平均收益率为 3.61%，总体上理财产品的平均收益率高于存款利率，吸收闲置资金的能力较强。未来发展理财业务，必将回笼大量蕴藏在农村的闲散资金，从而可以减少民间高息借贷等现象的出现，有效提高农村金融安全系数，从某种程度上说降低“影子银行”的隐藏风险，培养良好的金融环境。

四、农合机构理财业务发展的若干思路

（一）推动形成“产销”分离的经营模式，促进基层农合机构发挥固有优势

一方面，农村居民因为金融资产的快速积累而迫切需要金融机构提供包括理财服务在内的更加丰

富的金融服务；另一方面，农村居民对于理财服务等非传统型金融服务的风险认知能力不足，需要金融机构提供有别于城市居民的、风险控制措施完善的理财产品和服务。

广大基层农合机构积累了丰富的客户营销经验，其服务优势是规模小、经营灵活，如果需要投入巨额成本和资源用于理财产品的开发研究与理财服务业务支持系统的建设显然不切实际，要求每个农合机构都独立运行一套理财流程将会导致严重的重复建设和不必要的资源浪费。由于目前大多数农合机构只能发行区域性理财产品和提供区域性理财服务，无法达到规模经济，从而增大了理财产品和服务的供给成本，削弱了各农合机构在理财市场中与其他合作金融机构的议价能力和自身理财业务的盈利能力。

逐步构建由省联社或规模较大的农商行作为龙头研发理财产品，规模较小的农合机构销售理财产品的经营模式势在必行。在此过程中可与经验成熟的商业银行探讨建立新型合作关系。包括两类：一类是构建资源互补型合作模式。利用农合机构网点资源丰富、储蓄存款占比高、客户关系稳固等优势，结合商业银行在人才、技术、业务品种等方面的优势，通过开展联合培训、产品研讨等形式，实现优势互补，强强联合，节约资源，提高效能，从而推动城乡理财市场的发展。二是构建业务架接型合作模式。理财业务在我国银行业务中还属于新品种，方兴未艾，以“大理财”的概念对银行理财业务进行定位，探讨与商业银行建立双向架接的业务形态，改变过去商业银行只向农合机构推销产品的单向业务模式，用好用活代客资产，丰富产品投向，引导代客资产投资与银行传统业务对接，以理财为抓手实现银行业务的重构是未来发展的新方向。

（二）加快人才建设，打造农合机构专业理财队伍

理财业务与传统银行业务不同，业务人员必须具备一定的专业知识，并且进行持续教育。目前农合机构普遍缺乏这方面的人才，理财经理多数是由柜员或大堂经理等兼任，缺乏专业系统的培训，只能进行简单的业务介绍，难以达到为客户提供专属理财计划的期望值。应定期组织农合机构理财业务人员培训，如产品培训、系统操作培训、资格考试认证培训、销售服务培训等系列化和规范化的基础培训，组织参加“金融理财师（AFP）”、全国银行业协会理财师等认证考试，提高持证上岗人员的比例，从专业知识、市场营销等多方面对业务人员进行培训，逐步建立覆盖业务条线的多层次理财人员队伍，培养农合机构的中间业务讲师队伍，全面提高农合机构销售产品的能力和服务的品质，以满足广大客户的需求。

（三）重视品牌战略，形成品牌产品系列，强化统一品牌形象，提高社会认知度和影响力

农合机构理财业务发展仍处于起步阶段，仅有个别形成自己的品牌。农合机构小而散，影响力有限，长期以来缺乏品牌规划和管理经验，很难在短时间内打造自己的理财品牌，而随着理财业务的竞争日趋白热化，赢得客户口碑、品牌建设和规划成为争夺市场的重要环节。应建立统一的理财品牌，对各类分散的品牌进行整合，实施系统的品牌发展规划，以品牌引领全局，统一打造农合机构服务“三农”、扶持中小企业发展的品牌，强化品牌的核心价值，增强品牌的美誉度，提升农合机构的整体形象。

（四）鼓励科技创新，发挥科技平台的综合效用

长期以来，全国各地农合机构的科技力量分散，发展速度慢，严重影响中间业务的发展。随着省联社的建立，大集中系统基本在省辖范围内实现统一，这是加快理财业务发展的基础，应充分发挥统一科技平台的优势，加快理财业务系统化建设，逐步开发省际统一的客户信息管理平台、产品销售及管理平台、产品计价考核平台等一系列综合管理系统，提高管理效率，实现精细化的管理。

通过打造综合科技服务平台，整合资源，利用技术手段集中为农合机构提供产品研发和业务创新、流程再造与风险管理体系规划、管理咨询与业务培养、信息处理与技术支持、资金清算以及品牌整合管理与战略规划等服务，农合机构负责执行客户管理、产品营销和风险管理等工作，从而实现理财业务协同高效、集约式与规模化发展目标。

2013 年主要市场投资机会分析与展望

——中国银行个人金融部总经理 梅非奇

在周期性因素与结构性因素的共振下，2012 年中国经济增速持续下行。2012 年，出口增长、房地产新开工及货币增长相继进入弱周期。与此同时，中国经济过度依赖投资与出口的增长模式难以为继，消费又难以承担起驱动经济增长的重任，结构化问题短期内难以破解。在周期性因素与结构性因素的叠加作用之下，国内经济举步维艰。

展望 2013 年，全球经济有望企稳。美国经济继续缓慢复苏，欧洲步入下滑的尾声，新兴国家经济开始找到新的增长动力。中国经济受益于制度性红利释放和城镇化进程，依然维持较高增速。国内政策继续保持 2012 年的“宽财政、稳货币”的基调，同时保持适时适度预调微调。随着中国“人口红利”不再存在及经济增长方式的转型，经济增长目标将从“保八”向“七上八下”过渡，预计 2013 年 GDP 将比 2012 年的 7.7%小幅回升，接近 8.0%。

下面，我们着重对国内股票市场、债券市场、房地产市场、国际外汇市场、黄金市场以及 2013 年值得重点关注的理财产品进行分析，希望能为投资者提供一些参考。

第一，2013 年国内 A 股估值中枢预计震荡上行，投资者可围绕“新型城镇化”和“‘十二五’规划”把握行业投资机会。

回顾 2012 年，经济增速下滑和流动性偏紧造成 A 股市场持续下跌，2012 年的下跌主要是在房地产政策严控的背景下，内需不振，外需又受全球经济放缓影响，经济增长方式转型短期难以完成。当前 A 股估值已处历史底部，进一步下滑的空间不大。

展望 2013 年，宏观面，传统的经济引擎减弱，弱周期 GDP 季度间呈 N 型小幅波动；微观面，PMI 连续三月回升重上荣枯线，盈利见底回升概率大；政策面，传统的经济刺激政策出台空间仍然不大，政治换届后制度改革有望提振市场信心；流动性方面，资金供给趋于温和改善，但解禁压力和新股发行将对市场形成持续的压力。整体而言，A 股市场有望结束连续三年下跌的态势，走出估值中枢略抬升的震荡上行走势。投资者可重点关注两条投资主线：一是改革预期强化的城镇化主线，以轨道交通、建筑建材、园林装饰、智能城市、节能环保、新能源汽车等为代表的公共服务行业，或将迎来一轮阶段性的投资机会；另一条是民生主线，以环保卫生、医药生物、文化旅游、电子消费为代表的行业，值得投资者关注和把握。

第二，2013 年国内债市将呈高位震荡，可转债和信用债会有一些阶段性机会。

2012 年，经济增速、通胀“双下行”为债市的发展带来较为宽松的环境，债市发展让人难忘：债市牛过了股市，债券产品发行火爆，投资收益节节攀升。AA 级以下低评级品种收益率较年初大幅下行 70～250BP，牛市格局尽显。以债券型基金、理财产品为主导的资管业务蓬勃发展，带动了对高收益债券品种的需求快速增长，而低评级债券大涨也为债券基金和债券类理财产品带来了丰厚的回报。

2013 年债市整体获得正回报的可能性较大，不过回报空间不如 2012 年高，整体呈现高位震荡的可能性较大。从投资策略来讲，可以把握第一季度可转债的阶段性反弹机会以及高票息金融债和高等级、短久期信用债的逢低配置机会，另外可适度把握利率债的交易性机会。同时，考虑到过去一年债市的巨大涨幅，也要防止债市“牛”转“熊”的风险，需要控制债券投资的杠杆和久期，尤其是低评级信用债的杠杆和久期。

第三，2013 年国内房地产市场宏观调控继续收紧，短期面临压力，但中长期可能会继续上涨。

2012年，房地产市场走势总体表现为持续温和复苏，成交量和房价均稳步回升，主要得益于住房信贷额度增加，同时各地方政府纷纷推出地方性鼓励住房消费的政策，加之开发商年初打折力度较大，使受抑制多时的刚性住房需求和改善型需求开始集中入市，尤其是在“金九银十”之后，楼市需求一反常态继续旺盛，在调控政策没有放松的前提下，楼市成交量屡创新高，一方面反映了市场旺盛的需求，另一方面也反映了市场预期已有所改变。

展望2013年，房地产调控政策仍将继续保持偏紧的状态。2012年12月召开的中央经济工作会议指出，2013年要继续坚持房地产市场调控政策不动摇，采取切实措施，稳定房地产用地供应，抑制异常地价。国土资源部拟建立房地产大企业和大地块的跟踪督查制度，从严从紧落实楼市调控。

但是，从中长期来看，城镇化将成为2013年乃至未来一个时期经济工作的主线。城镇化对于房地产行业具有巨大的拉动作用，这种情况下，居民住房的刚性需求仍然比较强烈，因此房价中长期仍具备上涨的动力。

第四，2013年美元作为全球资本避风港可能阶段走强；欧债危机的反复将使欧系货币阶段性涨落；日元基本面恶化，存在贬值预期；资源型国家货币估值过高，但仍将维持高位运行。

2012年，国际外汇市场在世界经济复苏不确定性增多且风险不断积累的情况下震荡加剧。美元因市场风险偏好情绪的变化而大幅波动；欧元、英镑随欧债危机恶化与缓和的交替而先抑后扬；日元在国内外因素主导下急降缓升；资源型国家货币受大宗商品价格波动影响宽幅调整；新兴经济体货币伴随资本流出压力的释放而降中趋稳。全球最主要的两大货币——美元和欧元虽然走势动荡，但年终收盘与年初汇价基本持平，位移有限。

2013年美元指数多空因素制衡，交替主导美元指数。在财政风险解除后，美国相对其他发达经济体的经济前景较好，美元作为全球资金避风港的角色将进一步加强，从而支撑美元维持在较高水平。

在欧债危机短期内无法得到根本解决、而欧洲央行的无限量购债措施又使欧元区经济不至于崩溃的情况下，未来欧债问题将在可控范围内反复出现，欧元也将随形势的变化阶段性涨落。英镑受英国疲弱经济拖累，对美元汇率将追随欧元走势。

日本受灾后重建效应减退以及外需低迷，经济增速可能进一步放缓，贸易赤字局面短期内也难有显著改观，日本经济前景黯淡。经济的长期低迷导致政府频繁更迭，日本新一届政府为了控制通胀，倾向于采取新的量化宽松货币政策，日元贬值的内在压力将进一步增强。

尽管2012年大宗商品需求减弱影响到了澳大利亚和加拿大经济，但两国经济基本面仍相对较好，财政状况也相对健康，尤其是基准利率水平远高于美、日、欧等其他发达经济体。所以，相对较好的基本面及高利率将有利于资源型国家货币走高。

第五，金融危机之后，黄金的避险功能逐渐弱化，2013年全球主要经济体将逐渐企稳并缓慢复苏，制约了黄金未来上涨空间。

对于黄金市场的投资者来说，2012年是比较艰难的一年。随着国际宽松货币政策效应逐渐递减，黄金全年的市场表现远不及金融危机后的两三年。即便是在2012年第四季度，美国新一轮宽松货币政策推出也未能刺激黄金走高，“财政悬崖”问题没有给黄金带来上涨动力，避险需求的减弱打压金价连续下挫，将年度涨幅回撤至5%附近，黄金似乎仅仅回归到对冲组合风险的角色。预计2013年，随着欧洲危机逐步化解，美国经济复苏前景进一步明朗，贵金属市场或许又将回归到2007年之前的表现，继续扮演对冲信用货币风险的角色，稳定而平淡，直到贵金属的避险作用再度得以凸显。

第六，结合对2013年国内外市场的分析和预测，我们建议投资者2013年可以重点关注以下五类产品：“打新股”产品、股票型基金产品、投资于股票市场的优先劣后结构化产品的优先级、投资于债券市场的债券基金或浮动收益理财产品、挂钩资源型国家货币的保本型结构性理财产品。

“网下打新股”产品重现吸引力：截至2012年5月，A股IPO上市的新股共73只，所有上市新股平均涨跌幅为23.98%。其中创业板新股平均涨跌幅为26.26%；中小板新股平均涨跌幅为19.16%；主板新股平均涨跌幅为27.78%。市场数据表明新股上市首日上涨是大概率事件。从中签率来看，网下算术平均中签率为20.33%，每次网下申购的算术平均收益率为3.165%。由此看来，网下申购能够大幅提高中签率，进而提高资金收益率。从新股监管新政来看，中国证监会发布的《关于进一步深化新股发行体制改革的指导意见》，提高了网下配售股份的比例，规定“向网下投资者配售股份的比例不低于本次公开发行与转让股份的50%”、“取消网下配售股份3个月的锁定期”。所以，网下“打新股”产品变得更有吸引力，值得进取型投资者关注。

股票型基金产品有较好的投资机会：近期主要经济数据持续回暖，宏观经济企稳态势确认，支撑市场继续反弹的主要逻辑成立，再加上2012年末指数超过10个点的涨幅为市场情绪带来正能量，新增资金陆续进场，因而2013年股市将有较好的机会。建议风险偏好积极的投资者可加仓股票型基金，如果对基金风格缺乏判断，可直接配置ETF指数基金。

投资于股票市场的优先劣后结构化产品的优先级：该类产品是指在“银信合作”理财项目中，信托受益权结构采用分层处理，即设置优先和劣后级别，银行理财产品投资者作为优先受益人，以劣后级别（次级）受益人的本金来保障优先受益人的本金和收益安全。这种将投资者分层的结构化设计将使优先受益人资金在很大程度上得到保障。对那些风险偏好较低的投资者而言，这类产品是不错的选择，但应当关注产品的结构化比例和警戒线、止损线等风险控制措施。

投资于债券市场的债券基金或浮动收益理财产品：持有期限较长的投资者可以以逸待劳，在债券基金和浮动收益的债券理财产品中，优选配置高票息、中等评级信用债较多的债券基金获取稳定的持有到期收益，整体来看2013年前期债券投资业绩的确定性较强，所以该类产品上半年预计会有较好表现，稳健型投资者可关注此类产品。

挂钩资源型国家货币的保本型结构性理财产品：资源型国家货币在2013年可能维持高位运行，强势不改。因此保守型投资者可以选择挂钩其价格走势的保本型结构性产品，在保证本金安全的基础上，在澳元或加元兑美元汇率继续走高时也能获得一定收益。

国际化、多元化和专业化的平台对投资者合理和安全地进行全球化的资产配置至关重要。作为中国历史最悠久的银行和中国国际化程度最高的银行，中国银行2012年刚度过了百年华诞，拥有遍布全球32个国家和地区的机构网络，其中境内机构11 000多家，境外机构600多家。同时，中国银行整合集团内外资源，精心构建了“中银理财”、“中银财富管理”和“中国银行私人银行”财富管理三级服务体系，能够为不同财富阶层的个人中高端客户提供更好的、差异化的和针对性的金融服务。

2013年，中国银行将继续依托其雄厚的实力、遍布全球的分支机构、富有竞争力的产品和百年积淀的专业经验，为客户提供全方位、高品质的服务。

新的一年，让我们继续为您投资理财，让我们一起开创未来。

金融改革创新下的银行理财业务发展模式

——中国农业银行金融市场部副总经理 彭向东

2008年国际金融危机的爆发使得中国传统的“投资—出口”模式不可持续，深化改革、释放制度红利，成为未来中国经济增长的主要动力。而综合目前的形势来看，金融改革成为下一轮改革的抓手所在。

2012年3月28日，国务院决定设立温州金融综合改革实验区，引导规范民间金融的发展；4月17日，中国人民银行决定扩大人民币兑美元的浮动幅度，人民币国际化再迈重要一步。而2011年下半年郭树清与项俊波履新中国证监会与中国保监会主席后，掀起的证券与保险业的改革创新，更是成为金融市场瞩目的焦点之一。

近期的金融改革中，最引人关注的是2012年6、7月份的降息政策。在这次利率调整中，中国人民银行在调低利率的同时，宣布允许商业银行将存款利率上浮10%，贷款利率下浮幅度则扩大到30%。这标志着存、贷款利率市场化迈出了实质步伐。在刚刚公布的《金融业发展和改革“十二五”规划》中，也对利率市场化、汇率市场化等改革做出了一揽子的统筹安排。

这些改革创新措施以及未来可以期待的更加深入的改革创新，将会给商业银行理财业务的发展模式带来深远影响。有鉴于此，本文在系统梳理近期金融改革创新措施的基础上，深入分析理财业务面临的挑战与未来发展模式，同时提出自己的一些思考，以期对理财业务的发展提供一点借鉴建议。

一、金融改革与创新加速

（一）从金融抑制与深化理论看中国未来金融改革

2003年诺贝尔经济学奖获得者罗纳德·麦金农教授提出的金融抑制与深化理论是金融创新发展理论的重要学说。这一理论认为发展中国家经济落后的原因不仅在于资本的稀缺，更重要的是金融市场的扭曲造成了资本利用效率低下的局面，抑制了经济增长。金融抑制的表现形式是对金融行业投资门槛的限制及利率的人为压低。政府部门对金融资源的垄断与扭曲造就了大量效率低下的投资项目，造成资源的极大浪费。

麦金农认为要消除金融抑制，推动经济健康发展，主要的方向应该是：第一，取消金融行业投资门槛的限制，使各类资金平等地进入金融行业；第二，更重要的是取消对利率的管制，使利率公平地反映资金的价格，也就是尽早实现利率市场化。

麦金农的金融抑制与深化理论在发展中国家产生重要影响，并为多数发展中国家所采用。对照目前中国的金融改革，消除金融抑制，尽快放开民间金融，尽早实现利率市场化，无疑是下一步的改革方向，也是麦金农教授理论所指出的方向。

（二）宏观经济再平衡带来理财业务的重大机遇

2002年以来，以加入WTO及人口红利的快速释放为契机，中国的对外出口经历了近10年的高速增长时期。在人民币渐进升值的带动下，外汇占款快速增长，由此带来所谓中国货币的被动超发。前10年中国M2的平均年增速为18.4%，大大高于同期GDP与CPI增速之和（12.2%）。货币的超发带来了负利率的延续，由此也带来了实物类资产的超额回报。

2008年国际金融危机逐步改变了这个格局。欧美经济的长期低迷减弱了中国出口的增速，由此带来外汇占款增速的下降。2011年10～12月，经历了罕见的连续3个月外汇占款负增长的局面。货币增速的下降使实物资产的回报下降。2011年商品房销售额为5.9万亿元，而同期四大行理财产品余额就达到2.7万亿元，显示资金流向配置发生初步变化。

未来随着中国货币增速回归正常，前期进入实物资产的资金仍将逐步流出，重新配置于固定收益及权益类的各类金融产品。宏观经济的再平衡将会带来理财业务的快速发展。

（三）金融改革深化对理财业务发展意义重大

根据中国银监会《商业银行个人理财业务管理暂行办法》的定义，理财业务是“商业银行在向客户提供理财顾问服务的基础上，接受客户的委托和授权，按照与客户事先约定的投资计划和方式进行投资和资产管理的业务活动”。而银行理财产品则是商业银行从事理财业务所提供的产品载体，指商业银行在从事理财业务活动中，针对特定目标客户群开发设计并销售的资金运作和管理计划。

金融改革的深化将对银行理财业务产生深远的影响，主要体现在：第一，银行存款在社会总财富中的比重将下降，资产管理业务的市场空间将大大拓宽，资产管理业务的真正黄金时代来临。第二，随着利率市场化的深化，将逐步缩小保本类理财产品的发展空间（初期，保本类产品比例可能会上升），直至完全被存款代替；同时，利率市场化将抬升存款成本，倒逼理财产品收益率提升，将真正考验金融机构的主动资产管理能力。第三，来自非银行金融机构的竞争将加剧，银行理财业务如何在同业竞争中保持现有优势，将面临严峻考验。

（四）银行改革与经营转型为理财业务提供有力支持

自2002年开始，历经10余年左右时间，中国的银行基本完成了股份制上市改革工作。主要的商业银行在资产规模、资产质量及经营机制方面都有显著提高，竞争力明显增强。伴随银行业的改革与发展，银行理财业务自2004年开始，也从起步到快速发展到规模壮大，走完了自身的三部曲。

目前，在金融改革与创新的大背景下，银行业的经营转型又被提到日程表。利率市场化的加速及同业创新的不断引入，正在吞噬银行的固有利差收入。在这个过程中，银行业需要主动出击，转型旧有经营格局，方能在未来的竞争中仍占据主流地位。

理财业务恰好呼应了这一主题。理财业务从投资运作和产品定价两个方面都完全体现了金融机构在竞争性市场中的自主定价权和对风险的判断与定位，适应了利率市场化的内在要求。银行业完全可以利用理财业务的抓手作用，为客户提供更多的增值服务，从而留住客户、拓展客户。从国际银行业的发展历程来看，包含理财业务在内的资产管理业务，也是利率市场化之后的银行主要业务之一。据统计，汇丰银行资产管理业务占总资产的30%左右；而高盛集团资产管理业务则占其全部利润的20%左右①。

二、理财业务的创新加快

（一）银行理财业务创新

商业银行的理财业务自2004年以来，经历了利率类、股票类、结构类及资产组合类产品为主的多个发展时期。目前大型银行及全国股份制银行多以资产组合方式进行投资并发行产品，产品的收益水平则视资产组合投资结构、管理能力等各自不同。中小银行限于自身资金及管理水平，多发行保本类和金额、期限一一匹配的理财产品。

在投资方式上，进入2011年后，随着宏观调控的转变，银信、银银、银券合作等方式纷纷涌现。特别是与信托公司的合作，极大地推动了信托规模的发展。数据显示，从2007年至2012年第一季度，信托业资产规模从9 492亿元猛增至5.3万亿元，增长了458%。同时，为符合不断严格的监管新规，投资收益权、投资受益权、委托贷款、委托债权等以绕过监管规定为主要目的的投资方式也层出不穷。

在产品设计上，各类结构性产品不断推陈出新；通过信托、券商、基金公司的合作，分级产品或以基金公司等为投资顾问的高端产品也逐步增多；同时，基于银行天然的资金优势，开放式产品也以其期限灵活、银行收益较高等特点受到推崇。

（二）基金和证券业的创新政策

中国证监会此前已放松了对基金投资范围的管理，并鼓励基金进行产品创新。在此背景下，华安基金与汇添富基金均发行了类理财产品型基金且取得了良好的销售业绩，这两只基金主要投资于银行存款、银行间及交易所债券市场。预计未来类似创新会进一步增加。

2012年5月7~8日，中国证监会在北京组织召开了“证券公司创新发展研讨会”以支持券商发展，并拟定了《关于推进证券公司改革开放、创新发展的思路与措施（征求意见稿）》。与银行理财业务相关的有四个方面：一是提高证券公司理财类产品创新能力，拟扩大投资范围，允许产品分级，降低投资门槛，减少相关限制；二是加快新产品新业务创新进程，已报请国务院取消集合计划审批项目，审批取消后改为备案制，过渡期内集合计划审批拟采取简易程序；三是扩大证券公司代销金融产

① 刘显峰：“国际金融资产管理及其对我国银行理财业务的启示”，《中国金融》2005年第7期。

品范围，拟允许证券公司代销经国家有关部门或授权机构批准、备案发行的各类金融产品；四是支持跨境业务发展，拟简化 QFII、RQFII、QDII 审批流程，加快推出跨境双向挂牌上市的 ETF 产品，允许券商开展转向 QDII 经纪业务、以自有资金及专项理财基金或直投基金进行跨境投资。

这些办法实施后，券商资产管理业务将会获得较快的发展，财富管理市场的竞争将更加激烈。同时，银行理财产品可通过券商定向资产管理业务来拓展新的投资领域，并在一定程度上弱化目前信托公司的“通道”作用。

（三）保险业的创新政策

2012 年 6 月 11～12 日，中国保监会召开保险投资改革创新讨论会，拟推出 13 项保险投资新政。新的投资政策包括“允许保险机构开展融资融券业务”、“允许保险机构参与境内及境外金融衍生品交易”、“拓宽保险资金境外投资品种和范围”、“拓宽境内股权和不动产投资范围”等。7 月，中国保监会连续推出《保险资产配置管理暂行办法》、《保险资金投资债券暂行办法》、《关于保险资金投资股权和不动产有关问题的通知》和《保险资金委托投资管理暂行办法》四项新政，在防范保险公司资产错配风险的同时，进一步放宽了险资投资债券、股权和不动产的品种、范围及比例的限制，同时打破了保险资产管理公司独家代理集团内保险资金投资的局面，加大了竞争力度，并允许保险公司委托其他符合条件的资产管理机构进行投资。

（四）创新政策对理财业务的影响

在利率市场化逐渐深入的大背景下，制度创新与产品创新成为理财业务发展的内在要求，对风险偏好等方面也将产生明显的改变。银行业及金融同业间的创新丰富了市场，对理财业务的投资、管理、融资、产品设计都提供了新的思路和借鉴。从长期来看，将有利于各方同业取长补短，促进理财业务的发展。短期来看，基金、券商及保险业的创新，将对银行理财业务产生竞争与分流。尽管在相当长的一段时间里，银行凭借其资金、客户与渠道的天然优势，仍将占据理财业务的主流，但其整体市场份额将会有所减少。这种避免银行资产管理一家独大，多个金融行业共同竞争的情景，也是中国证监会、中国银监会所乐于见到的，因此预计未来的一段时间里，允许基金、券商、保险业的进一步创新与适度管理银行理财业务的情况将继续共同存在，而银行理财业务将很快面临产品创新、结构调整和调整战略布局的状况。

除此之外，如诺亚财富等第三方机构的兴起、多家金融机构借助网上银行及支付宝等拓展销售渠道的做法，也对银行理财构成了影响。未来的理财业务发展与创新，不仅仅涉及投资、融资和产品设计上的变革，产品与服务的界限也会逐渐模糊，并相互融合。

三、同业理财产品与银行理财产品的比较

（一）公募基金创新产品与银行理财产品的比较

公募基金与银行理财产品在认购起点、投资期限等方面存在不同，且各有优劣。第一，认购起点。传统银行理财产品的认购起点一般为 5 万元，而基金短期理财的认购起点仅为 1 000 元。第二，投资期限。银行理财产品以 3 个月、半年、一年的中长期产品居多，受监管限制，目前 1 个月以内的短期及超短期产品基本没有。基金理财目前则不受此限制。第三，信息透明度。与银行理财产品相比，短期理财基金有投资信息透明的优势。在公募基金行业，对基金募集信息、基金运作信息及基金临时信息披露的格式、相关指标的计算方法等内容作了明确的规定，搭建起完善且严格的基金信息披露制度体系。第四，投资范围。基金公司本身业务投资范围广泛，几乎涵盖了包括股票市场在内的所有金融市场，在中国证监会大力推动创新的背景下，具有专门的投资人才，预计其未来可能进一步放宽投资范围。不过在固定收益产品方面，银行理财产品的投资范围更广，公募基金类产品只能投资于银行间市场及交易所市场的相关品种。

（二）券商创新产品与银行理财产品的比较

1. 券商创新产品特点。在2012年上半年召开的券商创新大会上，创新发展“十一条”举措力度超预期，其中“提高证券公司理财类产品创新能力”首当其冲。一是在监管方式上，券商集合资产管理计划将由审批制改为备案制。改为备案制则意味着券商发行产品的速度将大大提升，鼓励券商设计更多的创新产品，并带来产品规模的新一轮扩容。二是现金管理业务抢占客户资源。券商在长期发展过程中，积累了大量的客户资源，同时也沉淀了千亿元的客户保证金，但这一巨量资金一度被视为证券公司的“禁区”。2011年10月，信达证券正式获准开展客户保证金现金管理业务，成为业内首家且唯一获准试点的证券公司。此后，证券公司可于每日收盘后，自动抓取签约客户存放在证券账户内的闲置保证金，投资于银行间货币市场等。

2. 证券公司创新产品优势。证券公司创新类理财产品与银行理财产品相比，在准入门槛、业务范围等方面各有优劣。第一，资金准入门槛低。证券公司集合计划的最低客户准入门槛将由现在的10万元和5万元统一降为1万元，目前俗称“小集合”的证券公司限额特定资产管理计划的成立条件由1亿元调整为3 000万元，而银行理财产品的门槛为5万元。第二，强化了现金管理业务。2011年，证券行业推行的“约定回购式证券交易”、“交易所债券质押式报价回购”、“现金管理计划”等三大创新产品试点工作，提高了客户现有账户下闲置资金的整体收益，强化了客户账户的现金管理功能，同时体现出证券公司加快资管业务的迫切与创新诉求。第三，产品期限灵活。据不完全统计，2012年上半年约有20家券商已经获得上交所债券质押式回购业务试点资格，经中国证监会同意，这些证券公司提供给客户的证券投资账户专享理财产品，可以实现T+0资金到账、T+1可取，产品期限从最短的1天到最长的91天不等。第四，收益较高。证券公司即将可以发行分级产品，有利于客户根据其风险承受能力和预期收益目标，选择与之相匹配的类别，享有不同的权益。第五，投资范围较广。商品期货即将纳入证券公司可投资范围。商品期货、利率远期、利率互换等银行间市场交易的投资品种以及其他金融行业的理财计划等，都将被允许投资，这给证券公司设计产品打开了空间。

（三）银行理财产品的优势与劣势分析

1. 银行理财产品的优势。

第一，可以提供保本产品，收益相对安全、稳定，流动性强。首先，银行不仅能够提供保本产品，而且收益率相对较高。一般高于银行同期存款利率，而且通常情况免手续费、认购费、利息税。其次，安全性高。除了境外代客理财等非保本产品外，大多数理财产品主要投资于国债、政策性金融债、央行票据等信用等级较高的国家级债券，市场风险低，本金及收益都有保障。同时，在不少产品中设定了提前赎回期，从而增强了产品的流动性。

第二，银行机构网点多，形成了明显的渠道优势。目前，我国理财市场呈现多元化竞争格局，作为投资管理人，银行、信托、基金、保险、券商各占一份市场。银行、保险、券商具有自己的销售渠道，从人数上来看，银行和保险的从业人员均超过300万人，最具优势。保险公司通过规模庞大的营销人员进行深入渗透；证券公司有近5 000个营业部，主要部分在一、二线城市的经济相对发达地区，在广度和深度上较银行和保险差；信托和基金公司基本没有自己的独立渠道，通常和银行进行合作。银行依托强大的渠道优势占据重要地位。

第三，银行有强大的隐性的国家信用作保障，拥有牢固的客户群。我国银行业发展长期以来由国家主导，使居民形成了银行是国家的、绝对安全的认识。有这种隐性的国家信用作保障，银行拥有一大批牢固的客户群体。

2. 银行理财产品的劣势。

第一，产品同质化严重，创新不足。近年来，尽管各家银行都纷纷推出自己的理财品牌，但涉及的投资组合往往大同小异，几乎都是证券、外汇、保险、基金等投资产品的组合。因此，银行理财产品呈现一种“羊群现象”：资本市场好时，人民币理财产品就“蜂拥”打新股；资本市场走低时，理财产品又“蜂拥”投向债券票据产品；期限长的不好卖就纷纷改成短期。理财产品没有根据客户的个性化需求提供服务，同质化严重。

第二，理财产品风险管理滞后。我国银行理财产品在设计上存在的风险缺口太大和风险控制机制失灵的问题，恰恰暴露了银行在风险管理上的疏漏甚至是对风险的漠视。

第三，销售人员服务技能和服务意识有待提高。对客户细分策略、数据库营销的技巧、专业理财知识、量体裁衣的产品设计方面与境外同业差距较大。理财师在向客户介绍理财产品时，只重视本行产品的推销，而不能根据客户的理财偏好、风险承受能力以及实际的财务状况进行理财规划，客观、公正地综合分析现有的银行、基金、证券、保险类理财产品，为客户推荐合适的投资组合。暴露的问题虽然主要反映在人员方面，但其内在原因与系统支持、考核管理、培训安排等关系非常密切，并非单纯是人的原因。

第四，理财产品信息披露不够。大部分银行的理财产品信息在网站和大厅内公布，且信息并不完善，能够真正建立起完整的事前、事中、事后信息披露机制的银行更是不多，更缺乏售后定时回访客户（见表1）。

表1　银行理财SWOT分析

优　势	劣　势
——可以提供保本产品，收益相对安全、稳定，流动性强 ——银行机构网点多，形成了明显的渠道优势 ——银行有强大的隐性的国家信用作保障，拥有牢固的客户群	——产品同质化严重，创新不足 ——理财产品风险管理滞后 ——销售人员服务技能和服务意识有待提高 ——理财产品信息披露不够
机　遇	**挑　战**
——CPI持续攀高，导致银行存款数量持续下降，更多资本由储蓄转向投资；但股市的波动和房地产市场的调控使偏好高流动性、低风险的投资者将资金投向相对稳定的银行理财产品 ——市场对银行理财产品需求的提升，导致银行理财产品数量在2011年上半年数量激增，购买门槛也由5万元提高至10万元甚至20万元，银行的高净值客户群不断增加 ——利率市场化是大势所趋，为银行理财产品的发展提供了广阔的发展空间	——随着银行理财市场的发展，为控制风险，中国银监会将逐步加强对银行理财产品的管控 ——信托和保险公司可能提供类似产品，成为银行理财的竞争对手 ——随着中国银监会对“资金池”的叫停，部分资金会转向资本市场的其他领域

四、银行理财业务的未来之路

（一）短期与中长期的定位

银行理财的进一步发展，应借鉴监管和市场化程度都比较高的国外金融市场。考虑到利率市场化进程推进速度，现以3年、5年、10年分为短、中、长三个时段讨论。

利率市场化对固定收益类产品冲击较大。在利率市场化的初期，如各家银行的考核仍以存款为重要目标，则保本型产品在利率市场化初期仍会是市场的重要力量。但随着理财产品与存款在市场竞争中的此消彼长，未来很可能会以客户金融资产总额等作为新的业绩与考核目标，这将进一步推动理财市场的发展。

在利率市场化中期，结构化理财产品将迎来发展的黄金时期，各类型的产品与金融创新将在这一阶段得到充足的发展。考虑到中国的市场环境，整体的产品风险偏好将有所上升，但幅度有限。产品创新的程度，将视中国货币市场化与国际化的发展深度而定。

在未来的5～10年，理财产品服务的对象出现分化，由于浮动利率存款已基本满足大众的初级理财需求，理财业务也将实现由保守型产品到高利率高风险产品的转变；由大众化产品向高新定制产品转变；由单一理财需求向全面的资产管理需求的转变。服务于高净值、私人银行客户的理财业务发展逐渐成熟。一些风险与收益均较高的产品，与大宗商品、股票等标的挂钩的理财产品将大量研发。

（二）发展模式选择："资产池"模式利弊分析

近年来，监管机构和媒体对"资产池"产品批评声音增多，但以现实而论，"资产池"产品依然是银行理财业务快速发展的必然选择，也是向资产管理业务转变的必然通道。

"资产池"的存在有其必然性。一是投资者的要求多种多样，在发展初期，银行很难按照每一投资者的要求去单独建立一个资产组合。二是有利于分散风险：理财产品将投资者的资金通过组合投资的方式，投资多个标的物，那么某一个标的物的损失对整个组合来说影响非常小，所以"资产池"是银行理财产品真正成为中间业务一个重要的过渡。但是"资产池"管理也有弊端，主要在于"资产池"产品间的会计核算不够明晰，很难实现在不同的投资者之间做公平的利益分配。

因此，"资产池"或者组合产品的转型重点应做好几下几方面的工作：一是向净值产品转变，同时根据公允价格取得有效性来决定开放期。二是管理观念的转变。目前，大多数银行实际上是按照资产负债表业务去管理的，有预期收益率、投资成本、计提拨备、计提风险资产，还要考虑到超额收益的提取，而不是按照资产管理的投融资管理去管理的，转变净值计价，将是"资产池"产品的一个巨大革新。三是银行加强人力投入，需要明确银行理财的法律主体地位。希望中国银监会能够在新出台的一些银行理财投资管理办法中加入对理财法律主体定位的条款，再加上正在进行的混业经营尝试，相信理财业务发展的空间是巨大的。

（三）产品创新方向：打造中低风险为主、风险管理科学的产品体系

商业银行要实现理财业务向资产管理业务的转型，必将投资管理能力和创新服务能力作为核心竞争力加以培育。在如何提高商业银行资产管理业务投资管理能力上，商业银行还需要进一步夯实基础，应逐步从商业银行熟悉的信用风险管理领域延伸至市场风险管理领域，从商业银行传统经营领域逐步延伸至证券投资、基金管理及另类资产投资领域，并在此基础上独立开发设计自己的非标准化风险管理工具，掌握资产管理的核心竞争力，延伸其他服务能力。

投资者教育是商业银行理财向资产管理业务转型的另一重要前提。只有投资者认识和理解了风险，商业银行才能根据投资者的风险偏好，有针对性地进行客户细化，提供风险程度不一的多样化、个性化产品和服务。

（四）应对市场变化，建立同业合作竞争关系

一是加强狭义同业交流，优化业务管理构架，丰富产品序列。目前，业界对财富管理架构的安排各有侧重，体现为业务管理与产品销售分离，对公与对私渠道管理分离的现象。相比而言，建立比较完整的银行财富管理业务会改善目前银行理财发展不协调的现状。主要有三个层面：（1）建立总行财富管理业务创新的合作架构，横向涵盖对公、对私销售及产品研发部门，纵向建立产品——销售——风险——托管——系统——资讯等完整业务链条；（2）建立总行财富管理业务的执行机构，摒弃传统业务思维，建立与传统银行有区分的业务管理机构；（3）在分行层面，建立理财业务管理、投资供给及产品销售三合一的机构，纵深拓展业务边界，协调总行与分支行业务管理工作，搭建坚实活跃、与时俱进的理财业务架构。

同时，正面应对同业竞争，回归理财产品设计根本，将理财产品和理财服务相结合，区分基础产品和特色产品，构建稳定的产品运行框架，是业务交互发展的必然趋势。主要是以固定回报的收益保证客户本金稳定增值的产品为主线，来构建核心的产品线，其特点主要是以开放式、以管理费的方式、以长期存续的方式存在。特色产品是根据客户的特点，具体捕捉市场机会，其缺点是连续性不足。投资顾问业务有定向增发、杠杆化融资、大宗交易、非上市股权交易以及信托融资组合等。除了提供产品服务，还要丰富产品投资外延，建立投资顾问专家团队和合作机构平台，以自有的投资管理

团队和产品管理团队为主，并与市场中优秀的投资管理人相结合来进行运作。并不是将所有的资产自己打理，而应该有投资管理团队，总行主要做一级资产配置。二级资产配置的具体投资组合构建应通过“赛马”的方式选择市场中最优秀的投资管理人来帮助打理一部分资产，以达到最优的资产管理组合。

二是建立广义同业沟通机制，实现由理财业务向资产管理业务的跨越。对证券、基金和银行的资产管理业务进行比较，银行理财业务主体地位、制度体系、风险管控等方面的问题还是比较突出的。银行业理财规模的增长是依托于银行庞大的资产规模和庞大的客户群体，银行业的理财文化却没有真正构建起来。因此，银行理财发展如何借鉴基金、信托、证券规则，建立完善的制度体系就尤为必要。(1) 要引导银行理财向真正的资产管理过渡，把风险的承担和专业的收费严格区分开来，投资者承担风险取得应有的收益，而资产管理者取得投资顾问费；(2) 要建立完善的监管法规，确立银行理财的法律主体地位；(3) 要加强投资者教育，让投资者认识到银行理财与证券公司、基金的理财从资产管理的角度来看没有什么本质区别，风险需要投资者自行承担。

五、金融创新背景下关于银行理财业务的几点思考

(一) 银行理财业务的组织形式

目前中国银行理财业务的组织形式大体分为三种模式，一是设立专门的一级部门统一管理理财业务，以工商银行为代表；二是在一级部门下设立专门的二级部门统一牵头管理理财业务，以农业银行为代表；三是将理财业务职能置于其他传统部门中，如建设银行由其公司业务部牵头管理理财业务，光大银行则将理财业务职能置于零售管理总部。

第一种模式的优势在于：第一，设立独立的一级部门，有利于凸显理财业务的地位与意义，有利于全行上下重视理财业务，合力推动理财业务发展。第二，设立独立的一级部门，有利于与商业银行自营投资交易业务分离，有利于理财业务的独立运作与核算，业务发展更加规范。第三，设立独立的一级部门，有利于分工的细化，有利于理财业务的全面开展及风险控制。其缺点在于，在理财业务发展初期、规模还比较小的时候，不利于借助传统部门尤其是自营投资交易部门的力量，实现理财业务的借力发展。

第二种模式的优势在于：第一，设立独立的二级部门，统一牵头全行理财业务，有利于权责利的统一，避免业务发展过程中“多龙治水”局面。第二，将二级部门置于传统的一级部门之下，有利于借助传统部门的力量，实现理财业务的快速发展。如将理财业务置于自营投资部门下，在理财产品的流动性管理等方面，无疑会更加具有优势；将理财业务置于资产负债等部门下，则有利于在激励考核等方面得到一定政策支持。其缺点在于：二级部门的机构与人员都有限，当理财业务发展壮大后，未必适应新的形势需要；与传统业务放置在一个部门，也不利于理财业务的独立运作与核算，与监管的大方向不符。

第三种模式的优势与第二种模式类似，都是借助传统业务既有力量，实现理财业务的较快发展。但其缺点在于：第一，职责分工方面与传统业务掺杂一起，不够清晰。第二，机构与人员设置较之二级部门模式更加弱小，不利于业务的做大做强。

欧美国家银行资产管理业务一般由其独立的子公司运营管理。这是否中国银行理财业务组织体系的变革方向？我们认为未必如此。第一，目前中国主要银行都已设立控股基金管理公司，如中国银行理财业务完全按照西方资产管理公司的模式转型，与现在的银行、基金公司发生职能重叠。第二，中国银行理财业务是在传统存、贷款业务的基础上发展而来，从而走出了一条不同于目前基金、保险及券商的资产管理业务道路。在这个过程中，银行理财业务能够迅速发展，与全行的支持是密不可分的。设立独立的资产管理公司，反而将这个优势弱化了。

但未来利率市场化完全实行之后，银行理财业务模式面临大转型，与传统存、贷款的关系也将较

现在有所弱化。因此，未来设立独立的事业部来管理运营银行理财业务，值得尝试。独立事业部模式的优势在于：第一，机构、人员与业务完全独立，有利于理财业务的合规运作。第二，人权、事权与财权相对独立，有利于采取灵活的激励政策与运营体制，实现业务的快速发展。第三，可以充分利用商业银行的资源，为自身发展带来更多的支持。随着利率市场化的深入与商业银行经营模式的转型，我们认为独立的事业部模式可以进入商业银行理财业务发展的视野。

（二）运营管理体系

目前中国银行理财业务的运营管理体系以总行集中运营为主。前期授权分行较多的建设银行、中国银行等同业机构，目前也在收权。从监管部门的态度来看，并不鼓励银行授权分行开展理财业务。

集中运营的优势在于：第一，业务发展初期，总行统一运营，有利于控制风险。总行相对于分行而言，在人员储备、岗位分工、制度建设、系统资源等各个方面都具备较大优势，由总行集中运营，有利于控制业务风险。第二，业务发展初期，总行统一运营，有利于争取行内政策与资源支持，将业务做大做强。在这一方面，由分支行自下往上推动，显然难度较大。第三，总行集中运营有利于打造统一的银行理财品牌形象，有利于统一协调产品发行的计划与节奏，利用全行合力共同发展业务。

授权运营的优势则在于：第一，有利于调动分支行的积极性，实现总分行良性互动，调动基层力量，实现业务跨越式发展。第二，有利于兼顾不同地区的特点差异，对症下药，细化产品的研发系统与客户服务。

目前来看，在理财业务发展的初始阶段，尤其是之前金融管制较为严格、存在金融抑制、金融创新有限的情况下，不同地区的理财业务情况差别并非很大（主要体现在收益率方面），集中运营的模式并未形成因地区差异造成产品水土不服的情形，对业务的整体发展并无大碍。同时，集中运营的模式被证明在风险控制、系统建设、品牌宣传等方面是卓有成效的。

但随着未来金融抑制状态的逐步解除，金融创新快速增加，仍然采用集中运营的管理模式可能会遇到较大障碍。利率市场化主要体现的就是金融机构独立定价的能力，同时客户的选择权也大大增加。因此，再采取统一运营模式，由总行统一定价，统一研发产品，则可能在分行端的销售过程中遇到水土不服的情况。在这种情况下，按不同地区进行相应授权，应是现实的选择。

（三）理财产品主体地位

目前公募基金、券商集合理财产品、信托计划等同业理财产品均具备独立的主体地位，从法律主体角度而言，其可以以自身名义对外签订合同，承担独立的权利与义务；从交易主体资格而言，其可以以自身产品名义投资运作，不必借助于公司的名义。

但银行理财产品迄今仍无独立主体地位。这给银行理财业务的发展带来了极大限制，体现在：第一，法律主体地位资格的丧失使得理财产品对外签约或交易的时候，无法以产品的名义进行，只能借用银行自身名义进行，这从实质上已经违反了理财产品与投资者间的信托约定。第二，法律主体地位资格的丧失容易使投资者将银行理财产品与银行存款等自营产品混淆，不利于投资者教育，也不利于理财业务自身的合规开展。第三，交易主体地位资格的丧失，使理财产品对外投资交易时，往往要借助银行的名义，不仅流程繁琐，而且不利于银行资产管理业务与自营业务之间防火墙的设计隔离。第四，交易主体地位资格的丧失使不同理财产品间无法独立交易，不利于理财产品市场的做大做强。

理财产品独立主体地位资格的丧失已经越来越成为制约业务发展的一大因素。目前在法律主体地位资格不易得的条件下，监管部门可以先从交易主体地位的建设入手。首先，给予银行理财产品银行间市场乙类户的交易资格，使其在货币市场及债券市场实现独立交易；其次，仿照信托计划，给予银行理财产品在资本市场的交易资格；再次，在债权计划等场外交易市场领域，积极推动流程建设与制度设计，使理财产品可以以自身名义转让交易各类资产。在交易主体地位资格成熟的条件下，寻找合适时机，再推动理财产品法律主体地位的建设。

私人银行的服务模式

——上海浦东发展银行私人银行部总经理　任军

私人银行起源于16世纪的瑞士日内瓦，它起初仅为皇室贵族提供金融服务，后来逐步演变为向众多拥有丰厚资产的客户提供更多的投资产品和金融服务。虽然在西方发达国家私人银行已有数百年历史，但在中国，私人银行刚刚起步。

关于私人银行业务的准确定义，目前尚未十分统一，但纵观各种说法，它们的相同之处也是显而易见的。维基百科中说，私人银行服务是银行服务的一种，专门面向富有阶层，为富豪们提供个人财产投资与管理的服务，一般需要拥有至少100万美元以上的流动资产才可在较大型的国际金融公司或银行中申请开设此类服务。私人银行服务最主要的是资产管理、规划投资，根据客户需要提供特殊服务，也可通过设立离岸公司、家族信托基金等方式为顾客节省税务和金融交易成本。因此私人银行服务往往结合了信托、投资、银行、税务咨询等多种金融服务。而美国的相关法律则规定，所谓私人银行业务，就是向拥有高净资产的私人客户专属提供的金融产品和金融服务，包括接受存款、贷款、个人信托、遗嘱处理、资金转移、开立转付账户、在外国银行开立账户，以及其他不向一般公众普遍提供的金融服务。从上述几种不同的解释所拥有的共同点中可以总结出：私人银行业务是商业银行面向富裕人士提供的以资产管理为核心的专业化、个性化、一揽子高层次的金融服务。

瑞士是私人银行业务的发源地之一，有着“私人银行之都”的美称。据瑞士银行家协会估计，瑞士的私人银行业管理的资产达2.3万亿瑞士法郎，占世界私人财富总额的30%～40%。瑞士是当今世界最主要的私人银行中心，由于瑞士具有严格保护客户隐私的制度，从而成为吸收世界上离岸财富最多的国家，约为全球离岸资产总额的1/3。

与具有悠久私人银行发展历史的瑞士不同，美国于20世纪70年代末期才开展私人银行业务。虽然美国私人银行业务开展较晚，但美国却是世界最大的在岸私人银行业务市场，业务量约占世界总量的一半左右，规模位居世界第一。资产管理服务是美国私人银行业务的核心，资产管理始终是围绕资产的保值增值展开，要达到保值增值的目的，美国的商业银行既可以通过自身的技术优势与人才优势为客户专门定制资产组合以适应客户的不同需求，也可以采取投资于共同基金、单位信托等第三方机构管理的产品为其服务。美国的私人银行客户大多数财富来自自己创业，只有约20%的个人财富是继承，因而更加关注资产的收益率水平。为满足客户的这一要求，美国私人银行的投资风格比瑞士更为激进，也更加注重资产的投资回报率，以引导客户做投资为主。

得益于我国改革开放特别是进入21世纪以来，持续高速增长的国民经济与“滚雪球”式积累的个人财富，国内已形成一定规模的高净值群体，他们对较高层次的理财需求日趋旺盛。与此同时，我国在证券、保险、基金、信托等领域从无到有、不断完善，以及中国金融行业和汇率制度的改革等因素，都为中国私人银行的发展提供了良好的基础，同时也都为发展私人银行业务提供了广阔的空间。

中国银行率先于2007年成立私人银行，之后工商银行、招商银行、农业银行、交通银行、建设银行、浦发银行及民生银行等相继成立了私人银行。国内银行之所以能占据私人银行的大半壁江山，这是因为国内的私人银行客户与欧美私人银行客户特点不同，国内银行显然更适合这些客户。国内私人银行客户与欧美等国家的私人客户最大的区别之一是：国内客户大部分是第一代富人，而欧美地区的客户大部分都为富豪的第二代甚至是第三代，他们已经完成了财富的积累过程。从投资倾向来看，欧美私人银行客户倾向于稳健和保守，相比之下，国内的私人银行客户显得更为激进。从投资操作来看，欧美客户更加信任银行等专业机构，而中国的私人银行客户更倾向于亲历亲为。

浦发银行私人银行成立于 2011 年 12 月，虽然浦发银行是私人银行的后进者，但绝对不是追随者。通过深入研究目前我国银行私人银行的现状以及先进银行的经验后，浦发银行将以专业的资产管理和顾问咨询服务作为浦发银行私人银行服务客户的核心驱动力，通过专业的资产管理服务为客户带来资产的保值和升值，同时整合金融行业及相关行业的服务资源，打造专业的市场投资研究及强大的金融服务平台，为客户个人、家庭及相关企业提供综合金融服务，根据客户个人、家庭和企业不同发展阶段的需求，提供各种专业的顾问咨询服务，帮助客户和企业一同成长，实现资产的保值、增值、发展与传承。

虽然国内商业银行享有客户基础的优势，但目前针对私人银行产品和服务供应大多趋于同质，各商业银行提供的产品类型、期限、收益区间等都大同小异，甚至跟一般大众客户的产品差别不大，只是在收益率上作为零售产品的“升级”版本而已。专门针对私人银行客户独特定位进行开发的创新性产品，还停留在初步开发的阶段，在专业的资产管理服务领域，更是接近空白。同时，由于信息的不对称和爆发式的财富增长，国内客户对私人银行业务概念的理解尚是一知半解，甚至在很多方面存在认知误区，主要表现在对理财的理解过于狭隘、对投资回报的期望值过高，而对风险的承担能力不强。市场上第三方理财机构也瞄准了私人银行这群高净值客户，但这些机构良莠不齐，其投资的产品也多为结构复杂的高风险产品，部分机构甚至与银行一些支行网点、甚至网点工作人员联合，让部分高净值客户在不了解产品风险的前提下参与投资，造成了客户的损失，也损害了银行的声誉。

在深入研究国内理财市场情形的基础上，通过借鉴国外私人银行的资产管理服务理念，浦发银行自成立私人银行开始，就着手准备推出符合私人银行客户个性化需求的创新投资服务模式。该服务模式主要是通过组建强大的投资研究团队，一方面根据客户的理财规划和风险等级，为私人银行客户提供个性化的、科学的资产配置方案；另一方面，与私人银行客户处于同一利益阵地，完全以客户利益为中心，根据客户的资产配置需求，为客户挑选产品，所有产品配置的建议都由浦发银行总行私人银行投资经理制定，所有的产品投资都由客户确认，产品引入合规、投资管理透明、销售流程规范，从而能够更好地为客户提供专业化的财富管理，减少不当销售和盲目销售行为，降低客户的投资风险。

在全球财富管理市场中，中国是最有吸引力的，中国财富市场的崛起，已经成为全球财富管理的重要趋势。瑞信研究报告显示，目前中国已经是仅次于美国和日本的第三大财富来源地，预测 2015 年的时候，中国将超过日本，成为全球第二大财富的来源地，仅次于美国。由此可见，中国的私人银行市场是国内外各商业银行必争的一块重要市场。通过开展私人银行业务，银行将逐渐从资产负债管理转向客户结构管理，同时也加大参与资本市场的深度和广度，为客户提供更多、更具附加值的产品和服务，使私人银行客户与银行真正双赢。

美国资产管理业务发展特点及对国内商业银行理财业务的启示

——上海浦东发展银行资金总部总经理　谢伟

近几年，国内商业银行理财业务蓬勃发展，业务模式与产品创新层出不穷，通过研究以美国为代表的国际上成熟资产管理业务特点，有助于国内商业银行理财业务在有效控制风险的情况下，再上新的台阶。

一、美国资产管理业务发展历程

美国资产管理业务是目前世界上最大、最成熟、竞争最激烈的市场。美国资产管理业务的发展主要经历了以下几个阶段：

第一阶段：20世纪30年代的起步阶段。最早为保险公司所用，其内容包括投资规划、收益分析、代办手续等，主要目的是搭配销售保险产品。第二次世界大战以后，随着经济的重建和金融市场的发展，居民的理财需求日益旺盛，商业银行、投资银行开始引入资产管理并逐渐固化为一项常规业务。

第二阶段：20世纪七八十年代的迅速发展阶段。20世纪70年代后，美国逐步放开汇率、利率管制，金融市场化程度不断提高，传统存、贷款业务竞争日益激烈，在利差收窄压力和监管环境放宽的共同作用下，美国银行业开始不断拓展存、贷以外的中间业务。美国的资产管理业务开始融合负债管理、资产管理、现金管理和投资顾问服务，这带动了理财模式向个性化、多样化发展，私人银行和资产管理逐渐成为商业银行的主流业务。而美国高端资产管理业务，大多是综合性大银行和国际大投行开展，其资产管理方式趋于激进，大量参与股票市场、外汇市场、信贷市场和衍生品市场，以追逐资本增值为目标。

第三阶段：20世纪90年代中期以后的平稳增长时期。随着金融自由化的深入，商业银行逐步将经营发展策略转向高净值人群，以代收代付业务、银行卡业务、保管箱业务、咨询业务为主的中间业务迅速崛起。银行不仅能够为客户提供证券、保险、企业年金等金融服务，衍生金融产品品种也不断创新和扩大，为客户提供“一站式”的综合金融服务创造了有利条件。

这一阶段私人股权基金、风险资本、对冲基金、结构性金融产品成为资产管理业务的主要产品。资产管理也成为各银行塑造品牌价值、培养客户忠诚度的重要手段，同时也成为银行重要的利润来源。2008年前资产管理业务平均利润率高达35%，年平均盈利增长达到12%～15%，远高于一般零售银行业务。

二、差异化竞争的资产管理业务模式

美国的资产管理业务历史悠久，自1924年共同基金在美国诞生以来，以共同基金为主的资产管理行业已走过了80多年的风雨成长之路。时至今日，美国已形成了相对稳定的资产管理行业格局与架构，其特征体现为：以共同基金为主体，养老金广泛参与，商业银行集理财与信托于一身，第三方独立理财引领高端，适合不同层级投资者的多维度资产管理行业格局不断完善。

（一）商业银行集信托与理财一体化的财富管理模式

商业银行作为传统的金融机构，在利率市场化的竞争压力下，纷纷转型从事资产管理业务。总体来看，美国商业银行对于个人金融服务一般按照客户资产的大小，分为大众市场业务、个人理财业务及私人银行业务三个层级，随着客户所处层级的提升，其享受的金融服务也相应提升。在外部资产管理机构的竞争中，商业银行私人银行业务的涵盖范围越来越广，不仅能满足客户的保值增值需求，实现教育、养老、合理避税等传统私人银行功能，还可以为客户提供诸如私人税务师、私人律师等高度专业化、精细化的服务。

总体看来，针对一般大众化客户，主要提供基本化和大众化的简单理财服务。这类客户数量最多，家庭收入较低，银行存款额低，对金融产品的认知有限，实际需求也有限。一般账户、住房抵押贷款、小额度家庭贷款、低额度透支信用卡是面对这些客户的主体业务。一般产品较为简单，更加强调标准化服务，个性化服务较少，客户只能针对已有的产品进行选择。

近年来，针对私人银行高端客户的财富管理服务成为市场拓展的重要方向，这主要是针对富裕消费者客户提供个性化理财服务。针对私人银行客户，除提供一般客户的基本业务外，更强调综合理财账户服务，包括高额住房贷款、退休理财金账户（一般投向大公司债券）、离岸交易账户、股票基金账户（但是在英国，商业银行一般不推荐家庭客户参与风险较高的股票市场）和高息债券账户。客户可以在这一系列理财产品中根据自己的风险偏好选择在不同产品中投入的权重（见表1）。

表1 2010年进入全球财富管理规模前20位的美国金融机构

排名	公司	资产管理额（亿美元）			变动率（%）		市场占有率（%）
		2010年	2009年	2008年	2009~2010年	2008~2009年	2010年
1	瑞银财富管理（全球）	1 557.1	1 454.2	1 382.7	6	6	3.6
	瑞银财富（国际）	674.4	662	655.2	2	1	1.6
	瑞银财富（瑞士）	146.4	135.3	128.8	8	5	0.3
	瑞银财富（美国）	736.3	666.9	605.4	10	10	1.7
3	美银财富管理	644	749.9	523.2	-14	43	1.9
4	摩根士丹利财富管理	477	379	n/a	26	n/a	1.0
8	J.P.摩根私人银行	284	270	258	5	5	0.7
11	高盛集团	229	231	215	-1	7	0.5
13	花旗私人银行	196	230	200	-15	15	0.5
16	北美信托银行	154.4	145.2	132.4	6	10	0.4
18	富国银行财富管理	132.2	118	111	12	6	0.3

资料来源：Urs Birchler等所著《The International Private Banking Study 2011》。

与中国有很大的不同，美国的信托行业基本上是由商业银行信托部兼营的。据统计，美国有420多家银行兼营信托业务，信托业务已经逐渐成为除私人银行外，商业银行涉足资产管理的重要组成部分。从美国信托行业的发展历史来看，专业的信托机构并不多，在《现代金融业服务法案》颁布之前，由于商业银行被禁止从事证券经营及买卖业务，因此，很多商业银行设立了专门的证券信托部代为从事证券经营及买卖业务。依托于庞大的商业银行体系，美国的信托业得以长久发展（见表2）。

表2 美国单位投资信托规模 （单位：百万美元）

	Dec-12	Nov-12	Dec-11
Equity	3 478 304	3 167 377	2 569 324
Taxable Debt	75 963	85 245	102 023
Tax-Free Debt	126 509	157 271	263 236
Total	3 680 776	3 409 893	2 934 583

（二）以共同基金为代表的新兴资产管理机构快速发展

美国的个人理财市场不仅庞大，需求更是高度多元化。很多独立理财机构属于地区性机构，其面对的市场人群相对细化，这些个性化的理财机构注重满足特定地区、特定行业的客户，专业化程度相对高，因此特别受客户青睐。第三方理财机构能够提供传统金融机构所不具备的高度专业化、精细化管理，已经对传统商业银行的理财业务形成较大的威胁和竞争压力。

在这种不断动态发展的格局下，涉足资产管理业务的金融机构不断增加，美国资产管理行业似乎在向两极化的方向发展。一方面，共同基金与商业银行凭借自身的高公众信赖度，满足一般公众的投资需求，实现大众化的理财管理。追溯到产品类型上，主要应用第一和第二层级的产品。另一方面，各类新兴的资产管理机构以各种形式不断追求精细化、差异化、高端化，满足高资产净值人群的资产管理需求。这类机构对于第三层级产品的运用更加广泛和灵活。

此外，投资银行等金融机构也为家庭部门和企业提供了丰富的资产管理服务，主要包括养老基金、投资型保险产品等。根据有关统计，美国目前大约有5 000多万户家庭有公募基金，相当于美国有44%的家庭持有共同基金，而且在持有共同基金的户主之中有67%的投资者年龄在35～64岁之间，而整个共同基金销售的42%是通过专业的理财专家渠道。由此可见，共同基金已成为美国家庭理财的重要工具。

总的来看，目前美国资产管理业务的发展有如下特点：

一是强调以富有的私人客户为目标，提供个性化的高品质服务。根据客户的不同风险偏好或人生发展阶段将客户分类，然后对不同类型的客户提供倾向性不同的理财服务。

二是细分市场，注重业务的针对性。通过为客户提供差别化的服务，塑造服务品牌，提高盈利水平。

三是充分利用现代科技，管理网络全球化。重视网络银行和电子商务，大部分零售性质的业务可以通过电子终端得到妥善处理；管理系统全球化，各地分支行通过电子终端可以得到总行的直接指导；由客户关系管理向客户价值管理转化，成本管理更为科学化，服务更为人性化。

四是完善的创新机制和产品服务体系。以花旗银行的个人理财业务为例，它是世界上开展个人理财业务规模最大的银行，其个人理财业务范围十分广泛，涉及储蓄、贷款、投资、保险、子女教育、养老计划、信用卡等各个方面，综合性较强。

五是提供专业化的理财顾问，建立完善的考核体系。例如，在美国的银行，绝大部分理财顾问都有CFP及CFA证书或工商管理硕士学位。理财顾问根据每个客户的财务状况及风险偏好，制定不同的投资策略及收益目标，为客户实现其生活、财务目标进行专业咨询，并通过规范的个人理财服务流程实施理财建议，防止客户利益受到损害。

美国资产管理业务的主要收入来自佣金手续费。与欧洲按资产收费模式不同，美国模式是产品驱动型的，佣金手续费收入是主要收入，按交易次数每次均收取手续费，客户倾向依赖专业咨询和理财服务实现资本的再增值，其收入结构差异如表3所示。

表3　美国与欧洲资产管理模式之比较

模式/业务比重（%）	按资产额收费	交易手续费	利差收入	其他收入
北美	30%	55%	15%	极低
欧洲	45%	20%	25%	10%

资料来源：波士顿咨询公司。

三、金融危机对美国资产管理行业的影响

2008年金融危机中，资产管理业务暴露出过快发展引致的风险，尤其体现在理财经理为了追求更多的佣金收入而导致的道德风险上。金融危机后，美国资产管理行业呈现新的发展趋势。

一是客户需求的变化凸显金融理财师的重要性。优秀的金融理财师可以帮助客户找到真正需要的理财产品。尤其是金融危机之后，客户对复杂的投资产品产生抵制心理，客户希望理财师提供更多的建议。调查显示，金融理财师能够更好地帮助机构降低客户流失率和带来新增份额。

二是资产管理的盈利模式逐渐发生变化。金融危机后，美国的金融机构逐渐采用欧洲模式中按资产规模收费和交易佣金收费相结合的方式，同时理财方案咨询收费的模式也在美国的金融机构逐渐推广。相比较之前的以交易佣金为主的激励机制，这种多元化的收费模式可以有效避免客户和金融机构之间的利益冲突，减少客户承担的风险。

三是金融监管的理念和技术日臻成熟。金融危机中，金融衍生品对金融危机的扩大和传导起到了推波助澜的作用。因此，国际社会对资产管理中凸显的透明度低、道德风险冲突的问题，采取了强化信息披露的方式。2010年通过的《多德—弗兰克法案》，加强了对消费者的保护，将之前缺乏监管的

场外衍生品市场纳入监管视野，并对限制银行自营交易及高风险的衍生品交易作出规定。

四、对中国商业银行理财业务发展的启示

和美国资产管理行业的发展相比较，我国的资产管理行业发展目前仍处于初级阶段。金融市场微观主体自发推动利率市场化的倾向以及新监管环境是目前银行资产管理业务快速发展的重要因素，利率市场化后，市场竞争压力将使银行调整其收入结构，提高中间业务收入。届时，银行资产管理业务将面临真正的投资和服务能力的考验。从比较看，下一步，中国商业银行预计从如下几方面拓展理财业务并最终实现由理财业务向资产管理业务的转型：

（一）基础资产投资范围将快速拓展

从美国的经验看，基础产品范围的广度决定了后续行业发展的深度。美国的基金产品市场的健全以货币市场基金的崛起为重要标志，而中国的商业银行作为后起之秀，仅仅如此还远远不够，特别是目前，中国商业银行理财业务更多依赖于商业银行自身的信用风险管理优势，在非标准化债权上获得了短期竞争优势，但随着利率市场化的推进，这种优势会逐步减弱，商业银行迫切需要培育多市场投资能力。目前，商业银行在许多领域无法直接投资，必须通过第三方进行间接投资，如股票市场、衍生品市场等。未来，应该允许商业银行理财业务直接投资股权市场、货币市场以及场内外衍生品市场等。

（二）独立运作、自主投资是未来发展趋势

银行要清晰地将自己定位于投资管理人，建立起真正的资产管理能力，按照不同投资者的风险收益特性制定不同的投资政策，并严格按照既定投资政策为投资者提供全方位资产管理服务，包括投资策略的制定与实施、投资风险的揭示、投资行为的管理等。在组合优化方面，要将固定收益类投资品种与权益类投资品种有机融合起来，通过跨市场的投资提升理财资金的运作收益。当然，投资组合的精细化管理和对市场的前瞻性研判永远都是提高投资收益的根本性保障，商业银行自身要立足于提升投资组合的精细化管理水平。

（三）跨市场、跨区域、跨方向资产配置能力有待深化

中国经济在快速发展，未来的方向之一是收入分配改革。通过减税，普通民众的收入可能会有所提升，这就造就了一大批中产人群。针对这一部分理财需求，各商业银行和财富管理机构在具体产品及服务领域，设计出了针对个人的教育、创业、发展计划，针对家庭的经营、养老、消费计划，更有囊括了个人、家庭各项金融需求的一揽子计划。因此，从需求角度来看，财富管理模式的发展方向是提供更为综合的理财服务，覆盖个人生活各个方面。

随着全球经济一体化以及中国外汇管制的逐步放开，配置离岸资产成为越来越多国内投资者的选择。随着大量高净值人士对海外投资、教育、移民的需求日益增加，跨境财富管理也将成为商业银行资产管理业务的重点探索领域。从配置资产角度来看，财富管理的趋势是多元化，这主要体现在三个方面：跨市场、跨区域和跨方向。这就对商业银行的资产配置能力提出了更高的要求。

（四）客户分层与需求发掘有待深化

银行资产管理现阶段仍以提供理财产品为主，且对于客户分层主要体现在产品价格上，高端客户的占比与资源投入相对国外仍旧较低。在我国居民家庭金融资产的结构中，仍有75%～80%是存款和现金，说明社会资产管理服务还比较缺乏，客户分层与客户需求的发掘有待深化。商业银行要充分及时地了解客户的需求，必要的时候要合理引导客户的需求，充分了解客户的风险偏好，并将相关的数据保存完备，定期进行回顾分析。

（五）品牌建设与渠道建设日益重要

近年来，国内商业银行逐步建立自身的理财产品品牌，部分商业银行的理财品牌初具市场影响力，但尚未形成统一的、市场美誉度高的理财品牌，下一步的重点在于理财品牌的构建、完善和推

广。一是建立一级理财品牌；二是做好一级品牌的推广和宣传，快速扩大市场影响力。

在渠道建设上，西方发达国家的大型银行在服务大众客户时多利用计算机信息系统，从而节约人力资本，更好地服务高端客户。鉴于此，商业银行理财业务的渠道建设应依托于信息系统建设，以集约、高效的方式拓展渠道。

（六）明确理财业务的法律主体地位

中国银监会发布的《商业银行个人理财业务管理暂行办法》和《商业银行个人理财业务风险管理指引》中并未对银行理财业务的法律主体地位进行界定，但有关负责人在答记者问时有如下说明："个人理财业务是建立在委托代理关系基础之上的银行服务，是商业银行向投资者提供的一种个性化、综合化服务。"实际上，在不同的理财产品中，存在不同的法律关系，而不仅限于"委托代理关系"。法律主体地位的不明确限制了商业银行理财业务的资金运作。未来应明确商业银行理财业务的法律关系为资金信托关系，这样银行与客户的法律关系更为清晰，理财资产的风险隔离也将具有更强的法理支撑。

（七）业务模式将由理财业务向资产管理业务转型

从大趋势来看，中长期内，银行理财业务将逐步实现真正的资产管理，在这一过程中，其创新方向应更贴近国内金融市场的发展，同时结合投资者风险收益特性。从大的方向上讲，我国银行业的资产管理业务应该逐步向国外成熟市场上的资产管理业务靠拢，学习甚至复制国外成熟市场资产管理业务的做法，包括组织体系、业务运作模式、投资管理、客户管理、风险管理等各个环节，成为真正的独立主体和独立法人。业务范围不仅仅局限于目前的理财服务，还包括财富顾问、委托投资、税收筹划、现金管理、风险控制等多种个性化综合服务。

撬动财富　缔造共赢

——华夏银行个人金融部总经理　许明

自1991年证券市场成立，中国出现第一批个人投资者，到2006年基金公司、证券公司等机构投资者进入财富管理领域，与个人投资者并肩成为财富管理市场的重要组成部分，再到今天的以银行、信托、基金、券商、保险以及私募几大类机构为中坚力量的、渐趋成熟且完全竞争的财富管理市场，中国资产管理行业取得了巨大的发展。随着业务规模爆发式增长、各类机构参与者角色地位的确立，可以说当今国内资产管理业务的大格局已经基本形成。

在众多参与者中，银行以其严格的风险控制标准、专业化的投资团队、分布广泛的网点渠道以及先进严密的IT系统架构，决定了银行具有相对较强的资金筹集能力和投资能力，而这也是财富管理机构最看重的能力。2011年末财富管理领域的资产额分布显示，银行和信托均以35.6%的占比并列居于榜首，基金公司、证券公司及保险公司紧随其后。虽然银行从事资产管理业务具有相对优势，但是银行与银行之间，或是银行与其他投资机构之间不应仅是竞争关系，而更应该是合作关系。所有机构参与者应该致力于让整个财富管理行业良性发展，共同将整个财富管理市场的"蛋糕"做大，这样参与其中的每个机构才有可能更快更好可持续地发展。

银行发展财富管理业务，有三个非常重要的方面。

一、提升投资管理能力是核心

与信托公司、证券公司、基金公司等投资机构相比，银行从事财富管理业务的优势在于拥有庞大的客户基础和强大的线上线下分销渠道。2006～2011年期间，银行业理财产品发行量从0.7万亿元猛增至17万亿元，年复合增长率为89%；理财产品余额从0.2万亿元增至4.8万亿元，年复合增长率为88%。

但银行也因牌照影响，在理财产品设计和投资等方面受限较多，具体表现在各银行财富管理业务起点差异不大，资产配置相对简单，而真正的核心竞争力是每个银行的投资管理能力和资产配置能力。

财富管理服务是抽象的，投资者选择哪家投资机构为其管理资产，首要标准就是哪家机构的投资管理能力更强，具体表现为在同类产品、同一风险前提下，谁的收益最高。因此，要想在激烈的市场竞争中脱颖而出，提升资产管理机构的投资管理能力就尤为关键，这也是资产管理市场永远的竞争法则。

投资管理能力主要取决于投资管理团队的风险控制能力和投资决策机制是否科学、完善。投资管理团队的综合实力取决于投资团队人员的投资经验、知识结构、项目获取和筛选能力以及善于把握和捕捉市场机会的能力。因为市场机会稍纵即逝，投资管理团队要提升对市场的敏感度，以及迅速形成判断之后能够快速反应的能力，找到最佳投资窗口，找到产品的最佳定价窗口。此外内部体制上的安排也会提高理财产品的投资管理能力。华夏银行将理财产品的设计、投资管理以及销售等统筹在一个部门内，有效提高了内部沟通协调的效率，增强了把握投资机会的能力，掌握了产品定价的主动权。

2012年华夏银行在普益财富银行理财能力综合排名中，第1季度名列中国银行业第8名，第2季度综合排名跃居第2名，第3季度名列第5名。2012年华夏银行发行的银行理财产品销售量比2011年增长163%，理财产品余额增长169%，个人贵宾客户增值38.3%，理财业务带来的个人理财客户占全行新增资产贵宾客户的79%。

二、强化团队与服务水平是关键

银行是一个金融服务机构，客户所感受到的服务水平和体验均是通过银行专业人员所传递的，因此只有当提供服务的专业人员职业操守、专业能力双过硬，又具有一颗乐于服务的诚心，客户才能享受到真正的高品质服务。

第一，良好的道德标准和职业素养是基础保障，尤其是在零售业务领域，员工直接接触个人客户，为他们打理资产，因此他们的职业素养是摆在第一位的。银行要强化员工的职业道德教育，员工必须恪守职业道德，禁止员工以提升销售业绩为目的，故意隐瞒产品风险或夸大产品收益，从主观上误导客户购买产品。

第二，全面的专业能力是核心素质。理财经理必须为客户提供专业化的服务，帮客户选到最适合的产品，真正满足客户的需求。最适合的产品意味着产品的风险水平与客户的风险承受能力相匹配，产品的投资期限与客户的资金使用安排相匹配，产品的收益率与产品的风险水平相匹配。银行应避免因理财产品错误销售和销售不当给银行带来的声誉与法律风险。只有当客户买到了适合的产品，才会真正认可银行的服务和品牌。

第三，细心体贴的服务是增强客户满意度的关键环节。客户的需求千差万别，员工要本着对客户负责的态度，细心聆听客户的需求，更多地考虑客户需要什么，我们能为客户提供什么。良好的职业操守、全面的专业水平与细心体贴的服务，是在整个零售团队建设过程中非常看重的三个要素，也是提升服务水平与客户满意度的关键所在。

2012年华夏银行切实通过“龙盈理财”品牌的打造与宣传、网点竞争力提升项目的开展、“菜单式”组合营销工具的推出、精英团队培养计划的启动等重点工作，综合提升了客户服务水平，从而有效带动了全行个人贵宾客户的开发和个人客户金融资产总量的提升。

三、不断加强投资者风险教育是基础

对于银行理财市场来说，虽然整体业务规模在近两年取得了几何式增长，但是随之产生的理财纠纷此起彼伏，大有愈演愈烈的态势。投资者的风险意识不成熟是重要原因之一，因此银行应该加强投资者风险教育。

不少投资者认为银行理财产品是一种投资者无须承担任何风险、收益率优于银行储蓄的储蓄替代品，并不了解银行理财产品的本质是一种投资品，具有一定的投资风险，而正是由于存在这个风险，才使其收益优于银行储蓄。这些投资者不会更多地去思考高收益是因为承担了高风险。如果银行不彻底改变现有理财模式，投资风险不由客户承担，银行将积聚巨大的风险。因此进行投资者风险教育非常必要，要建立诚信的信托文化，贯彻“卖者有责”的职业操守，同时强化舆论引导；建立“买者自负”的理财观念和风险意识，投资者不仅要考虑产品的收益率，更要考虑能够承受多大的风险。

在财富管理领域从业多年，切实的感悟就是不能急躁，要稳健，要有长远眼光。客户把钱交给专业机构来打理，就是对我们的充分信任。承载着这份信任，我们做任何决策时都要有长期眼光，能比较清晰地判断风险，而不是追求暴利，客户资产安全是第一要务，然后再考虑投资稳健、收益可持续的问题，要关注在不同的市场环境下取得持续的回报。

城市商业银行理财业务的发展

——泰安市商业银行监事长　张海涛

2012年，中国人民银行两次调整人民币存、贷基准利率，并指导调整存款利率浮动区间，推进了我国利率市场化的进程。存、贷利差不断缩小，中国银行业的传统信贷业务利润不断受到侵蚀，势必要求银行业寻找新的利润增长点；存款利率降低，个人储蓄存款收入不断缩水，客户也需要寻找新的投资渠道保值增值。而理财业务成了供需双方共同寻找的新平衡点，成为银行应对利率市场化进程的业务准备，理财业务也理所当然成为银行比拼创新能力和实力的关键。

一、商业银行理财业务发展现状

国有商业银行理财业务各具特色。分别凭借更具人性化的服务、以强大的产品信息搜索服务功能为支撑开拓理财业务市场；注重品牌建设，打响了社会知名度；充分利用其业务渠道全面的优势，发售多类型理财产品，吸引客户资源；注重风险控制能力，拥有丰富的产品线，满足不同层次客户需求。全国性股份制商业银行一直十分重视理财业务的发展，并且扮演着创新发展理财业务的角色；此外，全国性股份制商业银行的理财业务无论在产品研发能力、收益水平、风控能力等方面均属于银行理财业的佼佼者。

我国城市商业银行成立和发展时间相对较短，除极少数几家城市商业银行资产规模较大外，绝大多数城市商业银行资产规模较小，产品研发能力相对薄弱，人才培养机制尚需完善，网点覆盖区域较少且规模较小，“服务地方、服务中小”是绝大多数城市商业银行的市场定位，这些因素都制约了城市商业银行占据理财市场的高端客户。另外，我国人民币理财业务发展较晚，虽然近几年发展较快，但与国外金融理财业务的发展相比，还处于探索发展阶段。当前，城市商业银行依据外部竞争环境也纷纷开始涉足理财业务，但由于存在科技水平相对滞后、金融产品线单一等问题，绝大多数城市商业银行的理财业务还处于起步状态，银行理财产品数量少，理财业务存在较大的发展空间。同时，我国银行理财业务的快速发展以及同业竞争的加剧，也为城市商业银行发展理财业务带来诸多机遇。因

此，对于城市商业银行来说，应以理财业务为契机寻求发展良机。

二、城市商业银行发展理财业务的必要性

（一）外部条件决定了城市商业银行必须发展理财业务

城市商业银行发展理财业务是市场需求决定的。我国经济水平持续发展，居民财富不断增长，人们的投资意识不断增强，居民逐渐从单纯的储蓄存款转移到购买保险、养老基金，投资证券、房地产等复杂化的金融产品上以实现保值增值的目的。作为服务地方、服务居民的中小城市商业银行，从客观上需要加快发展理财业务、研发理财产品满足居民投资需求；从主观上看，理财业务拥有广阔的市场前景，将逐步成为银行中间业务收入的重要来源。

城市商业银行发展理财是同业竞争决定的。随着利率市场化进程的不断推进，存、贷款利差收入势必缩小，我国银行业需要发展壮大中间业务收入，而理财业务作为中间业务收入的一项重要来源必然会成为各商业银行的竞争地带。从国外商业银行发展历程看，随着金融市场化程度的提高，客户对理财业务的需求是急剧增加的。因此，理财业务作为我国金融行业的新领域，城市商业银行应该加大拓展力度，提高综合服务能力，占据该领域的制高点。

（二）自身经营需要决定了城市商业银行必须发展理财业务

发展理财业务是城市商业银行转变经营理念的需要。国有银行、全国性股份制银行相比城市商业银行在传统信贷业务方面占据绝对优势地位。因此，城市商业银行需要走在改革的前沿，发挥“船小好调头”、经营机制灵活的优势，改变经营思路应对目前发展局面。首先，经营重心从传统信贷业务向新型中间业务转移；其次，重点服务对象从传统的公司客户向个人客户转移；最后，转变“坐等客户上门”的营销理念，化被动营销为主动营销。而理财业务的开展会促使城市商业银行树立以个人客户为中心的经营理念，在细分目标客户的基础上，向不同层次的客户提供不同类别的理财服务，以更加人性化的营销方式，提高自身服务质量和效率，实现跨越式发展。

发展理财业务是城市商业银行增加利润的一项重要来源。金融全球化使银行业越来越重视金融创新，金融产品创新的竞争在一定程度上代表了金融创新的竞争，金融产品越丰富，越能在竞争中占据主动权。理财业务作为金融产品创新的试验田，创新力度越大，所拥有的生存空间就越广，经营利润就越多，持续盈利能力就越强。城市商业银行要实现持续的中间业务收入来源，必须开展具有特色的金融理财业务，形成持续的金融理财产品序列，打造自己的理财产品品牌，增强持续盈利能力，实现利润平稳增长。

发展理财业务是城市商业银行降低风险的需要。城市商业银行目前收入主要依靠存、贷利差。从控制银行经营风险角度讲，风险度过于集中，不利于银行稳健经营和可持续发展，而依靠银行信誉开展理财业务或代理业务，不动用银行资本，降低了风险承担。此外，发展理财业务有利于分担传统信贷业务的利润压力，分担银行利润风险。

三、城市商业银行发展理财业务优劣势分析

（一）城市商业银行发展理财业务竞争优势

首先，网点布局优势。城市商业银行虽然在国内市场覆盖面较窄，但在当地占据地理位置优势，其网点一般位于城市经济活跃的核心地段，与其他股份制银行相比具有网点数量多的优势，给当地居民有“先入为主”、“家乡银行”更值得信赖的印象，便于理财产品的宣传和推介。其次，资源优势。城市商业银行与地方政府和企业有着良好的合作关系，在获取资源和信息方面具有时效优势，掌握详尽准确的经营效果信息；城市商业银行员工多数是当地人员，人脉资源广博，了解当地客户的偏好，有利于发展理财业务客户资源。最后，决策优势。城市商业银行在当地设有一级法人体制，管理层级比较少，经营理念灵活，可以更好地依据当地理财市场信息，根据理财客户需求迅速做出反应，同时

对自身经营策略的调整、执行也有着极大的优势。

（二）城市商业银行发展理财业务竞争劣势

1. 经营地域限制。城市商业银行由城市信用社改制重组而来，多数经营范围一直受限于单一城市，在当地以外的城市没有设立分支机构，这种地域特征限制了城市商业银行理财业务创新和产品创新，对城市商业银行理财业务挖掘高端客户具有局限性。

2. 科技水平滞后。城市商业银行由于历史原因，以及自身发展受限，科技水平相比全国性股份制商业银行来讲，技术力量薄弱，人员结构匮乏。尤其是理财业务，更需要较强的技术支持和人才需求。这导致城市商业银行理财产品复制率高，缺乏技术含量，特色产品匮乏，无法满足理财客户的个性需求，无法与其他银行形成理财业务发展的差异化竞争。这些问题给我国城市商业银行发展理财业务敲响了警钟。

3. 理财产品线单一。城市商业银行目前理财产品线单一，更多的是推介一种产品或多种产品组合的模式，理财服务仍停留在咨询代销产品与提供简单投资建议等浅层次上，没有根据客户的不同需求量身定制差异化的理财方案。主要是受限于城市商业银行开展的资产业务较少，约束了理财业务的发展，同时城市商业银行对开展理财业务的重视程度有待提高，没有较好的理财业务的发展规划，缺少多线条的理财业务。

4. 品牌营销力度不够。城市商业银行营销力度不够，一方面由于大多数城市商业银行没有建立客户关系管理系统，无法形成有针对性的精准营销；另一方面体现在对客户的需求关注度不足。城市商业银行开展理财业务基本没有对客户进行细分，没有对目标客户提供差异化理财服务，结果是营销力度不够。城市商业银行营销力度不够还表现在品牌影响力较弱上，城市商业银行开展理财业务的时间相比其他银行稍晚，对理财业务品牌建设的意识不强，难以形成深入人心的品牌效应。

四、城市商业银行理财业务的发展思考

（一）明确理财定位

城市商业银行仍处于中小银行之列，“立足地方、服务中小”仍是城市商业银行的市场定位。这也决定了理财业务要服从城市商业银行的市场定位，即依据自身地域网点布局优势，发展符合本地区的理财业务，确立自身理财业务特定的服务对象；通过地域资源优势充分调动业务人员的人脉资源挖掘潜在客户；运用决策灵活优势，随时调整理财业务发展方向，保证理财业务健康发展。城市商业银行应根据自身特点扬长避短，形成与国有银行、股份制商业银行的比较优势，实现城市商业银行资源的最优配置。因此，通过细分市场，挖掘潜在客户资源，实现差异化服务策略，依据客户理财目标，帮助其制定出可行的理财方案，为中端客户做好理财服务是城市商业银行的基本理财定位，进而发展高端客户的理财服务。总之，城市商业银行发展理财业务的关键在于理财业务的定位，只有定位准确，才能制定正确的发展策略，实现理财业务又好又快的发展。

（二）研发特色理财产品

城市商业银行面对的客户群与国有银行、全国性股份制银行不同，在理财产品的设计上也应区别于其他银行，必须研发符合自身业务发展实际、符合地域客户群体需求的理财产品模式。由于城市商业银行业务具有地区性特点，相比国有银行和全国性股份制银行而言，对本地区的市场需求和客户偏好更加了解。因此，城市商业银行应依据自身优势，研发符合本地区客户需求的特色理财产品，形成持续的产品序列，吸引客户资源。此外，城市商业银行还可以通过细分市场，针对不同的客户群体，设计不同的理财产品，实现差异化营销策略，吸引客户。

（三）加强理财品牌建设

城市商业银行在注重产品研发的同时，也应高度重视理财品牌在客户中的形象。树立知名的理财品牌不仅是获得客户的认知，更重要的是丰富理财产品的内涵，真正将产品的服务、特色与创新融入

品牌内涵中，利用品牌效应巩固和抢占理财市场。首先，结合银行服务定位打造地区性品牌效应，让客户有亲切感。其次，结合自身特色推出个性化的理财产品，真正从客户角度出发，打造专业化的理财规划，塑造良好的社会声誉，通过客户的口碑效应，提高品牌竞争力。

（四）完善人才机制

理财产品研发能力、销售团队的能力直接关系到理财业务的存亡，理财产品在市场中竞争的根源就是理财业务人才的竞争。城市商业银行与国有银行、全国性股份制银行在理财业务方面的差距就是人才、能力的差距。优秀的人才具备综合的金融知识结构，能够依据客户的财务状况和理财需求，构建出个性化的理财方案，但这种复合型人才在城市商业银行的数量微乎其微。此外，城市商业银行的理财业务人员在理财营销过程中表现为一味地推销自己的产品，没有将理财业务本身与客户需求结合起来，不能引导客户理解理财业务进行正确投资。因此，城市商业银行要提高理财业务在市场上的竞争力，就必须加强理财创新型人才的培养，组建精英理财队伍，完善相关人员培训和激励机制。

（五）联手其他金融机构共同开发理财产品

城市商业银行受到地域、人才、技术等多方面的限制，理财业务发展受到一定影响。目前，从综合实力看，多数城市商业银行设计出的理财产品无法与国有银行、全国性股份制商业银行相媲美。即使依托自身优势能够研发出满意的理财产品，也要耗费大量的人力、财力，同时还会遇到销售“瓶颈”无法突破的困惑。因此，城市商业银行间联合研发、创新理财产品将是城市商业银行发展理财业务的有效途径，不仅节约成本，而且可以为客户提供多样化的理财产品，扩大产品销售区域和规模。此外，城市商业银行也可以争取与券商、信托等金融机构合作，发展多元化的金融产品，满足客户需求。

银行理财产品的未来

——中国光大银行个人金融部总经理 张旭阳

金融业目前所面临的变化是结构性的改变，而非周期性的变化。这种改变不仅来自中国金融市场自身已经开始并不断加快的金融“脱媒”、利率市场化、资本管制加强等进程，不仅来自技术进步与数字时代发展带来的技术“脱媒”与第三方支付的挑战，更来自经济结构变化带来的社会阶层变动与居民生活方式的变化。因此，银行业必须对自身的运行模式进行深刻变革，这种变革应使银行建立更有效的信贷资产配置机制和更多元的市场化业务，这种变革应把银行从传统银行变身为数据分析者、集成服务商、撮合交易者和财富管理者。而银行理财产品与理财业务在这一转型中已经扮演并将承担更重要的角色。

一、银行理财产品的回顾

过去的9年，银行通过理财产品的发行和与之相伴的财富管理业务增长，推动了自身转型。银行理财产品是我国利率市场化和资产证券化发展进程缓慢、企业直接融资市场欠发达和投资者投资渠道匮乏的背景下银行创新的产物。基于银行理财产品之上的银行理财业务则连通了投资与融资、连通了客户的多样化需求与银行的创新冲动、连通了银行内部全流程再造的各个节点、连通了宏观金融政策与微观行为主体，成为商业银行金融创新的主要领域与发轫。自2004年中资商业银行理财产品推出以来，中资商业银行理财业务迅猛发展，规模从无到有，从小到大。截至2012年9月底，商业银行公私理财产品余额6.73万亿元，比2011年底的4.59万亿元增长近47%，为同期金融机构单位及个人存款余额的7.7%。银行理财产品已经成为个人投资者资产配置的重要组成部分以及银行零售业务的主要业务品种（见图1）。

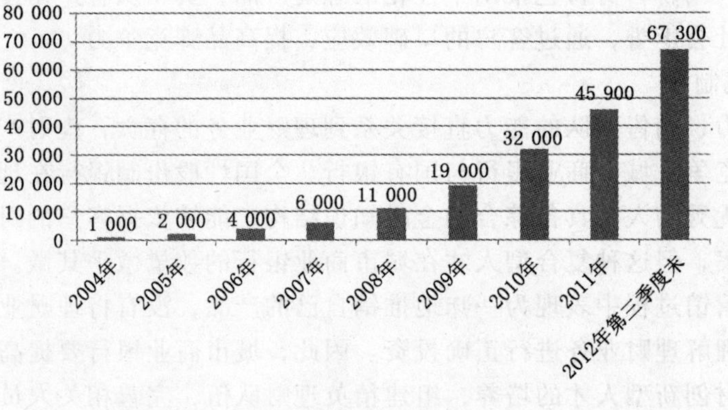

图1　银行理财产品规模（千亿元）

纵观银行理财产品发展，其规模如此迅速的增长，除居民财富积累、投资需求高涨、迫切需要稳健的金融投资品种外，银行理财产品四个方面的内在创新机制与作用使其当仁不让成为投资市场的主角。

一是管制套利，担当中国利率市场化的推手。

以存款理财化、资产证券化为标志的利率市场化与金融“脱媒”不可逆转，银行理财产品直接连通投资与融资，连接了存款与货币市场、债券市场、贷款市场与资本市场，形成对存、贷款利率的倒逼机制，在中国承担了20世纪70年代美国货币市场基金的角色，成为利率市场化突破的先导。

管制与监管是两个不同的概念，前者是对金融要素的流动和价格采取的人为限制；而后者是监管机构出于系统稳定性需要对金融机构的管理措施。对金融管制，金融机构往往会通过创新金融工具，打通不同市场之间的间隔，利用市场间的无风险套利机会，突破价格限制。20世纪70年代末，美国商业银行通过推出货币市场基金（将小户的资金集中起来，以大户的姿态出现在金融市场上，以获得银行间市场的高资金收益）、可转让支付命令账户（NOW账户）、超级NOW账户，突破了对储蓄存款和定期存款的利率设定上限的利率管制规则——Q条例。美国的货币市场基金之所以能起到如此的作用，在于其在规避对银行存款诸多限制的同时，又保留了银行存款的很多特性。比如，货币市场基金可以提现、转账结算、转入资本市场的其他基金等；1983年，美国证券交易委员会（SEC）同意货币市场基金按照摊余成本法估值，并按收益率的形式公布，从而使货币市场基金具备了银行存款的特征。由于其低风险投资和银行存款的替代特性，货币市场基金在美国取得快速发展，由1977年的42亿美元快速扩张到1982年2 300亿美元，占当年美国基金市场70%左右的份额。2004年美国货币市场基金规模达1.8万亿美元，一度超过居民储蓄总额。

2004年中国光大银行获得中国银监会批准推出的第一只人民币理财产品——阳光理财B计划实际上就是集合散户资金进入银行间债券市场，在当时1年期中国人民银行票据收益率高出1年期储蓄存款利率接近1个百分点的情况下，帮助个人投资者获得了无风险套利机会。此后，2005年光大银行等银行相继推出的银信合作融资类理财产品主要功能在于对存、贷款管制利率的突破。而且，正是由于中国商业银行理财产品从问世之初，就与银行支付账户天然关联，并按照预期收益率的形式发行，支付工具与估值方式两大内在因素使其成为中国利率市场化的天然助推器。目前，主要银行面向普通大众的理财产品发行利率在一定程度上已经成为无风险资产收益率的参照。

二是创设工具，成为资产证券化的本土化解决方案。

由于中国债券市场发展滞后，出于对固定收益产品的投资需求，银行理财只能通过创设金融工具，连接居民储蓄资金和直接融资，一方面帮助居民获得较为稳定的投资收益，一方面对改善我国社会融资结构发挥了不可替代的作用。2012年前三季度，我国社会融资规模达11.73万亿元，银行理财产品占同期社会融资规模比例达18%。

剖析银行融资类理财产品的设计发行，实际上是资产证券化过程，而且不同于投行文化下的资产证券化产品，银信融资类理财产品是短中介链、低杠杆率的资产证券化方式。

在融资类银信理财产品合作中，银行首先以理财产品为载体，与投资者建立委托代理关系，在获得投资者委托的基础上，以受托人的角色与信托公司签订资金信托合同，在信托合同中以单一委托人的身份设立信托计划，并最终将投资者的资金投资于信贷资产，也包括票据、夹层融资、房地产信托等任何具有未来现金流的资产，实现了资产的权益向投资者的转移。对比资产证券化的法律结构，通过信托的介入，这种银行表外的“委托代理+信托模式”起到了破产隔离、独立清算等证券化的目的，银行发行这类理财产品的过程本质上是资产证券化的过程。

但不同于以西方金融体系中以投资银行或是投行文化为主导的证券化，银信合作的这种准资产证券化是以商业银行为主导的。投行模式是为卖而买的交易模式，贷款的贷前调查、贷中检查与贷后管理被放松，因为贷款将被迅速地证券化或通过信用违约互换交易将信用风险转移出去，银行利用腾挪出的资本再一次进行杠杆放大。而商业银行模式始终强调与客户（包括投资者、融资方）的长期紧密依存关系。在这种模式下，银行为控制声誉风险，银行融资类理财产品一般以高等级信用企业的贷款为基础资产，银行内部甚至比自营贷款更为严格的风险控制标准与风险管理流程，不会出现过度放大杠杆的现象。在西方的资产证券化体系中，资金是沿着由包括基金、对冲基金、证券公司、商业银行、投资银行、证券化资产发行机构等多金融机构构成的一个很长的链条，才能从最终贷款人那里流到最终借款人手中。在既定的“蛋糕”中如何获得更多的份额，借短投长成为这些参与机构常用的工具，从而加剧了杠杆率以及金融体系资产负债规模的周期性波动。银行融资类理财产品则是一个短中介链，资金在商业银行的安排下，直接从投资者手中流到企业。在中国企业直接融资渠道尚不发达的情况下，银行融资类理财产品不仅发挥了重要的直接融资功能，而且利用信托贷款利率较少利率管制的特点，针对不同企业的信用风险计收风险溢价，有利于完善我国金融市场的信用曲线。

三是风险收益重构，完善中国投资工具谱系。

对投资者而言，银行理财产品最大的意义在于，当中国金融市场投资谱系存在风险收益配比的断点时，通过创设工具、杠杠分层、引入互换及其他衍生品交易等创新方式，平滑了风险收益曲线，从而满足了投资者的需要。

在2010年以前的中国金融投资产品体系当中，虽然有储蓄、国债这样低风险产品，但是比储蓄、国债风险更低的品种，如美国的通货膨胀保护债（美国国债的一种，收益率随通货膨胀指数调整，从而给投资者提供了对冲通胀风险的工具）目前还未出现。在高风险产品端，我们已经有了股票、股票型基金，但比股票风险更高的杠杆基金、卖空、衍生品等高波动性产品十分稀缺。在储蓄与股票投资方面，对中小投资者而言，也缺少风险与收益配比的多样化组合。因此，要么承担储蓄的负利率风险（2007~2009年，储蓄存款收益经通货膨胀调整后为-2%左右），要么忍受股票市场过山车一样的跌宕起伏。而银行理财产品的出现，恰恰补充并平滑了中国金融市场投资风险收益曲线，在规模发展的同时，也为投资者带来了实际绝对回报。在2008~2009年的金融危机大背景下，尽管有极少数产品出现了负收益或零收益，但按规模统计，96%以上的银行理财产品实现了预期收益。2011年，全国160家银行为客户实现理财投资收益达到1 750亿元①，明显高于同期储蓄存款利率与资本市场回报。多年来，银行理财产品整体跑赢了通货膨胀，为投资者实现了资产的保值增值，增加了居民的财产性收入，这是银行理财产品存在的最大意义。

四是试水资产管理，成为中资银行转型不可或缺的一环。

传统银行业务模式必然面临资本充足率与资本收益率的两难选择，以理财业务开拓综合化经营之

① 资料来源：中国银监会纪委书记杜金富2012年12月11日出席中国银行业协会理财业务专业委员会成立仪式上的讲话。

路、试水资产管理业务是商业银行的必然选择。社会财富增长、机构与居民投资需求扩展的同时，金融市场工具增加、信息传导过于迅速使市场的波动性长期存在并加大，理财投资变得越来越专业，越来越多的居民甚至是养老金管理机构将资产交由专业化的金融机构来管理，投资品市场的参与者从而呈现“机构化”的特征。因此，如果说商业银行是“21世纪的恐龙”的话，资产管理行业则是长青的。商业银行要从靠“借给人钱赚钱”转变为“给人管理钱赚钱”。目前，一些商业银行推出的开放式理财产品或按净值发行的组合投资产品，实际上就是受托资产管理业务（见图2）。

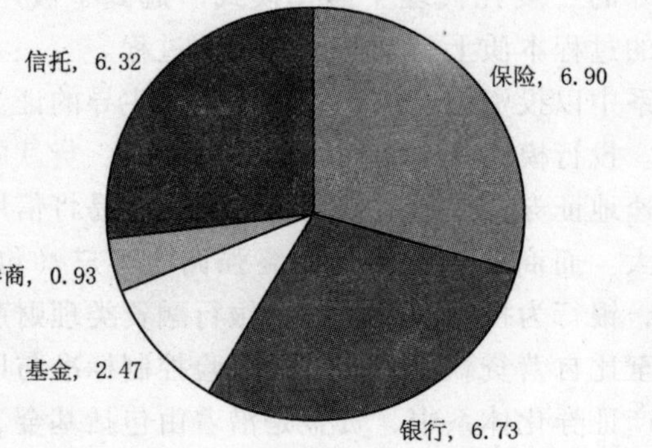

图2　2012年第三季度末各资产管理子行业规模（单位：万亿元人民币）

资料来源：各行业协会

二、银行理财产品的未来

随着金融“脱媒”的发展，信托、基金、券商、保险等更多的参与者进入银行理财业务固有的领域，银行理财产品和理财业务也面临转型。在规范化的资产证券化运作重新开启，直接融资发展以及利率市场化进程延伸到存、贷款领域，其他金融机构工具创新日益广泛后，银行理财业务前三种创新机制的意义将降低。例如，利率市场化实现后，接近无风险的存款型理财产品就没有存在的必要了；直接融资与债券市场发展后，理财将更多直接投资企业信用债券而无须创设资产证券化工具；分级基金、量化投资、金融衍生品在中国投资市场上日益普遍，银行理财产品熨平投资曲线的作用降低。长期看，资产管理业务是银行理财产品最终的生存形态。理财业务如同其他资产管理一样，比拼的是为客户创造收益的能力，是资产管理的能力，包括市场判断的投研能力、资产配置的交易能力、工具创设的创新能力、平衡有效的风控能力、客户需求满足的综合服务能力。

因此，银行理财业务应回归中间业务与受托管理的本源，在客户端向财富管理业务深化，在投资端向资产管理业务转变，通过投资与客户两端进行创新，激发投资者的投资需求，降低成本支持实体经济，并与中国社会财富总量的增长相适应，避免“资管泡沫”所带来的虚假繁荣。

在银行理财产品转型过程中，监管机构和银行需要关注以下几点：

（一）客观评价银行理财产品的“资产池”管理模式，并进一步规范

银行理财应回归中间业务与受托管理的本源，在“卖者有责”的前提下实现“买者自负”，使投资者在承担风险的同时获得收益。但是银行理财产品，特别是融资类理财产品存在机制缺陷。由于在融资类理财产品的创设过程中，银行往往集发起人、发行人、服务商、保管人等角色于一身，存在一定的利益冲突，为此银行不可避免地要承担道义责任，信用风险无法充分转移给客户。从香港“迷你债”风波可看出，信用风险向个人客户转移存在一定的难度。而信用风险无法实质转移所隐含的银行资产负债表业务的放大，降低了资本充足率管理的效力，扩大了资本杠杆倍数。

面对这种困境，采取与债券基金并无本质不同的“资产池”模式，通过组合管理、分散风险、

提高专业管理能力，就是必然的解决方案。“资产池”产品模式的本质是将一只理财产品的资金分散投资在不同比例的金融资产上，通过分散风险提高理财产品的风险收益水平。首先，将理财资金汇集后投资可以减少组合调整频率，增加单笔投资规模，且有利于执行最优投资策略，实现投资管理的集约化；其次，通过分散化的组合投资，使得单一项目发生信用风险时对于整体组合的净值影响大大降低，从而更易于投资者接受并承担投资风险。可以说，通过组合管理、分散风险，“资产池”产品解决了理财产品投资管理的集约化和风险向投资者合理转移的问题，是理财产品向真正的资产管理产品发展的过渡形态。

从近两年的实践来看，银行理财产品“资产池”模式运行相对平稳，起到了推动银行理财业务发展的作用，绝非“庞氏骗局”。如果能够进一步解决风险传递的问题，则更是真正回归中间业务本源，理财也将与“影子银行”脱钩。

首先，银行理财产品的投向被监管机构统计并纳入社会融资总量。目前，各商业银行理财产品的发行除需严格执行报备制度外，理财产品投资资产状况及产品运行情况均需定期通过各种统计报表报送中国银监会和中国人民银行，其最终投向不论是信托贷款、票据、债券还是同业资产，已经纳入社会融资总量的统计口径。这都与游离于监管之外的所谓“影子银行”有所区别。

其次，没有杠杆放大。按照目前国际通行的定义和理解，高杠杆和不透明是“影子银行”的典型特征，也正是如此，全球金融稳定委员会（FBS）将对冲基金纳入“影子银行”的范畴，而将共同基金排除在外。银行理财资金基金直接被投资于债券、融资项目及其他金融市场工具，除存在极少量债券回购业务外，基本不存在杠杆投资。

最后，“资产池”管理模式依旧采取银行理财产品所坚持的审慎原则，真实投放，收益覆盖。“资产池”产品的流动性与兑付均是以其所投资的金融产品的利息支付、到期偿付、流动性资产的变现以及银行可能提供的暂时性流动性支持来解决，而非依赖新投资者的认购资金。这与“庞氏骗局”存在本质区别。

有人以期限错配来指责“资产池”管理模式，但殊不知金融业存在的意义就是将资金在不同时间与不同人群中再分配与流动，从而促进社会整体福利的提高。例如，年轻人缺乏财富，通过从银行贷款获得资金购买住房，并以未来的收入偿还，提前实现居者有其屋；老年人通过一生劳作积累了财富，通过储蓄以及投资获得财产性收入，以保持退休后的生活水平；而银行通过资产负债管理、信用风险管理、杠杆比率等管理工具，将期限错配等流动性风险以及信用风险控制在可承受范围内，最终获得利差收入。不仅银行的资金存在期限错配，债券基金也是以每天都可以赎回的资金来源在一定比例内投资于中长期债券。因此，符合中国银监会规定比例并能保持流动性需要的期限错配并不是“资产池”模式的“原罪”，规范“资产池”管理模式并使其进一步发展的关键在于使“资产池”模式理财产品能够按照净值而非预期收益率发行。

理财业务应回归中间业务与受托管理的本源，在“卖者有责”的前提下实现“买者自负”，使投资者在承担风险的同时获得收益。但风险收益得以传递的前提是价格（收益率）充分、公允、透明地反映了风险。金融学上，风险的定义就是通过金融资产价格波动反映的不确定性。如果我们投资的是一个动态管理的资产组合，其资产组成每天都发生变动，但收益率却保持固定，投资者没有感受到风险收益的变化，银行从中不仅收取管理费，也占有了一定的剩余收益及与之共生的风险。这种情况下，投资者又凭什么去承担风险，认可投资失败呢？尽管银行采取了很多投资者适合度销售的措施，但结果仍是银行理财产品不能亏损，其结果要么是银行理财产品越来越保守，采取比自营贷款还审慎的管理原则；要么是银行自担风险，理财成为表内业务的替代品，真正沦为“影子银行”。而反观债券基金、股票基金等产品，尽管也是银行代理销售的，但因为其按净值认购、赎回，价格的变动反映了风险，投资者也真正认可了“市场有风险，投资需谨慎”的理念。

因此，除揭示风险、公布投资明细外，银行理财产品应分两类：对于结构性存款、期次化产品等静态管理的银行理财产品，应在发行之初充分揭示其挂钩资产或投资资产明细，并最终以标的资产的投资回报水平向投资者偿付收益；对于“资产池”模式以及资产管理类理财产品等动态管理的银行理财产品，应按净值发行，并根据公允价格取得的有效性决定开放的频率，真正做到通过价格变化反映风险。例如，在中国信用风险违约率曲线没有形成、信贷资产缺乏流动性时，信贷资产的公允价格就不能及时获取。如果银行理财产品投资了较大比例的信贷资产，其对应的“资产池”产品就应有一定的封闭期，其应按季或按半年开放，而不是按月、按天开放，使得产品的净值能够充分反映出资产的风险变化，这也是对不同投资者公平对待的基础。

（二）银行自身加强专业化建设，必要时建立专营机构或资产管理子公司

对银行自身而言，加强投资研究能力与风险管理能力建设从而实现银行理财业务的转型刻不容缓，相应的组织架构调整、人员投入、系统建设应随之跟上，包括设立资产管理业务专门的机构与人员，实现前、中、后台分离；提升投资研究与风险管理能力，辅之以相应的IT系统建设，使业务模式向资产管理业务拓展；加强客户细分，保证合规性销售；整合银行传统业务，从产品销售向为客户提供财务规划与资产配置方案过渡……必要时，应鼓励银行建立理财业务的专营机构或资产管理子公司。

（三）对理财机构的分类管理

监管机构可以组织架构、内部管控、投资研究、团队配备等能力评价为基础，对推出理财业务的银行进行分类管理，实行业务、产品、地区、对象的不同准入标准，通过分类管理加强银行自律。

（四）明确银行理财产品的法律地位

由于银行理财产品没有明确的法律框架支持，银行与客户在理财产品中的相互法律关系到底应定位为委托代理关系还是信托关系，法律界存在较大的争议，并由此产生出理财产品在交易主体的认定、核算估值制度的制定、结算账户和证券托管账户的开立等方面均存在障碍，已成为理财产品向规范的资产管理产品转型过程中无法回避的问题。加之我国分业经营，使得银行理财产品以前往往借助信托计划，现在又增加了券商定向资产管理计划、保险公司债权计划等作为载体，法律关系复杂。2012年以来，证券、基金、保险等金融机构在监管放宽的背景下加大资产管理业务扩张力度，但由于中国金融体系中，银行仍是客户选择投资品种的主要渠道，银行理财产品的资金往往成为非银行金融机构“通道型业务”的最终资金来源。在实体经济并没有明显增长的情况下，诸雄逐鹿的结果并不是帕累托改进的过程，而仅仅是蛋糕的重新切分。而且通道类业务过多将使理财产品原先的短中介链变成长中介链，反而增加了系统性的流动性风险与信用风险。

（五）扩大银行理财产品的投资范围

在银行理财管理框架逐步理顺、理财产品投资的风险收益能够传递给投资者的前提下，中国银监会应出台银行理财产品的投资管理办法，允许银行理财产品的投资范围可根据客户适合度加以扩大，使理财业务能够根据市场情况，在更广泛的投资领域中进行资产配置，以获得持续、稳定的投资回报。

三、光大银行理财业务在2012年的进步

多年来，光大银行一直注重理财业务的能力建设，并坚持在客户端向财富管理业务、投资端向资产管理业务转型的推进。

客户端，2012年光大银行除加强理财师团队建设外，还上线了“阳光理财·资产配置平台”，该平台整合了储蓄、理财、信托、保险、国债、基金、证券公司资产管理计划、黄金、外汇九大类投资产品，引入路透、普益、晨星三大资讯商，结合光大投研团队专业的配置建议，推动理财经理构建投资组合，快速满足客户资产配置需求，并提供定期跟踪检视的服务。该平台的推出，有效促进了客户经理从传统的单一产品单一渠道销售向组合产品多渠道销售过渡，体现“理财是财富保护、理财是

长期投资、理财是资产配置、理财是人生规划”的理念，促进理财在客户端向财富管理业务的演变。

投资端，光大银行着重在投资研究能力提高和系统建设方面进行了努力。2012年光大银行仿照公募基金等专业资产管理机构建立了规范的市场分析、信用评价和投资决策机制，进一步加大了理财在债券、股票、私募债和货币市场等公开市场投资产品方面的投资力度，理财资产配置进一步多元和均衡，在投资中主动运用了大类资产配置比例调整、投资品种拓展、久期和类属调整、波段交易、息差交易、跨市场套利、衍生交易对冲等交易手段和技术，较好地把握了配置和交易时机，资产的配置、交易和经营能力显著提升。在投资管理系统建设上，改进原有“资产池”模式，设计开发资产组合的分级管理模式并进行系统建设，在资产组合分级系统中建立规范的基金会计，实现每只产品的独立核算和持续规范的信息披露，实现资产组合产品投资端和产品端的动态风险监控，使光大银行代客资产组合产品真正实现开放式运作模式，推动光大银行理财业务向合规和专业化发展。

银行理财产品的创新和理财业务的发展可以说是“草根阶层、山寨创新、夹缝求生、前景光明”。但正因为它的草根性，其生命力也更顽强。凭借与客户的持久关系与多元触点，凭借在固定收益产品和信用风险方面的优势，在提升资产管理能力后，银行理财业务将基业长青，推动中国资产管理业务进一步壮大，并在需求的循环创造中为各种资产管理机构提供更加广阔的发展空间。这一过程，正如罗伯特·希勒教授在其著作《金融与好的社会》中所言，打破金融精英的权利结构，有助于分散风险，促进财富的公平分配，并为实体经济提供更加牢固的基础。

银行理财业务迎来新机遇

——嘉兴银行副行长 章张海

2012年10月19日，中国证监会颁布了《证券公司客户资产管理业务管理办法》、《证券公司集合资产管理业务实施细则》和《证券公司定向资产管理业务实施细则》，标志着证券公司资产管理业务新政正式落地。从证券公司创新发展研讨会上对于资产管理业务配套细则的修订说明到征求意见稿的出台，再到《证券公司客户资产管理业务管理办法》的最终落地，证券公司资产管理业务迎来了“大松绑”。对于银行来说，“松绑”后的证券公司资产管理业务无疑为理财资金提供了一条全新的更加灵活的投资渠道，银行可以通过定向资产管理业务管理理财资金，银证合作业务有了新的发展契机。

一、证券公司资产管理业务“松绑”前银行理财状况

(一) 投资资产受限，投资方向狭窄

在证券公司资产管理业务“松绑”以前，商业银行的理财资金管理方式主要有两大类：一类是委托信托公司进行投资管理，另一类是由商业银行自身进行投资管理。特别是2010年银信合作新政出台以前，理财资金主要通过银信合作方式进行管理。据统计，2010年7月银信合作业务余额达到2.08万亿元。2010年8月以来，中国银监会颁布了《关于规范银信理财合作业务有关事项的通知》等一系列监管政策，叫停了传统的信贷类银信合作业务和银信合作票据类业务，融资类银信合作业务受到严格限制，这基本上切断了理财资金投资于融资类资产的通道，理财资金投资方向局限于投资类资产。同时，在投资类资产的选择上，由于受信托公司、商业银行投资范围及自身投资能力的限制，投资资产基本以债券等中低风险资产为主。

(二) 产品类型不多，同质化现象严重

投资资产受限、投资方向狭窄直接导致了银行理财产品类型的匮乏，各银行之间产品投向同质化

现象严重。此外，债券作为投资资产在收益率方面也存在一定的局限性：首先，无法支撑中长期理财产品的收益率水平，这导致以债券类投资为主的理财产品期限基本以短期为主，即使有长期产品，也无法提供有市场吸引力的收益率；其次，无法支撑高端理财产品的投资要求，不能满足高端客户通过承担适当风险获取较高收益的需求。因此，各银行理财产品在期限、收益、目标客户等方面存在很高的相似性。

二、券商资产管理业务“松绑”给银行理财带来的机遇

银行理财业务面临上述难题，亟须找到一个突破口冲出困境。而“松绑”后的证券公司定向资产管理业务刚好契合了银行的需求，为银行理财资金提供了一条新的投资渠道。

（一）证券公司定向资产管理业务优势

1. 投资范围广。《证券公司定向资产管理业务实施细则》中明确规定，在不违反法律、行政法规和中国证监会的禁止规定情况下，定向资产管理业务的投资范围可由证券公司与客户通过合同约定。这意味着银行可与证券公司自行协商确定投资范围。换句话说，只要不是银行理财资金明确禁止投资的资产都可以通过定向资产管理计划进行投资。这为银行理财产品的创新提供了条件。银行可以通过定向资产管理计划对多种资产进行组合投资，通过设计不同的投资方案来进行差异化的产品开发，为客户提供不同投资标的、不同风险程度、不同收益水平的理财产品，建立多元化的产品结构，满足客户个性化的投资需求。

2. 专业人才聚集。资产管理业务需要很强的专业性，要求从业人员具有全面专业的知识结构，能准确判断宏观经济形势，能熟练运用和创造各种金融工具。中国金融业实行分业经营的模式，以经纪业务和投行业务为主的证券公司拥有高素质的投行团队，相比商业银行及信托公司而言，无论是在团队规模上还是在人员素质上，都具有明显的专业优势。如国内某些大型证券公司还成立专门的研究所，对经济、制度、金融产品和投资策略等领域进行体系化研究，为证券公司开展业务提供专业化的支持。

3. 管理费用低。2012 年 11 月，中国证监会发布《关于修订〈关于证券公司风险资本准备计算标准的规定〉的决定》，将定向资产管理业务风险资本准备基准计算比例从 5% 降低到 2%，使得定向资产管理业务消耗的净资本减少，进而降低了券商通道成本。为了抢占市场份额，做大资产管理规模，实现业务腾飞，不少证券公司并未将盈利作为首要目标，通道费用被大幅压缩。因此，在管理费用的收取上，证券公司定向资产管理业务的收费标准远低于信托公司，不足信托公司管理费用的一半，为银行理财产品的开发带来更大空间。

4. 政策限制少。相比银信合作业务而言，证券公司定向资产管理业务在政策上也具有绝对的优势。根据《中国银监会关于规范银信理财合作业务有关事项的通知》规定，信托公司融资类银信理财合作业务实行余额比例管理，即融资类业务余额占银信理财合作业务余额的比例不得高于 30%。商业银行应对融资类银信理财合作业务按照 150% 的拨备覆盖率要求计提拨备，同时大型银行应按照 11.5%、中小银行按照 10% 的资本充足率要求计提资本。而证券公司定向资产管理业务并没有类似的限制。因此在资产管理“新政”实施后，原先受到政策限制的融资类银信合作业务，纷纷借道证券公司定向资产管理业务。中国证券业协会公布的数据显示，2011 年末，证券业受托管理资金本金总额仅为 2 818.68 亿元，但到 2012 年第三季度末，已经激增到 9 295.96 亿元。相反，中国信托业协会公布的数据显示，截至 2012 年第三季度，银信合作存量 1.84 万亿元，比例已由最高峰的 70% 下降到如今的 29.13%，规模连续两年呈现增长停滞状态。

（二）银行理财业务两大机遇

1. 丰富产品类型，完善产品结构。随着理财市场的日益成熟，单一的产品结构已经满足不了理财客户多样化的需求。银行亟须找到一个可以实现多元化投资的通道。而证券公司定向资产管理业务

基本不设限的投资范围为银行理财产品提供了巨大的创新空间。银行理财资金可以通过定向资产管理计划进行多样化的投资。针对各层次的目标客户，银行可以为其量身定做投资方案，利用不同的资产种类、差异化的投资比例，开发出多种期限、多种风险程度的理财产品。证券公司定向资产管理业务丰富了银行理财产品的种类，完善了银行理财产品结构，通道价值日益显现。

2. 降低管理费用，提升产品收益。证券公司定向资产管理业务相对较低的通道收费标准为银行理财产品提升收益率创造了空间。一方面由于证券公司定向资产管理业务在净资本的占用上低于信托公司，另一方面证券公司在资产管理业务发展初期以占领市场为主要目标，采用了较为优惠的费用标准，因此，证券公司定向资产管理业务的通道费用远低于信托公司，银行可以将这部分费用空间让利给投资者，提高理财产品的收益率。

三、证券公司资产管理业务与银行理财业务合作发展方向

（一）证券公司资产管理业务存在的问题

虽然证券公司资产管理业务在“松绑”后呈现了爆发式的增长，业务规模迅速扩大，但是由于业务发展时间较短，资产管理业务在与银行理财业务的合作上仍存在一些不容忽视的问题。

1. 内部管理提升跟不上业务发展速度。2012 年以来，虽然证券公司资产管理业务的规模实现了迅速扩张，但由于业务发展的时间短，证券公司内部管理体系还未适应迅速膨胀的业务规模，管理体系的完备程度无法匹配业务发展需求。首先，证券公司内部资产管理业务制度还不够健全，缺乏标准化、高效率的操作流程；其次，由于证券公司与银行合作的时间较短，尚处磨合期，还未摸准银行“脾性”，不够了解银行内部管理体系，导致彼此配合不默契，业务运转不够顺畅；最后，证券公司资产管理人员的项目管理经验不足，业务细节处理不够完善，对整个业务流程的把控能力略显薄弱。

2. 主动管理程度不高导致核心竞争力产品缺乏。目前，在与银行的合作上，证券公司资产管理业务仍以提供通道为主，主动管理程度不高。在业务的拓展上，大多数证券公司靠打价格战、降低通道费用来争揽客户，缺乏真正主动开发管理的产品。但是，对于银行来讲，特别是中小银行，由于受自身投资管理能力的限制，除了通道业务，银行也希望借助证券公司的专业优势来进行理财资金管理。因此，过分依赖通道业务使得证券公司的天然优势无法发挥，资产管理业务缺乏核心竞争力。

3. 非标准业务的开展突显风险控制压力。在原来的审批制度下，标准业务的风险控制点都是证券公司所熟悉的。但是资产管理业务新政出台后，银证合作创新产品大量出现。作为银行资金的受托管理人，这些非标准业务的开展对证券公司原有的风险控制体系及风险控制能力都形成很大的压力。例如在合同的审核上，创新业务对应的都是非标准合同，如何发现其中隐含的风险，履行管理人应尽职责，确保业务安全开展，是证券公司面临的一个挑战。

（二）证券公司资产管理业务与银行理财业务合作发展建议

1. 找准市场需求，拓展主动管理产品。无论是从业务发展的角度还是监管环境的角度分析，主动管理型业务应是证券公司与银行理财业务合作的主要发展方向。首先，以通道业务为主的发展模式带来的只是价格战，业务附加价值低，不利于证券公司核心竞争力的形成。而主动管理业务中，证券公司可以利用自身优势为银行提供专业化的服务，弥补银行自身的弱势，满足银行个性化的需求，证券公司也能获得较为可观的费率，从而实现银行与证券公司双赢的局面。其次，在监管政策方面，从近几年对融资类银信合作业务的监管上看，监管部门对银行借助通道开展融资业务持否定态度，通道类的银证合作业务也具有政策的不确定性。因此，证券公司资产管理业务在未来的发展过程中应提高对主动管理业务的重视，找准银行需求，研发主动管理产品，提高自身的核心竞争力。

2. 提升风险控制能力，有效控制产品风险。在与证券公司合作开展定向资产管理业务时，如何降低理财资金风险是银行关注的首要问题。在通道业务方面，证券公司主要承担的是管理风险，投资风险由银行承担；但在主动投资管理业务方面，证券公司除了承担管理风险外，还要承担投资风险。

目前，银行与证券公司在资产管理业务方面的合作时间不长，对于证券公司的风险控制能力还未完全信任，这也是当前通道类业务占绝大多数、主动投资类业务占比不高的重要原因。因此，证券公司一方面要规范内部管理，完善风险控制体系，提升自身的风险控制能力，确保业务安全开展；另一方面，也要加强产品的开发研究，尽量通过产品结构的设置来控制风险，打消银行顾虑。

3. 合规开展业务，促进业务长远发展。监管政策的宽松一方面有利于证券公司与银行理财合作业务的发展，但同时也给业务的合规性留下了隐患。银证合作业务涉及跨序列监管，在监管方面存在真空地带。并且，根据现行规定，证券公司资产管理业务无须公开信息披露，仅须向中国证券业协会进行报备。因此，在很大程度上，业务的合规性需要证券公司自觉把握。目前，市场对证券公司在资金使用、投资管理等方面的合规性还存在担忧。证券公司唯有严格按照合同约定管理资产，自觉合规开展业务，才能树立起市场口碑，促进业务的长远发展。

加强理财产品风险管控　促进理财业务稳健发展

——北京银行副行长　赵瑞安

党的十八大明确提出，到2020年实现全面建成小康社会宏伟目标，国内生产总值和城乡居民收入比2010年翻一番，要千方百计增加居民收入，多渠道增加居民财产性收入。党的十八大为银行理财业务发展指明了方向。银行业在开展理财业务过程中，既要不断进行理财产品创新，满足投资者理财服务需求，支持实体经济发展，又要加强理财产品设计、投资、销售等全面的风险管理与控制。

一、理财业务是银行未来发展转型的关键

理财业务是银行收入来源多样化的重要渠道，也是银行未来盈利的增长点。国外理财业务的发展是与金融市场发展、个人财富增长、放松金融管制、混业经营以及税收制度等多种因素紧密相连的。21世纪以来，西方主要发达国家普遍都采取银行、证券、保险混业经营的业务模式，银行能够为客户提供全面的金融产品和服务，满足客户的多样化金融产品与服务需求。国外银行非利息收入项目与理财业务密切相关：一是信托业务收入。美国的商业银行大多设有信托部门，美国前100家大银行的信托业务部门的信托业务占市场份额的80%以上。银行信托业务收入成为银行重要的非利息收入来源。二是投资银行业务、资产管理业务、保险业务、证券交易业务、风险投资业务等收入。三是交易账户损益，主要是衍生产品交易的盈亏。四是各类存款账户服务收入。国外银行业务与服务的多元化成就了其收入来源的多元化，大型银行非利息收入在营业收入中的占比较高。例如，美国银行非利息净收入占比为52.65%；摩根大通银行非利息净收入占比为50.34%；中小型银行非利息收入在营业收入中的占比则较低。

理财业务对国内银行非利息收入的贡献呈现稳步上升趋势。与世界发达国家银行理财业务相比，我国银行理财业务仍处于初期发展阶段。未来10年我国将迎来银行理财业务快速发展的黄金时期，理财业务对银行盈利的贡献将进一步增加。主要原因是：一是居民理财意识增强，对理财产品的需求旺盛。自改革开放以来，个体经济、私营经济、民营经济等非公有制经济快速发展，按劳分配与按生产要素分配的分配制度基本建立，居民工资性货币收入与财产性收入大幅度提高。一大批个体及非公经济实体的经营者、管理者和民营企业家通过创业和经营活动，积累了大量财富；一大批拥有管理能力、先进技术、市场信息的专业人才逐渐成长为高收入富裕人士。2010年中国家庭财富总量为16.5万亿美元，在世界上居第三位；居于第一位的美国为54.6万亿美元；居于第二位的日本为21万亿美元。2015年中国家庭财富总量将达到35万亿美元，成为世界上家庭财富总量排第二位的国家。二是

我国理财业务进入规范发展时期。2005 年中国银监会颁布《商业银行个人理财业务管理暂行办法》和《商业银行个人理财业务风险管理指引》，标志着从法律上确认了我国银行理财业务的合法地位。中国银监会 2008 年《关于进一步规范商业银行个人理财业务有关问题的通知》及 2009 年《关于进一步规范商业银行个人理财业务投资管理有关问题的通知》等规范性文件对于保障银行理财业务规范、健康发展发挥了重要作用。三是理财业务规模效益显现。2011 年银行业理财产品发行规模达到 16.49 万亿元。2012 年第三季度末，中国银行业理财余额达到 6.7 万亿元，比年初增长 47%。理财业务相关非利息收入包括理财销售手续费、投资管理费、理财产品托管手续费等，对银行非利息收入的贡献显著提升。

二、加强理财产品风险管控的战略举措

理财产品风险管控是理财业务发展的生命线。我国银行理财业务处于快速发展的重要机遇期，与此同时，随着我国理财产品的复杂化、多样化发展，理财规模的不断扩大，理财业务积聚的各类风险也在增加。商业银行不仅要充分抓住难得的业务发展机遇，而且要全面理性应对理财业务风险的挑战。

（一）建立理财投资信用标准，防范理财产品信用风险

2012 年组合投资类非保本理财产品取得了快速发展。目前该类理财产品的投资主要是信用类金融工具，包括短期融资券、中期票据、企业债券、公司债券、贷款、信托计划等。该类理财产品的风险主要是信用风险。银行理财应坚持审慎原则，要建立理财投资的信用标准。一般而言，理财投资信用工具的信用评级必须在投资级别以上。除了信用级别最高的主体外，其他符合投资级别的信用主体的融资宜采用抵押、质押、保证等信用增级措施来降低信用风险。在经济上行时期，一般信用主体的信用状况会改善，银行可以适当增加信用类理财产品；在经济下行时期，一般信用主体的信用状况会下降，银行宜主动减少信用类理财产品。根据经济周期变动，银行信用类理财产品的规模和比例需要相应调整。

（二）建立理财投资市场风险限额，防范理财产品市场风险

市场风险主要是指由于金融工具的市场价格发生变化而形成的风险，包括利率、汇率、股票价格、大宗商品价格等等。一般投资者认为银行是安全的，银行的理财产品也应该是安全的。在这种商业文化背景下，银行理财产品应该有别于基金公司、证券公司的理财产品，应该追求较安全的投资方式。金融市场价格波动是天然的，因此，银行设计投资金融市场工具类理财产品，应设定止损限额、期权限额、交易限额、错配限额、风险价值限额等市场风险限额。从理财产品设计开始，防止理财产品出现大幅度亏损的情况发生。

（三）建立理财产品流动性限额，防范理财产品流动性风险

2012 年“资产池”理财产品发行规模再创新高，且已经成为银行主流理财产品。“资产池”理财产品普遍存在期限错配情况，主要表现为理财投资资产的期限超过理财产品的期限。这种期限错配不仅存在流动性风险，而且也存在利率风险。为了降低流动性风险，银行需要设定有关限额或比例。对资产到期日和理财到期日进行合理安排，测算 1 周内、1 月内、3 个月内、半年内理财资产与理财到期之间的缺口，将缺口控制在可以承受的限额之内。要增加“资产池”中随时可以变现的高流动性资产的占比，增加具有活跃二级市场的金融资产的占比，将非流动性资产的规模限制在一定比例或限额之内。要适当延长理财产品的期限，缩小期限错配的程度。在利率下行时期，资产期限超过理财产品期限的期限错配存在正利差；但是在利率上行时期，资产期限超过理财产品期限的期限错配将可能发生负利差（亏损）。随着利率市场化的发展，利率的波动性将增加，利率风险会更加突出。从保护投资者利益和维护理财银行声誉的视角看，银行必须加强“资产池”理财期限错配管理，防患于未然。

（四）建立理财产品统一审批制度，从源头上防范理财产品风险

2012年各家银行理财产品发行审批有不同的模式。有的银行采用总行集中统一审批，有的银行采用总行、分行两级审批，也有的银行采用业务线审批。审批模式受银行管理体制、业务规模、客户结构等多方面因素的影响。无论采取何种模式，都要把防范理财产品风险放在首位，要制定银行理财产品发行审批管理办法，设立理财产品审批委员会，要坚持理财产品部门与销售部门分开的原则，采取隔离措施，避免利益冲突可能给客户造成的损失。统一完整的理财产品发行审批制度是防范理财产品风险的关键管理环节。2009年，北京银行制定了《理财产品审批管理规定》，成立了理财产品审批委员会。针对发行规模较小、产品风险较低等理财产品建立了审批绿色通道。不仅规范了理财业务审批程序，提高了理财产品审批效率，而且促进了理财业务稳健发展。

（五）建立先进的理财业务管理系统，防范理财业务操作风险

理财业务管理系统包括理财资产管理系统、理财销售管理系统、理财登记过户系统、理财产品估值预警系统等。先进的理财业务管理系统要满足理财业务全流程控制，实现理财业务全方位管理，实现理财业务前台、中台、后台的有效分离，满足监管部门的监管要求。目前银行业在理财业务管理系统建设方面需要加强两个方面的工作：一是升级理财资产管理系统，彻底实现"资产池"理财产品与理财资产一一对应；二是升级理财销售管理系统，实现理财产品销售全覆盖。无论是本行理财产品还是代理其他机构的产品都必须提高系统功能。

（六）建立高标准的理财销售管理制度，防范理财产品销售风险

2008年香港"雷曼迷你债券"涉及20多家银行，超过4万名投资者购买了大约156亿港元该类债券。在这些投资客户中，有年龄超过60岁的老人，有用养老钱购买债券的。向不适当的投资者销售理财产品的问题成为社会关注的焦点。在经历了"雷曼迷你债券"事件之后，香港银行业机构对销售理财产品非常谨慎。目前香港金融管理局要求银行在红色标志区域为客户办理投资理财业务，为客户办理普通银行业务的区域为绿色标志区域。向客户说明产品和揭示风险的过程，银行要进行录音，以备以后有争议时作为证据，银行为一个客户办理投资理财产品的时间通常为40分钟到2个小时。

我国银行理财业务处于发展初期，理财销售管理还需要进一步加强。一是要认真贯彻落实中国银监会《商业银行理财产品销售管理办法》，把销售管理办法的有关规定和要求落到实处。二是要在销售管理办法的基础上，研究制定标准较高的理财产品销售操作规范，对银行销售理财产品进行引导，促进银行增加现代化、信息化的服务手段、管理手段。三是加强理财产品销售区域的管理，在硬件与软件上进行升级，在较长期限内保存银行为客户办理理财业务的有关录音及视频图像信息。

（七）建立理财资产风险准备金制度，防范理财产品损失风险

我国银行业理财余额已达6.7万亿元，其中一半以上理财资金投资方向为信用类金融工具。银行业理财服务要创建相对于基金公司、信托公司、证券公司的比较优势，必须在理财资产损失准备金制度建设上有所突破。通过规范、有序的资产损失准备金提取，积累理财资产损失准备金，防范理财产品损失风险，开拓出一条稳健发展、具有自身特色的银行理财业务发展之路。

第三篇　理财市场研究

第三章　银行理财市场

第一节　2012年银行理财产品发行情况

一、发行数量及规模情况

（一）全年产品发行总量创新高，各季度发行数量平稳增长

来自中国银监会的信息显示，截至2012年末，银行理财产品余额达7.1万亿元，理财业务已经成为银行非利息收入的主要来源。

与此同时，普益财富监测数据平台显示，2012年，我国针对个人新发行的银行理财产品（下文所述银行理财产品均为个人银行理财产品）数量达34 080款，较2011年上涨51.86%；而新发规模更是达到30.36万亿元人民币，较2011年增长78.69%。虽然全年发行总量的增速不及2011年，但新发数量和新发规模已经达到了历史新高（见图3－1）。

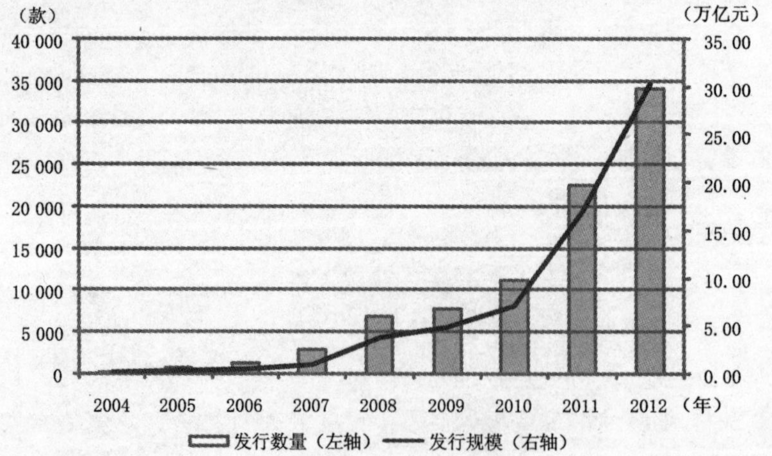

图3－1　2004～2012年银行理财产品新发数量及新发规模情况

资料来源：普益财富（数据截至2012年12月31日）。

由于中国人民银行分别两次下调基准利率和存款准备金率，2012年银行间市场资金紧张程度得到缓解，再加上实体经济下滑风险加大使得银行放贷冲动受到抑制，因此，在月末、季末存、贷比考核时点，2012年银行冲高产品发行量的动力较2011年减弱，各月份发行数量表现平稳。

具体来看，排除1月、4月和10月节假日对产品发行的影响，2012年银行理财产品发行数量整

体波动较小，从2月开始维持在2 500款以上，第3季度每个月发行数量都超过了3 000款。从季度数据来看，2012年第1、第2、第3和第4季度的产品发行数量分别为7 395款、8 133款、9 125款和9 337款，同样呈现出平稳增长态势（见图3－2）。

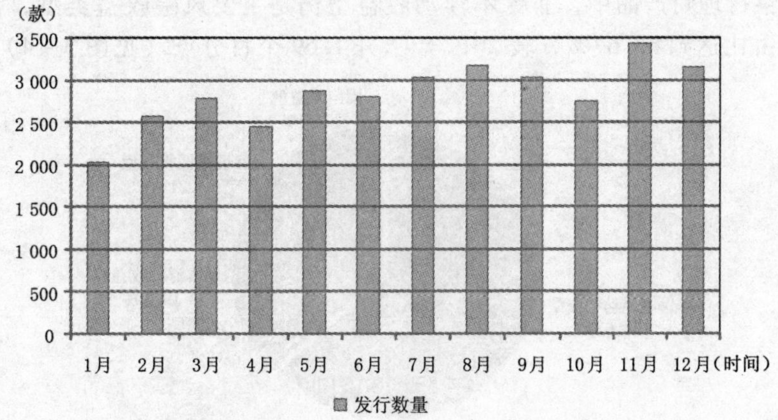

图3－2　2012年各月银行理财产品发行数量情况

资料来源：普益财富（数据截至2012年12月31日）。

（二）股份制商业银行仍是发行主力，城市商业银行直逼国有银行

从银行理财产品的发行主体来看，2012年股份制商业银行仍然是主力军（见图3－3）。该类型银行的全年产品发行数量为12 607款，市场占比为36.99%，较2011年下滑2.24%，但其发行数量上的绝对领先地位未有撼动。

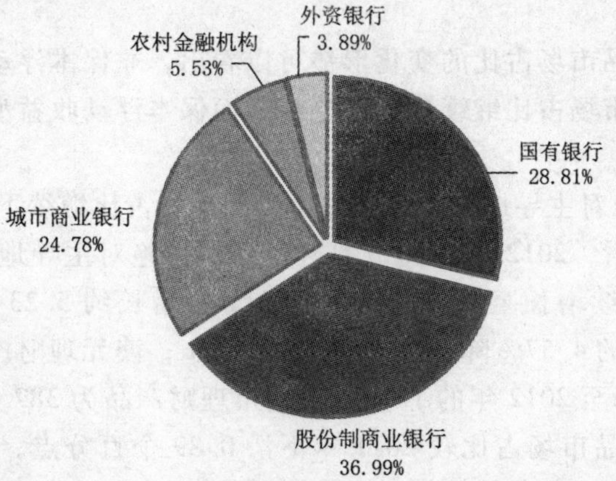

图3－3　2012年银行理财产品发行数量情况

资料来源：普益财富（数据截至2012年12月31日）。

国有控股银行的理财产品发行数量为9 818款，市场占比仍然保持在第2位，与股份制商业银行一样，其市场份额较2011年继续出现下滑，但下滑幅度最大，下降5.63个百分点至28.81%。

外资银行产品发行数量为1 325款，市场占比为3.89%，市场份额较2011年继续出现下滑，但下滑速度明显减缓，有止跌回升迹象，2011年下滑6.71%，而2012年仅下滑了0.52%。在较为痛苦的本土化过程中，外资银行逐渐适应并开发了一些适合内地投资者风险偏好的产品。同时，随着内地投资者对风险收益关系的认识逐渐加深，外资银行开发的挂钩海外市场的产品也逐渐得到理解和认可，外资银行在中国理财市场领域坚守住了自己的市场份额。

继2011年，2012年股份制商业银行、国有控股银行以及外资银行失守的市场份额同样陆续被城市商业银行和农村金融机构占领。城市商业银行产品发行的市场占比由2011年的19.15%上升至

2012年的24.78%，产品发行数量达8 444款，市场占比和发行数量直逼国有控股银行。农村金融机构全年产品发行数量由2011年的620款增长至1 886款，市场占比小幅增长2.77个百分点。

（三）产品以非保本为主，保本浮动收益型产品占比上升

2012年发行的银行理财产品中，非保本浮动收益型仍是主要风险收益类型，该类型产品发行共计21 700款，市场占比达到63.67%，较2011年上升1.69个百分点（见图3－4）。

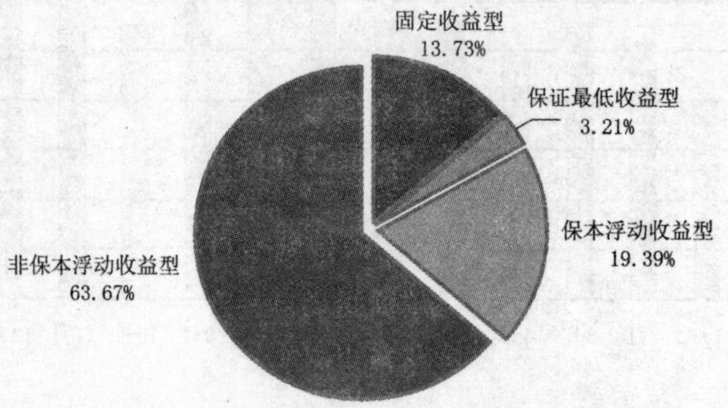

图3－4 2012年银行理财产品风险收益特征

资料来源：普益财富（数据截至2012年12月31日）。

保证收益型产品发行数量为5 771款。其中，固定收益型产品4 680款，市场占比继续下滑，下滑幅度达8.62个百分点，至13.73%；而保证最低收益型产品市场占比上升1.50个百分点至3.21%，发行数量为1 091款，这部分产品主要为保证收益型的结构性理财产品。

保本浮动收益型产品发行数量为6 609款，市场占比达19.39%，相比2011年增加5.43个百分点。

从各类风险收益特征产品市场占比的变化形势可以看出，非保本浮动收益型产品的市场占比表现稳定，固定收益类型产品的市场占比继续呈萎缩趋势，而保本浮动收益型产品市场占比却出现了较为明显的上升。

（四）人民币产品占据绝对主导地位，各类外币产品市场占比继续下降

从发行产品投资币种来看，2012年人民币理财产品占据绝对主导地位。该币种理财产品发行数量为31 672款，市场占比继续增长至92.93%，较2011年增长约5.23个百分点；美元理财产品为912款，市场占比从2011年的4.57%降至2012年的2.68%；澳元理财产品的市场占比同样出现小幅下降，由2011年的2.46%降至2012年的1.50%；港币理财产品为387款，市场占比较2011年下降0.94个百分点；欧元理财产品市场占比较2011年下滑0.89个百分点，至1.14%；英镑、日元、加元和新加坡元理财产品市场占比总和仅为0.62%，且发行数量均不足百款（见图3－5）。

（五）超短期产品急剧萎缩，1～3个月期产品成主流

从发行产品投资期限上看，2012年银行理财市场主要以短中期理财产品为主。1个月及以下期限产品发行量急剧萎缩，该期限段产品发行数量为1 602款，较2011年下降幅度达23.29个百分点，其市场占比由27.99%下降为4.70%；1～3个月（含）期限产品发行量出现井喷，由2011年的34.47%增长至54.64%，增长幅度达20.17%，成为2012年银行理财产品的主要期限品种；3～6个月（含）和6个月～1年（含）期限的产品市场占比由2011年的23.17%和11.24%，分别增长2.70%和1.12%至25.87%和12.36%。此外，1年以上期产品和无固定期限产品市场占比由2011年的2.24%和0.89%微幅下降至2.22%和0.21%。

不难看出，1个月～1年成为2012年理财产品发行的主要期限区间，占比达92.87%，而2011年则主要集中于1个月以下和1～6个月。

总的来说，2012年银行理财产品期限结构可以简述为：超短期产品急剧萎缩，1～3个月期产品

井喷（见图3-6）。

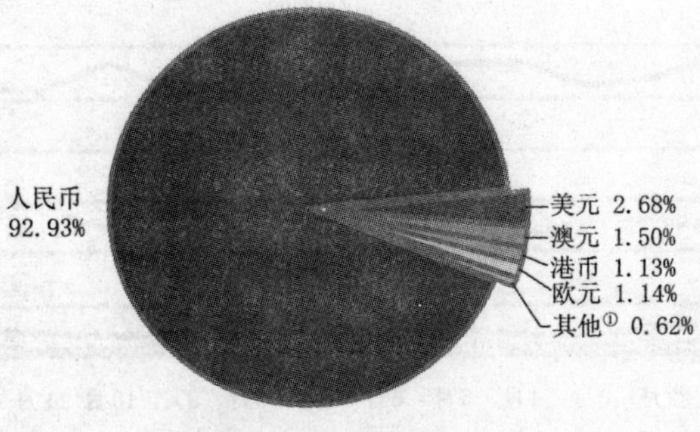

图3-5　2012年银行理财产品币种结构

注：①“其他”包含英镑、日元、加元、新加坡元和新西兰元。

资料来源：普益财富（数据截至2012年12月31日）。

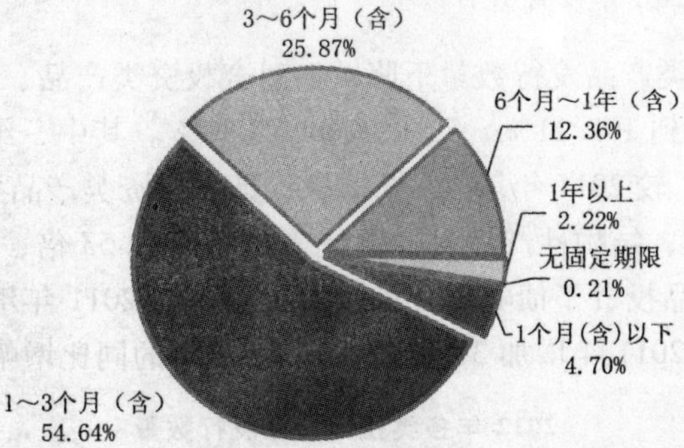

图3-6　2012年银行理财产品期限结构

资料来源：普益财富（数据截至2012年12月31日）。

银行理财产品“短期化”趋势自2009年以来就得以显现，但在2011年这一趋势表现得更加明显。2011年我国宏观经济形势比较复杂，CPI长期高企，国家宏观调控的主要目标定位于“稳定物价”，实质从紧的货币政策导致市场资金面异常紧张。与此同时，商业银行为了应对存、贷比考核，大量发行超短期产品变相揽储，调节月末、季末考核指标，由此，超短期产品的发行在2011年上半年近乎疯狂。

为了规范银行理财市场的健康运行，2011年9月底，中国银监会发布《进一步加强理财业务风险管理有关问题的通知》（银监发［2011］91号）明确提出了要对“利用短期产品进行监管套利行为”进行限制。该文件一经发布，超短期产品的发行量应声而落。同时，银行加大了对1~3个月期理财产品的发行力度，尽可能继续满足市场的高流动性理财需求，由此造成2011年下半年银行理财产品期限结构的戏剧性变化。2011年上半年，1个月以内的超短期产品市场占比不断攀升，6月达到最高点40.05%；2011年下半年，1个月以内的超短期产品市场占比骤降，进入11月该比例已经降至20%之下，12月达到最低点5.33%。

进入2012年，1个月以下期限的产品市场占比始终未超过10%，最高为1月的6.34%；而1~3个月期产品的市场占比则始终保持在50%~60%之间，远高于其他期限类型的产品，成为2012年名副其实的主流期限品种（见图3-7）。

（六）债券与货币市场类产品增幅减缓，组合投资类产品增长显著

2012年发行的理财产品根据其投资对象可以分为债券与货币市场类、信贷类、票据资产类、股权投资类、新股申购类、证券投资类（不含优先受益权型）、结构性产品、组合投资类及其他类产品。

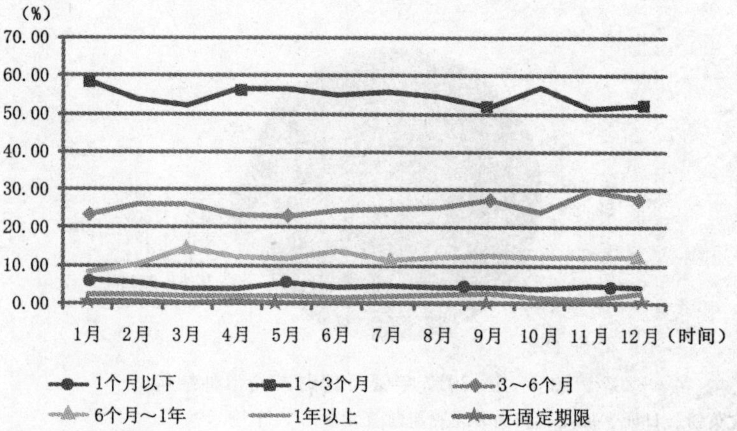

图3－7 2012年银行理财产品期限结构走势

资料来源：普益财富（数据截至2012年12月31日）。

在以上九类产品中，有四类产品发行数量下降，而组合投资类产品、证券投资类和结构性产品增加却尤为显著，同比增幅分别达到105.21%、70.00%和52.80%。其中，组合投资类产品发行量是2011年的2.05倍，达到13 109款，较2011年增加6 721款；证券投资类产品发行量是2011年的1.7倍，达到34款，较2011年增加14款；结构性产品发行量是2011年的1.53倍，达到1 803款，较2011年增加623款。此外，有16 260款产品投资于债券和货币市场工具，自2011年继续成为2012年银行理财产品的最主要投资对象，发行量较2011年增加37.09%，而2011年的同比增幅为104.89%（见表3－1）。

表3－1　　2012年各类投向产品发行数量

（单位：款）

	债券与货币市场类	信贷类	票据资产类	股权投资类	新股申购	证券投资类	结构性产品	组合投资类	其　他
2012年	16 260	123	143	9	1	34	1 803	13 109	2 598
2011年	11 861	447	807	36	0	20	1 180	6 388	1 702
同比增幅	37.09%	－72.48%	－82.28%	－75.00%	—	70.00%	52.80%	105.21%	52.64%

资料来源：普益财富（数据截至2012年12月31日）。

从市场占比来看，这九类产品中有四类产品的市场占比增加。其中，尤以组合投资类产品的市场占比增幅最大，由2011年的28.47%增加至2012年的38.47%；其他类产品市场占比由7.58%微幅增长0.04%至7.62%；结构性产品市场占比由5.26%微幅增长0.03%至5.29%（见表3－2）。

表3－2　　2012年各类投向产品发行量市场占比

（单位：%）

	债券与货币市场类	信贷类	票据资产类	股权投资类	新股申购	证券投资类	结构性产品	组合投资类	其　他
2012年	47.71	0.36	0.42	0.03	0.00	0.10	5.29	38.47	7.62
2011年	52.85	1.99	3.60	0.16	0.00	0.09	5.26	28.47	7.58
占比变化	－5.14	－1.63	－3.18	－0.13	0.00	0.01	0.03	10.00	0.04

资料来源：普益财富（数据截至2012年12月31日）。

组合投资类产品无论是发行的绝对数量还是市场占比都有较大增长，这种现象背后有着深层次的原因。2011年实质从紧的货币政策致使市场资金成本上涨，债券类投资品种的收益率也随之上升，而进入2012年实体经济下滑趋势显现，中国经济增速放缓已经成为国内外的共识。为了防止中国经济硬着陆，中国人民银行下调基准利率和存款准备金率，并以逆回购操作方式灵活释放流动性，这一政策信号被市场解读和确认为谨慎宽松的货币政策，货币市场利率和债券类品种的收益率随之下降。在这样的市场流动性环境下，单纯以货币市场工具和债券品种为投向的债券与货币市场类理财产品的发行增速减慢，而包含货币市场工具和债券品种的组合投资类产品，由于其投向增加了信贷资产、信托贷款、收益权或其他投资品种，风险稍有增大，但同时也拉高了该类产品的收益水平。

而结构性产品数量的增加，一方面是由于外资银行在本土化过程中，逐渐增加开发了适合内地投资者的偏稳健型结构性产品；另一方面也由于国内实体经济发展的不确定性增强，不明朗的国内经济形势使挂钩海外市场的结构性产品吸引力增强，为投资者获得高于国内投资的回报提供了更多机会。此外，结构性产品目前多开发保本型产品，本金往往投资于存款从而纳入表内核算，这类产品本身受到的监管压力较小。在这样的情况下，该类产品的供给和需求都较之前旺盛，因此，无论是擅长发行该类产品的外资银行还是具有开发结构性产品实力的大型国内商业银行，都注重并加大了该类产品的开发。

值得注意的是，2012年银行理财市场重现了一类久违的理财产品——打新股理财产品。打新股理财产品曾是银行理财产品大家庭中的重要一员，一些银行理财业务的开展就是从打新股开始的。2009年随着新股发行新政的实施以及信托计划证券投资账户开户的叫停，打新股理财产品受到较大影响，并随之淡出了市场。2012年中国证监会再次对新股发行体制进行了改革，监管新政也再次为打新股理财产品创造了机会。在新政实施4个月后，打新股理财产品再次出现。2012年9月3日，光大银行发行了1款名为“阳光新股通（EB1101）”的网下打新股产品，使得打新股理财产品在消失了近3年之后重新出现在银行理财市场上。该款产品与以前打新股产品的不同之处在于，该产品并不通过网上申购新股，而是走证券公司网下打新股通道，这也是这款在监管新政下出现的打新股产品较以往产品的主要变化之处。然而，由于股市持续低迷不振，并未有更多银行继续参与该类产品的发行。

二、产品预期收益率分析

（一）外资银行预期收益率最高，国有银行预期收益率最低

从产品收益率看，随着中国人民银行在2012年6月和7月分别两次下调基准利率，除第4季度年末效应外，各类型商业银行发行产品的预期收益率整体呈下滑趋势。国有控股银行发行产品的平均预期收益率由1月最高点4.93%下滑至8月的3.49%，直到12月才重回4.00%；股份制银行由1月最高点5.21%下滑至11月的4.35%，12月上涨到4.52%；城市商业银行由1月最高点5.32%下降至9月的4.53%，第4季度各月虽有所回升，但仍然无法与年初相比。

从这三类发行数量最大的银行来看，城市商业银行预期收益率最高且随市场利率下降最缓慢，股份制银行预期收益率表现和下降速度居中，国有控股银行预期收益率最低且随市场利率下降速度最快。产品预期收益率的下滑是市场利率下调后的反映，国有银行因具有网点和客户资源等优势，在利率下调后，对理财产品收益下调力度明显高于股份制银行和城市商业银行。

另三类银行——农村商业银行、农村信用社和外资银行也表现出各自的特点。其中，农村商业银行和股份制银行以及城市商业银行的收益表现较为接近，2012年上半年甚至几近吻合，这主要因为农村商业银行进行股份制改革后，已经不同于传统的农村金融机构，也在城市地区设立网点，与股份制银行及城市商业银行开展竞争，因此收益率水平与后两者旗鼓相当。而农村信用社继续沿用之前的体制，网点主要布局在郊县和乡镇区域，面临的竞争较小，所以其开发的产品收益水平相对较低，某些月份与国有银行持平，但总体高于国有银行。

值得注意的是外资银行，在中国人民银行下调官方利率时，国内各主要投资品种收益率下降，银

行理财产品收益也随之下滑，而此时外资银行由于理财资金投资运作方式不同于中资银行，其开发的产品多为结构性产品和QDII产品，故受国内利率变化的影响相对较小，预期收益率在所有类型银行中最高（见图3－8）。

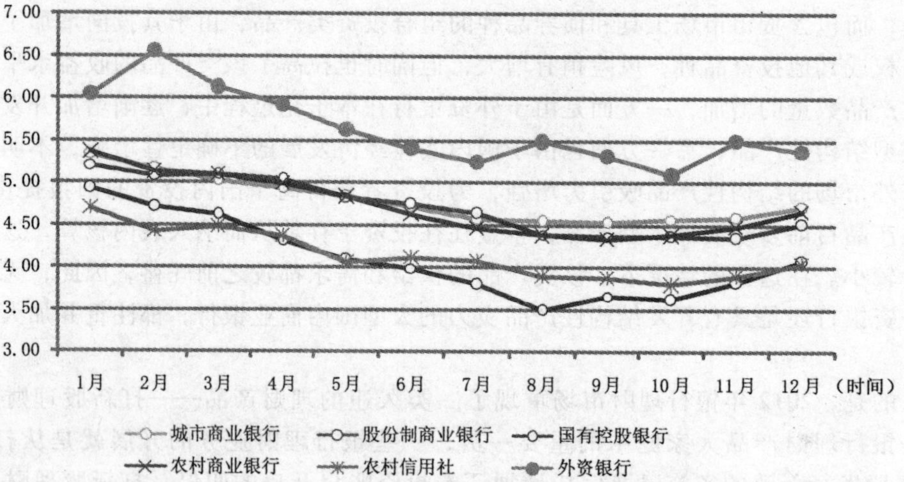

图3－8 2012年不同类型银行的理财产品预期收益率走势

资料来源：普益财富（数据截至2012年12月31日）。

（二）固定期限产品收益期限正相关，无固定期限产品未现规律变化

从各期限段的产品预期收益率来看，理财产品的收益与期限基本呈现正向关系，即产品期限越长，对应的预期收益率越高，没有出现2011年银行理财产品预期收益率与期限倒挂的现象。

其中，1个月以下期产品预期收益率在区间［3.47%，4.43%］；1～3个月期产品预期收益率在区间［4.07%，5.09%］；3～6个月期产品预期收益率在区间［4.35%，5.32%］；6个月～1年期产品预期收益率在区间［4.49%，5.62%］；1年以上期产品预期收益率在区间［5.29%，7.72%］；无固定期限产品预期收益率起伏较大，未呈现规律性变化。

自2012年第1季度开始，1～3个月期产品就替代了1个月以下期产品，成为银行理财市场中的主流期限段产品；但自第2季度，1～3个月期产品占比出现了下降，而3～6个月期和6个月～1年期的产品占比正逐渐上升，银行理财产品呈现出拉长投资期限的趋势（见图3－9）。不难看出，在官方利率下调和准市场利率SHIBOR下滑的情况下，银行采取做长理财产品投资期限的做法，既为自身在相对较高的利率水平锁定了投资收益，也适应了理财产品购买者对期限不太敏感但对收益期望较高的现状。

（三）收益与类型匹配，非保本浮动收益型预期收益最高

从收益类型来看，非保本浮动收益型产品预期收益最高，保本浮动型产品次之，保证收益型最低（见图3－10）。

2012年1～9月，非保本浮动收益型和保本浮动收益型理财产品的预期收益一路下滑，分别由1月的5.37%和5.11%下滑至9月的4.48%和4.05%，而10月和11月又分别保持在4.49%和4.07%的稳定水平上，12月快速上升至4.69%和4.28%。

2012年1～9月，保证收益型理财产品由1月的4.61%下降至9月的3.35%，10月和11月开始回升，分别达到3.46%和3.57%。

（四）主流投资品种预期收益趋势一致，组合类高于债券类

从目前银行理财产品的投资对象来看，人民币债券类产品占比为42.08%，而人民币组合投资类产品占比为37.85%，这两类产品合计占2012年发行的所有银行理财产品的比例达到79.93%。下文

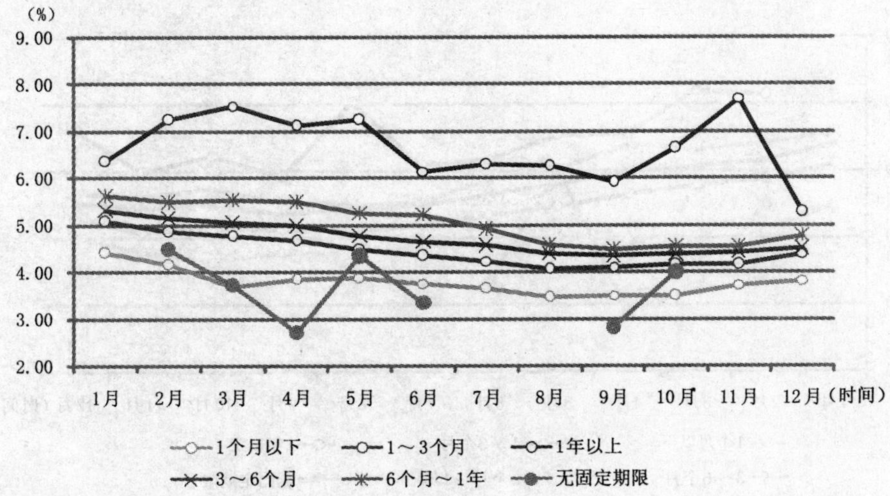

图 3－9　2012 年不同期限的理财产品预期收益率走势

资料来源：普益财富（数据截至 2012 年 12 月 31 日）。

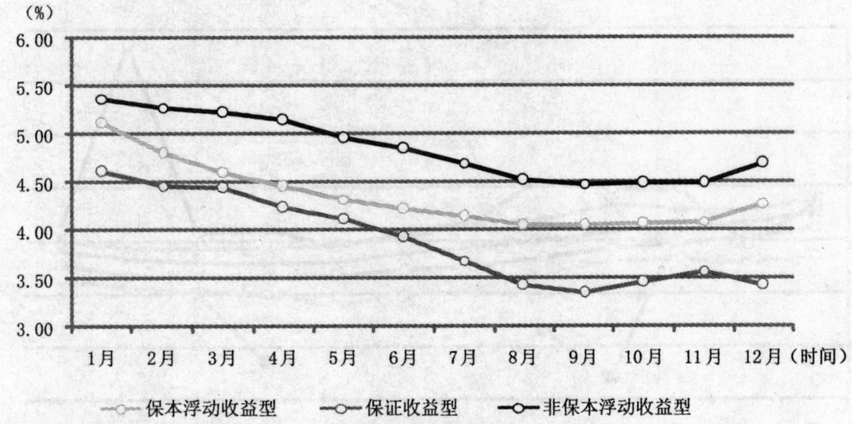

图 3－10　2012 年不同收益类型的理财产品预期收益率走势

资料来源：普益财富（数据截至 2012 年 12 月 31 日）。

主要就这两类产品的预期收益率进行分析。

从图 3－11 和图 3－12 可以看出，无论是人民币债券类产品还是人民币组合投资类产品，1～3 个月、3～6 个月、6 个月～1 年这三个期限段的产品的预期收益率都非常明显地呈现出下滑趋势。

组合投资类产品通常都配置了债券和货币市场工具以降低风险和保障基本收益，因此这两类产品的预期收益率表现出相同的趋势，但仔细观察可发现它们存在微妙的关系：

第一，1～3 个月、3～6 个月、6 个月～1 年这三个主流期限段的预期收益率，人民币组合投资类产品比人民币债券类产品分别平均高出 0.20、0.19 和 0.31 个百分点。这与银行开发组合投资类产品的初衷相符，即通过组合投资在配置债券和货币市场工具的基础上增加融资类投资工具（如信托贷款、信贷资产、票据资产和收益权等）和权益类投资工具（如股票、股权和基金等），减缓银行理财产品随市场利率、债券和货币市场工具收益下滑的速度。

第二，在 3～6 个月和 6 个月～1 年这两个期限段上，人民币债券类产品的收益差距明显小于人民币组合投资类产品。2012 年第 3 季度，人民币债券类产品几乎没有期限—收益率分层，3～6 个月和 6 个月～1 年期限产品的收益率几近相同。而 2012 年人民币组合投资类产品则将这两个期限的收

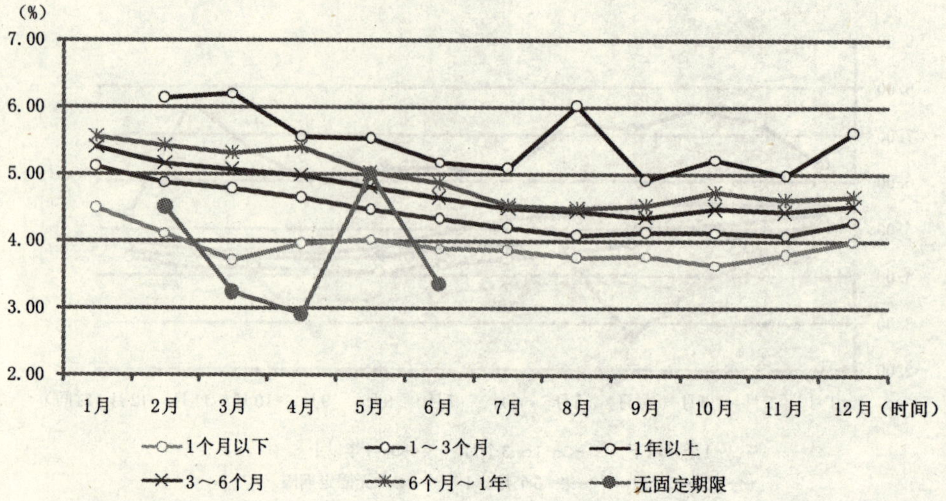

图 3－11 2012 年不同期限的人民币债券类理财产品预期收益率走势

资料来源：普益财富（数据截至 2012 年 12 月 31 日）。

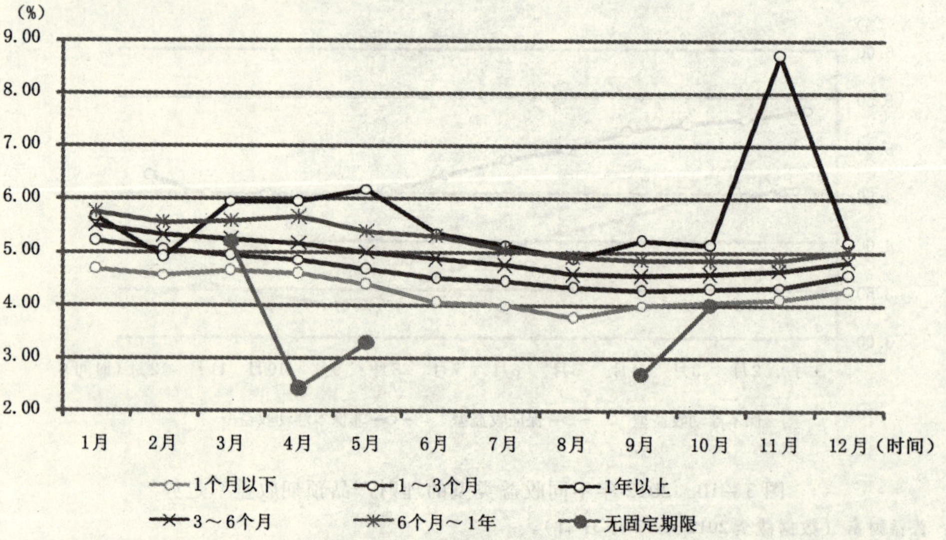

图 3－12 2012 年不同期限的人民币组合投资类理财产品预期收益率走势

资料来源：普益财富（数据截至 2012 年 12 月 31 日）。

益差距平均控制在 0.31 个百分点附近。因此，对于投资者来说，购买这两个期限段的产品，选择人民币组合投资类产品要获得比人民币债券类产品更公平的收益。由此也可看出，组合投资这种方式不仅分散、降低了银行开发产品的风险，也确实给投资者带来了实惠，2012 年组合投资类产品快速增加也直接反映了这类产品存在强劲的供给和需求动力。

第二节　2012 年银行理财产品运行情况

一、QDII 产品运行情况

受海外资本市场较 2011 年有所改善的影响，2012 年银行系 QDII 产品表现较 2011 年有所好转，约 85% 的产品净值增长率为正。

截至 2012 年 12 月 31 日，正在运行的 224 款 QDII 理财产品中，2012 年度净值增长率为正的理财产品有 190 款，占比达 84.82%；而 2011 年取得正净值增长率的产品仅 28 款，占比仅为 11.62%。

2012 年，所有 QDII 产品的平均净值增长率为 11.51%，2011 年该值为 -12.99%。其中，近一年净值增长率超过 20% 的产品有 43 款；渣打银行的“施罗德环球基金系列——亚太地产基金 USD”产品位列首位，其近一年的净值增长率为 42.46%。

2011 年全球经济形势黯淡，直接影响着 QDII 产品的收益；产品收益的大幅下降，严重打击了投资者信心，导致 2011 年 QDII 产品的市场认可度急剧下降，大部分银行停止发行该类产品。其中一些面临到期却仍然大幅亏损的产品，发行机构不得不通过展期的方式，延长投资时间，以期减少投资者损失。

进入 2012 年，在全球经济复苏乏力的情况下，包括欧美国家和新兴市场国家相继出台了新一轮全球量化宽松政策，给市场注入了流动性，这或多或少为各种资产价格提供了支撑，全球股市出现震荡上扬，这也在一定程度上促使 QDII 产品收益表现较 2011 年有所改善。

2012 年，在运行的 224 款产品中有 202 款为外资银行发行，平均净值增长率为 11.81%，其中近一年净值增长率为正的 172 款；中资银行的 22 款产品平均净值增长率为 8.76%，其中有 18 款净值增长率为正。

除渣打银行的“施罗德环球基金系列——亚太地产基金 USD”产品净值增长率涨幅达 42.46% 外，花旗银行的“贝莱德世界金融基金（美元）”产品、渣打银行的“美林‘新兴亚洲’QDSN08003P”产品的年度净值增长率分别为 34.50% 和 32.24%（见表 3-3）。

表 3-3　2012 年度净值增长率表现较好（>20%）的 QDII 产品

产品名称	银行名称	币种	年末净值日	年末净值（元）	年度净值增长率（%）
施罗德环球基金系列——亚太地产基金 USD	渣打银行	USD	2012 年 12 月 21 日	1.3827	42.46
贝莱德世界金融基金（美元）	花旗银行	USD	2012 年 12 月 21 日	0.6730	34.50
美林“新兴亚洲”QDSN08003P	渣打银行	EUR	2012 年 10 月 24 日	1.1859	32.24
贝莱德世界金融基金（欧元）	花旗银行	EUR	2012 年 12 月 21 日	0.7557	31.86
泛欧房地产股票基金欧元款	花旗银行	EUR	2012 年 12 月 21 日	1.3267	31.83
基金宝 2.2 中东海湾基金	东亚银行	RMB	2012 年 12 月 21 日	0.7734	30.11
邓普顿欧洲中小型公司增长	花旗银行	EUR	2012 年 12 月 21 日	1.2895	29.39
全球产业股票基金美元款	花旗银行	USD	2012 年 12 月 21 日	1.4385	28.08
施罗德环球基金系列——新兴欧洲	花旗银行	EUR	2012 年 12 月 21 日	0.9089	27.88
开放式施罗德环球基金欧元股票	汇丰银行	EUR	2012 年 12 月 21 日	0.8207	27.87

续表

产品名称	银行名称	币种	年末净值日	年末净值（元）	年度净值增长率（%）
施罗德环球基金系列——欧元股票	花旗银行	EUR	2012年12月21日	0.7829	27.87
百达基金——生物科技	花旗银行	USD	2012年12月20日	0.9756	27.32
基金宝2.2印度股票基金	东亚银行	RMB	2012年12月21日	0.9003	27.16
百达基金——生物科技（欧元对冲）	花旗银行	EUR	2012年12月20日	0.9298	26.35
开放式施罗德环球基金香港股票	汇丰银行	HKD	2012年12月21日	1.0483	26.31
施罗德环球基金系列——香港股票	花旗银行	HKD	2012年12月21日	1.0303	26.31
亚太房地产股票基金美元款	花旗银行	USD	2012年12月21日	1.1975	25.82
施罗德环球基金系列——香港股票基金USD	渣打银行	HKD	2012年12月21日	1.1762	25.61
贝莱德全球基金——欧洲基金USD	渣打银行	USD	2012年12月21日	1.1304	25.14
亚洲巨龙基金美元系列	花旗银行	USD	2012年12月21日	0.8657	24.98
施罗德环球基金系列欧洲进取股票	花旗银行	EUR	2012年12月21日	0.8340	24.29
富达基金——新兴欧非中东基金USD	渣打银行	USD	2012年12月21日	1.1754	23.93
贝莱德全球基金——欧洲基金EUR	渣打银行	EUR	2012年12月21日	1.1474	23.88
贝莱德全球基金——中国基金USD	渣打银行	USD	2012年12月21日	1.0244	22.81
霸菱环球伞子基金——霸菱东欧基金欧元类别	汇丰银行	EUR	2012年12月21日	0.8341	22.77
贝莱德亚洲巨龙基金	花旗银行	EUR	2012年12月21日	1.2881	22.49
富达基金——新兴欧非中东基金EUR	渣打银行	EUR	2012年12月21日	1.2834	22.38
富兰克林互惠欧洲基金USD	渣打银行	USD	2012年12月21日	0.8394	22.21
施罗德环球基金系列——台湾基金	花旗银行	USD	2012年12月21日	1.3150	22.10
基金精选之富达亚太股息基金美元款	渣打银行	USD	2012年12月21日	1.0763	21.71
开放式QDII富达基金亚太股息增长基金	汇丰银行	USD	2012年12月20日	1.0152	21.53
贝莱德中国基金	花旗银行	USD	2012年12月21日	1.2170	21.46
富兰克林互惠欧洲基金EUR	渣打银行	EUR	2012年12月21日	0.9365	21.05
开放式QDII汇丰中国股票基金	汇丰银行	USD	2012年12月20日	0.7233	20.95
施罗德环球基金系列——亚洲总回报基金USD	渣打银行	USD	2012年12月21日	1.3641	20.94
印度基金美元系列	花旗银行	USD	2012年12月21日	0.7126	20.83
百达基金——精选品牌（欧元）	花旗银行	EUR	2012年12月20日	1.1562	20.78
锐思美国小型资本机会基金	花旗银行	USD	2012年12月21日	1.3150	20.50
百达基金——医药	花旗银行	USD	2012年12月20日	1.3009	20.39
贝莱德中国基金（欧元对冲）	花旗银行	EUR	2012年12月21日	1.1250	20.19
施罗德环球基金系列——亚洲总回报基金EUR	渣打银行	EUR	2012年12月21日	1.3405	20.10
基金宝1亚洲策略增长基金	东亚银行	RMB	2012年12月19日	1.0938	20.05

资料来源：普益财富。

截至2012年12月31日，在运行的224款QDII产品中，累计收益率为正的产品有120款，占比为49.79%。全部产品累计平均收益为3.42%，其中外资银行的202款产品累计平均收益为5.43%；

中资银行的22款产品累计平均收益为-15.06%。

从单款产品来看，累计收益最高的是渣打银行的“开放式黄金指数人民币UTSN003”产品，最新累计收益率达到122.82%；花旗银行的“邓普顿环球总收益基金欧元款”产品、渣打银行的“邓普顿环球总收益基金EUR”产品、渣打银行的“邓普顿环球总收益基金USD”，累计收益率分别达到97.50%、91.05%、70.09%（见表3-4）。

表3-4　2012年末累计收益率超过30%的QDII产品

产品名称	银行名称	币种	年末净值日	年末净值（元）	累计收益率（%）
开放式黄金指数人民币UTSN003	渣打银行	RMB	2012年12月21日	2.2282	122.82
邓普顿环球总收益基金欧元款	花旗银行	EUR	2012年12月21日	1.9750	97.50
邓普顿环球总收益基金EUR	渣打银行	EUR	2012年12月21日	1.9105	91.05
邓普顿环球总收益基金USD	渣打银行	USD	2012年12月21日	1.7009	70.09
开放式瑞银农产品指数人民币款UTSN001	渣打银行	RMB	2012年12月21日	1.5728	57.28
施罗德另类投资方略——施罗德金属基金	花旗银行	HKD	2012年12月21日	1.5108	51.08
西方资产环球高收益基金	花旗银行	USD	2012年12月21日	1.4603	46.03
全球产业股票基金美元款	花旗银行	USD	2012年12月21日	1.4385	43.85
施罗德环球基金系列——环球债券	花旗银行	USD	2012年12月21日	1.4257	42.57
富达东南亚基金EUR	渣打银行	EUR	2012年12月21日	1.4120	41.20
施罗德环球基金系列——欧元债券	花旗银行	EUR	2012年12月21日	1.4071	40.71
邓普顿亚洲增长基金欧元款	花旗银行	EUR	2012年12月21日	1.3973	39.73
邓普顿亚洲债券基金人民币款	花旗银行	RMB	2012年12月21日	1.3970	39.70
邓普顿环球入息基金美元款	花旗银行	USD	2012年12月21日	1.3918	39.18
贝莱德世界健康科学基金（欧元）	花旗银行	EUR	2012年12月21日	1.3856	38.56
施罗德环球基金系列——亚太地产基金USD	渣打银行	USD	2012年12月21日	1.3827	38.27
施罗德环球基金系列——亚洲总回报基金USD	渣打银行	USD	2012年12月21日	1.3641	36.41
景顺新兴货币债券基金AACC类单位	汇丰银行	USD	2012年12月21日	1.3487	34.87
西方资产多元化策略基金美元款	花旗银行	USD	2012年12月21日	1.3421	34.21
施罗德环球基金系列——亚洲总回报基金EUR	渣打银行	EUR	2012年12月21日	1.3405	34.05
泛欧房地产股票基金欧元款	花旗银行	EUR	2012年12月21日	1.3267	32.67
施罗德环球基金系列——台湾基金	花旗银行	USD	2012年12月21日	1.3150	31.50
锐思美国小型资本机会基金	花旗银行	USD	2012年12月21日	1.3150	31.50
贝莱德全球基金——美国灵活股票基金EUR	渣打银行	EUR	2012年12月21日	1.3127	31.27
百达基金——医药	花旗银行	USD	2012年12月20日	1.3009	30.09

资料来源：普益财富。

从银行角度来看，2012年运行的QDII产品分属于12家银行。其中，花旗银行、渣打银行、汇丰银行和东亚银行4家外资银行共有202款产品，占比达90.18%；9.82%的产品分属于8家中资银行。2012年，12家银行中有11家银行的QDII产品年度净值平均增长率为正。

统计自产品发行以来的累计收益率，外资银行因其产品数量较多，排名较为靠前（见表3-5）。其中，渣打银行以8.24%的累计平均收益率排名首位，花旗银行以7.36%紧随其后。此外，东亚银行为-2.62%，汇丰银行则明显逊于这三家银行取得-10.44%的累计平均收益率。中资银行方面，仅中国银行的累计平均收益率是正值，为5.51%，招商银行为-8.30%，工商银行为-9.25%，其余银行均是负两位数的累计收益率。

表3-5　　2012年各银行QDII产品平均收益率

银行名称	产品数量	2012年度净值平均增长率（%）	累计平均收益率（%）
花旗银行	90	13.05	7.36
渣打银行	80	10.38	8.24
汇丰银行	18	13.94	-10.44
东亚银行	14	9.36	-2.62
农业银行	5	2.23	-11.68
招商银行	5	13.72	-8.30
中信银行	4	10.78	-29.14
工商银行	3	8.62	-9.25
中国银行	2	14.16	5.51
光大银行	1	-7.94	-31.67
建设银行	1	13.64	-29.60
民生银行	1	9.95	-36.77

资料来源：普益财富。

二、类基金产品运行情况

与银行系QDII产品类似，2012年类基金产品收益较2011年有所改善。

2012年，有20款类基金产品取得正净值增长率，约62%的产品净值增长为负。而2011年仅3款类基金产品取得正值，超过九成产品净值增长为负。

截至2012年12月31日，全年运行的类基金产品共计57款。所有产品2012年的平均净值增长率为-5.57%。2011年净值增长率最高的是民生银行的“非凡资产管理结构化证券投资19号A”产品，涨幅12.47%（见表3-6）。

表3-6　　2012年度净值增长率表现为正的类基金产品

产品名称	银行名称	币种	年末净值日	年末净值（元）	年度净值增长率（%）
非凡资产管理结构化证券投资19号A	民生银行	RMB	2012年12月21日	0.8856	12.47
非凡资产管理结构化证券投资23号A	民生银行	RMB	2012年12月21日	0.9076	12.34
非凡资产管理结构化证券投资24号A	民生银行	RMB	2012年12月21日	0.7915	9.19
阳光基金宝同赢5号3	光大银行	RMB	2012年12月24日	0.7888	7.01
高净值客户专属ZQXT1010	工商银行	RMB	2012年12月20日	0.896	6.05
中信理财财富成长计划二期	中信银行	RMB	2012年12月17日	1.0904	6.04
阳光稳健一号资产管理计划	光大银行	RMB	2012年11月20日	1.2917	5.20

续表

产品名称	银行名称	币种	年末净值日	年末净值（元）	年度净值增长率（%）
“精赢”系列证券投资2009年第1期	工商银行	RMB	2012年8月9日	1.0842	4.56
非凡资产管理结构化证券投资20号A	民生银行	RMB	2012年12月21日	0.8121	3.73
2008年第3期基金股票双重精选	工商银行	RMB	2012年12月20日	1.0364	3.53
非凡资产管理结构化证券投资26号A	民生银行	RMB	2012年12月21日	0.8158	2.97
非凡资产管理结构化证券投资17号A	民生银行	RMB	2012年12月21日	0.8292	2.85
2009年第1期中银精选基金	中国银行	RMB	2012年12月25日	0.8587	2.52
非凡资产管理证券投资理财产品5号A	民生银行	RMB	2012年12月21日	0.9099	1.52
非凡资产管理证券投资理财产品4号A	民生银行	RMB	2012年12月21日	0.937	1.52
非凡资产管理证券投资理财产品2号A	民生银行	RMB	2012年12月21日	0.9276	1.51
非凡资产管理结构化证券投资18号A	民生银行	RMB	2012年12月21日	0.851	1.08
中信理财财富成长计划一期	中信银行	RMB	2012年12月17日	1.0767	0.78
阳光私募基金宝	光大银行	RMB	2012年12月24日	0.91	0.40
非凡资产管理证券投资1号	民生银行	RMB	2012年12月21日	0.9981	0.07

资料来源：普益财富。

截至2012年12月31日，在运行的57款类基金产品中，累计收益率为正的产品有7款，占比为12.28%，所有产品累计平均收益率为－11.83%。

从单款产品来看，累计收益率最高的是光大银行的“阳光稳健一号资产管理计划”产品，最新累计收益率达到29.17%；光大银行的“阳光基金宝——同赢5号4”产品、中信银行的“中信理财财富成长计划二期”产品累计收益率分别为11.33%和9.04%（见表3－7）。

表3－7　**2012年末累计收益率为正的类基金产品**

产品名称	银行名称	币种	年末净值日	年末净值（元）	累计收益率（%）
阳光稳健一号资产管理计划	光大银行	RMB	2012年11月20日	1.2917	29.17
阳光基金宝——同赢5号4	光大银行	RMB	2012年12月24日	1.1133	11.33
中信理财财富成长计划二期	中信银行	RMB	2012年12月17日	1.0904	9.04
“精赢”系列证券投资2009年第1期	工商银行	RMB	2012年8月9日	1.0842	8.42
中信理财财富成长计划一期	中信银行	RMB	2012年12月17日	1.0767	7.67
2008年第3期基金股票双重精选	工商银行	RMB	2012年12月20日	1.0364	3.64
中信理财蓝筹计划3号	中信银行	RMB	2012年12月17日	1.0249	2.49

资料来源：普益财富。

从银行角度来看，2012年运行中的类基金产品分属于7家银行。民生银行、工商银行产品数量较多。2012年，4家银行类基金产品年度净值平均增长率为正，1家为零，2家为负。负净值增长率为民生银行（－8.49%）、邮储银行（－7.84%）。

统计自产品发行以来的累计收益率，中信银行是正收益；其余7家银行累计收益率均为负（见表3－8）。

表 3 - 8　　2012 年各银行类基金产品平均收益率

银行名称	产品数量	2012 年度净值平均增长率（%）	累计平均收益率（%）
民生银行	37	-8.49	-13.83
工商银行	7	2.46	-10.67
光大银行	6	0.20	-6.49
中信银行	3	0.24	6.40
中国银行	2	0.44	-7.89
广州银行	1	0.00	-30.52
邮储银行	1	-7.84	-7.78

资料来源：普益财富。

第三节　2012 年银行理财产品到期情况

一、到期数量及规模情况

2012 年到期的银行理财产品共计 30 558 款，其中有 20 489 款产品公布了到期收益率，整体平均到期收益率为 4.62%。在到期产品中，有超过 32% 的产品没有公布到期收益率，或虽然公布了到期收益率但未公布预期收益率，同时有 84 款产品到期未实现最高预期收益率。另外，实现最高预期收益率的产品数占到期产品总数的比例为 66.61%，还有 49 款产品到期收益率超过最高预期收益率（见表 3 - 9）。

表 3 - 9　　2012 年各发行主体产品到期数量一览

发行银行类型	未实现最高预期收益率产品数（款）	实现最高预期收益率产品数（款）	超过最高预期收益率（%）	未公布收益率产品数（款）	总数（款）
城市商业银行	0	5 001	8	1 842	6 851
股份制商业银行	39	7 609	30	3 233	10 911
国有银行	24	5 691	2	4 024	9 741
农村商业银行	1	1 214	3	404	1 622
农村信用社	0	40	0	24	64
外资银行	20	800	6	543	1 369
总数	84	20 355	49	10 070	30 558

资料来源：普益财富（数据截至 2012 年 12 月 31 日）。

从发行主体来看，股份制商业银行到期产品数量最多，达到 10 911 款；其次是国有银行，到期产品数有 9 741 款。两类银行发行产品占整体到期产品总数的比例达到 67.85%。

二、未实现最高预期收益率产品

从未达到最高预期收益率的产品数量来看，城市商业银行和农村信用社公布了到期收益率的产品全部实现了最高预期收益率。有 84 款产品未实现最高预期收益率，股份制商业银行产品数量最多，为 39 款；国有银行、外资银行和农村商业银行未实现最高预期收益率产品数分别为 24 款、20 款和 1 款。

84 款未实现最高预期收益率的产品中结构性理财产品达到 70 款，占比超过 83%。从结构性产品的整体到期情况来看，城市商业银行到期的 11 款产品中，公布了到期收益率的 6 款产品全部实现最高预期收益率。股份制商业银行到期未实现最高预期收益率结构性产品的绝对数量最多，但是国有银行到期未实现最高预期收益率结构性产品的比例最高，共计有 24 款产品未达到最高预期收益率，占其已公布到期收益率结构性产品总数的 24.74%；而到期结构性产品数最多的外资银行未实现最高预期收益率的产品虽然有 20 款，但仅占其公布了到期收益率产品总数的 2.49%。另一方面，外资银行未公布到期收益率的产品数量也是最多的，达到 498 款，占比接近 40%；而股份制商业银行和国有银行分别仅为 80 款和 38 款，占比均接近 30%（见表 3－10）。

表 3－10　2012 年各发行主体产品结构性理财产品到期数量一览

发行银行类型	未实现最高预期收益率产品数（款）	实现最高预期收益率产品数（款）	超过最高预期收益率（%）	未公布收益率产品数（款）	总数（款）
城市商业银行	0	6	0	5	11
股份制商业银行	26	165	3	80	274
国有银行	24	73	0	38	135
外资银行	20	777	6	498	1 301
总数	70	1 021	9	621	1 721

资料来源：普益财富（数据截至 2012 年 12 月 31 日）。

从挂钩标的来看，所有到期结构性产品中挂钩汇率的产品最多，达到 804 款；其次是挂钩利率和股票的产品，分别为 308 款和 172 款。从是否实现最高预期收益率的角度来看，挂钩汇率的结构性产品未实现最高预期收益率的产品最多，达到 25 款；其次是挂钩价格（主要是挂钩黄金价格）的结构性产品，有 19 款。从占比来看，在公布到期收益率的产品中，挂钩价格（主要是挂钩黄金价格）的结构性产品中未实现最高预期收益率的产品比例较高，达到 22.62%，也就是说有超过 1/5 的已经公布到期收益率的产品未实现最高预期收益率。相对来说，未实现最高预期收益率的挂钩汇率的结构性产品占比则较低，仅占已公布到期收益率产品的 3.49%（见表 3－11）。

表 3－11　2012 年不同挂钩对象结构性产品到期数量一览

挂钩对象	未实现最高预期收益率产品数（款）	实现最高预期收益率产品数（款）	超过最高预期收益率（%）	未公布收益率产品数（款）	总数（款）
汇率	25	685	7	87	804
价格	19	65	0	45	129
其他	18	41	0	96	155
股票	4	31	2	135	172
基金	2	13	0	44	59
利率	1	180	0	127	308
期货	1	5	0	15	21
指数	0	1	0	72	73
总数	70	1 021	9	621	1 721

资料来源：普益财富（数据截至 2012 年 12 月 31 日）。

将挂钩汇率的结构性理财产品按发行主体进一步分类，可以看出，外资银行是发行该类产品主力，累计到期产品数达到 687 款，占该类产品到期总数的 85.45%；而未实现最高预期收益率的产品仅为 7 款，占比仅为其已公布收益率的该类产品数的 1. 10%。

国有银行的表现则与外资银行完全相反，其未实现最高预期收益率的挂钩汇率结构性产品数达到 14 款，数量最多，占比也最高，占其已公布到期收益率的该类产品总数的 36. 84%。股份制商业银行未实现最高预期收益率的挂钩汇率结构性产品数为 4 款，占已公布到期收益率该类产品总数的比例为 8. 89%（见表 3 - 12）。

表 3 - 12　2012 年各发行主体挂钩汇率结构性产品到期数量一览

发行银行类型	未实现最高预期收益率产品数（款）	实现最高预期收益率产品数（款）	超过最高预期收益率产品数（%）	未公布收益率产品数（款）	总数（款）
股份制商业银行	4	38	3	10	55
国有银行	14	24	0	24	62
外资银行	7	623	4	53	687

资料来源：普益财富（数据截至 2012 年 12 月 31 日）。

从挂钩汇率结构性产品的收益设计来看，以中国银行为例，该行到期的挂钩汇率结构性产品有 60 款，占国有银行该类到期产品数的比例超过 95%，国有银行所有到期未实现最高预期收益率的产品均为该行发售，数量达 14 款。该行到期的汇率挂钩结构性产品的收益结构设计主要是单边触发式和区间触发式两种。

单边触发式产品的收益结构设计是：为挂钩标的设定一个触发汇率，该触发汇率可能高于或低于其初始汇率，倘若在产品运行期间内，挂钩标的汇率曾经高于或低于触发汇率，投资者将获得相应不同的收益率。以中国银行到期产品为例，该产品挂钩澳元兑美元，投资期限为 113 天，最高预期收益率为 5. 1%，最低预期收益率为 3. 1%，产品收益结构设计为：如果在投资期间内，澳元兑美元即期汇率始终维持在观察水平 0. 9720 美元之上，投资者获得的到期收益率为 5. 10%；如果澳元兑美元即期汇率曾经低于观察水平，那么投资者获得的到期收益率为 3. 10%。期初汇率在 2012 年 3 月 14 日被定价在 1. 052 美元。这是一个触发汇率低于初始汇率的产品，倘若未来澳元兑美元汇率没有跌破 0. 9720 美元，即在 113 天的投资期间内澳元兑美元跌幅小于 7. 6%，投资者到期可以获得高收益，否则只能获得较低收益。根据该产品运行期间内澳元兑美元的走势来看，虽然其汇率呈现明显的下行趋势，但是下跌幅度最多达到 8. 94%，击穿该产品设定的 0. 9720 美元的触发价格，因而该产品到期仅获得 3. 1% 的较低收益。

区间触发式产品的收益结构与单边触发式类似，仅仅是增加了一个触发汇率，形成一个汇率运行的区间。根据产品投资期内挂钩标的汇率是否突破区间的上限或下限，投资者可能因此获得较高或较低的收益。以中国银行到期的“搏弈 BY12067—V 人民币汇市争锋理财产品”为例，该产品挂钩欧元兑美元即期汇率，投资期限为 65 天，最高预期收益率为 5. 40%，最低预期收益率为 2. 00%，产品收益结构设计为：以 2012 年 4 月 17 日为基准日将初始汇率定价在 1. 3107 美元，如果在投资期间内，欧元兑美元汇率从未大于或等于观察区间的上限（1. 3807 美元），并且从未小于观察区间的下限（1. 2507 美元），投资者到期将获得 5. 40% 的到期收益率；倘若产品投资期间内，欧元兑美元汇率突破或者跌穿区间上限或下限，投资者只能获得 2. 00% 的到期收益率。从产品运行期间内欧元兑美元的走势来看，欧元兑美元在从 4 月末开始经历了一波长达 3 个月的下跌行情，最低一度触及 1. 2286 美元的低点，该价格明显低于产品设定的区间下限 1. 2507 美元，因此该产品到期仅获得 2. 00% 的到期收益。

从上述产品的收益设计可以看出，中国银行挂钩汇率结构性产品的收益取决于运行期间挂钩标的交易时间内任何时点上挂钩标的价格和触发价格的比较。也就是说，一旦汇率出现较大波动，就很容易达到触发汇率，从而无法实现最高预期收益率。

相关资料见表 3-13。

表 3-13　2012 年到期未实现最高预期收益率产品一览

结构性产品

产品名称	发行银行	币种	期限（天）	挂钩对象	预期最高收益率（%）	预期最低收益率（%）	到期收益率（%）
2012 年渤盈 46 号（2012S46）	渤海银行	RMB	35	利率	4.70	0.50	4.40
阳光理财 A+计划 2010 年第五期产品 1（网络时代）	光大银行	RMB	549	股票	9.00	0.00	6.60
阳光理财 A+计划 2010 年第九期产品 1	光大银行	RMB	548	期货	12.00	0.00	5.00
阳光理财 A+计划 2010 年第六期产品 1（食为天）	光大银行	RMB	547	期货	10.00	0.00	5.00
阳光理财套餐计划 2011 年第十二期产品 2	光大银行	RMB	184	黄金价格	6.90	3.40	3.40
薪加薪 16 号 XJX2012011901	广发银行	RMB	60	汇率	8.00	3.00	5.60
"物华添宝"2012 年第十三期 WHTB20120012	广发银行	RMB	182	黄金价格	5.80	3.00	5.00
"物华添宝"人民币理财计划（2012 年第十二期）	广发银行	RMB	186	黄金价格	5.80	3.00	5.00
"物华添宝"人民币理财计划（2012 年第九期）	广发银行	RMB	185	黄金价格	5.80	2.00	5.00
"物华添宝"2012 年第十七期	广发银行	RMB	186	黄金价格	5.50	3.00	4.80
"物华添宝"人民币理财计划（2012 年第十一期）	广发银行	RMB	95	黄金价格	5.80	3.00	4.80
薪加薪 16 号 2012 年第八期	广发银行	RMB	61	汇率	5.80	3.00	4.80
薪加薪 16 号 2012 年第四期	广发银行	RMB	61	汇率	5.80	3.00	4.80
薪加薪 16 号 2012 年第一期	广发银行	RMB	61	汇率	5.80	3.00	4.80
"物华添宝"人民币理财计划（2012 年第二十五期）	广发银行	RMB	183	黄金价格	5.00	3.00	4.60
"物华添宝"人民币理财计划（2012 年第二十六期）	广发银行	RMB	95	黄金价格	5.00	3.00	4.60
"物华添宝"2012 年第一期 WHTB20120001	广发银行	RMB	61	黄金价格	5.80	3.00	4.60
薪加薪 16 号人民币理财计划（2011 年第八期）	广发银行	RMB	62	黄金价格	5.50	3.00	4.60
"物华添宝"2012 年第十九期	广发银行	RMB	89	黄金价格	5.50	3.00	4.45
"物华添宝"人民币理财计划（2012 年第二十一期）	广发银行	RMB	183	黄金价格	5.00	3.00	4.40
"物华添宝"人民币理财计划（2012 年第二十四期）	广发银行	RMB	92	黄金价格	5.00	3.00	4.30
"物华添宝"人民币理财计划（2012 年第二十期）	广发银行	RMB	92	黄金价格	5.00	3.00	4.10

续表

产品名称	发行银行	币种	期限（天）	挂钩对象	预期最高收益率（%）	预期最低收益率（%）	到期收益率（%）
“物华添宝”人民币理财计划（2012年第十期）	广发银行	RMB	33	黄金价格	5.80	2.00	4.00
股票挂钩部分保本投资产品—“连连盈”可自动赎回（OTZR50）	恒生银行	RMB	206	股票	17.40	—	13.97
股票挂钩部分保本投资产品—“天天开心”可自动赎回（OTZR45）	恒生银行	RMB	184	股票	12.80	—	11.66
“汇益达”第22期（C12078）	南洋商行	RMB	125	未透露	6.00	1.50	4.65
“汇益达”第26期（C12094）	南洋商行	RMB	89	汇率	6.00	1.50	4.65
“汇益达”第21期（C12074）	南洋商行	RMB	124	未透露	6.00	1.50	4.65
“汇益达”第23期（C12083）	南洋商行	RMB	117	未透露	6.00	1.50	4.60
“汇益达”第25期（C12091）	南洋商行	RMB	124	未透露	6.00	1.50	4.50
“汇益达”第24期（C12087）	南洋商行	RMB	124	未透露	6.00	1.50	4.50
“汇益达”第26期（C12095）	南洋商行	RMB	124	未透露	6.00	1.50	4.45
“汇益达”第33期（C12118）	南洋商行	RMB	47	汇率	6.00	1.20	4.40
“汇益达”第31期（C12109）	南洋商行	RMB	54	汇率	6.00	1.20	4.40
“汇益达”第32期（C12114）	南洋商行	RMB	48	汇率	6.00	1.20	4.40
“汇益达”第27期（C12098）	南洋商行	RMB	117	未透露	6.00	1.50	4.35
“汇益达”第36期（C12130）	南洋商行	RMB	47	汇率	6.00	1.20	4.35
“汇益达”第35期（C12126）	南洋商行	RMB	47	汇率	6.00	1.20	4.35
“金益达”第2期（D12002）	南洋商行	RMB	94	黄金价格	6.00	0.35	0.35
市场联动系列 MALI11199E	渣打银行	RMB	373	基金	10.00	0.00	8.50
结构性理财产品 MALI12157E	渣打银行	RMB	93	股票	7.50	0.00	7.26
市场联动系列 MALI12013CY	渣打银行	RMB	90	汇率	6.50	0.00	4.50
动态回报投资指数基金挂钩 MALI09114I	渣打银行	RMB	914	基金	12.00	0.00	0.93
焦点联动系列之黄金表现联动理财计划（看涨）（104027）	招商银行	RMB	91	黄金价格	5.30	3.00	3.00
焦点联动系列之黄金表现联动理财计划（看涨）（104025）	招商银行	RMB	91	黄金价格	5.30	3.00	3.00
焦点联动系列之黄金表现联动理财计划（104011）	招商银行	RMB	91	黄金价格	6.60	1.00	1.00
搏弈 BY12035—V 人民币金上加金理财产品	中国银行	RMB	92	黄金价格	5.20	4.00	4.00
搏弈 BY12030—V 人民币金上加金理财产品	中国银行	RMB	92	黄金价格	5.40	4.00	4.00
搏弈 BY12041—V 人民币汇市争锋理财产品	中国银行	RMB	113	汇率	5.10	3.10	3.10
搏弈 BY12001—V 人民币金上加金理财产品	中国银行	RMB	91	黄金价格	5.80	3.10	3.10
搏弈 BY12003—V 人民币金上加金理财产品	中国银行	RMB	61	黄金价格	6.00	3.10	3.10

续表

产品名称	发行银行	币种	期限（天）	挂钩对象	预期最高收益率（%）	预期最低收益率（%）	到期收益率（%）
搏弈 BY11693—V 人民币金上加金理财产品	中国银行	RMB	91	黄金价格	5.80	3.10	3.10
搏弈 BY12078—V 人民币汇市争锋理财产品	中国银行	RMB	99	汇率	4.80	3.00	3.00
搏弈 BY12010—V 人民币金上加金理财产品	中国银行	RMB	73	黄金价格	6.00	3.00	3.00
搏弈 BY12091—V 人民币汇市争锋理财产品	中国银行	RMB	92	汇率	5.20	2.50	2.50
搏弈 BY12082—V 人民币汇市争锋理财产品	中国银行	RMB	98	汇率	5.10	2.50	2.50
搏弈 BY12123—V 人民币金上加金理财产品	中国银行	RMB	64	黄金价格	4.60	2.00	2.00
搏弈 BY12060—V 人民币汇市争锋理财产品	中国银行	RMB	89	汇率	5.20	2.00	2.00
搏弈 BY12067—V 人民币汇市争锋理财产品	中国银行	RMB	65	汇率	5.40	2.00	2.00
汇聚宝 HJB12001—V 美元金上加金理财产品	中国银行	USD	91	黄金价格	4.00	2.00	2.00
搏弈 BY12087—V 人民币汇市争锋理财产品	中国银行	RMB	63	汇率	4.50	1.50	1.50
搏弈 BY12120—V 人民币汇市争锋理财产品	中国银行	RMB	35	汇率	4.00	1.50	1.50
搏弈 BY12075—V 人民币汇市争锋理财产品	中国银行	RMB	73	汇率	5.00	1.50	1.50
搏弈 BY12105—V 人民币金上加金理财产品	中国银行	RMB	35	黄金价格	4.00	1.50	1.50
搏弈 BY12125—V 人民币汇市争锋理财产品	中国银行	RMB	35	汇率	4.00	1.00	1.00
搏弈 BY12101—V 人民币汇市争锋理财产品	中国银行	RMB	48	汇率	5.00	1.00	1.00
搏弈 BY12049—V 人民币汇市争锋理财产品	中国银行	RMB	62	汇率	5.00	1.00	1.00
搏弈 BY12061—V 人民币汇市争锋理财产品	中国银行	RMB	90	汇率	5.90	0.50	0.50
搏弈 BY12055—V 人民币金上加金理财产品	中国银行	RMB	40	黄金价格	5.50	0.50	0.50
汇聚宝 HJB12002—V 美元汇市争锋理财产品	中国银行	USD	73	汇率	4.40	0.40	0.40

非结构性产品

产品名称	发行银行	币种	期限（天）	预期最高收益率（%）	预期最低收益率（%）	到期收益率（%）
太阳聚富 49 号 203 天	广州农商	RMB	203	5.50	4.00	5.30
非凡资产管理（外汇增利型）1114 期 D 款	民生银行	AUD	184	8.25	—	7.80
非凡资产管理（外汇增利型）1112 期 D 款	民生银行	AUD	184	7.85	—	7.70
非凡理财人民币 T942 期理财产品（2）	民生银行	RMB	354	6.23	—	6.00
非凡理财人民币 T864 期理财产品（高端）	民生银行	RMB	533	5.87	—	5.50
非凡资产管理 35 天增利理财产品第 001 期（尊享）	民生银行	RMB	36	5.20	—	5.10
非凡资产管理（外汇增利型）1114 期 C 款	民生银行	EUR	184	7.70	—	4.50
非凡资产管理（外汇增利型）1112 期 C 款	民生银行	EUR	184	4.52	—	4.39
非凡资产管理（外汇增利型）1112 期 A 款	民生银行	USD	184	3.85	—	3.70

续表

产品名称	发行银行	币种	期限（天）	预期最高收益率（%）	预期最低收益率（%）	到期收益率（%）
非凡资产管理（外汇增利型）1116 期 B 款	民生银行	HKD	182	3.85	—	3.60
非凡资产管理（外汇增利型）1112 期 B 款	民生银行	HKD	184	3.52	—	3.39
非凡资产管理（外汇增利型）1114 期 B 款	民生银行	HKD	184	4.39	—	3.36
非凡资产管理黄金投资 3 号理财产品（G03）	民生银行	RMB	366	8.00	—	0.23
中信理财惠益计划稳健系列 6 号 5 期	中信银行	RMB	175	5.10	—	4.85

资料来源：普益财富（数据截至 2012 年 12 月 31 日）。

三、超过最高预期收益率产品

2012 年到期的理财产品中有 49 款超出最高预期收益率，这些产品中美元产品有 5 款，港币产品 2 款，澳元、新加坡币和欧元产品各 1 款，其余全部为人民币产品，超出值基本都在区间 [0.05%，0.60%] 内，有 6 款产品超出预期收益率较多。从投资方向上来看，有 17 款产品投向包括信贷资产、信托贷款、股票在内的单一资产或与货币债券市场工具的组合，有 11 款产品投向包含票据资产、债券和货币市场工具在内的组合，有 7 款产品投向债券和货币市场工具或与其他资产形成的组合，分别有 2 款和 3 款产品投向结构性票据以及收益权，最后还有 10 款产品的投向未透露。整体来看，有 17 款包含银信合作的理财产品表现较为突出，该类产品获得了 6.00% 的平均到期收益率，远远高于 4.64% 的整体平均收益率，凸显出银信合作投资的包括信贷资产、信托贷款等融资类资产以及包括股票、股权等在内的权益类资产多理财产品收益的提升。但与此同时，这类产品无一例外全部为非保本浮动收益型产品，也凸显出该类产品所蕴藏的风险。

到期收益率超过最高预期收益率最多的产品是渣打银行发行的“代客境外理财系列 QDSN11060I”。该款产品到期均实现了 27% 的年化收益率，不仅是超出最高预期收益率最多的产品，也是 2012 年到期产品中收益率最高的产品。该产品最高预期收益率为“年化 15%（根据实际运行时间计算实际收益）+固定收益 2% 的绝对收益”，产品收益挂钩中国平安港股价格，并且在运行 2 个月后触发提前终止条件，获得年化 27% 的到期收益率。

另外几款到期收益率超过最高预期收益率较多的产品分别为：工商银行发行的“2009 年第 19 期‘工银财富’中海绿城房地产投资基金信托计划优先受益权理财产品 3 年期款 CFXT0906”、华夏银行发行的“华夏理财——创盈 322 号（定向）理财产品”和“华夏理财——创盈 310 号（定向）理财产品”。

工商银行发行的“2009 年第 19 期‘工银财富’中海绿城房地产投资基金信托计划优先受益权理财产品 3 年期款 CFXT0906”产品将理财资金投资于“中海·绿城 1 号房地产投资基金信托计划”，投资期限为 3 年，预期收益率 6.5%。该信托计划的优先级信托份额达到提前终止条件，于 2010 年 9 月 20 日部分终止，该部分的实际年化收益率为 7.1111%；2012 年 4 月 20 日到期的剩余份额，实现年化收益率为 9.178%，均显著高于预期收益率。

四、实现最高预期收益率产品

2012 年到期实现最高预期收益率的产品共计 20 355 款，其中收益率位于 [4.50%，5.00%) 的产品数最多，达到 4 943 款，收益率分布在 [4.00%，5.50%) 的产品占该类到期产品总数的 47.92%（见图 3-13）。从期限上来看，到期产品期限在 6 个月以下（含）的产品达到 18 281 款，占该类到期产品总数的比例高达89.81%（见图3－14），这意味着绝大部分在2012年到期的产品是在2011年下半年到2012年上半年之间发行的。考虑到2011年下半年市场资金面普遍紧张带动银行理财产品预期收益率上升，而2012年以来尽管银行理财产品整体发行预期收益率有所下滑，但上半年整体产品收益率仍然明显高于下半年，因此2012年到期高收益产品的表现优于2011年。普益财富的统计数据显示，2012年到期实现最高预期收益率的产品中有3 041款产品到期收益率等于或大于5.5%，而2011年仅有882款。

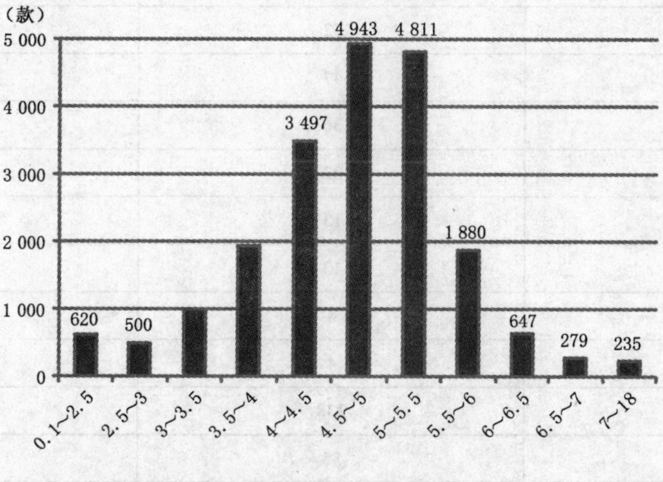

图3－13 2012年实现最高预期收益率产品的收益率分布一览①

注：①横坐标单位为“%”，区间为“[，)”，左闭右开区间。

资料来源：普益财富（数据截至2012年12月31日）。

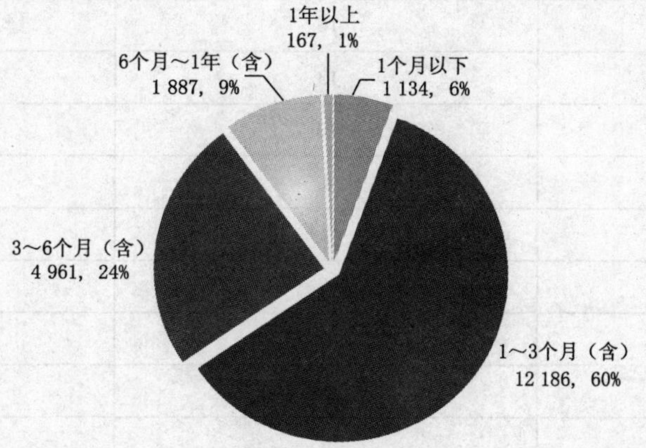

图3－14 2012年达到最高预期收益率产品的期限分布一览

资料来源：普益财富（数据截至2012年12月31日）。

普益财富将到期收益率等于或大于6.00%的理财产品作为衡量理财产品表现是否良好的标准，该类产品共有1 161款，占到期实现最高预期收益率产品总数的5.70%，整体平均到期收益率为6.62%。从发行主体来看，股份制商业银行到期表现良好的产品数最多，达到575款，光大银行、民生银行和华夏银行居前；城市商业银行紧随其后，到期表现良好的产品数有238款，北京银行、稠州商行和汉口银行居前（见表3－14）。

从到期表现来看，外资银行平均到期收益率最高，达到7.72%，恒生银行、渣打银行和南洋商行排名居前；国有银行到期表现良好产品数虽然不及股份制商业银行和城市商业银行，但是平均到期收益率表现优于前两者，达到6.59%。

表 3－14　2012 年各发行主体到期收益表现良好（≥6.00%）产品数及平均收益率一览

银行类型及名称	产品数（款）	平均到期收益率（%）
股份制商业银行	**575**	**6.48**
光大银行	170	6.38
民生银行	120	6.78
华夏银行	80	6.18
招商银行	52	6.52
渤海银行	47	6.45
恒丰银行	36	6.27
中信银行	32	6.75
兴业银行	13	6.59
平安银行	13	6.02
广发银行	8	7.56
浦发银行	4	6.30
城市商业银行	**238**	**6.32**
北京银行	35	6.35
稠州商行	33	6.26
汉口银行	19	6.27
杭州银行	19	6.79
南京银行	16	6.00
哈尔滨银行	13	6.92
齐鲁银行	10	6.04
宁夏银行	8	6.15
徽商银行	7	6.06
莱商银行	6	6.00
晋商银行	6	7.15
江苏银行	6	6.25
九江银行	6	6.09
泉州银行	5	6.10
宁波银行	5	6.02
德阳银行	4	6.05
东莞银行	4	6.25
晋城银行	4	6.61
南充商行	3	6.18
重庆银行	3	6.07
龙江银行	3	6.77

续表

银行类型及名称	产品数（款）	平均到期收益率（%）
营口银行	2	6.00
苏州银行	2	6.10
包商银行	2	6.30
桂林银行	2	7.00
长安银行	2	6.50
绍兴银行	1	6.00
嘉兴银行	1	6.00
西安银行	1	6.00
柳州银行	1	6.00
成都银行	1	6.30
河北银行	1	6.30
民泰商行	1	6.00
青岛银行	1	6.10
厦门银行	1	6.00
赣州银行	1	6.00
湖州银行	1	6.00
三峡银行	1	6.00
上海银行	1	6.20
国有银行	**164**	**6.59**
交通银行	104	6.63
中国银行	30	6.31
建设银行	12	6.40
农业银行	9	7.49
工商银行	8	6.30
邮储银行	1	7.80
外资银行	**148**	**7.72**
恒生银行	68	7.61
渣打银行	32	8.92
南洋商行	32	6.00
东亚银行	10	9.00
汇丰银行	2	10.00
法兴中国	2	7.50
星展银行	1	12.00
花旗银行	1	9.83

续表

银行类型及名称	产品数（款）	平均到期收益率（%）
农村商业银行	**36**	**6.42**
东莞农商	11	6.24
顺德农商	10	6.92
广州农商	4	6.50
深圳农商	3	6.07
重庆农商	3	6.37
吴江农商	2	6.00
昆山农商	2	6.00
上海农商	1	6.00
总　　计	**1 161**	**6.62**

资料来源：普益财富（数据截至2012年12月31日）。

从投资对象上来看，在到期收益率表现良好的产品中，产品投向最多的依然是债券和货币市场工具，产品数达到355款，但是其平均收益率为6.53%，低于该类到期产品的平均到期收益率。投向债券和货币市场工具的产品之所以能够取得高收益，从部分银行透露的公开信息来看，在于将理财资金投向企业债券以及城投债等收益较高的债券品种，从构建的投资组合项下的金融工具和资产买卖价差以及持有期间的利息收入获得收益。产品投向未透露的有194款，这些产品中有八成都是结构性产品。考虑到结构性产品的投向多样并且根据不同挂钩标的会有不同的安排，银行一般不会予以透露，因此，虽然通常认为这部分产品投向相关资产的期权、互换等对冲工具，但是具体品种仍然不明，也正是因为结构性产品通常的高收益使这部分投向的产品平均预期收益率达到7.27%。股票、基金和债券货币市场工具的组合类产品以及票据资产和债券货币市场工具的组合类产品也是两类较多的投向，股票市场在2012年的惨淡走势以及货币市场资金价格的下滑，使股票、基金和票据资产等标的的表现较弱，因此，拖累了投资这些资产的组合类产品的收益率（见表3－15）。

表3－15　2012年到期收益率表现良好（≥6.00%）产品主要投向、产品数和平均到期收益率

产品数量最多的10个投向	产品数（款）	平均到期收益率（%）	平均到期收益率最高的10个投向	产品数（款）	平均到期收益率（%）
债券和货币市场工具	355	6.53	结构性票据	4	15.00
未透露	194	7.27	股票、基金、股权、债券和货币市场工具	1	8.50
股票、基金、债券和货币市场工具	121	6.36	信贷资产、票据资产、债券和货币市场工具	4	7.94
票据资产、债券和货币市场工具	95	6.29	未透露	194	7.27
信贷资产、信托贷款、债券和货币市场工具	79	6.18	股权	13	7.11
其他	66	6.70	商品	1	7.00
债券和货币市场工具、其他	44	6.45	收益权	25	6.98
票据资产、债券和货币市场工具、其他	35	6.23	基金、债券和货币市场工具	4	6.85
收益权	25	6.98	股票、其他	1	6.80
基金、债券和货币市场工具、其他	17	6.31	其他	66	6.70

资料来源：普益财富（数据截至2012年12月31日）。

将投向按平均到期收益率高低排序，投向为结构性票据的4款产品以15.00%的平均到期收益率排名第一，这4款产品都是渣打银行发行的QDII结构性产品，到期收益率分别达到18.00%（1款）、15.00%（2款）和12.00%（1款）。该行发行的“代客境外理财系列QDSN11052I”挂钩境外“摩根大通证券挂钩结构性票据”，而该境外票据的表现与港股“中国交通银行（3328 HK）”的表现挂钩，由于挂钩标的的走势良好使该产品在运行约4个月后提前终止，实现了到期18%的年化收益率。民生银行发行的1款挂钩股票、基金、股权、债券和货币市场工具的组合类产品，募集的资金全部投资于由中融国际信托有限公司发起的“中融——非凡结构化1号证券投资单一资金信托”。该资金信托为单一资金信托，其投资范围是股权投资品种、固定收益类品种及其他品种等。有4款投向信贷资产、票据资产和货币债券市场工具的组合产品获得了7.94%的到期收益率，排名第三位。这4款产品均为民生银行发行的澳元产品，由于产品投向包括银行承兑汇票、信贷资产、信托收益权、信托计划等潜在收益较高的投资品种，因而其整体收益表现亮丽。投向为股权和大宗商品的产品有14款，平均到期收益率超过7.00%。投向股权的13款产品中，有9款由民生银行发行，其余发行银行包括光大银行、建设银行、杭州银行和顺德农商行。这些产品主要通过信托计划投向上市或非上市公司的股权，通过对股权交易产生的价差收入获得收益，通常理财资金都是成为信托计划的优先受益人，因此在安全上有一定保证。

第四节　2012年银行理财市场热点回顾

一、利率市场化更进一步，城市商业银行发力银行理财产品

伴随中国经济增速放缓，中央将“稳增长”作为经济工作的中心，中国人民银行在2012年两次下调人民币存、贷款基本利率，降息的目的从宏观经济层面上来看是为了保持经济平稳较快发展，从金融市场的层面上来看则有进一步放开利率管制的重要意义。

中国人民银行宣布，从2012年6月8日起将金融机构1年期存款基准利率下调0.25个百分点至3.25%，1年期贷款基准利率下调0.25个百分点至6.31%；同时将金融机构存款利率浮动区间的上限调整为基准利率的1.1倍。回顾过去中国人民银行在人民币存、贷款利率市场化的历程可以发现，这是有史以来首次允许金融机构将人民币存款利率在基准利率基础上进行上浮；同时，将金融机构贷款利率浮动区间的下限从0.9倍调整为基准利率的0.8倍。

对银行而言，此次调整后存款利率明降暗升，表面上自3.5%下调至3.25%，而浮动空间从不允许上浮扩大至1.1倍后，实际可达3.575%；而贷款利率表面上从6.56%下调至6.31%，而浮动空间下限从0.9倍扩大至0.8倍后，使得实际最低贷款基准利率降为5.048%。银行息差由此前的最小2.404%显著压缩至1.473%，接近1个百分点。

该次降息名义上是存、贷款同步下调，实质上是非对称降息。中国人民银行此举释放出利率市场化进一步深化的鲜明信号，意味着中国人民银行更倾向于用市场化的手段，平衡存款人、贷款人以及商业银行等不同市场主体的利益，让银行有更多的灵活选择和自由空间。同时，贷款利息下限扩大、贷款利率下降有利于降低企业贷款成本，对经济稳定增长起到比较重要的作用。

就在首次下调存、贷款利率后不到1个月的2012年7月6日，中国人民银行再次宣布下调金融机构1年期存款基准利率0.25个百分点至3%，1年期贷款基准利率下调0.31个百分点至6%。同时，中国人民银行还将金融机构贷款利率浮动区间的下限从此前的0.8倍进一步调整为基准利率的0.7倍，使商业银行的息差从此前的最小1.473%进一步压缩至0.9%，再度下降超过0.5个百分点。

从银行的实际操作来看，大部分银行均将1年期存款利率进行了上浮，包括股份制银行和城市商

业银行在内的众多银行均进行了顶格上浮，即实行3.3%的存款利率，而国有银行的存款利率也不低于3.25%，再加上在实际业务开展过程中对贷款利率的下浮，使商业银行的息差显著缩窄。对于我国商业银行历来以存、贷款利率作为利润主要来源的盈利模式来说，逐渐开启的利率市场化“大门”无疑已经预示着商业银行未来需要迎接更严峻的挑战，从而进一步推动商业银行在盈利核心与经营模式上的改革与转型，将收入的重心逐步从传统的存、贷款业务转到中间业务上来。

银行理财业务近年来呈现爆发式增长，显示出银行正对自身业务结构积极作出调整。2012年以来，各商业银行都加大了对理财业务的投入力度：国有银行在理财业务广泛开展的前提下，加大产品发行频率，提升服务质量；股份制银行更多关注产品创新，将理财业务向资产管理方向推进，如拓宽理财资金的投资领域、对投资者进行市场细分；城市商业银行多处于理财业务发展的起步阶段，但追赶势头明显，2012年以来越来越多的城市商业银行都加大了理财产品的发行力度，积极争夺市场份额，城市商业银行理财产品表现出“量价齐升”的火热局面。

从发行数量来看，2012年城市商业银行的产品发行数量几乎完全呈现逐月递增的走势，并且在10月首次超过国有银行，城市商业银行产品发行量月环比平均增幅达到7.34%，显著超过其他类型商业银行；而股份制商业银行则表现出较大的波动，发行量在经历前8个月的震荡上升后从9月开始出现下滑；国有银行逐月发行量没有出现明显趋势变化，全年走势较为波动（见图3－15和图3－16）。

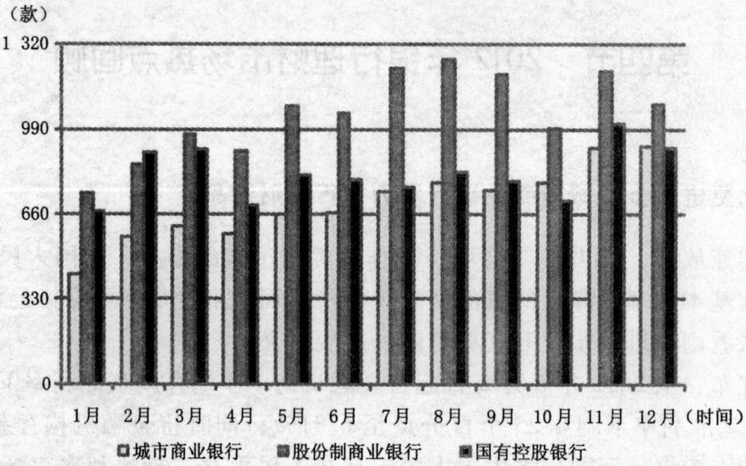

图3－15　2012年各主要类型银行理财产品月发行数量

资料来源：普益财富（数据截至2012年12月12日）。

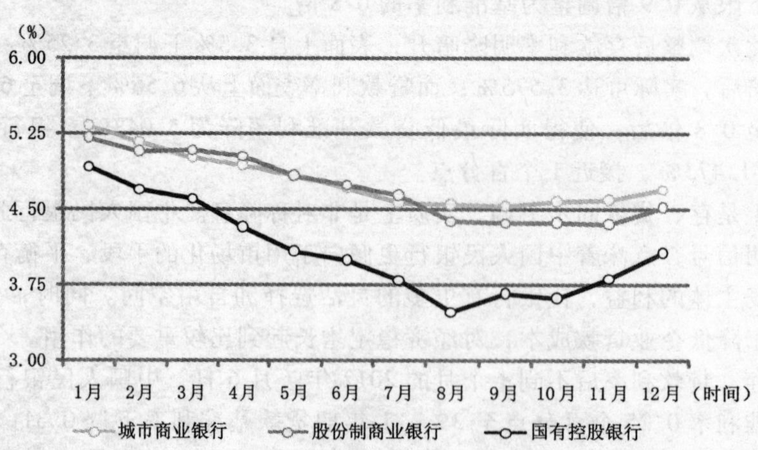

图3－16　2012年各主要类型银行理财产品发行月平均预期收益率走势

资料来源：普益财富（数据截至2012年12月12日）。

从三类银行的预期收益率来看，几乎所有类型银行在2012年都经历了预期收益率的下滑。尽管从8月以后收益率整体出现止跌企稳的迹象，但是各类银行的表现可谓大相径庭。国有银行不仅收益率低于其他银行，而且降幅是所有银行中最大的，六大国有银行平均预期收益率最低点一度触及3.49%，与1月4.93%的平均预期收益率相比下跌了近三成；股份制商业银行虽然预期收益率的降幅远小于国有银行，但是其预期收益率在8月以后仍然一度维持缓慢下跌的态势，与1月相比，11月平均预期收益率下滑了17.00%；而城市商业银行平均预期收益率不仅在年初高于股份制商业银行，而且从8月以后其平均预期收益率在止跌并小幅反弹的基础上持稳在4.50%上方，表现远远强于股份制商业银行和国有银行。

城市商业银行产品发行出现“量价齐升”的局面，一方面，因为发行理财产品的城市商业银行的数量在增加，在利率市场化成为不可阻挡的趋势影响下，息差缩窄带来的压力开始令越来越多的城市商业银行意识到理财业务的重要性，以及这一业务对中间业务及传统存、贷款业务的积极贡献，因而普遍加大了对理财业务的投入，积极进入市场；另一方面，城市商业银行的产品呈现出定期化、系列化、多样化、品牌化的发行趋势。一些城市商业银行在前期探索、总结的基础上，逐渐加快了产品发行频率，产品线日渐丰富，并逐渐形成了自身独有的理财品牌：如北京银行的“心喜”系列、“本无忧”系列，南京银行的“珠联璧合”系列，江苏银行的“聚宝财富”系列，非常有利于提升投资者的忠诚度。

二、开放式、滚动型产品将成为银行财富管理新载体

2011年9月中国银监会关于《进一步加强商业银行理财业务风险管理有关问题的通知》下发。该通知明确要求商业银行“不得通过发行短期和超短期、高收益的理财产品变相高息揽储，在月末、季末变相调节存、贷比等监管指标，进行监管套利”，特别强调对期限在1个月内的理财产品的监管，1个月以内的理财产品发行量因此快速下滑。根据普益财富的统计，2011年1个月以下期理财产品发行量为6 640款，而到2012年该类理财产品的发行量仅为3 061款，降幅逾五成。

超短期理财产品发行受限，成为银行创新开放式和滚动型产品的动因，银行通过发行该类产品仍然可以通过适当安排投资期限来减轻考核时点带来的存、贷比压力，用以替代超短期理财产品的角色。

从流动性上来看，开放式产品克服了此前理财产品“短期化”的弊端。整个产品运行期较长，根据产品设计的不同，投资者可以按月、按周，甚至每日进行申购和赎回，能很好满足投资者对流动性的不同需求。此类产品大多在申请赎回3个工作日内投资本金和收益即可划回投资者的账户，个别产品甚至可以实时到账，如中国银行的“日积月累”理财计划。该理财计划在申购时资金就从客户账户实时扣除，在赎回时本金便实时返回到客户账户，只是当月未分配投资收益时，需在投资收益分配日统一清算，该产品的流动性几乎与银行活期存款无异。同时，对银行内部管理来讲，由于是一个产品对应一个资产组合，因此，管理也更加规范，而且从银行整体经营来看，其收入贡献也是比较高的，可以说是可以实现理财客户和银行共赢的产品。

从风险性来看，大部分开放式产品都被设计为非保本浮动收益型产品，这主要是由于不少产品投资于包括股票、基金等资本市场以及银行间、交易所固定收益类金融工具的高风险品种，还有不少产品被设计为结构性产品，与更具风险的衍生品市场挂钩。从这个角度看，开放式产品的风险显著较高。但是，考虑到该类产品的灵活性，投资者可以根据市场情况对持有的产品份额及时赎回，对于投资经验丰富、能力较强、专业知识较为丰富的投资者来说，这类产品的风险是明显可控的。

与大部分开放式产品高风险性相伴的是其高收益型。不少非保本浮动收益型开放式理财产品都有较为可观的预期收益率。如北京银行发行的“季季添金”系列开放式产品，投资于货币和债券市场的各种固定收益类金融工具，预期收益率高达5.20%。另外，较低风险的产品收益性也远远超过银

行活期存款利率，如中国银行的“日积月累”理财计划，其流动性几乎与银行活期存款无异，但是其预期年化收益率却达到2.1%，比银行活期存款年利率的4倍还多。从收益的计算方式来看，由于该类产品往往无固定投资期限，所以收益基本都是按投资周期的实际收益计算，如每日、每7日或每14日计算收益等；另有一些产品的预期收益还会随着投资存续时间的增长而增长，如邮储银行的“鑫鑫向荣”以及农业银行的“安心快线步步高”系列理财产品，存续时间越长，相应的预期收益率越高。

开放式银行理财产品与基金公司的开放式基金产品有显著的区别，基金公司所有的开放式产品都是按净值申购、赎回，但开放式银行理财产品有些按净值，有些是根据不同投资期限设定不同的收益率，如“鑫鑫向荣”和“安心快线步步高”等产品，更多的是存款的变异。所以，开放式银行理财产品更多的是带有存款化的特点。另外，很多开放式银行理财产品可以实现实时赎回，如“日积月累”理财计划。这和目前很多证券公司推出的现金管理类和货币市场基金类产品能够实现的“T+0”赎回是相同或相近的。

开放式产品创新的重要意义在于它是推动银行从过去的按预期收益率发行“资产池”产品向按净值定价的“资产池”产品转型的载体，也是银行理财向资产管理业务转变的必然通道。目前的银信合作、投资于信用产品的理财产品都存在机制缺陷，也就是发起人、发行人、服务商是融为一体的，银行很难转移理财资金投资产生的信用风险，这种情况下银行普遍选择将理财资金的投资进行组合，通过组合投资的方式投资多个标的物，那么某一个标的物的损失对整个组合来说影响是非常小的，所以“资产池”是使银行理财产品真正成为中间业务的重要过渡。但是“资产池”管理的问题主要在于仍然是按照预期收益率来发行，特别是当标的物资产无法取得公允价值的时候，就很难实现在不同的投资者之间做公平的利益分配，所以“资产池”或者组合产品应该向净值产品转变，并根据公允价格取得有效性来决定开放期。比如投资贷款，就可以通过利用信用违约互换（CDS）工具将贷款价格公允地反映到产品的净值中，并且由此设定产品的开放期。反观当前很多银行的资产管理实际上是按照资产负债表业务去管理的，有预期收益率、投资成本、计提拨备、计提风险资产，还要考虑到超额收益的提取，是按照商业银行的资产负债管理，而不是按照资产管理的投融资管理去管理的，所以这类产品需要向净值管理发行，开放期要根据标的资产公允价值取得有效性来决定；最后需要银行加强人力投入，同时需要监管层从法规制度上进一步明确银行理财的法律主体地位。

三、黄金挂钩结构性理财产品之殇——商业银行踩错节奏

国际金价在2011年延续第11年的连续涨势，使市场对于与黄金相关投资产品的热度达到空前热烈的程度，在2011年8月创下1 920美元/盎司的记录高点后，国际金价震荡回落。但这并未影响市场对于金价的看好，而且在经过2012年前两个月的大幅反弹后，市场对于金价再创新高似乎信心满满。

正是在这样的背景下，各大商业银行也开始大量发行黄金挂钩结构性理财产品，以迎合投资者需求。普益财富的统计数据显示，2012年商业银行发行的黄金挂钩结构性理财产品累计达到128款，而2011年该类产品的发行量仅为29款，环比涨幅超过四倍。

从2012年各月的发行数量来看，可以很明显地发现，在国际金价冲高回落的上半年，银行发行的黄金挂钩结构性产品数量最多，2～6月的月发行量都超过12款，其中3月更是达到23款，几乎逼近2011年全年的发行量。而当金价从6月止跌反弹后，银行发行该类产品的热情迅速降温，7月以后的月发行量迅速下滑到月均10款以下，上半年发行积极的工商银行和广发银行在下半年基本销声匿迹。尽管不少外资银行选择在下半年发行该类产品，但是由于发行数量有限，整体发行数量下滑明显（见图3－17）。

从发行主体来看，2012年工商银行、招商银行和中国银行黄金挂钩结构性产品发行数量居前，

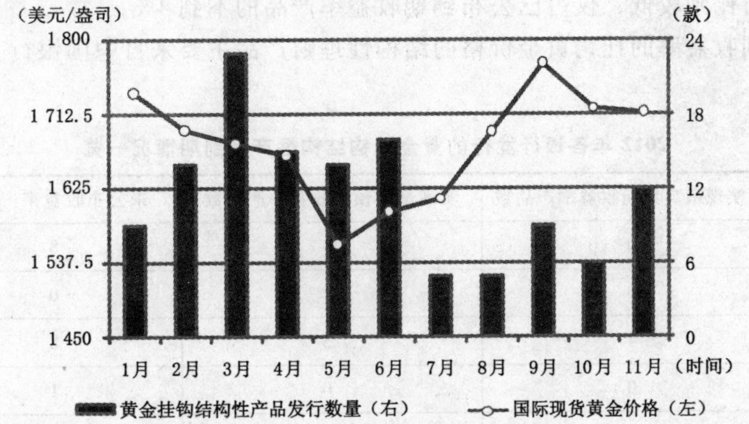

图3-17　2012年黄金挂钩结构性理财产品月发行数量以及国际现货金价走势

资料来源：普益财富（数据截至2012年12月12日）。

外资银行发行数量普遍较少。但是从期限上看，外资银行所发行产品期限明显超过中资银行，其平均期限大都在300天以上。中资银行中除了光大银行平均期限超过100天外，其余银行的平均期限大都在90天以下，也就是说中资银行更倾向发行期限较短黄金挂钩结构性产品（见表3-16）。

表3-16　2012年各银行黄金挂钩结构性产品发行数量及平均期限

银行	发行产品数量（款）	发行产品平均期限（天）
工商银行	45	55
招商银行	26	91
中国银行	19	77
广发银行	15	85
汇丰银行	8	548
法兴中国	5	730
恒生银行	4	365
光大银行	2	180
渣打银行	2	329
南洋商行	1	94
农业银行	1	42

资料来源：普益财富（数据截至2012年12月30日）。

从到期方面来看，2012年到期的黄金挂钩结构性产品为113款，其中在当年发行的产品有92款，这就意味着，在2012年发行的黄金挂钩结构性产品中超过七成在当年到期。这些几乎全部为中资银行发行的产品，平均期限为70天。由此可以看出，大部分发行此类产品的中资银行都旨在把握黄金市场的短线行情，而结果并不理想。

普益财富的统计数据显示，2012年发行并在当年到期的92款产品中，仅有1款为南洋商业银行发行，其余均为中资银行发行。从到期表现来看，共有14款产品到期未实现最高预期收益率，在按挂钩标的分类的所有结构性产品中是表现第二差的，仅次于汇率挂钩结构性产品。但是从比例上来看，挂钩黄金价格的结构性产品中未实现最高预期收益率的产品比例最高，达到20.90%，也就是说有超过1/5公布到期收益率的产品未实现最高预期收益率。相对来说，未实现最高预期收益率的挂钩汇率的结构性产品占比则较低，仅占已公布到期收益率产品的不到4%。

未实现最高预期收益率的挂钩黄金价格的结构性理财产品主要来自中国银行、广发银行和招商银行（见表3－17）。

表3－17　　2012年各银行发行的黄金挂钩结构性产品到期情况一览　　（单位：款）

银　行	未实现最高预期收益率产品数	实现最高预期收益率产品数	未公布收益率产品数	合　计
工商银行	0	35	8	43
光大银行	0	1	0	1
广发银行	4	3	8	15
南洋商行	0	0	1	1
农业银行	0	1	0	1
招商银行	1	4	7	12
中国银行	9	8	2	19
合　计	14	52	26	92

资料来源：普益财富（数据截至2012年12月30日）。

从收益条款设计上看，广发银行发行的产品多为区间型，以该行在2012年初发行的一款产品为例，该产品的投资起始日在2月末，期限为183天，挂钩标的为伦敦金银协会黄金下午定盘价。

产品收益设计为：若在产品到期日挂钩标的价格大于3 000美元，投资者最终可获得的年化收益率为5.8%；若在产品到期日挂钩标的价格小于等于3 000美元，同时大于等于1 000美元，投资者最终可获得的年化收益率为5%；若在产品到期日挂钩标的价格小于1 000美元，投资者最终可获得的年化收益率为3%。

从收益结构来看，银行在设计上倾向于认为国际黄金价格在2012年2月以后的至少半年内将延续2012年初以来的强劲反弹势头，因此，该款产品都只有在金价突破其设定的上限之后才能获得较高收益，否则只能获得较低收益。从价格走势来看，国际金价在3月开始扭转此前2个月的上涨势头，开始快速下滑，美国公布的包括非农就业数据在内的一系列经济数据表现亮丽，令市场对于美联储再度实施量化宽松的预期快速降温，美联储继续维持货币政策不变导致国际金价从2月逼近1 790美元/盎司附近的高点震荡下挫，并在5月一度跌至1 526美元/盎司附近的年内低点。尽管在随后的1个月中金价小幅反弹，但直到7月中旬金价才再度展开反弹，并且在9月美联储宣布实施第三轮量化宽松政策的刺激下触及2月的高点附近。从金价的走势可以明显看出，广发银行发行的这款产品无法获得最高预期收益率，因此到期只能获得5%的收益率。

广发银行不少挂钩黄金价格的产品均采用此种设计，其弊端在其设定的价格触发上限太高，以2012年2月末国际金价在1 780美元附近计算，要在产品运行期内触发价格上限，国际金价需要分别上涨68.54%，这对于分别大约仅有6个月的产品期限跨度来说，即使金价处于上升通道中，要达到上述触发价格也是很难的。从这个角度来说，投资者对于理财产品设计的触发价格实现的难易程度需要有一定的判断，对于这种在当时市场环境下很难实现高收益的产品应当回避。

中国银行发行的挂钩黄金价格的结构性理财产品未实现最高预期收益率有另外的原因。该行发行的该类产品期限多在40天、60天和90天。收益结构设计与广发银行不同的是，中国银行产品主要以单边价格触发条款为主。

以中国银行在2012年2月初发行的某款产品为例，该产品期限为91天，产品挂钩国际黄金现货价格，收益结构设计为：如果在观察期内某个观察日，挂钩指标曾经低于或者等于观察水平，则投资者的到期收益率为5.80%；如果在观察期内某个观察日，挂钩指标始终保持在观察水平之上，则投资者的到期收益率为2.00%。其中，观察水平为2月9日挂钩标的的价格－70美元。根据当时的市场行情，该产品的初始价格为1 734美元，观察水平则为1 664美元。在产品运行期的3个月时间内，国际金价从2月到5月经过明显的冲高回落过程，并且在4月初跌破观察水平，一度触及1 611美元附近的低点，因此该产品到期获得5.80%的最高收益率。

但是，由于中国银行发行的产品收益条款通常会根据市场行情进行改变，因此，倘若预判失误或者没有“踩好”时点，那么投资者将无法获得最高预期收益率。比如该行在2012年2月中旬发行的另一款期限为73天的产品，其收益设计变为：如果在观察期内某个观察日，挂钩指标曾经高于或者等于观察水平，则投资者的到期收益率为6.00%；如果在观察期内某个观察日，挂钩指标始终保持在观察水平之下，则投资者的到期收益率为3.00%。其中，观察水平为2012年2月21日挂钩标的的价格＋100美元。根据当时市场行情，该产品的初始价格为1 738美元，观察水平则为1 838美元。在产品运行的2个多月时间内，国际金价冲高回落，不仅没有上涨，反而大幅下挫，使该产品到期只能获得3%的较低收益。

因此，尽管中国银行产品设计的高收益触发价格与上述股份制银行相比较为合理，但是由于对未来价格走势判断失误，使产品最终无法获得最高预期收益率。

整体来看，2012年挂钩黄金的结构性理财产品未能获得最高预期收益率，主要是由于一方面，部分发行银行在产品设计中设定了难以达到的触发条件，因而无法使产品获得令投资者满意的收益；另一方面，部分银行的产品在设计中虽然积极跟随市场行情变化进行预判，但是部分产品由于预判方向错误或者没有“踩好”时点，使产品收益率不甚理想。

对于投资者来说，购买这类结构性产品不能仅凭最高收益率选择购买，而要根据产品说明书中的收益结构条款研判该产品的高收益触发条件是否合理，并且要根据对市场的未来走势判断购买产品，倘若是由于自己判断失误而未能获得产品的最高预期收益率，那么不能将过错归咎于银行。

四、银行理财产品挂牌交易，市场叫好不叫座

商业银行发行的多数银行理财产品不允许客户提前赎回，虽然有的产品能够提前赎回，但是不能保证客户本金，再加上短期银行理财产品收益率普遍偏低，因而很难满足投资者对银行理财产品在获得较高收益的同时又具备相当流动性的需求。为此，商业银行开始进行积极的创新，开放式银行理财产品就是满足投资者收益性和流动性的积极创新。除此之外，2012年还出现了首款能够通过二级市场交易进行买卖的银行理财产品，这无疑在满足投资者需求的同时，又为银行理财产品“证券化”提供了有益的尝试。

2012年7月9日，建设银行深圳分行“‘乾元’2012年第135期（183天）固定期限资产组合人民币理财产品”发售，该款非保本浮动收益型产品投资初始日为2012年7月12日，投资期限为183天，预期最高收益率为5.20%，产品募集上限为2亿元，理财资金主要投资于信托受益权、目标项目收益分成权、资产收益权、债券、同业存款及法律法规允许的其他投资工具。该款产品虽然沿用了“乾元”系列产品的一贯命名方式，资金投向较以往产品也没有出现太大变化，但其中最大的不同就是该产品在投资初始日起满5个工作日后，可以在深圳前海金融资产交易所进行二级市场交易。

该产品是建设银行深圳分行与深圳前海金融资产交易所（以下简称“金交所”）共同合作开展的基于商业银行理财计划合约的交易流转创新。在金交所登记托管的这款产品被命名“乾元01”理财产品，已开立金交所交易账户和资金账户并签署三方存管协议、且已激活交易所账户的理财产品持有人可通过金交所报盘交易系统进行该理财产品的二级市场交易。

该理财产品在二级市场卖出交易申报时，卖出方须将其持有的理财产品整体委托卖出，但可部分成交；买入交易申报时，买入的最小交易单位为5万单位理财产品本金，交易申报以5万单位理财产

品本金的整数倍递增，并且买方必须在其资金账户中存入买入该理财产品所需的足够资金。

建设银行在每个交易日上午9:00前会在交易平台上披露当日“乾元01”产品的估值，投资者可以在当日估值上下1%的区间内进行交易，也就是说，交易所为该理财产品交易设置的最大涨跌幅限制为1%。

交易申报经系统撮合成交之后，将在当日完成交易结算，次日到账。当日完成资金结算，交易方买入后卖出同一理财品种或卖出后买入同一理财品种的时间间隔不得少于5个交易日，可在成交后的第六个交易日申报卖出或买入，卖出理财品种的所得资金当日可以继续买入其他产品，但需在交易所与各结算银行清算成功后方可提取。也就是说，投资者T日卖出的资金可以在T+1日到账，这和股票是完全一样的，交易所设置连续买卖的间隔为“T+5”个交易日，是为了防止投资者连续买卖相同品种进行炒作。

这款产品与普通银行理财产品相比，有两个不同的特征：

第一，产品可以在交易所进行交易。这改变了大部分固定期限类银行理财产品在银行柜台不能提前赎回的现状，令投资者可以通过二级市场这一渠道将产品迅速变现。另外，在二级市场买入产品后需要间隔5个交易日才能再次卖出，这种安排又为产品变现设置了少许障碍，意味着投资者需要至少将产品持有6个交易日才能卖出。

第二，产品是投资起点不高的高端产品。交易过程中，不论是法人客户，还是个人客户，购买的起点金额都为5万元，并以5万元的整数倍递增，而普通的银行理财产品购买起点虽然也是5万元，但递增倍数却以1 000元居多。该产品针对的是高端客户，其中个人会员可用于投资的现金（资产）不少于50万元，机构会员注册资本（出资额）或可用投资的现金（资产）不少于100万元。由此可见，这次挂牌交易产品的交易目标群体是高端客户，产品的发行、流转等环节，都只面向特定投资者。选择风险承受能力较高的高端客户这一做法符合这次创新的试验性质。

挂牌交易银行理财产品这一创新举动，不同的金融市场主体有着不同的关注点。

对于投资者而言，他们更为关注的是理财产品的流动性和交易获利空间。“乾元01”理财产品在二级市场买入后需要间隔5个交易日才能再次卖出，这样的安排无疑对该产品的流动性造成了影响，并且使这个产品和部分滚动式产品的滚动周期相近，投资者要进行该产品的二级市场交易需要在金交所开立交易账户的资金账户，因此，无明显优势的投资周期和额外的交易成本都可能阻碍投资者对该产品二级市场交易的积极性。此外，1%的涨跌幅限制了该产品的获利空间，再加上理财产品本身的净值增长速度较慢，诸多因素直接造成该产品交易非常清淡。

对于商业银行而言，他们更为关注的是市场投资者的反应和认可。虽然按净值分配收益的理财产品成为国内主流商业银行一致认同的理财市场发展方向，理财产品朝着开放式、基金化的方向发展，也越来越被业内人士认可，但银行理财产品在发行和流转环节的制度安排、信贷类产品如何获取公允价值以及实现有效估值，都是技术性难题。该款产品募集资金投资于信托受益权、资产收益权等资产，挂牌交易实质上也是在探索贷款的流转方式及公允价值的获取方式。但是，产品是否有市场潜力，最终还是取决于投资者的反应和认可。

对于监管层而言，他们更关注的是创新下的风险控制。虽然银行理财产品定位于商业银行的中间业务，但实际上它是按照银行的资产负债业务来管理，理财产品有预期收益率，有投资成本，需要计提银行拨备、计提风险资本，这让银行自身无法转移风险，继而可能放大整个银行系统的风险。因此，探索银行理财产品脱离资产负债表的发展模式，无论是对银行理财业务本身的长远发展，还是对商业银行业务的转型都具有重要意义。但是，这种创新同样存在着风险，银行理财产品投向的资产没有独立的第三方风险评级，在这种情况下，如何对理财资金投向的信贷相关资产进行风险等级和公允价值的评估，是监管层关注的重点。

五、组合类产品发行数量猛增，投向透明度亟待提高

最近几年来，组合类银行理财产品的发行量增长迅猛。普益财富的统计数据显示，2012 年组合类理财产品的发行量达到 11 226 款，与 2011 年相比增幅达到 64.56%。受 2008 年金融危机的影响以及监管层对诸如信托贷款和信贷资产等单一投向理财产品的限制，越来越多的银行开始发行组合类的理财产品，该类产品从 2008 年的不足 100 款，占比不足 2%，急速上升至 2012 年的超过 1 万款，占比近四成，过去三年的年平均增幅高达 162%（见表 3－18）。

表 3－18　　2006～2012 年组合投资类产品发行数量与收益率情况一览

年份	产品发行（款）	发行数量占比（%）	参与银行数量（家）	债券和货币市场类产品平均收益（%）	组合投资类产品平均收益（%）	该年银行理财产品平均收益（%）
2006	7	0.55	2	3.11	3.40	4.28
2007	33	1.18	12	3.81	5.40	6.02
2008	97	1.44	16	4.23	4.85	4.86
2009	336	4.39	18	1.90	2.54	3.62
2010	1 887	16.78	27	2.58	2.80	2.98
2011	6 822	28.26	45	4.19	4.63	4.48
2012	11 226	39.75	44	4.30	4.74	4.55

资料来源：普益财富（数据截至 2012 年 12 月 30 日）。

在全球后金融危机时代，风险管理与控制在投资中的重要性凸显，组合投资类产品自身的风险调控特征在不确定性较强的经济环境中优势尽显。投资于低风险市场的资金保证投资者本金安全，投资于高风险市场的资金为投资者带来更高的收益，灵活的组合投资管理有效提高了产品整体的运作效率，“进可攻、退可守”的组合投资策略得到市场认可。

相比单一固定投向的理财产品，组合投资类的理财产品投资管理更加灵活，能在规定的投资比例范围内进行自由调节，便于投资管理人更好地控制风险、实现收益。在银行投资管理层面，组合投资类理财产品的投资运作通常采用“资产池”模式：将同系列或同类型不同时期发行的各款产品所募集资金统一到一个“资产池”中进行投资管理，该“资产池”投资于符合该系列或该类型理财产品所规定的各种投资标的。资金来源的多元化可以形成大规模和连贯性的资金优势，满足不同投资标的期限错配、风险平衡等要求；同时，对于募集金额较大的理财产品，单一投向可能会受到标的资产规模的限制，而组合投资的“资产池”管理模式则能有效规避该限制。

2005 年以来，随着我国金融市场变革与发展的加速推进，商业银行开展财富管理业务时可使用的金融工具不断增多、可配置的金融资产范围持续扩大，资产管理中组合配置的方式也越来越丰富多样。具体到银行理财产品，组合投资类产品的投资标的包括：债券和货币市场工具、信贷资产、票据资产、信托贷款、收益权、股票、股权、基金、商品以及其他资产。普益财富的统计数据显示，99.5% 的组合投资类产品都配置了债券和货币市场工具以降低风险、保障基本收益，并在其基础上增加了信贷类资产、证券投资类资产、股权投资类资产、新股新债申购等更为丰富的投资品种，风险略微加大的同时，平均预期收益率也较债券和货币市场类产品高。2010 年以后，组合类理财产品发行量猛增的同时，收益率也快速攀升，已经连续两年超过市场平均预期收益率，成为仅次于债券和货币市场类银行理财产品的重要品种。

组合投资类产品的投资标的非常丰富，组合的方式也多种多样，按投资标的可分为四类：融资工

具类（资金投向中包含信贷资产、信托贷款、收益权、票据资产、债券和货币市场工具），权益投资类（资金投向中包含股票、股权、基金、债券和货币市场工具），综合投资类（同时包含融资类和权益投资类标的），其他。

由于银行贷款是我国企业最主要的融资渠道，因此各商业银行都大量持有融资类资产。将信贷资产、信托贷款等融资工具作为银行理财产品的投资标的，借助理财产品的形式将信贷资产从资产负债表内转出表外，对银行来说既可以腾出信贷额度以做大信贷规模，赚取更大利润，又能满足一系列监管要求，因此，信贷类产品从面世开始就得到了广阔的发展空间。

自从监管政策对单一的信贷类理财产品发行进行限制后，越来越多的银行将信贷资产等融资类工具与债券和货币市场工具相结合，创新出了融资类组合投资产品，既能满足银行自身需求，又能在控制风险的前提下给投资者带来更高的收益，因此信贷资产、信托贷款等融资工具成为银行在组合管理理财资产过程中首选的标的。

从发行数量来看，2012年该类产品的发行数量较2011年减少约27%，但是考虑到有不少融资类组合产品被划分到其他类当中，因此该类产品的实际数量可能并没有出现如此大的降幅（见表3－19）。

表3－19　　2006～2012年融资工具类组合投资产品发行数量与收益率情况一览

年份	产品发行（款）	年增长率（%）	平均收益（%）
2006	6	—	2.97
2007	14	133.33	4.17
2008	51	264.29	4.45
2009	200	292.16	2.33
2010	986	393.00	2.80
2011	3 395	244.32	4.64
2012	2 493	－26.57	4.93

资料来源：普益财富（数据截至2012年12月30日）。

资本市场是理财投资中最重要的一大标的市场，银行理财资金参与资本市场，能够丰富资产标的，有助于提高产品收益水平。2007年出现的包含股票、股权等权益类标的的组合产品，将风险较高的权益投资类标的与债券和货币市场工具等低风险资产组合配置，对单一投向股票、股权等的理财产品从风险层面上进行了优化，通过调整高、低风险资产之间的配比，力求获得高于市场平均水平的产品收益。

2009年7月，中国银监会出台《关于进一步规范商业银行个人理财业务投资管理有关问题的通知》，明确除了打新股，理财资金不得直接投资于境内二级市场公开交易的股票或与其相关的证券投资基金。为规避此监管，商业银行大多与信托公司合作，借助信托产品等间接投资于股票市场，并在其中加大低风险资产的配比，以控制产品总体风险。此时大量的权益类资产进入资产组合篮子，包括2012年在内的3年间，该类产品发行量的年均增长率超过400%。在收益率方面，因为权益类资产风险较高，因此该类产品组合的收益率也高，尤其是在资本市场向好的时期。但在2009年之后，由于全球经济都遭金融危机的重创，我国资本市场也难以独善其身，权益类资产的收益率维持在较低的水平。

从2011年开始，权益投资类组合产品发行量再度大幅上升和以“基金＋债券与货币市场工具”以及“基金＋债券与货币市场工具＋其他”为标的的组合类产品发行量大幅增加有关，2012年该类组合类产品的发行量占到权益投资类组合产品发行量的比例超过七成，其中基金的投向以债券和货币型基金为主，这样的投向偏好和股票市场走势低迷密切相关（见表3-20）。

另外，中国证监会于2012年4月28日下发了《关于进一步深化新股发行体制改革的指导意见》，再次对新股发行体制进行了改革。《关于进一步深化新股发行体制改革的指导意见》提高了网下配售股份的比例，规定向网下投资者配售股份的比例原则上不低于本次公开发行与转让股份的50%，并且取消了网下配售股份3个月的锁定期。监管新政促使新股申购类理财产品在沉寂3年之后再次出现，包括光大银行在内的银行在2012年开始以"新股申购信托计划+债券与货币市场工具"或"新股申购集合资产管理计划+债券与货币市场工具"的组合投资方式重启新股申购类银行理财产品的发行，但是产品发行数量较少。

表3-20　2006~2012年权益类组合投资产品发行数量与收益率情况一览

年份	产品发行（款）	年增长率（%）	平均收益（%）
2006	0	—	—
2007	17	—	7.00
2008	19	11.76	8.72
2009	40	110.53	3.11
2010	353	782.50	3.00
2011	1 112	215.01	4.64
2012	3 823	243.79	4.80

资料来源：普益财富（数据截至2012年12月30日）。

从图3-18可以发现2012年发行的组合类银行理财产品中，权益投资类的组合理财产品最多，达到3 823款；其次是其他类，达到3 639款。其他类主要是指除了前述三种投资标的外，还包含未明确说明投向的信托计划、集合资产管理计划、应收账款、其他银行的理财产品、衍生产品以及投向不明确的投资标的等。被归为其他类的组合理财产品中，有2 557款，即超过七成产品中的投向包含信托计划，再加上融资工具类组合产品中有2 001款产品（占比超过八成）标的中包含信贷资产、信托贷款，这从一定层面上反映出自从单一投向的信贷类理财产品遭到限制后，不少信贷类理财产品开始以组合类产品的形式进入市场。值得注意的是，首先，不少产品并不指明这些信托计划是投向信托贷款、信贷资产或者其他信托标的；其次，不少产品并不写明各种投资标的的具体配置比例，仅仅列明每种标的的投资比例范围，因此，很难知道究竟有多少包含信托计划的组合类理财产品实际上是信贷类产品披上的"外衣"。从这个层面上来讲，监管政策对信贷类产品的限制使得银行发行的信贷类产品变得更加"隐蔽"，更加难以确认。

六、各类金融机构步入资管时代，银行理财竞争与合作并存

2012年初，在证券公司创新发展研讨会上，中国证监会主席郭树清指出，在我国正在经历产业结构调整、转变发展方式的过程中，利率和汇率市场化改革正在进一步深化，金融产品定价和风险管理已经成为微观经济主体的现实需求，再加上全社会对财富管理需求日益迫切，预示着我国证券行业的金融创新已经迎来了最好时期。同时我国资本市场经历20多年的改革发展，规模快速扩大，体系不断健全，结构日益优化，监管的有效性切实增强，这为证券业的创新打下了坚实基础、提供了良好条件，再加上社会各界对新一轮证券行业改革的迫切希望以及国家对外开放程度的不断提升，都为金融创新创造了较好的条件。

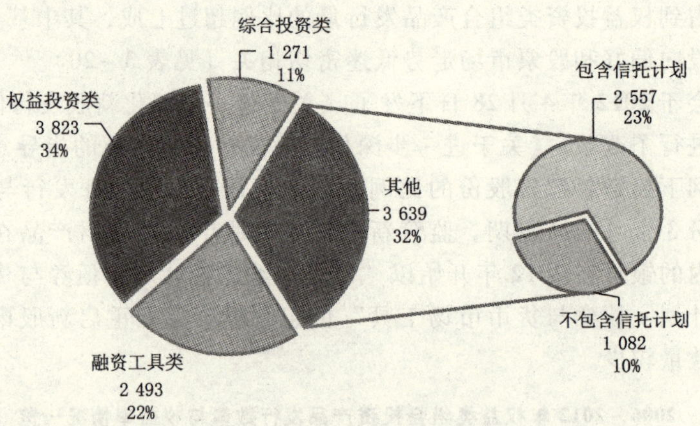

图 3-18　2012 年按投资标的分类的组合类理财产品发行数量及占比

资料来源：普益财富（数据截至 2012 年 12 月 12 日）。

在此后的一年里，中国证监会、中国保监会等监管机构对于基金公司、证券公司、期货公司以及保险公司涉足资产管理业务的政策扶持力度显著增强，相关法规陆续出台。

中国证监会于 10 月 18 日正式公布了《证券公司客户资产管理业务管理办法》（以下简称《办法》）、《证券公司集合资产管理业务实施细则》（以下简称《集合细则》）以及《证券公司定向资产管理业务实施细则》（以下简称《定向细则》）。其中取消证券公司集合资产管理计划行政审批并改为备案管理，以及扩大资产管理业务投资范围对证券公司资产管理业务有重大实质性影响。

根据《集合细则》第十四条和第十五条的规定，集合资产管理计划的投资范围包括“中国境内依法发行的股票、债券、证券投资基金、中国人民银行票据、短期融资券、资产支持证券、中期票据、股指期货等金融衍生品、保证收益及保本浮动收益商业银行理财计划以及中国证监会认可的其他投资品种。”与之前相比，增加了中期票据、保证收益型及保本浮动收益型商业银行理财计划；限额特定资产管理计划的投资范围不仅包括集合资产管理计划的投资范围，还包括“商品期货等证券期货交易所交易的投资品种，利率远期、利率互换等银行间市场交易的投资品种，证券公司专项资产管理计划、商业银行理财计划、集合资金信托计划等金融监管部门批准或备案发行的金融产品以及中国证监会认可的其他投资品种。”

根据《定向细则》第二十五条规定：“定向资产管理业务的投资范围由证券公司与客户通过合同约定，不得违反法律、行政法规和中国证监会的禁止规定，并且应当与客户的风险认知与承受能力，以及证券公司的投资经验、管理能力和风险控制水平相匹配。”

这一新规定使证券公司集合、定向资产管理计划的投资范围几乎囊括了金融市场的所有可投资品种，如此广阔的投资范围已经明显超越银行理财产品募集资金可以投资的范围。虽然对于银行理财来说，面临的是证券公司资产管理业务的冲击，但是对于年发行规模数十万亿元银行理财市场来说，2012 年才刚刚突破万亿元发行规模的证券公司资产管理的业务规模仍然无法对其形成明显威胁，因而我们预计未来证券公司与商业银行在资产管理方面的合作将更加广泛和深入（见图 3-19）。

2012 年自证券公司资产管理业务松绑以来，已有多家商业银行对部分银行理财产品的投资对象进行了调整，将证券公司定向资产管理或者证券公司集合资产管理计划纳入银行理财产品的投资范围。

普益财富的统计数据显示，2012 年共有 16 家银行发行了 1 239 款投资范围包括证券公司集合资产管理计划、证券公司定向资产管理计划、基金公司资产管理计划以及保险资产管理公司投资计划的理财产品。中国银行发行的该类产品数量最多，达到 508 款；其次是农业银行和北京银行，分别达到 285 款和 113 款（见表 3-21）。

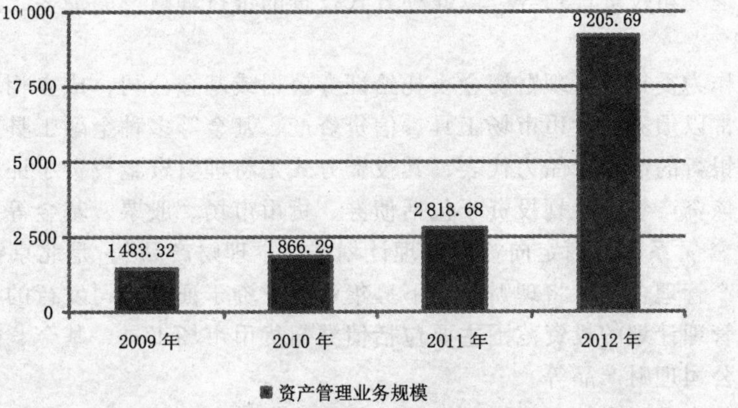

图 3－19　2009～2012 年[①]证券公司资产管理业务规模（单位：亿元）

注：①截至 2012 年第三季度。

资料来源：普益财富（数据截至 2012 年 12 月 12 日）。

表 3－21　　2012 年各银行发行包含证券、基金、保险资产管理计划理财产品一览

发行机构	发行数量（款）
中国银行	508
农业银行	285
北京银行	113
民生银行	105
工商银行	72
包商银行	39
汉口银行	37
龙江银行	35
苏州银行	18
长沙银行	9
富滇银行	6
河北银行	4
光大银行	3
南京银行	2
招商银行	2
南粤银行	1
总　计	**1 239**

资料来源：普益财富（数据截至 2012 年 12 月 30 日）。

从投资形式和方式上来看，这些银行投资证券公司集合资产管理计划、证券公司定向资产管理计划、基金公司资产管理计划以及保险资产管理公司投资计划主要用三种方式。

第一种是银行以组合投资的方式直接投资这些管理计划，即银行自身作为资产管理人将理财资金分散投资到多种金融资产中，其中主要投资品种为：债券、货币市场工具以及债券货币型基金、固定收益品种信托计划、证券公司集合资产管理计划、证券公司定向资产管理计划、基金公司资产管理计划以及保险资产管理公司投资计划等。以此种方式投资的银行理财产品最多，达到992款，占所有该类产品的比例近84%。

第二种是银行作为委托人将理财资金委托给证券公司或基金公司，成立相应的资产管理计划，这些资产管理计划通常以债券、货币市场工具、信贷资产、基金等多种金融工具为投资标的。这类产品以北京银行、交通银行的部分产品为代表，其投资方式是将理财资金投资于证券公司或基金公司设立的资产管理计划，该资产管理计划投资于包括债券、货币市场、股票、基金等投资标的。例如，北京银行发行的"'心喜'系列券商定向资产管理计划非保本理财产品"，是北京银行与长城证券有限责任公司订立定向资产管理合同，将理财计划下募集资金投资于证券公司发行的证券公司定向资产管理计划，该定向资产管理计划的投资范围主要包括债券与货币市场工具、基金、信托计划、保险债权计划和保险资产管理公司理财产品等。

第三种是银行作为委托人将理财资金委托给信托公司成立信托计划，信托计划再投向多种金融工具，或者投向证券公司的定向资产管理计划，再由该计划投向各类金融工具。前一种投资方式以北京银行和中国银行的产品为代表。例如，北京银行发行的"'心喜'系列信托债券非保本理财产品"，是北京银行与北京国际信托公司订立定向资产管理合同，将理财计划下募集资金投资于信托公司发行的信托计划，该信托计划的投资范围主要包括债券与货币市场工具、基金、信托计划、保险债权计划和保险资产管理公司理财产品等。后一种投资方式以中国银行的产品为代表，例如该行发行的"中银债富2012094－2期（ZYZF2012094－2）"，该产品募集资金由中国银行作为委托人，投资于粤财信托设立的"粤财信托：广发证券1号结构化证券投资集合资金信托计划"的优先受益权，并成为该信托计划的唯一优先受益人。信托计划指定广发证券股份有限公司作为定向资产管理人，以定向资产委托人的身份将信托财产投资于广发证券股份有限公司发起设立的定向资产管理计划。该定向资产管理计划的投资范围包括银行债券与货币市场的交易品种、债券与货币市场基金、债券型证券公司集合资产管理计划等。

各家商业银行所发行产品对证券、基金等公司的资产管理计划的倾斜变化在业务新规公布后也非常明显，如招商银行的"招银进宝系列之睿远理财计划"，该系列产品的投资对象包括固定收益类资产和证券类资产。之前证券类资产仅包括证券投资类集合资金信托计划，而2012年11月14日发行的该系列产品的第三期，将证券类资产范围扩大至包括证券投资类证券公司定向和集合资产管理计划。工商银行的"'工银财富'资产组合投资型人民币理财产品（CFXT）"，在10月15日后发行的该系列产品明确将证券公司定向资产管理和集合资产管理计划列为投资对象，另外还包括基金管理公司特定客户资产管理计划和保险资产管理公司投资计划。北京银行8月17日开始发行的"'心喜'系列人民币组合投资型非保本理财产品"系列产品，一开始便将证券公司定向资产管理计划纳入其产品投资范围。另外，北京银行还发行多款直接投资证券公司定向资产管理计划的"'超越'系列券商定向非保本理财产品"；而龙江银行自9月17日起调整其发行的"'小龙人理财'合盛系列龙通"系列产品的投资范围，自该系列产品的第9期起，将证券公司定向资产管理和集合资产管理计划列为投资对象。此外，中信银行和民生银行等股份制银行也有将资金投向证券公司资产管理计划的理财产品系列。

可见，证券公司资产管理新政松绑的不仅是证券公司资管业务本身，商业银行也从证券公司资管新政中找到了市场契机，通过参与证券公司资产管理计划来扩大投资渠道，间接为自己松绑。

七、各类创新涌现，商业银行把握新渠道、瞄准细分客户

2012年我国利率市场化正式开启，息差的大幅降低倒逼商业银行在经营模式、盈利模式上进行改革与转型，加大对中间业务的投入。2012年各银行普遍加大对理财业务的投入，银行理财市场规模稳步增长。

2012年以来，一些股份制商业银行通过对组织架构的调整，将资源向理财业务倾斜，并积极推进传统理财业务向资产管理业务发展；大部分城市商业银行积极完善内部体系建设，通过扩大投资领域来加大产品的创新力度，满足客户的多样化需求。随着我国金融工具的不断完善，客户理财意识的不断深入，面对竞争日益激烈的理财市场，商业银行加大力度推进产品创新，并以此推进业务模式转型。

在产品期限设计方面，2012年商业银行大量发行开放式、滚动式产品满足客户的短期理财需求，并发行开放式周期型产品，满足投资者的流动性需求。在产品销售层面，一是细分目标客户群体，根据不同客户的特点推出针对性强的理财产品，如“养老理财”、“夜市理财”等；二是在销售渠道上与时俱进，网银专属产品、手机银行专属产品日渐增多，许多银行还开发了适用于IOS和Android平台的手机银行，最大限度方便客户享受金融服务；三是“节日理财”产品的增加，使投资者的资金在节假日也能得到充分的利用。

（一）“理财夜市”延伸出“理财早市”

“理财夜市”自招商银行2011年7月首推以来，由于其投资风格偏稳健，且收益率高于传统销售渠道，受到市场的广泛追捧。2012年，光大银行、招商银行、华夏银行、农业银行、重庆银行等9家商业银行共发行“夜市理财”产品158款。“夜市理财”产品只能在晚间通过网上银行等电子化渠道购买，且开市、闭市时间段一般集中在晚间8:00~12:00。此外，产品的投向、期限、销售起点等要素与常规理财产品并无区别。商业银行通过销售渠道创新推进服务模式创新，在拓宽渠道吸引资金的同时，也大大提升了客户满意度。

2012年11月，光大银行继“理财夜市”之后（见表3-22），针对习惯早起的财富客户推出“理财早市”，投资者可以在预约销售期的早上7:00~9:00通过网银、手机银行以及门户网站等多个渠道进行购买，由此令光大银行形成了全时空、不间断的理财销售渠道。

表3-22　2012年光大银行“理财夜市”产品一览

产品名称	发行日期	产品类型	币种	投资对象	预期收益（%）	期限（天）	到期日	投资起点（万元）
阳光理财资产管理类理财产品“e理财2012年29期”（EB4059）	2012年12月16日	非保本浮动收益型	人民币	股票、基金、债券和货币市场工具	5.00	42	2013年1月31日	50
阳光理财资产管理类理财产品“e理财2012年27期”（EB4055）	2012年12月6日	非保本浮动收益型	人民币	股票、基金、债券和货币市场工具	4.70	52	2013年1月31日	50
阳光理财资产管理类理财产品“e理财2012年26期”（EB4053）	2012年11月26日	非保本浮动收益型	人民币	股票、基金、债券和货币市场工具	5.00	59	2013年1月31日	50
阳光理财资产管理类理财产品“e理财2012年25期”（EB4052）	2012年11月16日	非保本浮动收益型	人民币	股票、基金、债券和货币市场工具	4.70	38	2012年12月28日	50
阳光理财资产管理类理财产品“e理财2012年21期”（EB4046）	2012年11月6日	非保本浮动收益型	人民币	股票、基金、债券和货币市场工具	5.00	46	2012年12月28日	50

资料来源：普益财富（数据截至2012年12月30日）。

光大银行"理财早市"专属产品逢"6"发行，即每月6日、16日和26日发行，理财期限在40～50天，预期收益率在4.70%附近。虽然收益高于许多产品，但50万元的投资起点也高于大部分理财产品，属于面向高端客户的产品。

以2012年11月6日发行的"阳光理财资产管理类理财产品'e理财2012年21期'（EB4046）"为例，该产品以50万元为投资起点，开放申购日和投资起始日均为11月12日，投资期限为46天，预期收益率达到5.00%。预约购买期为2012年11月6日～2012年11月12日7:00～9:00。根据产品说明书，投资者"可在产品预约购买期，委托银行在约定的开放申购日，按照投资人约定的购买金额，自动扣划投资人指定账户资金，购买本产品份额"。理财资金主要投向为：银行存款、货币市场工具、债券类产品投资占比不低于30%，新股申购类信托计划和准债券类产品投资占比不高于70%，投资境外市场债券类产品不超过10%。虽然该产品为非保本浮动收益型产品，但考虑到投资标的主要为固定收益类产品以及新股申购信托计划，因此较为稳健。整体来看，除去预约期早间购买的设定，其实该类产品和光大银行通常发售的新股申购类信托计划组合类产品没有实质性区别。

（二）网银专享理财延伸出手机银行专属理财

从2007年光大银行发行第一款网银专属理财产品以来，随着银行传统业务信息化和网络化的不断加深、互联网的高速普及以及网民的快速增加，越来越多的银行将传统银行柜台的服务延伸至互联网，并且随着近年来第三代移动通讯技术（3G）以及无线网络传输技术（如WIFI）的飞速发展，包括智能手机、平板电脑等在内的移动终端的持有量出现爆发式增长，使商业银行的电子银行服务得以进一步延伸，手机银行、银行移动客户端应运而生，商业银行的理财产品销售渠道也突破时间、空间的限制延伸至更广阔的领域，

网银专享产品在最近几年的蓬勃发展势头不减。2012年，建设银行和农业银行2家国有银行、光大银行和民生银行等5家股份制商业银行、苏州银行和重庆银行等10家区域性商业银行，共计发售"网银专享"理财产品366款，和2011年的239款相比大幅增长53.14%。从月均发行数量来看，上半年网银专属产品在21款左右，自从下半年夜市和早市理财产品开始密集发售后，网银专享产品发行量迅速上升，达到月均约40款。

从期限上来看，2012年发行的网银专享理财产品主要集中在1～3个月期限，产品数达到290款，占比超过八成，较2011年1个月以下产品数量为主情况明显变化。这和整个理财产品期限变化相同，主要是受监管层对超短期理财产品的发行限制所致。

同样在销售模式、渠道的创新方面，2012年越来越多的银行陆续推出适用于IOS和Android平台的手机银行，以期为客户理财提供更为便利的服务。手机银行专属理财产品也应运而生，帮助拓展理财产品销售渠道的同时，也推广了手机银行业务。

2012年6月18日，民生银行"非凡资产管理35天增利理财产品第028期（普通手机银行专属）"发售，成为第一款手机银行专属理财产品。该非保本浮动收益型产品投资开始日为2012年6月21日，投资期限为35天，预期收益率为4.75%，主要投资于债券、货币市场工具以及信托计划、信托收益权等资产。

随后工商银行、建设银行、招商银行等都发行了手机银行专属理财产品。普益财富的统计数据显示，手机银行专属理财产品在2012年的发行量为34款，其中招商银行发行量最多为17款，民生银行和建设银行发行量分别为14款和3款。从期限来看，有28款手机银行专属产品的期限都在1～3个月内，占比超过八成，和整体理财产品期限分布也相似。从收益率来看，所有手机银行专属理财产品收益率与同期发行的理财产品相比，高出少则数十个基点、多则几十个基点。与网银专享产品类似，大多数手机银行产品也将更高的收益率作为产品卖点，吸引投资者，但是从投资标的、产品运作方式等来看，和普通产品没有太多差别。

（三）养老理财和白领理财

当前我国正步入老龄化社会，“无忧养老”的问题关乎每一个人。而我国的养老保险制度存在诸多问题，养老金账户亏空逐年增长的趋势被认为与日益严峻的人口老龄化有关。数据显示，截至2011年底，我国60岁以上老年人口达1.85亿人，老龄化提前到来，意味着“未富先老”，养老保险制度面临着负担重、筹集资金难等诸多挑战。与此同时，我国养老基金沿用的还是1996年的投资保值策略，即主要投资于银行存款和国债，其中投资国债的比例不到10%，养老基金的投资收益抵不过通货膨胀率，损失巨大。

目前我国实现养老保障的模式较少，社会养老保险远远不能达到大众所需，面对这一广泛的市场需求，商业银行将触角伸向“养老”市场，在理财产品中融入了“养老”的理念。“养老理财”产品或只针对老年客户发售，或是将养老金长期投资的投资理念融入产品设计中面向社会大众发售，为投资者进行养老规划提供了全新的理财渠道，使养老金配置管理进一步多样化、灵活化。

2012年，上海银行、华夏银行和招商银行共发行养老理财产品39款，其中华夏银行发行20款，上海银行和华夏银行分别发行16款和3款。

上海银行的养老理财产品分为2个系列：“‘慧财’人民币养老无忧”和“‘慧财’人民币日新月溢”两个系列。“‘慧财’人民币养老无忧”系列产品向该行风险承受能力较低、追求稳健收益的养老金客户投资者发行，产品均为保证收益型，期限大多为1年，资金投向债券、债券回购等低风险资产。2012年共发行10款，其中7款期限在1年左右，平均预期收益率为4.52%；另外3款期限在120天左右，平均预期收益率为4.36%。

“‘慧财’人民币日新月溢（养老专属）”系列产品2012年1月面世。这一系列下的产品为非保本浮动收益型，期限6个月，资金投向债券市场、货币市场，收益率高于同期的“‘慧财’人民币养老无忧”产品。2012年该系列产品共发行6款，其中5款期限在6个月左右，平均预期收益率为4.99%；另外1款期限为65天，预期收益率为4.45%。

2012年4月8日，招商银行针对高端客户发售了“岁月流金之‘金颐养老1号’理财计划”，将“养老”的概念进一步注入银行理财产品。该产品对3年的投资期限分段计息，平衡了投资者的流动性需求与寻求资产长期保值增值的需求，获得复利收益，为投资者提供了安全、长期并具有一定流动性的投资新渠道，一经推出便受到市场追捧。

“金颐养老”产品期限均为1 092天，设计采用国际成熟的养老投资理念，实现了安全性、流动性和收益性的有机结合。安全性方面，产品有条件保本，即在规定赎回期内赎回，银行保证投资者本金；由于养老金投资对资金安全要求非常高，因此银行将理财资金投向债券和货币市场，投资标的稳健、风险小，投资收益稳定。流动性方面，该产品类似于基金，申购时以份额计，以91天为一个“投资周期”，投资者可选择在规定时间内申购或赎回。收益性方面，91天的周期设计有利于及时捕捉市场资金价格的涨落，为投资者带来更高的收益；招商银行于每个投资周期终止日前一工作日以及含终止日当日公布下一个投资周期的预期年化收益率，并且在每个投资周期的终止日计算该投资周期的理财收益，在该投资周期的终止日当日向投资者支付该投资周期的理财收益。

“金颐养老1号”理财计划截至2012年末的3个投资周期的预期收益率分别为5.10%、3.80%和4.5%，平均收益率达到4.47%，在当时市场状况下很有竞争力。5月，“岁月流金之‘金颐养老2号’理财计划”发售，仍然面向高端客户，截至2012年末的3个投资周期的预期收益率分别为5.15%、4.55%和4.35%；8月，“招银进宝之点贷成金金颐养老3号（6958）”向普通客户全面铺开，截至2012年末的两个投资周期的预期收益率分别为4.8%和4.4%。

继上海银行、招商银行之后，华夏银行于2012年6月推出“华夏理财增盈增强型1188号理财产品（老年客户专属产品）”，成为第三家涉足这一领域的商业银行，2012年共发行产品20款。2012年6~9月发行的8款养老产品期限分别为102天、116天和125天，为非保本浮动收益型，所投资产中除了票据资产外，还配置了货币与债券市场工具，以保证产品收益率稳定，平均收益率为4.74%。

从10月开始，该行发行的养老理财产品期限变化为39天、188天和199天，投向也变化为更为稳健的同业存款和货币与债券市场工具，平均预期收益率也因此小幅下降至4.64%。

银行转战养老市场，与银行理财市场竞争的日益激烈是分不开的。对银行而言，推出养老专属理财产品，一是可以扩大目标客户群体，将有养老需求的人群作为潜在客户来开发；二是可以更好地服务现有客户，养老不再只是依靠保险这一渠道，通过银行理财产品同样能实现这个目标。这样就能为客户提供更多样化、更全面的理财服务，有益于提升客户忠诚度。随着对市场、客户的进一步细分，商业银行利用自身资源优势，在客户养老理财规划方面大有可为，也将为普通居民提供更多的养老自保渠道。

在部分银行针对退休客户推出养老理财产品的同时，有的银行将目标瞄准了白领阶层。苏州银行于2012年11月以白领阶层为目标首次推出“白领理财”系列产品——“‘金石榴惠盈’（白领理财）人民币理财产品”。“白领理财”产品发售时间完全匹配白领阶层的休息时间：周一至周五晚8:00至次日早7:00，以及周六、周日全天。该系列产品2012年共发行5款，收益类型均为非保本浮动收益型，投资期限均为32天，投资方向包括债券、货币市场工具和占比不高于30%的信托计划等其他金融资产，预期收益率在3.60%~5.00%之间，平均收益率高于同期市场水平。不过，这类“白领理财”产品仍然停留在和“假日理财”类似的侧重营销上，在产品设计上没有出现像养老产品一样针对目标客户的专门设定。

第五节　2013年银行理财市场展望

2012年国内商业银行发行的个人银行理财产品无论从数量还是从规模上继续创出新高。虽然监管层出台限制措施后，超短期理财产品的发行数量大大减少导致发行增速有所放缓，但是以滚动式产品为代表的替代产品快速增加，再加上市场旺盛的需求和利率市场化带来的转型压力使银行理财产品发行数量较2011年的增幅依然高达50.86%，产品数超过3.40万款。

一、金融行业改革任重道远，业内合作与竞争并存

从行业角度来看，目前我国金融业中银行在各类金融机构中的占比过大，以银行贷款为代表的间接融资在各融资类型中占据主导地位等问题仍然突出。这不仅导致金融市场的效率下降，同时银行业的垄断地位导致的垄断、风险过度集中以及资金价格缺乏市场形成机制的问题日益明显。

因此，未来中国银行业的进一步改革将朝向贷款和存款同时“脱媒”、利率市场化以及金融市场主体多元化等多方面展开。

在贷款“脱媒”方面，直接融资的渠道和规模将逐渐增加，并且带动融资结构发生变化。与发达国家的企业相比，中国企业的贷款“脱媒”程度明显偏低，大多数企业仍然从银行获得贷款。另外，自2008年金融危机以来，中小企业从银行渠道获得贷款的困难程度依然没有明显改善，使企业的贷款“脱媒”需求快速升温，带动包括民间借贷、中小企业私募债等直接融资方式蓬勃发展。近年来短期融资券、公司债、中期票据、集合票据等产品放开，债券市场功能进一步完善以及规模持续增长，包括股票、民间借贷在内的其他融资渠道进一步规范发展。在存款“脱媒”方面，有研究显示，现金与存款占中国居民金融资产的比例高达73.44%。相比之下，其他主要国家存款和现金占比最高的日本，其比例也不过55.9%。随着人均GDP的不断增加，越来越多的中国居民开始为其持有的存款寻求更高的投资回报率，这使目前以存款和现金为居民主要金融资产持有形式的局面将逐渐被打破。这不仅要求银行业在未来利率市场化进一步深化的背景下，为居民的存款提供更接近市场水平

的回报，而且使银行业在未来将面临来自包括证券公司、基金公司、保险公司和期货公司等非银行金融机构的挑战。2012 年证券公司创新产品获得支付结算功能将对银行活期存款构成直接挑战。过去，银行活期存款的支付结算功能是不可替代的，这迫使中国居民用巨大的机会成本来保持流动性。而此次创新，意味着银行独有的产品优势将第一次面临竞争，这种替代品给中国居民一个以低机会成本来保持流动性和实现支付结算功能的有效选择。

存、贷款“脱媒”需求带来的行业竞争加剧将对当前的利率形成机制形成倒逼。尽管当前我国利率体系已经部分市场化，但存、贷款业务仍然大体处于官定利率状态，存、贷款两端都未能达到均衡的市场化水平。利率市场化的改革有赖于信用债市场的进一步发展，促使贷款利率最终向信用债市场利率靠拢；同时，货币市场基金在风险与功能日益接近银行存款的基础上，从收益率上对银行存款利率的倒逼将最终使存款利率向货币市场利率靠拢。

存、贷款“脱媒”以及利率市场化改革最终将推动金融主体日益多元化以及金融工具创新，金融工具创新又将进一步推动存、贷款“脱媒”及利率市场化改革。除银行外，包括信托公司、证券公司、基金公司、保险公司、期货公司以及小额贷款公司等非银行金融机构将越来越多地参与到包括融资、理财、支付等在内的领域中。这些参与过程将主要是以金融工具的持续创新、完善与监管政策的放开为依托；同时，伴随着业内竞争加剧的同时，包括银信合作、银证合作、银基合作在内的业内合作在未来也将大规模发展。

二、销售监管进一步加强，投向监管或将适时推出

近年来，在利率市场化改革和行业竞争的双重压力下，商业银行在产品销售、运行、服务、管理等方面出现了不少问题，银行“乱收费”、银行从业人员“私售”等现象层出不穷，这不仅反映出在银行理财业务急速发展的过程中，各银行在运营和管理方面出现的问题，同时从另一个侧面反映出管理层在政策制定方面存在一定的滞后。

针对银行“乱收费”问题，2012 年 2 月，中国银监会发布《关于整治银行业金融机构不规范经营的通知》（即“七不准”），其中“不得以贷收费”和“不得借贷搭售”直接指向商业银行投行业务中的财务顾问业务。4 月，国家发改委、中国银监会等多部门联手在全国范围内开展了“乱收费”大检查。

针对 2012 年末出现的理财产品销售出现的问题，中国银监会在 2012 年 12 月 14 日以特急通知的方式发布《关于银行业金融机构代销业务风险排查的通知》（银监办发［2012］335 号），要求各商业银行对其代销的第三方产品及业务展开自查，并在 30 日内向对口监管部门报送自查报告和代销产品清单明细。中国银监会及其派出机构将在此基础上通过明察暗访的形式抽查辖内各银行业金融机构网点。同时，还要求各商业银行对是否建立对被代理机构的审慎尽职调查和全行统一的内部审批制度及流程、是否建立持续性跟踪评价机制、是否对存在违规行为和重大风险的被代理机构建立退出机制等内部制度建设方面的问题进行排查。

中国银监会的政策虽然在短期有助于肃清当前银行理财业务的混乱状况，有助于敦促银行建立健全代销审批以及相应的风险管理制度，但是从长期来看，仍然需要监管层在政策制定方面具备一定的前瞻性，而单靠银行自身“各自为战”难免可能再度出现由于制度建设不健全、监管不得力导致类似的道德风险。

未来，监管层需要继续完善监管制度框架，不断健全理财产品风险监测系统等基础设施，运用好准入、非现场监管、现场检查、监管处罚等手段，严格监管产品设计、销售和资金投向。同时，要推动加强银行、证券、保险监管政策的协调性，以科学有效的监管支持和鼓励理财业务持续健康发展。

自 2011 年出台《商业银行理财产品销售管理办法》之后，中国银监会在未来推出设计、投资管理办法的可能性正在加大。

中国银监会在2013年1月召开的全国银行业监管工作电视电话会议上明确了2013年银行业监管工作的四个重点，即：切实防范和化解金融风险，引导银行业积极支持实体经济发展，深入推动银行业改革转型以及加强监管政策的梳理、研究，完善微观审慎与宏观审慎有机结合的监管政策体系。其中，明确指出要在未来严控表外业务关联风险，“要严格监管理财产品设计、销售和资金投向，严禁未经授权销售产品，严禁销售私募股权基金产品，严禁误导消费者购买，实行固定收益和浮动收益理财产品分账经营、分类管理”。这意味着，中国银监会有可能在未来对理财产品的设计及资金投向等方面加强监管，这是因为目前银行理财产品设计、投向等相关的监管制度存在空白，再加上包括证券公司、基金公司、保险公司和期货公司等非银行金融机构在资产管理业务上的限制逐渐放开，银行和这些机构合作很可能从2013年开始呈现爆发增长的态势，将使银行理财资金在运用上除了获得更加广泛的空间之外，也可能面临更大的风险。因此，监管层有可能根据实际情况针对银行理财产品设计与资金投向等环节颁布管理办法。

三、银行与非银行金融机构合作增加，组合类产品发行量有望继续增加

2013年作为“稳增长”政策进一步贯彻实施的一年，货币政策有望继续保持稳健，财政政策可能维持较为宽松的态势，并以此拉动需求增长，财政扩张对私人部门的“挤出”以及中央对中小企业从政策上的扶持使中国人民银行可能在2013年进一步降低利率和存款准备金率。从中长期货币市场的利率（如SHIBOR）走势来看，市场已经完全消化了2012年两次降息带来的影响。在下一次中国人民银行利率下调之前，预计货币市场利率不会出现大幅下行，这对银行理财产品的发行而言较为有利。

在证券公司、基金公司、保险公司以及期货公司资产管理业务继续放开的情况下，银行理财的趋势可能是进一步的合作和创新，而非竞争。这使商业银行和以证券公司为代表的金融行业公司的合作更加紧密，银行可能发行投资于包含证券公司资产管理计划在内的组合类产品数量有望大幅增加。

2013年全球金融市场可能继续维持震荡的态势，各种金融资产的走势面临的不确定仍然较大，银行在发行理财产品的时候继续倾向于将理财资金投向多种资产，再加上银行和其他金融机构的合作更加紧密，因此，组合类理财产品的发行数量会进一步增加。

第四章　集合信托市场

第一节　市　场　概　览

一、成立情况：数量和规模双降

经历了前几年的快速增长，2012 年，集合信托市场增长明显放缓，全年共有 66 家信托公司参与集合信托产品发行，共成立集合信托产品 4 799 款，环比增长 15.03%，增速环比回落 113.32 个百分点；合计募集资金 9 734.95 亿元，环比增长 35.80%，增速环比回落 71.31 个百分点（见图 4－1）；平均每款产品成立规模 2.03 亿元，环比增长 18.05%。

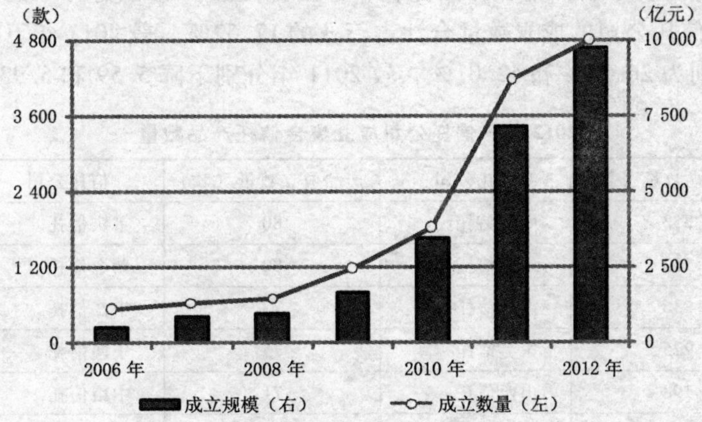

图 4－1　2006～2012 年集合信托成立情况

资料来源：普益财富（数据截至 2012 年 12 月 31 日）。

2012 年集合信托产品成立数量和成立规模增速“双降”，有较多原因。第一，由于整个宏观经济形势比较严峻，加之部分存量项目爆出风险或面临兑付问题，大多数信托公司在展业时都比 2011 年谨慎，具体体现在 2012 年风险较高的房地产项目、矿产项目和另类投资项目减少。第二，监管层对集合信托的窗口指导和道义劝告增多。如 2011 年发行数量较多的票据类集合信托在 2012 年 2 月被叫停；3 月之后，基本无票据类集合信托发行。2011 年全年仅有 45 款该类产品发行，相比 2011 年的 282 款，发行数量大幅下降。又如 2012 年第 4 季度，监管层对部分信托公司的政信合作项目作出指导，也影响了该类信托产品的发行。第三，2012 年下半年，证券公司、基金公司、保险公司和期货公司等主流金融机构资产管理业务放开，对信托公司的集合信托业务造成一定的分流效应。这可以通过图4－2得到印证——2012年下半年集合信托产品成立数量和成立规模"双降"尤其明显。

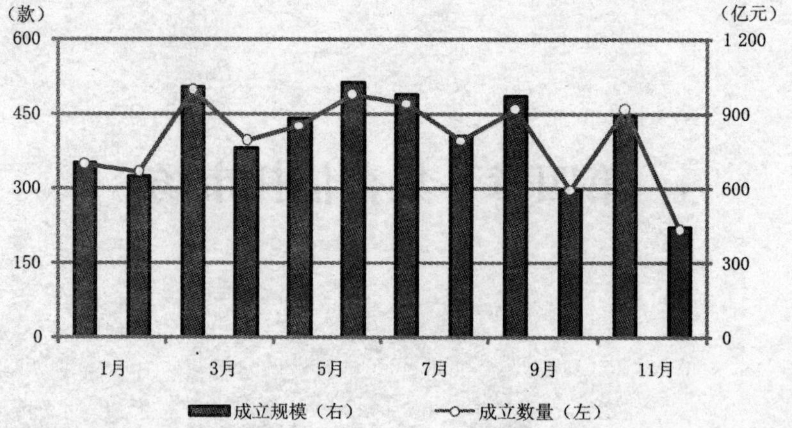

图4－2 2012年各月集合信托成立情况

资料来源：普益财富（数据截至2012年12月31日）。

从参与机构看，2012年所有营业中的信托公司都开展了集合信托业务，环比增加3家。在目前情况下，集合信托市场是各家金融机构的必争领域。首先，大资产管理时代的到来使信托公司之外的金融机构资产管理计划具有一定的通道功能，而银信理财合作业务等通道类业务利润将大幅下降，且该类业务不能提高信托公司的资产管理能力。因此，利润较高又能提高资产管理能力的集合信托业务必然将受到各机构的重视。其次，由于相关税收政策、信托登记制度等尚未出台，遗产信托、财产信托等业务的发展空间极为有限，而集合信托业务却能兼顾提高信托公司的资产管理能力和盈利水平，故集合信托行业集中度继续分散，竞争开始激化，"强者恒强，弱者更弱"的格局不复存在（见表4－1）。位居前3位的信托公司的成立数量合计占行业的17.52%，较2011年下降4.84个百分点；前5位和前10位占比分别为26.34%和42.01%，较2011年分别下降5.59和5.93个百分点。

表4－1 2012年各信托公司成立集合信托产品数量

信托公司	产品成立数量（款）	信托公司	产品成立数量（款）	信托公司	产品成立数量（款）
中融信托	353	中航信托	80	重庆信托	32
中铁信托	252	中原信托	80	紫金信托	32
新时代信托	236	湖南信托	77	中江信托	31
长安信托	225	东莞信托	75	华澳信托	30
平安信托	198	山西信托	71	中粮信托	28
外贸信托	184	北京信托	66	西部信托	26
山东国托	179	金谷信托	61	杭工商信托	23
粤财信托	135	苏州信托	59	建信信托	23
四川信托	130	陆家嘴信托	58	华宸信托	22
五矿信托	124	方正东亚	57	中诚信托	22
云南信托	123	华鑫信托	50	厦门信托	18
华信信托	120	中海信托	45	浙金信托	18
新华信托	119	百瑞信托	43	国联信托	13
中信信托	119	陕国投	43	渤海信托	12
国元信托	112	北方信托	42	中泰信托	12

续表

信托公司	产品成立数量（款）	信托公司	产品成立数量（款）	信托公司	产品成立数量（款）
天津信托	110	国投信托	34	华能贵诚	10
华融信托	101	交银国信	34	安信信托	9
大业信托	95	中投信托	34	国民信托	9
华宝信托	95	昆仑信托	33	英大信托	6
上海信托	91	爱建信托	32	甘肃信托	5
兴业信托	91	吉林信托	32	江苏信托	5
华润信托	80	西藏信托	32	万向信托	3

资料来源：普益财富（数据截至2011年12月31日）。

二、期限结构：短期化趋势不明显

仅就公布期限的产品而言，经历了2011年的短期化之后，2012年集合信托中期产品增多，2年内（不含）期、3~4年（不含）期、4年以上期产品占比分别较2011年下降了0.44、3.12和0.99个百分点，至47.35%、5.34%和6.64%；而2~3年（不含）期产品占比较2011年上升了4.54个百分点至40.67%（见图4-3）。

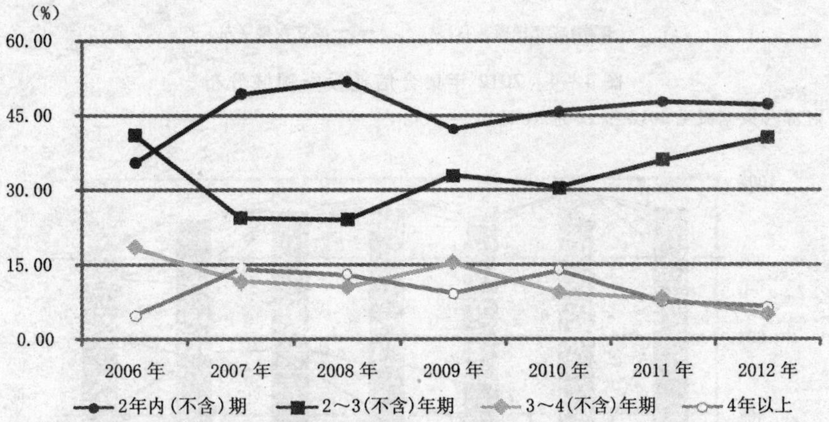

图4-3　2006~2012年集合信托期限结构

资料来源：普益财富（数据截至2012年12月31日）。

由于票据信托的叫停，2012年将期限直接设置在1年以下的产品成立数量明显下降，从2011年的592款下降到75款。此类产品主要是信托公司为了满足客户流动性需求的现金管理型产品。此类产品数量下降，虽然可以看成是信托公司自身合规性标准提高，但从另一方面来看，是满足客户需求能力的减弱，故打破集合信托期限限制，成为众多信托公司思考的重要问题。

三、投资领域：房地产领域减少，基础设施领域大增

2012年集合信托投资领域分布有以下几个特点（见图4-4及图4-5）：

第一，房地产信托成立数量明显减少，成立规模明显下降。2012年，共有566款房地产信托成立，合计募集资金1 417.92亿元，环比分别下降27.34%和31.51%。该领域信托产品成立数量和成立规模的减少主要有三个方面的原因：一是房地产领域风险增加，部分信托公司更加注意该类项目的风险控制并主动降低该领域的投资比例，有的信托公司甚至通过有限合伙企业而非信托产品的形式为房地产项目融资，以降低该类项目在公司报表中的比例。二是在市场对房地产信托心存疑虑的情况下，部分房地产公司并不以房地产项目名义信托融资，转而通过关联企业申请流动资金信托贷款或是

通过其他名目融资。三是部分信托公司在投资房地产项目时，产品推荐材料中并不明确仅投资房地产项目，而是将投资范围扩大至工商企业、基础设施和金融资产——这使得这类项目被纳入其他投向统计，而不是房地产投向统计。

第二，基础设施领域集合信托成立数量大增，成立规模明显上升。基础设施领域集合信托的增长有多方面的原因，其产品设计也有值得注意的创新，对此更为详尽的分析参见第三节。

第三，证券投资领域集合信托增长明显，尤其表现在规模方面。该类集合信托的增长，主要是由于以证券投资类信托见长的云南信托该类产品成立数量大幅增长。

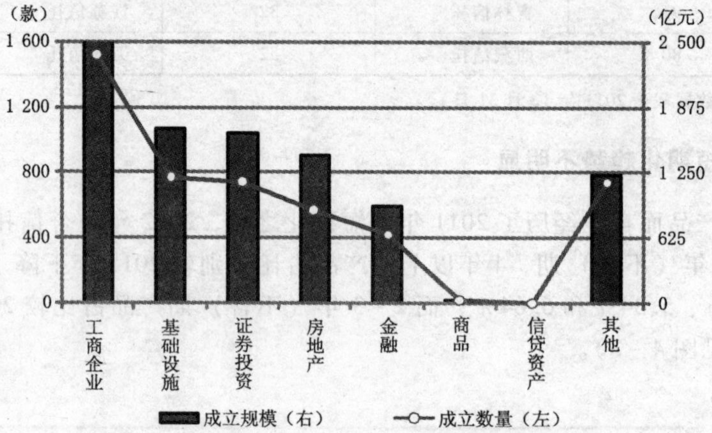

图 4－4　2012 年集合信托投资领域分布

资料来源：普益财富（数据截至 2012 年 12 月 31 日）。

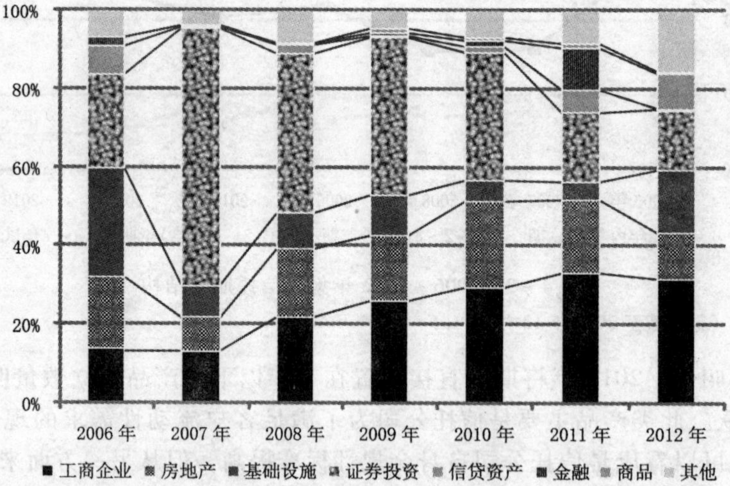

图 4－5　2006～2012 年集合信托主要投资领域分布占比

资料来源：普益财富（数据截至 2012 年 12 月 31 日）。

四、预期收益：随资金面宽松而走低

2012 年，集合信托预期收益率大致呈现震荡走低、年底反弹的走势（见图 4－6）。全年 2 年内（不含）期和 3～4（不含）年期产品平均预期收益率分别为 9.00% 和 10.41%，环比分别上涨 7.85BP 和 34.52BP；2～3（不含）年期和 4 年以上产品平均预期收益率分别为 10.13% 和 9.36%，环比分别下跌 32.82BP 和 191.60BP。如果从 1 月和 12 月收益率对比来看，下跌更为明显。12 月 2 年内（不含）期、2～3（不含）年期和 4 年以上集合信托平均预期收益率分别较 1 月下跌 63.72BP、

89.11BP 和 280.00BP，分别较 2011 年平均收益率下降 11.34BP、59.05BP 和 213.91BP。

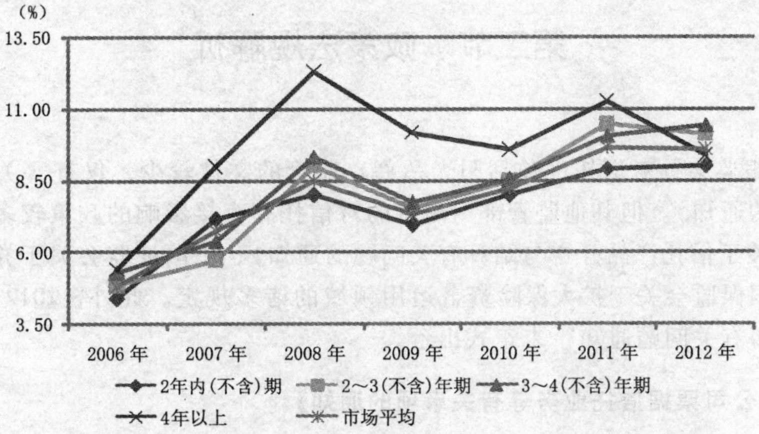

图 4-6　2006~2012 年集合信托各期限平均预期收益率走势

资料来源：普益财富（数据截至 2012 年 12 月 31 日）。

预期收益率下跌的首要原因在于整个资金市场价格的疲软。由于"保增长"任务要求，中国人民银行加大货币供给，三次下调存款准备金率，暂停了中国人民银行票据的发行，从公开市场操作来看，全年实现货币正投放 79 220 亿元。全年中国人民银行下调存款利率 2 次。虽然债券收益率在下半年有所反弹，但反弹力度不大。在政策的驱动下，资金价格全面回调，一方面使融资企业愿意支付的融资费用降低，另一方面使投资者期望收益率降低，二者共同驱使集合信托预期收益率下降。

预期收益率下跌的第二个原因是信托公司的经营思路出现了一定转变。由于信托公司面临着较大的兑付压力，需要通过提高自身的风险备付金来提高自身风险抵御能力，因此需要提高利润，而提高利润的直接办法就是在目前的类贷款思路下，降低对投资者的收益支付，扩大"利差"。

2012 年 2~3（不含）年期和 3~4（不含）年期产品预期收益率倒挂现象依然存在（见图 4-7），但其主要原因相对 2011 年有较大变化。2011 年倒挂的主要原因是 2~3 年期房地产信托产品收益率较高，且数量较多，短期资金需求大于长期资金需求。2012 年倒挂的主要原因是 4 年以上期产品中有较多的开放式产品或"资金池"产品，投资者实际持有期往往较短，故收益率偏低，且该期限段有较多结构性证券投资产品，公布的最高收益率可能远远低于最后产品的实际收益率。

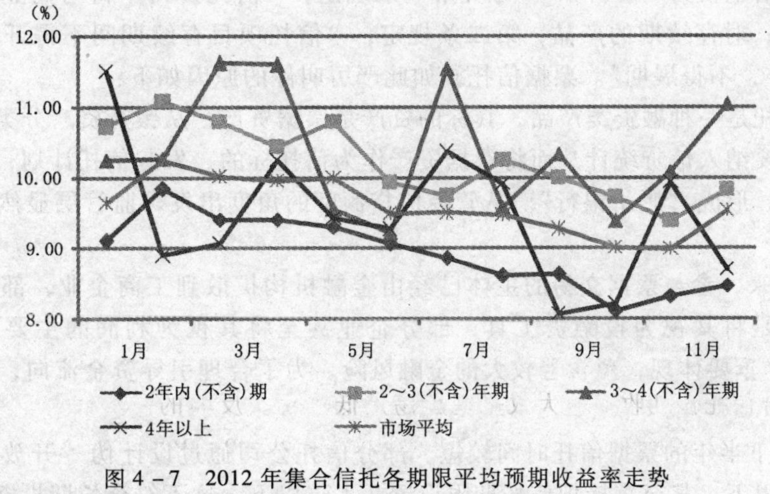

图 4-7　2012 年集合信托各期限平均预期收益率走势

资料来源：普益财富（数据截至 2012 年 12 月 31 日）。

第二节 政策法规解析

2012年，中国银监会针对信托（包括阳光私募）监管的文件较少，仅有《关于信托公司票据信托业务等有关事项的通知》。但其他监管部门出台的对信托有直接影响的政策较多，包括中国证券登记结算有限公司《关于信托产品开户与结算有关问题的通知》、中国证监会关于券商开展资产管理业务的诸多规定、中国保监会关于扩大保险资金运用领域的诸多规定。此外，2012年征求意见的“关于规范信托产品销售有关问题通知”未正式出台。

一、《关于信托公司票据信托业务等有关事项的通知》

进入2012年，市场上就有监管部门叫停票据类集合信托的传言。2012年2月21日，中国银监会下发《中国银监会办公厅关于信托公司票据信托业务等有关事项的通知》（银监办发［2012］70号，以下简称“70号文”），正式叫停票据信托业务。

（一）叫停票据集合信托，定位明确，措施严厉

70号文关于票据业务的精神有如下两个重点：

第一，对票据信托业务定性明确。就出文目的而言，监管层作了如下解释：“防范监管套利，确保信托公司合规经营，提升信托公司自主管理能力。”这就认定了票据信托业务是一种监管套利行为，本身不合规；且属于通道类业务，不利于提高信托公司的自主管理能力。从此次票据信托大规模发行的历程来看，这个定性比较准确：2011年6月中下旬，中国银监会召集部分商业银行座谈，提到了银行理财产品当时的六类问题，指出部分银行区别对待信贷资产和银行票据融资，直接将理财资金投资于银行票据资产，违反了关于信贷资产转让的有关规定。商业银行及时纠正此类问题，银行通过理财产品消化票据资产之路基本堵死，在信贷政策偏紧、社会资金紧张的情况下，信托公司开始将大量集合资金、信托计划资金投向票据资产收益权，票据类集合信托数量大幅增长。集合信托是套银行理财产品监管之利，多数情况下，资金的归集和运用都在商业银行一端，虽然很多产品是“受益权投资”的名义，但其实质仍是通道类业务。

第二，采取的措施较为严厉。如70号文第一条规定，“信托公司不得与商业银行开展各种票据资产转/受让业务”；对存续期的产品，第二条规定，“信托项目存续期间不得开展新的票据业务”，“到期后应立即终止，不得展期”。票据信托被如此严厉叫停的原因如下：

首先，票据信托是一种融资类产品，其标的资产是票据资产，从银行资产分类的角度看，票据资产属于表内资产，要纳入信贷统计。而将票据资产作为信托标的，发起信托计划，实质上是将银行此类资产从表内移出，形成“影子银行”。从管控信贷额度的角度出发，监管层显然不愿意看到这种情况发生。

其次，2011年来，参与票据交易的主体已经由金融机构扩散到工商企业，部分企业不是将票据作为支付手段，而是将其视为投融资工具，部分企业甚至将其视为利润的主要来源，这已经成了“全民炒钱”的一个重要体现，蕴含着较大的金融风险。为了合理引导资金流向，监管层需要给票据市场“降温”。

最后，2011年下半年的票据信托时间较短。部分信托公司通过设计伪“开放式”产品将票据信托期限设置在1年以下，甚至直接把信托期限设置在1年以下，这不符合长期投资的理念，也不符合《信托公司集合资金信托计划管理办法》中的相关规定，有违规之嫌，这也是70号文中提到“确保信托公司合规经营”的最直接原因。

不可否认的是，由于票据信托投资期限较短，在吸引短期资金，尤其是企业客户的流动资金方面有着独特的优势，故在票据信托被叫停之后，将信托产品短期化、开放式设计的思路就一直延续下来。如2012年被炒得沸沸扬扬的“资金池”信托产品、某些被设计成一次兑付本金、多次兑付收益的产品都是遵循这个思路。

（二）银信合作被监控，剥夺灵活性事出有因

70号文的另一个精神是对银行、信托公司之间的合作进行密切监控。如70号文第三条重申了银信合作的相关规定，要求信托公司“严格遵守融资类业务余额占银信合作业务余额比例不得超过30%等有关规定”（2010年72号文）。第四条明确要求各银监局“密切关注信托公司和商业银行之间的业务合作动向，防范监管套利，遇到新情况及时向银监会报告”。这些规定，不仅适用于银信理财合作业务，也适用于集合资金信托计划业务，体现出监管层对信托的监管趋严。

从控制信贷总量、防止信托公司成为银行转表工具的角度看，对银行和信托公司之间的合作密切监控，建立新问题上报机制很有必要，但信托作为一种私募性质的金融产品，相比银行存贷款、证券投资基金，最大的特点就在于灵活性：受到的法律监管较少，能根据市场的变化及时创新，以满足市场需求。将信托密切监控，无疑剥夺了信托的灵活性。

监管层剥夺信托灵活性，从某种意义上说也是无奈之举。近年来信托业务发展速度较快，业内竞争也在加剧。为了抢占市场，部分信托公司不惜“踩线”操作，这在银信理财合作和其他通道类业务中体现得较为明显，这种“踩线”操作已经出现了从银信理财合作业务向集合信托业务蔓延的趋势。更为重要的是，部分信托公司尽管知道这类踩线业务最终会被叫停，但都不愿意放弃在业务被叫停前继续展业以获取利润的可能，反而大力度地推行此类业务，形成“囚徒困境”。这导致了“踩线”的业务一出现，就会迅速蔓延。建立密切的监视机制，有利于减少信托公司的套利空间，从而削弱信托公司的“踩线”动机。

二、《关于信托产品开户与结算有关问题的通知》

2012年8月31日，中国证券登记结算有限责任公司发布《关于信托产品开户与结算有关问题的通知》（以下简称《信托开户与结算通知》），重新允许信托产品开立信托专用证券账户。

在2009年以前，证券投资业务是信托公司的主要业务之一，对部分信托公司，如金信信托、云南信托，证券投资业务均是其利润的主要来源。2006年中国A股市场进入大牛市，部分信托公司开始通过与银行合作，开发“打新股”银信理财合作产品，或信托公司自身开发“打新股”集合信托产品。部分信托公司利用一个证券类信托产品可以单独开立证券账户的政策，围绕一次IPO设立多个账户以增加中签率，影响股票发行市场的公平性。2006年7月27日，中国证券登记结算有限责任公司暂停信托公司开设证券账户。

重新放开信托账户的开立主要目的在于为A股市场引进资金。由于对经济下滑的担忧，2012年上半年A股市场跌幅较大，8月末上证综指已经临近2000点整数关口，维持A股市场稳定，引进更多资金入市，自然就成了监管层考虑的首要问题。

《信托开户与结算通知》体现出以下特点：

首先，是严格了开户条件，对账户的存续期有较严格的规定。如第一条第二款规定，信托公司开户时须提交设立信托的证明文件；第四款规定，在开户时需要说明产品存续期，如要延期，需要提供证明文件；第五款规定，开设账户后6个月未交易或信托产品终止，应该注销账户，如不注销，则中国证券登记结算有限责任公司有权注销或限制该账户的使用。种种规定都旨在保证该账户只用于对应信托产品的证券投资。此外，对开立证券公司定向资产管理专用证券账户、基金管理公司特定客户资产管理专用证券账户也有相应规定。

其次，对信托公司使用证券账户作出了明确规范。如第四条规定，不得“为专门申购新股、炒

作 ST 股的产品申请开立证券账户”。此规定有两方面的意义。首先，从防止过度炒作出发，规定信托公司的证券账户不能专营打新股，不能专门炒作 ST 股票，防止信托公司作为机构投资者抬高新股价格、坐庄等扰乱市场的行为。其次，对信托公司证券账户少量参与打新股和购买 ST 股票给予放行，确保证券公司能正常投资。二者的区别在是否“专门”上。“专门”并不是指 100% 投资于圈定领域，而应该是较大比例。而该比例的确定，则由监管当局掌握，可以根据市场情况进行调整，体现了监管政策的灵活性。

《信托开户与结算通知》打破了近年来信托产品进入证券市场的壁垒，其长期意义大于短期意义，短期内象征意义大于实际意义。因为在政策出台时，A 股市场仍然处于低谷，面临着欧美债务危机下世界消费的紧缩、全球经济复苏不确定性下中国经济的低迷以及长达数年熊市后投资者信心的低落，短期内不会有明显反弹，熟悉中国资本市场的信托公司和私募机构自然不会贸然进入。但从长期来看，放开了信托资金进入证券市场的通道，会促进偏爱自主管理证券投资的信托公司，特别是诸如云南信托、西藏信托等公司再次大规模进入证券市场，优化其业务结构，突出其管理优势。

从短期来看，《信托开户与结算通知》最直接的作用是降低了阳光私募的通道费。随着通道费的降低，可能出现某些规模较小、管理较灵活的阳光私募产品。

三、《关于对〈中国银监会关于规范信托产品营销有关问题的通知〉征求意见的通知》夭折

（一）《关于对〈中国银监会关于规范信托产品营销有关问题的通知〉征求意见的通知》未出台，源于推介（荐）机构强势

中国银监会于 2011 年 10 月 12 日下发《关于对〈中国银监会关于规范信托产品营销有关问题的通知〉征求意见的通知》（以下简称《通知》）。《通知》确定了监管方对信托产品营销的基本准则和监管重点，一度被认为是信托产品销售的纲领性文件，并将于 2012 年正式通过，而 2012 年该文件并没有正式文本出台。

不可否认，《通知》关于信托销售以客户为核心的定位、严格区分代为推介和推荐、放开异地销售都是符合当前实际的，也是必要的。其未通过的主要原因是《通知》要求信托公司与客户之间建立直接联系，特别是要求信托公司掌握客户的联系方式，履行客户甄别、风险揭示等职责，与投资者当面签署相关文件。也许这类规定是出于保护投资者的需要，但在目前的信托销售格局中还难以实现。不管发展趋势如何，在现阶段，通过直销完成大部分产品销售的信托公司毕竟是少数，大量的销售要通过商业银行甚至第三方理财机构完成。对商业银行和第三方理财机构等推介（荐）机构而言，在不能为其提供理财规划或不能提供较好的理财规划前提下，高端客户是其核心资源，将客户资料提供给信托公司，等于交出了核心资源，这是推介（荐）机构不愿意的。何况，直销一直是信托公司的“短腿”，在推介（荐）机构特别是商业银行面前，信托公司议价能力较弱，即使《通知》通过，信托公司也无法迫使其交出客户资料。

（二）信托销售依然较混乱，整顿秩序需多管齐下

《通知》的夭折，主要后果就是信托销售环节秩序依然较混乱。2012 年，某信托公司 T5 号产品的募集过程中，由于中间渠道商未按时发放佣金，某渠道商向媒体爆料①，鲜为人知的信托销售模式才被公之于众。通过第三方机构代为推荐信托产品，有如下几个问题：

首先，信托公司与投资者完全隔离。在目前的销售中，因渠道商层层转包，非但真正投资者，就连部分中间渠道商也不一定真正和信托公司接触。在此情况下，风险承受能力调查、投资者教育无从谈起，而部分中间渠道商为了销售业绩，会向下级分销商或投资者隐瞒项目的真实情况，使信托产品

① “信托多重转包风险失控：金融掮客们刮取层层佣金”，《中国经营报》2012 年 12 月 1 日。

的信息更加不对称，引起投资者的错误投资。

其次，分销渠道费用较高，侵占投资者利益。如某渠道商的销售费率是2.1%，加上其上家的费率，整个销售费率应该不低于3%。“羊毛出在羊身上”，销售费率直接侵占了投资者的投资收益。

信托销售秩序亟待整顿，但鉴于目前信托公司相对销售渠道的弱势地位，不能用《通知》中的强硬措施，而是应该在承认目前推介（荐）机构强势地位的基础上，诱导信托公司提高直销能力，对推介（荐）机构构成竞争。另外，对推介（荐）机构进行准入监管，规范其推介（荐）行为，并且扩大推介（荐）机构的范围，增加推介（荐）机构间的竞争，削弱其话语权。最后再树立起以客户为中心、要求信托公司履行客户甄别和风险揭示等职责的行业规范。

四、其他机构资管业务放宽，信托公司面临行业内竞争

（一）券商、保险、基金、期货资管政策松绑，信托被相对弱化

多年以来，信托行业将自身定位为国内“最符合资产管理理念”的金融机构：与投资者关系是信托关系而非委托代理关系；在分业经营背景下可以横跨涉足资本市场、货币市场和产业市场等多个领域；并在“一法两规”后确立了主要业务模式——单一资金信托计划和集合资金信托计划，运作日趋完善。所有产品定位为私募，受到的监管约束较小，产品运作较为灵活。从商业银行2005年正式开办个人理财业务以来，理财市场逐渐形成了信托理财和银行理财齐头并进之势，基金、券商的资产管理业务均受到一定影响。但是目前这种格局正发生着变化，可以从一系列监管文件看出。

如表4－2所示，监管层对证券公司、期货公司和基金管理公司都出台或更新了其代客理财业务的纲领性文件。这些文件核心内容是承认金融机构资产管理业务的合法性（如《期货公司资产管理业务试点办法》承认了期货公司资产管理业务的合法性），放开以前对资产管理业务的某些限制（如《证券公司定向资产管理业务实施细则》取消限额定向资产管理产品“双十”的限制），以及拓展金融机构资产管理业务的投资空间（如《证券投资基金管理公司子公司管理暂行规定》将基金公司的业务拓展至产业市场）。由于保险行业的特殊性，监管层没有直接允许保险公司发行资产管理计划，而是通过将保险资金的投资范围扩大至金融衍生品、股指期货等新领域，并放宽其在原有领域的投资限制。保险资金的投资范围得到拓展，实际上扩大了其代客理财的投资范围。

表4－2 其他金融行业资管业务行政许可文件一览

子行业	文件	实施时间	监管机构
证券公司	《证券公司客户资产管理业务管理办法》	2012年10月19日	中国证监会
证券公司	《证券公司集合资产管理业务实施细则》	2012年10月19日	中国证监会
证券公司	《证券公司定向资产管理业务实施细则》	2012年10月19日	中国证监会
证券公司	《证券公司代销金融产品管理规定》	2012年11月12日	中国证监会
证券公司	《证券公司现金管理产品方案规范指南》	2012年9月10日	深圳证券交易所、中国证券登记结算有限责任公司
期货	《期货公司资产管理业务试点办法》	2012年9月1日	中国证监会
基金	《基金管理公司特定客户资产管理业务试点办法》	2012年11月1日	中国证监会
基金	《证券投资基金管理公司子公司管理暂行规定》	2012年11月1日	中国证监会
保险	《基础设施债权投资计划管理暂行规定》	2012年10月12日	中国保监会
保险	《保险资金参与金融衍生产品交易暂行办法》	2012年10月12日	中国保监会
保险	《保险资金参与股指期货交易规定》	2012年10月12日	中国保监会
保险	《保险资金境外投资管理暂行办法实施细则》	2012年10月12日	中国保监会

续表

子行业	文件	实施时间	监管机构
保险	《关于保险资金投资有关金融产品的通知》	2012年10月12日	中国保监会
保险	《保险资金投资债券暂行办法》	2012年7月16日	中国保监会
保险	《保险资金委托投资管理暂行办法》	2012年7月16日	中国保监会

资料来源：普益财富整理（数据截至2012年12月31日）。

这样的思路不仅出现在单项法规中，而且出现在监管部门对金融业的发展规划里。2012年9月中旬，中国人民银行、中国银监会、中国证监会、中国保监会和国家外汇管理局联合发布了《金融业发展和改革“十二五”规划》，在对银行业、证券业（包括证券公司、基金和期货公司）和保险业都作出了较明确的规定（“构建功能健全、服务高效、竞争有序、效益良好、安全稳健的现代银行业体系”，“不断提升证券业机构规范发展能力和专业服务水平”，“顺应经济社会发展需要和市场需求，初步建成市场体系完善、服务领域广泛、经营诚信规范、风险防范有效、综合竞争力较强的现代保险业”）的基础上，提出“规范商业银行理财”，“促进创业投资和股权投资机构健康发展，规范发展私募基金机构”，“鼓励证券公司、基金管理公司等金融机构不断扩大资产管理业务，适时研究推动期货公司开展资产管理业务”。

（二）主要资产管理计划比较：从产品到投资

将以上资产管理新政的主要产品与信托产品作比较，得到表4-3，反映以下特点：

其一，多数机构的资产管理业务都兼具公募和私募产品。如证券公司的集合资产管理计划、基金公司传统的公募基金属于公募性质产品，而其他资产管理计划都属于私募性质产品；其二，虽然其他金融机构的资产管理业务投资范围放开，但其投资范围相对信托仍比较窄，大多数产品的投资范围都被限定在金融产品内，无法直接投资未上市公司股权、非标准化债权和物权。

表4-3 其他金融行业主要资管业务概要

资产管理计划类型	发行主体	投资起点	规模限制	投资范围	投资范围比较
集合资产管理计划（证券公司大集合）	证券公司	5万元（限定性）；或10万元（非限定性）	总规模不得小于1亿元	境内依法发行的股票、债券、证券投资基金、中国人民银行票据、短期融资券、资产支持证券、中期票据、股指期货等金融衍生品、保证收益及保本浮动收益商业银行理财计划	仅能投资部分金融产品，且限制性条件较多（尤其是非限定性）；不能直接投资于未上市公司股权、非标准化债权和物权
限额特定资产管理计划（证券公司小集合）	证券公司	100万元	不得小于3 000万元，最大规模不得高于50亿元	大集合投资范围；商品期货等证券、期货交易所交易的投资品种，利率远期、利率互换等银行间市场交易的投资品种，证券公司专项资产管理计划、商业银行理财计划、集合资金信托计划等金融监管部门批准或备案发行的金融产品	仅能投资部分金融产品；不能直接投资于未上市公司股权、非标准化债权和物权
专项资产管理计划	证券公司	无特别规定	无特别规定	针对客户的特殊要求和资产的具体情况，设定特定投资目标	基本与集合信托无异
单一客户定向资产管理计划	证券公司	无特别规定	无特别规定	客户与证券公司自愿协商，合约约定投资范围	基本与集合信托无异

续表

资产管理计划类型	发行主体	投资起点	规模限制	投资范围	投资范围比较
特定资产管理计划（非专项资产管理计划）	基金	一对一 3 000万元；一对多100万元	一对一不得小于3 000万元；一对多不得小于3 000万元，最大规模不得高于50亿元	银行存款、股票、债券、证券投资基金、中国人民银行票据、非金融企业债务融资工具、资产支持证券、商品期货及其他金融衍生品等金融产品	仅能投资部分金融产品；不能直接投资于未上市公司股权、非标准化债权和物权
专项资产管理计划	基金公司资产管理子公司	一对一 3 000万元；一对多100万元	一对一不得小于3 000万元；一对多不得小于3 000万元，最大规模不得高于50亿元	银行存款、股票、债券、证券投资基金、中国人民银行票据、非金融企业债务融资工具、资产支持证券、商品期货及其他金融衍生品等金融产品；未通过证券交易所转让的股权、债权及其他财产权利	基本与集合信托无异
期货公司资产管理业务	期货公司	100万元	—	期货、期权及其他金融衍生品；股票、债券、证券投资基金、集合资产管理计划、中国人民银行票据、短期融资券、资产支持证券等	仅能投资部分金融产品；不能直接投资于未上市公司股权、非标准化债权和物权

资料来源：普益财富整理（数据截至2012年12月31日）。

（三）信托理财软肋多，应对挑战从此入手

其他金融机构资产管理业务的蓬勃发展对信托业构成强有力的竞争。虽然从目前来看，券商资产管理业务对信托业有效竞争仅限于通道类业务，但随着这些金融机构资产管理业务的成熟，不排除其与信托业形成分庭抗礼之势，甚至某些资产管理能力不强的信托公司可能被淘汰。相比其他金融机构的资产管理业务，信托公司有以下几个弱点：

其一，产品均为私募性质，无公募性质产品，产品不能公开推荐，目标客户群体相对较窄。实际上，目前部分集合信托产品项目风险并不大，仅就产品属性看，完全适合大众投资者投资，而私募的定位则将大部分投资者挡在了信托之外，也限制了信托公司的资产管理规模与销售能力。

其二，大部分信托公司的研究实力不强，尤其是在宏观经济研究、行业研究和区域经济研究方面表现得更为突出。无论是基金公司还是证券公司，自身都有强大的研究团队，其研究领域从宏观到行业、从行业到公司，不可谓不全。在研究团队的指引下选择可投资项目，能有效增加对融资方的议价能力并降低投资风险。而信托公司目前在这方面远远不够，如目前采矿业资金需求较大，但能做好能源矿产信托的信托公司不多，其瓶颈就在于多数信托公司缺乏熟悉该行业的人才。

第三，信托公司的销售渠道不畅，这点与基金公司类似。虽然各信托公司目前已经开始发展自己的直销渠道，但不可否认的是，大量产品销售还是依靠银行以及第三方机构推介（荐）。这不仅令信托公司付出较高的推介（荐）费用，而且使其与受托人的关系松散，不利于客户管理和营销设计。

综合以上分析，信托业要迎接其他金融机构资产管理业务的挑战，必须提高自己的资产管理能力，包括研究能力、对融资方的议价能力、对项目的管理能力、对委托人的服务能力。唯有如此，才能在激烈的资产管理业务竞争中获胜。

（四）信托公司仍有较大优势，需要合理利用

虽然困难重重，但在以下角度看，信托公司仍有较大优势，需要合理利用。

首先，信托公司的优势是具有非标准金融资产管理的经验。相对于其他金融机构，信托公司的优势在于对非标准金融资产的把控上、在对融资项目积累的经验上。这些经验是信托公司的宝贵财富，

被项目管理人和风险控制人员掌握。其他金融机构的过往经验基本局限在证券市场投资领域，缺乏在非标准金融市场上的管理、风控等经验。值得注意的是，在基金公司兴起的过程中，证券公司人员曾大量流失；在私募机构兴起的过程中，公募基金人员也大量流失。此次其他金融机构资管业务政策松绑，可能导致信托公司人才流失。能否留住人才使信托公司的宝贵经验不外流，关系到信托行业能否赢得资产管理大战。为了保持管理经验优势，信托公司应该培养员工忠诚度，留住核心人才。

其次，信托公司的优势在于信托制度。以上诸多金融机构，虽然从事资产管理业务，但除基金公司外，其他机构与投资者的关系都是委托代理关系或保险关系。委托资产和委托人财产不具有完全的隔离机制，在财产保全方面不能与信托产品相媲美。强化信托产品的信托关系优势，信托公司一方面需要加强投资者教育，另一方面需要切实履行受托人义务，此外还可以发展诸如遗产信托、财产信托等较能体现信托制度优势的产品。

最后，信托公司的优势还在于其产品投资领域比大多数资产管理计划宽泛。在上述资产管理计划中，仅有证券公司的专项资产管理计划和单一客户定向资产管理计划、基金公司子公司的专项资产管理计划投资范围横跨三大市场，可以与信托产品相比。其他资产管理计划的投资范围则相对较窄。信托公司要切实运用好这个优势，就应该提高自己在信贷市场、股权市场的资产管理能力，降低产品风险，提高产品收益。

目前证券公司利用其产品可以投资于非上市公司股权、非标准化债权资产，大量运作通道类项目，推出银证合作计划，进行监管套利。券商大量运作通道类项目，使通道费用下跌，机构自身的投研能力也没有提高。信托公司不可能再走回头路与其他金融机构在此方面竞争。因此，更应该借此机会压缩通道类业务，大力推行自主管理业务，展现自己的项目开发能力和项目管理能力。

（五）资管业务多龙治水，监管亟须顶层设计

资产管理业务是未来中国金融发展的重头戏，各类金融机构在争夺资管业务的过程中，应该有平等的市场主体地位，但由于现阶段分业经营、分业监管的体制，各类金融机构受到的约束并不一样。如虽然监管层禁止了集合信托计划投资于票据资产，但为了鼓励证券公司和基金公司的业务创新，中国证监会并没有对此两类机构投资票据资产做过多约束，理财资金投资于票据资产的情况依然存在。券商资产管理业务的放开，让许多银行主动与其寻求合作，开展类似银信理财合作的银证理财合作业务。具体做法为：银行募集理财资金，购买证券公司的限定性理财计划。此限定性理财计划购买银行指定的资产，如票据资产。此外，短期基金产品也对票据资产青睐有加。

同样是代客理财业务，同样是以票据资产为标的，由于监管机构不同，信托公司和证券公司及基金公司受到的限制完全不同，这是中国金融业多龙治水现状下的现实，更影响到不同金融机构间的公平竞争。随着资产管理时代全面到来，各类金融机构的业务交叉会越来越多，专属于某一类金融机构的业务将逐渐减少，只有通过维护公平竞争的秩序和提供前瞻的指引，引导经营者不断创新以满足其他市场主体的需求，同时兼顾各类风险，才能引导市场进入良性的发展通道。统一监管口径，给不同类型机构同等竞争的机会，消除不同机构间的监管套利，应该是金融监管改革的题中之意。

第三节 集合信托市场热点

一、争夺销售话语权：领头羊的迥异

目前销售是信托公司的薄弱环节。虽然从表面上看，集合信托产品不存在滞销问题，但种种销售乱象已经制约了业务的发展。2012 年，部分信托公司开始尝试提高自身直销能力，大量财富管理中

心成立，部分走在前列的信托公司开始整合资源，继续在销售领域争夺话语权。

（一）目前信托公司销售的三种模式

目前，集合信托的销售主要有以下几种方式：一是通过银行渠道推介；二是通过第三方理财机构推荐；三是通过信托公司自身的财富中心进行直销；四是通过其他金融机构（如保险公司、证券公司等）代为推介。按照在此四种销售方式侧重上的不同，信托公司的销售可以分为以下几个类型：

1. 关联同业推介型。信托公司完全依靠属于同一集团的证券公司、银行，甚至寿险公司销售集合信托产品。这类型的信托公司以平安信托为代表。采用关联金融机构代为推介信托产品，其优势在于推介机构作为关联方可能在推介费用上给予一定优惠，能向客户销售一揽子金融产品，有利于节约销售成本，提高客户的忠诚度，稳定客户群体。其劣势是受到股东方的控股企业限制。

2. 控股第三方推荐型。信托公司集合信托主要通过其出资建立第三方理财机构销售，或者虽然目前未实现主要通过第三方理财机构销售，但以之为目标，以中融信托为代表。其优势在于第三方理财机构可以代为推介更多金融机构的理财产品；劣势在于如果信托公司自身开发产品较少，则第三方机构的运营成本较高。虽然目前恒天财富也在推荐除中融信托以外信托公司的产品，但这是建立在中融信托自身产品线条较丰富、产品量较大的基础上。如果信托公司产品发行能力不足，则这类第三方机构将会陷入无产品可销的境地，不得不以推介其他信托公司的产品为主，最终形成终端为王、漠视信托股东产品的局面。

3. 传统渠道依赖型。信托公司主要依靠银行渠道销售集合信托产品，或依靠独立第三方理财机构销售。目前这种销售类型的信托公司较多，其优点显而易见，无固定成本投入，销售速度较快；而劣势是信托公司不易掌握客户的真实信息，如果信托公司开发的产品较少，则有可能被渠道“边缘化”。如果信托公司开发的产品收益率较市场水平低，或者产品风险较高，通过渠道销售有可能面临较大竞争。

此外，主要依靠财富中心直销的销售模式以后也可能出现，但这种模式将完全建立在信托公司自身具备强大的产品开发能力基础上，因为一旦信托公司产品发行数量不稳定，就会造成较大的资源浪费。就目前来看，能达到这个要求的信托公司不多。

（二）标杆性公司的转型

在信托销售领域，平安信托与中信信托是行业标杆。平安信托主要是依靠自身销售团队和关联保险公司销售；中信信托主要是运用“无边界服务、无障碍运行”的理念，通过集团内部和外部的合作，建立起较稳定的客户关系。但2012年这两家标杆性信托公司都作出了转型调整。

1. 平安信托划拨财富管理部门。平安信托走财富管理的路子始于2005年，并于2007年开始筹备财富管理部门，2008年成功搭建财富管理团队，至2012年该团队已超过600人，掌握高净值客户超过1.7万人，平安信托90%的产品都是通过自己的渠道销售①。但是，在10月下旬，市场上就出现了这个团队会整体划拨平安银行的传言。虽然之后没有更详细的消息，但考虑划拨确是事实。

平安信托财富管理部门被划拨，其主要原因在与平安集团内部资源的整合。平安“金控”模式最突出的特点是一个机构做产品，整个集团做销售。如保险销售团队代理销售信用卡，代为推介集合资金信托计划等，其主要思路是降低营销成本和交易费用。如由银行发行信用卡，每张卡的发行费用大约为人民币200元左右，而通过寿险团队发行，发行费用可以降到1/3甚至1/4。将财富管理部门划拨平安银行也是出于这点考虑：商业银行掌握着丰富的高净值客户资源，而且有银行隐性信用背书（姑且不论此种背书是否有效）。银行推介信托产品相对非银行机构而言要容易得多，也是划拨的根本原因。

划拨的直接原因是平安集团旗下银行机构壮大。在之前，平安集团旗下的银行机构只有由福建亚

① “平安信托转型阵痛：财富管理团队划归平安银行”，《理财周报》2012年11月12日。

洲银行更名而来的平安银行，网点较少，客户量不大，不利于大规模推介集合信托。而在平安集团收购深发展、深发展合并平安银行并更名为平安银行后，其银行网点大幅增加，银行客户质量空前提高，划拨财富管理部门，并以此为基础筹建私人银行部门也就在情理之中了。

平安集团的此次安排是从整个集团的利益出发，可能会对平安信托的短期发展造成打击，可能受到平安信托的抵制。这种思路仅适用于有金融股背景且内部资源整合较好的信托公司，对一般信托公司包括银行控股的信托公司借鉴意义却有限。平安此举是建立在前台销售部门能为客户提供一站式服务从而节约交易费用的基础上，一般控股信托公司的银行可能较难做到。

2. 中信信托建立财富管理品牌。2012 年 11 月 26 日，由中信信托主办的“信托 · 知识 · 力量——信托与财富管理发展论坛”在北京成功举行。在论坛上，中信信托正式对外发布全新的财富管理品牌——“信惠财富”，同日，其在北京、广州、上海、杭州、天津的财富管理中心也正式启用。

这种思路似乎与平安信托完全相反，一个完整的金融集团里，强调信托公司自身的销售能力，背后有着深层次原因。首先，中信集团旗下机构的合作主要体现在项目方面，在销售上的合作没有平安集团内部那样紧密。虽然依靠兄弟机构销售的现象也存在，但更多的是市场化选择。其次，中信信托走的是投行路线，发行的产品结构设计较复杂，客户群体“无边界”，因此需要由更专业的人员进行销售。

两个标杆公司的不同抉择说明各家信托公司的销售模式具有特殊性，而对于其他信托公司，特殊性应该体现得更为明显，但遗憾的是，在 2012 年的集合信托销售市场上并没有看到这个情况。

（三）未来信托公司销售模式的建议

信托公司选择怎样的销售模式，应该综合考虑信托公司的产品发行实力和与推介（荐）机构的关系。

首先，产品发行数量较大、产品发行规模稳定的信托公司有能力而且应该摆脱渠道对自身的限制，可以通过建立财富中心或设立第三方理财机构的方式，逐渐提高自身的直销能力，更深入地接触客户。2012 年，许多信托公司成立了财富管理机构，但是满足以上条件的并不多。

其次，产品发行数量不大、信托产品收益不高的信托公司，可以考虑主要依靠商业银行等金融机构渠道。因为在大多数投资者看来，通过银行销售的产品，在风险控制上都会把控较严，从而会降低对这些产品收益的要求，这有助于弥补信托产品收益不高的劣势。

最后，产品发行数量不大、信托产品收益较高的信托公司，可以考虑与操作规范的独立第三方理财机构合作销售产品。由于产品收益较高，通过第三方理财机构销售较容易，而且销售费用相对低廉。

二、突破期限限制：票据信托后的“资金池”业务

（一）先找资金后找项目，“资金池”业务受热捧

2012 年上半年，部分信托公司开始试探改变原来“先找项目，后找资金”、期限固定或基本固定、产品流动性较低的模式，加大了推出“资金池”业务的力度。最开始这种模式主要目的是事先储备资金，在发现对资金需求较迫切的项目之后可以快速进入。随着业务的发展，“资金池”业务形成了两种主要模式[①]：

其一，信托公司以开放式基金的模式设计信托计划，在发行时未确定投资项目，或投资不特定多个项目，或以组合方式投资（包括投资 TOT），并在信托存续期内设置开放期，允许委托人赎回，提供流动性保障，即资金与项目配对上为多对多的方式。

① “千亿信托‘资金池’：可能形成潜在的庞氏骗局”，《证券时报》2012 年 10 月 17 日。

其二，信托公司一次或多次发行信托计划募集资金投向单一项目，信托期内设置开放期，允许委托人申购、赎回，并提供流动性保障，实现短期资金投向长期项目。

（二）期限错配突破限制，分散投资现端倪

“资金池”信托产品一直以来都存在，只不过2012年之前得较少，其主要思路还停留在先集资后投资的层面上。主要产品为房地产基金产品、基础设施基金产品。2012年大量兴起的此类产品，有以下几个方面的特点：

首先，投融资期限错配，打破了之前信托资金和融资项目之间期限一一对应的关系；采用时间错配的方式，突破之前信托产品在流动性上的不足，有利于信托公司吸收大额短期资金，提高委托人的融资效率，降低项目的融资成本。2012年初票据信托被叫停，大量大额短期资金投资需求得不到满足，诱发了信托公司采用期限错配的方式开展业务，变相突破集合信托期限不得低于1年的限制。

其次，在第一种模式中，信托产品的第一步从传统的找项目变为拿资金，有助于信托公司摆脱项目融资、第二银行的操作思路，切切实实地做好资产管理。虽然目前同一产品投资的多个项目之间可能会有一定的甚至较强的关联关系，但从分散投资的角度说，这也不失为一种改善。

（三）定价难题未解决，窗口指导现无奈

在目前市场环境下，“资金池”并不是提高信托公司资产管理能力的良方。至少，其运作过程中的诸多问题依然无法解决，具体包括以下几个方面：

首先，“资金池”产品定价困难，在现有技术上很难实现。信托产品的投资标的，大多都是股权、贷款、应收账款、收益权等非标准资产，这些资产没有活跃的交易市场，无公开市场报价，也难找到同类市场类似资产的最近交易价格，故在产品存续期间，很难划分出某一段时间标的资产的价格是多少，增值了多少，从而无法确定开放式产品在每个开放日的净值。目前大多数信托公司此类产品的定价是用“市场导向定价法”，即根据当时市场上其他信托产品的预期收益率情况确定产品的收益率。显然，这种定价方法背后的思路仍是类信贷的操作思路，与监管层一直倡导的资产管理思想与信托理念背道而驰。

其次，在第一种模式中，信托公司发行信托产品募集资金时，委托人并不知道信托产品要投向什么项目，其投资信托产品完全基于对信托公司能够履行受托责任的信任。这就要求信托公司在使用信托资金时，严格防范道德风险和操作风险。在实际操作过程中，很难保证信托公司为了博取高收益不将信托资金投向高风险领域，甚至难以制止信托公司将信托资金用于以前的产品兑付，这便产生了巨大的道德风险。要化解此类风险，在目前情况下，只能寄希望于信托公司加强内部控制，而难以从外部给予约束。

最后，在第一种模式中，信托公司在发行产品时可能并不知道什么时候有合适的项目可以投资。一旦信托产品成立日期和信托资金实际投资日期之间相隔较远，则信托的收益率会较低。如果信托公司为了维护自身声誉，不愿仅向客户支付较低的信托收益率，就会想办法从其他地方腾挪资金支付给客户，而这显然是不合规的。最极端的情况是（当然这种情况不一定会发生），如果信托资金一直找不到合适的投资项目，兑付完全不依靠投资项目的现金回笼，则“资金池”信托无异于庞氏骗局。

在这样的背景下，2012年10月中旬，监管部门开始对“资金池”业务进行窗口指导，暂时停止报备新项目，不过存量“资金池”项目仍可以继续运行。突破流动性限制，是集合信托一个很重要的创新方向，但在没解决好以上三个问题时，监管层对此类业务只能规避。

三、占比扩大收益抗跌：基建信托的崛起

（一）资金供需两旺，成立数量大幅增加

基础设施集合信托产品（以下简称“基建信托”）在2005~2006年曾是集合信托市场的主流产品，2007年新“两规”中关于信托贷款额度的限制对主要以贷款方式运作的基础设施类产品产生影响，虽然之后的4万亿元经济刺激政策使基础信托成立数量反弹，但增长速度较慢。2012年，基建信托成立数量大幅增加，再度成为热门产品。

虽然基建信托在2012年成为集合信托市场的热门产品（见图4－8），但对此类产品市场一直缺乏清晰定义。保障房、建筑企业的流动资金贷款等都被算作基建信托。基建信托应该是指直接投资于基础设施建设项目，或者投资于基础设施项目形成的债权集合资金信托计划。主要包括以下几类：

➢ 投资于基础设施建设的项目贷款，融资主体为地方融资平台、项目公司或主管机构。

➢ 投资于基础设施项目的收益权或者收费权，融资主体为地方融资平台或项目公司。

➢ 投资于信贷资产或者应收账款，融资主体为项目的债权人，主要为金融机构和建筑企业。

➢ 投资于建筑企业的流动资金贷款，建筑企业明确将贷款运用于基础设施建设。融资人为建筑企业。

根据以上定义，2012年全年53家信托公司成立了769款基建产品，共募集资金1 669.58亿元；发行机构环比增加20家，成立数量和规模环比增加286.43%和458.55%，比2011年高183.37个和323.93个百分点。从图4－9可以看出，虽然基建信托成立数量并不逐月增加，但其占比增长明显。

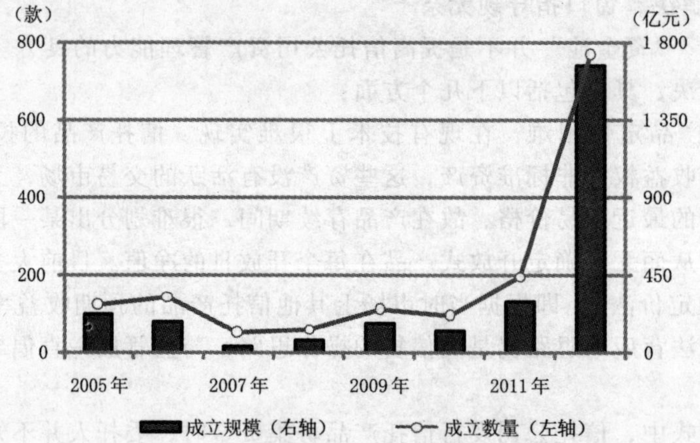

图4－8　2005～2012年基建信托成立情况

资料来源：普益财富（数据截至2012年12月31日）。

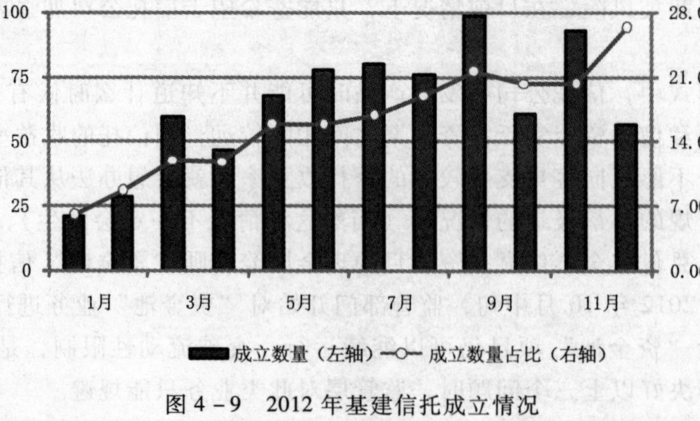

图4－9　2012年基建信托成立情况

资料来源：普益财富（数据截至2012年12月31日）。

从收益率上看，虽然基建信托收益率仍然较房地产等高收益领域低，但不可否认，其利差在缩小，而且其收益在整个市场收益率下跌的过程中表现出一定的抗跌性（见图4－10）。

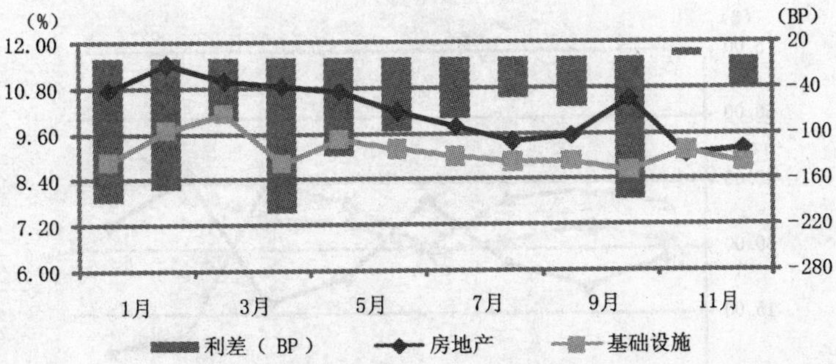

2年内（不含）期产品平均预期收益比较

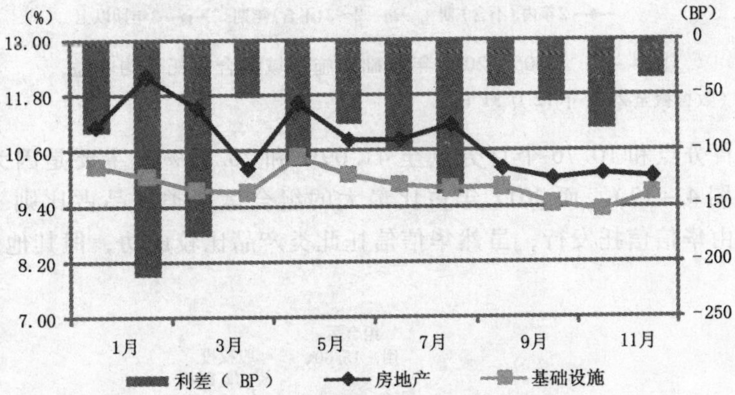

2~3（不含）年期产品平均预期收益率比较

图4-10　2012年基建信托收益

资料来源：普益财富（数据截至2012年12月31日）。

可以看出，2012年基建信托不仅成立数量较多，而且收益率相对多数领域较高，出现量价齐升之势。此轮基建信托发行的高峰得益于旺盛的资金需求。自2010年下半年以来，GDP同比增速放缓，至2012年第1季度下滑至8.05%，第2季度更是下滑至7.80%。虽然政府在2012年放弃了经济“保八”的目标，但迅速下滑的工业增加值和处于临界值以下的PMI似乎预示着经济冬天的来临。在这样的背景下，各地项目纷纷上马。基建项目作为中国拉动经济的传统手段，有着较旺盛的资金需求。

另一方面，由于银行信贷资金存量较大，为了控制地方性融资平台无限制扩大，监管层对部分基建项目贷款作了较严格的规定。加之在2008~2009年经济刺激过程中，各银行都形成了较大的对地方性融资平台的债权，为了避免贷款过于集中于基建行业，部分大型银行也开始严控此类贷款的增长。这就造成了基础设施建设资金供应的紧张。

一方面是资金需求的旺盛，另一方面是资金供给的紧张，这自然使地方政府和相关机构愿意以较高的成本融资，在这种情况下，基建信托维持较高收益就不足为奇了。

（二）基建信托特征分析：基于产品层面

从期限上看，2012年基建信托主要集中在2~3（不含）年期，该期限段产品占到了整个产品的57.86%（见图4-11）。实际上，集合信托市场上该期限段的收益率相对较高，而基建项目和其他项目不同的是，其投资回收期较长，将融资设计为短期，以后需要再融资以归还以前融资，如果为了节约融资成本，发行方完全可以选择规避这个期限段。2~3（不含）年期产品较多，证明了融资方对融资利率不敏感，且融资需求迫切，愿意以较高的收益换取投资者的踊跃投资。

从资金运用方式来看，2012年基建信托较2011年有较大变化。其中，权益运用和债权投资类占

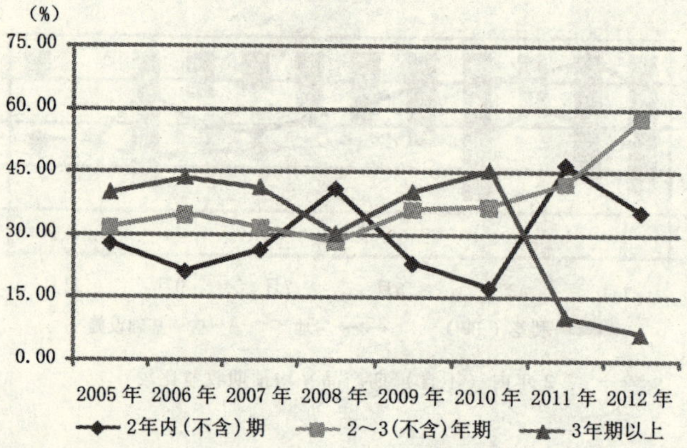

图 4 - 11　2005 ~2012 年基础设施领域集合信托平均收益

资料来源：普益财富（数据截至 2012 年 12 月 31 日）。

比分别上升 25.01 个百分点和 10.76 个百分点至 41.09% 和 20.81%，主要是因为以应收账款为基础资产的项目增多（见图 4 - 12）。而 2011 年占比最大的组合运用类产品占比则下降了 20.58 个百分点。该类产品仍主要由华信信托发行，虽然华信信托此类产品比较成功，但其他信托公司似乎并不乐于复制此种模式。

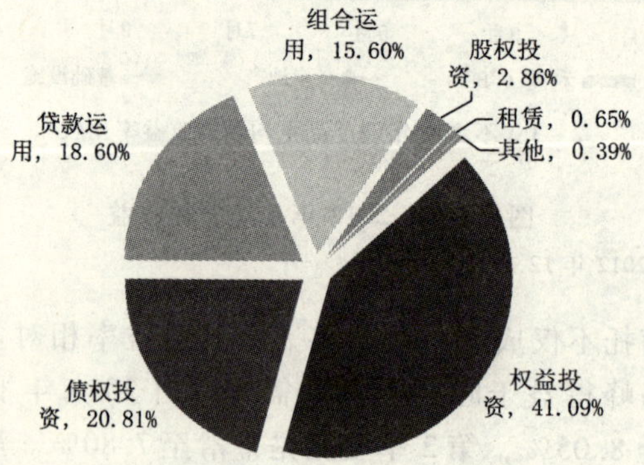

图 4 - 12　2012 年基础设施领域集合信托资金运用方式分布

资料来源：普益财富（数据截至 2012 年 12 月 31 日）。

（三）应收账款类分析：两种模式的异同

如前文分析，2012 年基建信托的一个突出特色是投向以基础设施建设单位为债权人、地方政府或其派出机构为债务人的债权较多。这类信托主要有两种模式：其一，信托资金直接投资于应收账款；其二，该债权人将该债权信托给信托公司，形成财产权信托，再成立集合资金信托计划投资于该财产信托的收益权，即市场所称的“财产权信托”。实际上，“财产权信托”是指委托人交付给受托人的信托财产不是资金，而是其他财产权利。从严格意义上说，投资者投资的是集合资金计划并不是财产权信托，但是相比第一种模式，这种设计仍有其优势（见图 4 - 13）。

将应收账款单独打包成财产权信托，使得应收账款独立于原债权人的资产负债。第一种模式中，原债权人的债权人对应收账款有追溯的权利；而第二种模式中没有。这相当于做了应收账款原债权人的破产隔离，有利于保护集合信托投资者的权利。

设立应收账款财产权信托的过程中，信托公司会仔细审核此信托的基础资产，可以有效防止关联方虚构应收账款借以融资的情况发生，使得债权债务关系、信托关系和投资关系在整个产品设计里更加清晰。

其三，对于某些需要提高资产管理规模的信托公司而言，第二种模式可以满足其快速提高资产管

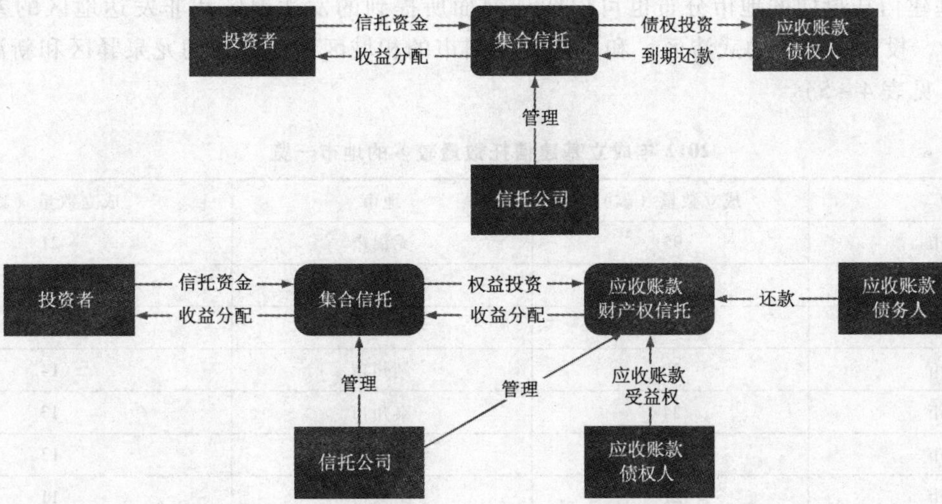

图4-13　投资应收账款的两种方式

资料来源：普益财富（数据截至2012年12月31日）。

理规模的需要，因为此种模式下，财产权信托的规模会纳入“管理财产信托”项目下统计，而集合资金信托计划的规模则会纳入“集合资金信托”下统计，相当于基于同一个基础资产的两款产品统计了两次，而在第一种模式中只统计了一次。

（四）项目地域分析：不发达省份发行较多

769款产品中，共有740款产品公布了基础设施项目所在地，其中公布到地级市或者其以下的628款，这为分析基建信托的地域特点提供了可能。

共有26个省（区、市）通过集合信托融资，成立产品投向前十位的省（区、市）包括江苏省、辽宁省、天津市、四川省、安徽省、浙江省、重庆市、内蒙古自治区、湖南省和贵州省（见表4-4）。前十位中，除了江苏省、天津市、浙江省外，其他都是经济不发达地区。而江苏省、浙江省融资较多主要是因为其县级市项目较多，和其他区域项目集中在地级市甚至副省会城市、省会城市有明显不同。天津市的项目较多，主要是由于其滨海新区概念。此外，内蒙古自治区的产品成立较多主要是因为鄂尔多斯的产品较多，达11款。

此外，投向经济发达的主要省（区、市）的产品也有成立，如广东省、上海市、北京市，但数量较少。但是投向经济最不发达地区，如青海省、新疆维吾尔自治区、西藏自治区、宁夏回族自治区的产品未成立。一方面，是因为这些地区为少数民族地区，中央政府对其转移支付较多；另一方面也是因为这些地区的地方政府还款能力不足。此外，没有投资于黑龙江省的基建信托成立。

表4-4　2012年各省份成立基建信托数量

省（区、市）	成立数量（款）	省（区、市）	成立数量（款）	省（区、市）	成立数量（款）	省（区、市）	成立数量（款）
江苏	189	内蒙古	20	广西	6	吉林	3
辽宁	120	湖南	18	广东	6	山西	2
天津	95	贵州	16	江西	6	北京	2
四川	63	河北	14	海南	5	甘肃	1
安徽	55	云南	13	陕西	5	上海	1
浙江	40	福建	13	河南	4		
重庆	30	山东	10	湖北	3		

资料来源：普益财富（数据截至2012年12月31日）。

2012 年基建信托投向的地市分布也可以印证前面所提到的发达地区和非发达地区的差别。如果从县级市来看，投向天津市的武清区、和平区，苏州市的相城区、成都市的龙泉驿区和新津县产品成立数量较多（见表4 -5）。

表4 -5　　2012 年成立基建信托数量较多的地市一览

地市	成立数量（款）	地市	成立数量（款）
天津市	95	无锡市	21
成都市	59	常州市	15
苏州市	32	贵阳市	15
重庆市	30	湖州市	14
南通市	24	泰州市	13
盐城市	21	昆明市	13
南京市	21	绍兴市	11
镇江市	21	鄂尔多斯市	11

资料来源：普益财富（数据截至2012 年12 月31 日）。

一个有趣的现象是基建信托所投资的地区和信托公司所在地区相同的产品较多，总共有316 款，占到已公布投资地区产品的42.70%，大大高于非基础设施领域的占比。这种现象在地方政府控股的信托公司中表现得更为明显，如华信信托、国元信托、苏州信托、浙金信托、华宸信托、厦门信托、东莞信托、重庆信托的基建产品均投向本地区项目。这是由于本地区项目在调查、管理方面比较容易执行，但也不能排除地方政府给信托公司某些类似行政指令指导的影响。

（五）风险分析：从投资者视角

信托公司在销售此类信托产品时，一般都会突出地方政府对债务的隐性担保。这样的担保是否真的存在呢？按照《中华人民共和国担保法》，国家机关不得为保证人，故一切政府担保在法律意义上都是无效的。在实际操作中，一般由或同级人大或人大常委会明示还款来源纳入财政预算的决议文件，即将还款纳入预算，从而实现地方政府对债务的隐性担保，将融资平台之债转换为政府之债。

由于目前基础设施项目投资回收期限一般较长，大大长于对应的基建信托的期限（一般在两年之内，通常为12 个、18 个、24 个月），甚至部分基建项目根本没有经营性现金流，如城市道路建设项目，故基建信托的还款来源不可能是项目的现金流。从这个意义出发，将还款纳入财政预算显得尤为重要。

既然隐性担保存在，那么紧接的一个问题是，隐性担保可靠吗？近年来，欧美国家债务问题频频爆发，中国投资者对政府违约甚至政府破产等概念不再陌生。自“4 万亿元”经济刺激政策以来，中国地方政府债务问题一直备受关注，地方政府可不可能破产，很大程度上会影响上述隐性担保的可靠性。庆幸的是，结论是短期内不会，理由如下：

第一，地方政府破产在中国无法律依据。西方国家地方政府破产往往都有法律约定，如美国在其《破产法》第九章详细明确了市政破产的机制；但我国《预算法》尚无相应规定。我国对破产的立法为《中华人民共和国企业破产法》，其规范的主体是企业，而不包括政府机构。地方政府破产需要哪些条件、各类债权人怎么对债权进行追索、宣布破产的地方政府需是否需要拿出有力的紧缩方案等一系列基本问题没有法律依据，自然不会有地方政府破产的案例。

第二，更为重要的是，虽然我国目前中央财政和地方财政相对独立，但从政府组织的构架上看，并不具有联邦制国家的独立性，这也使得中央财政对地方财政有一定的统筹能力。这一点不仅表现在中央财政和地方财政的一致性上，也表现在中央财政对地方财政的补助上。为了协调各地区的发展，在地方财政吃紧的情况下，中央财政会给予一定补助。而基建项目作为拉动地方经济的重要力量，其上马的重要目的之一就是为了执行国家的宏观经济政策，在地方财政不足的情况下，中央财政对其还款作出专项补贴也在情理之中。

由此看来，投资者投资基建信托的风险不大。这似乎形成了一个悖论：这类产品低风险、高收益。这种情况是在2012年政府融资需求紧迫下的必然，也和地方财政缺乏有效约束，特别是融资约束相关。但需要指出的是，少部分基建信托的还款并没有通过人大或其常委会的决议纳入财政预算，因此留下了一定风险隐患，值得引起注意。

（六）风险再分析：从政府视角

虽然基建信托目前投资风险不大，但其对于政府预算的影响不容忽视。相比基础设施融资的另一个主要渠道——城投债而言，基建信托有以下特点：

第一，融资条件宽松。城投债作为需要在交易所或者银行间债券市场上市的品种，监管层对其信用、评级、规模都有较严格的要求，如国家发展和改革委员会核准的城投债发行主体遵循“21111”的原则，即每个省会城市可以有2家融资平台申请发债，国家级开发区、保税区和地级市允许1家平台发债，县级主体必须是百强县才能有1家平台发债；又如北京、天津、上海和重庆4个直辖市申报城投项目没有限制，但直辖市所属任一区仅可同时申报1家、发债需要取得一定的主体评级和债项评级；再如中国银行间市场交易商协会2012年11月决定暂停接受除省级、直辖市、省会城市、计划单列市等副省级（含）以上发行人的项目。然而信托融资却无此方面的限制。

第二，信托融资成本高于城投债成本。现阶段，城投债的利率一般与同期贷款基准利率相近，而信托融资支付给投资者的报酬高于此，即便是经济百强县、副省级以上政府通过融资平台信托融资，其收益率都远在同期贷款基准利率之上。这有可能增加政府的财政负担。

虽然面临以上问题，但在现行《预算法》的监管下，地方政府只有通过信托融资，增加政府购买力来拉动经济增长。预计在《预算法》不改动、城投债政策不放松的情况下基建信托仍有较快发展。在发展过程中，相关机构需要对地方政府融资的额度、成本进行监管。

四、房地产信托兑付：远比预期平稳

（一）调控引发房地产信托兑付猜想，平稳兑付出乎市场预料

自2010年被誉为“史上最严厉的”房地产调控政策实施以来，房地产信托的兑付问题就一直是市场关注的焦点。通过信托融资的房地产项目一般难以通过银行融资。因为银行贷款利率及费用远低于信托融资费用，所以对于房地产开发企业而言，在无法通过银行融资时，才通过信托融资。除银行贷款额度用罄的原因外，银行拒绝向房地产开发企业贷款的原因包括项目不满足“四二三五”、土地或在建工程不满足办理抵押登记手续条件、开发企业自身资信条件欠佳、未来还款来源不稳定等，无论是以上哪种情况，都会使房地产信托的风险大于房地产贷款。在房地产市场被调控、房地产企业销售疲软、资金回笼紧张的情况下，市场对房地产信托的兑付担忧在情理之中。

但事情的进展却令市场大吃一惊：2012年共有330款房地产信托到期，虽然存在极少数房地产信托项目风险暴露，但没有一款房地产信托产品出现不能兑付的情况。这不仅让之前唱空的市场人士大吃一惊，也出乎投资者的意料。

（二）平稳兑付原因探究：机构重视和风控到位

被市场不看好的房地产信托兑付危机最终没有爆发，不仅没有发生市场担忧的多米诺骨牌效应，甚至连被爆出有问题的产品也很少，这主要得益于信托公司本身对兑付的重视和事前风控的到位。

集合信托自正式推出以来，很少发生不能按照计划兑付的情况。加之销售人员对信托风险的淡化表述，投资者往往意识不到集合信托的风险，这也是投资者踊跃购买集合信托的原因。在不能兑付案例较少的背景下，如果有产品兑付困难，甚至不能按照预期收益率兑付，信托公司将会受到极大的声

誉损失，进而影响产品销售。各家信托公司密切监控房地产信托，确保产品能兑付。

2012年，信托公司确保存量房地产信托产品能顺利兑付的手段有如下几条：其一，对于目前财务状况较好但存在恶化倾向且有可能影响还款的项目，采取主动与融资方协商、提前收回融资的方法回避风险。这种手段在2012年上半年运用得较多，尤其是2～5月，如山东信托的“黄金海岸股权投资基金集合资金信托计划”、“彭和大厦贷款项目集合资金信托计划”等，数量不低于50款。通过提前终止规避项目失败的风险，实际上是将市场风险和交易对手的信用风险转化为投资者的再投资风险，但投资者对后者不敏感，而且再投资风险的潜在损失比项目运作到期的潜在损失小。

对于财务状况较差、不可能在约定还款期内还款的项目，积极推动债务重组，通过引进其他投资者如房地产私募基金、过桥资金等接盘，或是当项目发生违约时，由资产管理公司（AMC）接盘。实现融资方的现金流入，从而使信托推出项目。这是信托公司应对经营情况恶化严重项目的主要手段。

对于财务状况较差、不可能在约定还款期内还款且无法找到接盘交易对手的项目，信托公司往往用自有资金先兑付投资人信托本金及收益，再通过处置抵押物、质押物等方式收回资金。此类项目较少，截至12月31日，仅有中融信托的“青岛凯越”项目。

信托公司之所以能够在项目情况恶化时顺利脱身，是因为其担保到位，如抵押率较低，土地质押、股权质押、在建工程抵押得到有效落实。信托公司敢用自有资金先行兑付信托，也是由于这些原因。如安信信托公司的“浙江金磊房地产股权集合资金信托计划”因为项目实际控制人私刻公章、挪用建设资金偿还民间高利贷面临风险，最终担保方（也是项目公司股东）履行担保义务，提前清盘，其原因在于安信信托公司取得了项目公司70%以上的股权，并将其他股权和“金磊·星汇花苑”的土地使用权质押在自身名下；如担保方不履行担保义务，进入强制执行程序，其损失更多。

（三）平稳兑付启示：尊重投资者的风险承受能力

虽然集合信托起点较高，并且是私募产品，但这并不代表投资者容忍集合信托产品出现较大亏损，相反，大多数投资者都将其视为风险较低的固定收益类投资。只有让产品的风险收益属性始终和投资者需求保持一致，才能给予投资者信心。在这种思路下，信托公司拒绝高风险项目、转让高风险项目也就顺理成章。而目前中国多层次的金融资产需求，为不良项目的转让提供了可能。通过转让不良项目，减少信托计划的风险，这是房地产信托平稳兑付的第一个启示。房地产信托平稳兑付的第二个启示是要做好事中风险控制，及时发现问题，及时处理问题，变被动为主动，尽量避免项目失控的情况发生。

第四节　集合信托市场问题

一、集合信托风险暴露：定义判定及案例

集合信托存在着一定的信息不对称性：投资者在投资时不能对信托产品所投资的项目和企业有较清晰的了解，在选择信托产品的时候，只有默认信托公司履行了职责，信任其《尽职调查报告》和产品推荐材料，并在此基础上作出投资决策。而在业绩冲动下，少数信托公司会在以上资料中隐瞒情况，在信托产品运行中，可能发生信托产品实际情况与投资者预期严重不同的情况。

一般而言，如果宏观经济偏好，即便是信托公司适当放宽融资项目的准入标准，最终信托产品也不一定会暴露风险，但一旦宏观经济走弱，这类产品就会或多或少地暴露出问题。2012年这一点显得尤为突出。

（一）定义：在刚性兑付文化下的变异

集合信托风险暴露是指在集合信托的运行过程中，信用风险、市场风险、流动性风险以及操作风险之一或其组合暴露，影响集合信托产品的现金流，产生集合信托项目及其产品现金流与预计出现偏差或产品总体风险上升的现象。

目前信托行业有刚性兑付文化，不能以是否兑付为标准判断一款集合信托产品是否有问题，也不能按照现金流是否与预期一致判断一款集合信托产品是否风险暴露。在这种情况下，需要对以上定义进行诠释。如果信托产品有以下情况之一，即可判定其风险已经暴露：

➢ 在没有提前终止条款的前提下提前终止，或者未按提前终止规定提前终止（投资人蒙受再投资风险）。

➢ 尽职调查有漏洞，收集资料虚假或得出失真结论，且项目现金流与产品现金流不一致。

➢ 在产品存续期间，由于融资方、担保方资信恶化（这种恶化在产品成立之初可推测），导致信托产品风险加大。

➢ 信托产品延期兑付或者不能兑付。

（二）案例：集中体现四类问题

近年来，集合信托迅速发展，但在迅猛增长的背后，也暗藏着一定风险。之前，由于整个宏观经济发展较好，风险基本上未暴露。但2012年以来，由于宏观形势不容乐观，房地产调控初现成效，风险暴露较多。虽然目前暂无无法兑付的情况，但是延期兑付、通过处置资产兑付情况比较多（见表4-6）。

表4-6　2012年上半年出现问题集合信托产品一览①

信托产品	信托公司	投资方向	成立日期	期限（月）	出现问题
诚至金开1号	中诚信托	矿产	2011年2月1日	36	融资方振富集团实际控制人因民间借贷被拘留
振富集团特定资产	华融信托	矿产	2010年12月26日	30	融资方振富集团实际控制人因民间借贷被拘留
国投飞龙艺术品9号	国投信托	艺术品	2010年12月29日	24	融资方雅盈堂实际控制人被拘留，资金投向疑是房地产
宝腾一号艺术品投资	北京信托	艺术品	2011年3月31日	24	融资方雅盈堂实际控制人被拘留，资金投向疑是房地产
雅盈堂艺术品收益权	吉林信托	艺术品	2010年9月29日	24	融资方雅盈堂实际控制人被拘留，资金投向疑是房地产
松花江78号南山建材	吉林信托	工商企业	2011年11月28日	18	融资方骗贷
华澳—长盈11号	华澳信托	工商企业	2011年12月8日	24	融资方实德实际控制人被拘留
华澳—长信2号	华澳信托	房地产	2010年8月26日	24	融资方实德实际控制人被拘留
吉信—南京联强	吉林信托	房地产	2011年3月30日	12	融资方无力还款，延期兑付，华融接盘
永太科技收益权	北京信托	工商企业	2011年9月27日	24	质押股票下跌，经追加质押后仍然不足值，借款人提前终止
永太科技股权（二期）	中投信托	工商企业	2011年3月25日	24	质押股票下跌，关联人追加质押，但仍不安全

① 本表是不完全统计，不包括提前终止情况。

续表

信托产品	信托公司	投资方向	成立日期	期限（月）	出现问题
浙江金磊房地产股权	安信信托	房地产	2011年1月28日	36	但因为项目实际控制人私刻公章、挪用建设资金偿还民间高利贷，最终担保方履行担保义务，提前清盘
鄂尔多斯伊金霍洛旗棚户区	中融信托	房地产	2011年5月10日	18	知情人士透露，虽然此信托计划名为“棚户区改造项目”，但实际资金用途却涵盖鄂尔多斯伊金霍洛旗棚改和“城市之巅”两大房地产项目。其中，后者由于资金周转问题已停工半年
中融—青岛凯越	中融信托	房地产		18	销售进度缓慢，项目融资方无力还款，中融筹集资金兑付，最后项目拍卖
希森三和集合信托	华鑫信托	工商企业		24	融资方无力还款，东方资产管理公司接盘，未付末期收益

资料来源：普益财富（数据截至2012年12月31日）。

仔细分析以上各款产品，不难发现，大部分产品的风险不是源于天灾，而是出于人祸。如在“诚至金开1号”和“金牡丹—融丰系列—振富集团特定资产收益权”中，实际控制人王氏家族在当地经营民间借贷由来已久，并且融资主体振富集团名下的主要矿产有权属争议，不能办理质押或过户登记；“国投飞龙艺术品基金9号”、“宝腾一号艺术品投资”、“雅盈堂艺术品收益权”的融资人雅盈堂引以为豪的《砥柱铭》最后一拍价格极不正常，并被指是赝品；“松花江78号南山建材”实际上是金融诈骗，融资方用并不算高明的手段就成功融资。在项目初期，信托公司对融资人主体审查不严。归纳问题产品的类型，主要有以下四类：

第一，融资方或关联方涉及民间借贷，信托公司无法核实其负债总额，融资方资金链容易断裂，如“浙江金磊房地产股权”、“诚至金开1号”、“振富集团特定资产收益权等产品”。近两年，监管层逐渐为民间借贷正名，但又未建立起完整的借贷登记、信用记录等机制，使得信托公司尽职调查时难以核实具体债权债务数量。如果民间借贷风险先爆发，民间债务人先起诉，在没落实抵（质）押的情况下，信托计划将会比较被动。民间借贷的风险必须引起重视。

第二，融资方资金投向不明或不真实，影响信托公司或投资者判断。如“国投飞龙艺术品基金9号”、“宝腾一号艺术品投资”、“雅盈堂艺术品收益权”，资金投向不明确或不真实，应该有两种情况：信托公司本身不知道资金的真实投向，或信托公司知道资金的真实投向但未将其披露给投资者。前者容易导致项目失控；而后者，信托公司隐瞒资金投向的动机很值得怀疑，很可能是因为资金的真实投向风险较高。以低风险产品的形式投资高风险的项目，就是2012年初被市场诟病的“马甲信托”的基本模式。

第三，由于市场变化，抵（质）押物价值下滑厉害，信托产品出现风险。如“永太科技收益权”、“永太科技股权收益权投资（二期）”。如果项目本身现金流充足，抵（质）押物价值下滑不会直接影响信托的兑付，但是多数股票质押信托都未详细说明还款来源情况，故一般质押股票价格大幅下跌，投资者都会认为信托产品有问题。

第四，事前对房地产过于乐观，房地产项目失败。如“中融—青岛凯越”。明显由于市场风险导致风险暴露的只有这一例。

（三）评价：关键应在“治未病”

风险的大量暴露考验着信托公司的风险控制体系与风险控制能力。但从另外一个方面看，信托产品风险暴露后，信托公司往往能够迅速反应，通过再融资、法律诉讼、保全资产等多种手段追偿信托的权益，这又恰恰是信托公司事中风险控制能力的表现。

“不治已病治未病，不治已乱治未乱”，这个道理在资产管理、项目管理中照样适用。正确的做法应该是将不合格的项目挡在门外；在项目管理中做好监测，如有影响融资方还款能力的事件发生，及时主张权利。唯有这样，才能保证信托资金的安全。目前信托行业的状况是，立项门槛低，对项目运行监管较少，产品运行时只对现金流监督，这样的行为无疑会使信托公司对项目的判断缺乏前瞻性。事中风控仅是“救火”，也就自然谈不上“不治已乱治未乱”了。可以预见，问题产品的出现，给某些只顾业绩的信托公司敲响了警钟。饱经“救火”之苦的信托公司在未来的业务中，应该加强事前风险防范，降低自己的“救火”成本。

虽然2012年集合信托产品风险频出，但风险暴露的产品相对于存量产品毕竟还是极少数。大部分集合信托产品都有过硬的抵（质）押措施，未来风险大规模暴露的可能性较小。但是，风险频出容易导致委托人和市场其他主体信心低迷。如果对风险频出过分渲染，不仅会使信托销售蒙上阴影，而且会使投资者对一些已出现问题甚至未出现问题的项目心有疑虑，引发群体性事件，将项目的问题扩大化或者使本没有问题的项目出现问题，不利于整个信托行业的发展。要规避这一点，信托公司需要在以下几个方面狠下工夫：

第一，要加大信息披露力度。加大信息披露力度，可以预防投资者出现恐慌情绪，增加投资者和潜在投资者的信心。对于存量产品的信息披露，主要突出两个方面：一是最好定期管理公告，向投资人详细披露管理期内信托资金的运用情况、信托项目的经营情况、融资主体和担保方的财务情况、抵（质）押物公允价值变动情况，并对能否按计划收回信托资金作出合理估计。二是在信托项目出现异常时，及时做好临时性信息披露，将信托项目质量发生质变、项目债务重组确定突破性进展等关键信息传递给投资者。

第二，要加强项目的事前风控，从源头上减少问题信托的数量。2012年的问题产品大部分存在事前风控不严的情况，甚至大多数问题产品不该立项。信托公司需要加强事前控制，做好尽职调查和投资审批，把不符合条件的项目挡在门外。

二、另类信托之舛：风险、逻辑及思考

（一）起因：雅盈堂实际控制人被查

2012年5月30日，中国农业银行公告称，该行执行董事、副行长杨某目前正协助有关部门调查。杨某被查直接让一系列事件的主角——神秘商人王某浮出水面。其实际控制的机构——雅盈堂，在收藏市场可谓无人不知。2010年6月的保利春拍中，成立刚刚两个月的雅盈堂以4.3680亿元的价格拍下了黄庭坚的《砥柱铭》。多家媒体爆出，王某同时也是北京蓝色港湾置业有限公司的实际控制人，其利用拍卖市场不透明的交易制度，联合交易方虚抬艺术品价格，再以此艺术品作为质押物，发行信托产品和私募基金，达到扩大融资规模、套取资金的目的，套取的资金往往被挪用于房地产以及偿还赌债①。

“一石激起千层浪”，一时间，艺术品投资界风声鹤唳。民生银行品牌管理部总经理被查，牵涉出北京邦文当代艺术投资有限公司，前者是将艺术品信托理念引入信托和银行领域的第一人，而后者是通过艺术品信托融资的大户。

融资企业或其实际控制人涉嫌刑事案件被侦查，这足以引起作为受托人的信托公司以及作为委托人兼受益人的投资者的高度关注，艺术品信托被推到了舆论的风口浪尖。

（二）逻辑：豪赌升值或偷梁换柱

① “神秘商人王耀辉的艺术品生财之道”，《南方周末》2012年6月14日。

艺术品信托一直备受投资者青睐，部分信托公司将之冠以“创新”名号，乐此不疲。对此，我们一直持谨慎态度。艺术品属于另类投资，具有受众小、公允价值难获得、流动性差等缺点，并不适合于一般投资者。而且，目前发行的艺术品信托投资方向多为书画、瓷器，这类物件的交易价格不仅仅取决于其内在价值，更重要的是取决于投资者的主观评价。此外，目前国内市场上的艺术品信托产品期限较短，投资标的在信托期限内大幅度升值的可能性不大。这样就凸显一个问题：艺术品信托的收益来自哪里？

艺术品信托在短期内获得高收益的重要一点是投资顾问对标的艺术品反复炒作，人为拉高标的价格，在藏品价格上升时出货。雅盈堂事件体现了另一种艺术品信托在短期内高收益的逻辑：用艺术品投资作为“马甲”，偷梁换柱，借道融资，把信托资金投向其他领域，获取高收益。雅盈堂之所以愿意高价拍卖藏品，是因为其能通过藏品以低廉的利率取得融资。雅盈堂融资的实际用途为房地产项目及民间高利贷还款。近年来房地产行业系统性风险较大，2011年房地产信托的融资成本一般在20%以上，而雅盈堂利用艺术品融资的“国投飞龙9号”支付给投资者的收益不过8.00%～8.50%，加上其他费用，整个项目的融资费率不会超过15%，大大低于房地产信托的融资费用。而民间高利贷还款一般不能通过正规金融企业（如银行、信托等）融资，只能通过民间借贷，其利率和信托融资利率不在一个水平。

（三）风险：滚雪球或资金投向不明

以上两种模式都是危险的。反复操作谋求产品升值的模式有致命缺陷。

其一，反复炒作有可能无效。艺术品市场是个专业性极高的市场。随着国内市场的成熟，仅仅是反复炒作，并不足以让艺术品价值有实际提升，特别是在藏品不满足存量稀少、市场关注等条件的情况下，仅靠资金炒作要使藏品价值或价格在1～2年内有较大幅度的提升，还是比较困难的。

其二，如果在信托产品到期前，没有投资者接手标的，就必须找到资金对接，或新发信托接盘，或新发银行理财产品接手。这种模式类似于庞氏骗局，雪球越滚越大，风险慢慢积累。

而用艺术品投资作为“马甲”，把信托资金投向其他领域的情况更为严重。因为投资者无法知道信托资金最终投向，无法获知项目的具体情况，当然也就无法判断产品的风险，而真实的投向既可能是正常的工商企业流动资金，也可能是房地产项目，甚至是高风险的民间借贷。

（四）思考：长期投资应被重视

另类信托曾经作为新兴的投资品种被多家机构唱多，2012年的艺术品信托风波后，另类信托走下“神坛”，给投资者留下较大的心理阴影。

目前中国艺术品市场已经出现较大泡沫。从雅昌艺术品网提供的数据来看，2008年春拍后，尤其是2010年秋拍后部分指数加速上涨，目前已是强弩之末，已有回调趋势。而2012年秋拍中出现的“炒生不炒熟”的现象，也印证了目前被频繁操作的藏品、题材已经不再受到青睐。在这样的背景下，不管是对藏品过度操作还是借助藏品融资，都有较大风险。

但是，在2012年秋拍中，前期未被过度操作的品种开始发力，预示着收藏品市场并不是没有机会。艺术品信托产品需要摒弃急功近利的操作思路和圈钱思维，真正选好藏品、选好投资顾问，并在此基础上，将长期投资、价值投资的理念贯穿到产品运作中，为投资者赚取丰厚利润。

三、刚性兑付之困：起源、影响及治理

（一）起源：监管隐性要求

2004～2005年，在处理一系列信托事件的基础上，监管层逐渐形成了一种思路：对于出现问题的信托计划，要求信托公司根据委托人初始出资金额而非投资结果确定最后的兑付金额。如金新信托乳品计划的兑付，最终按照收购个人债权的精神——10万元以下全额赔付，10万元以上按本金90%赔付。彼时，监管层要求各信托公司不出现单个信托产品风险，实质上是要求“确保到期资金的支

付”，否则信托公司将会被叫停业务（《中国银行业监督管理委员会关于进一步规范集合资金信托业务有关问题的通知》，银监发［2004］91号文）。由于时值第五次整顿和第六次整顿之间，信托公司存量不多，信托牌照可谓一照难求，各信托公司为了保住业务，不得不重视兑付问题，这便是刚性兑付的开端。

2010年，由于房地产信托产品集中到期，加之房地产调控使多数开发商资金回收期延长，市场开始担心这些房地产信托能否按照信托合同约定时间及预期收益率顺利兑付。对此，监管层多次下文，要求注意兑付问题，确保兑付，实际上是要求按照预期收益率兑付信托资金，并有以下特点：其一，被要求确保兑付的对象是集合资金信托计划和银信理财合作产品，对非银信理财合作的单一资金信托计划要求较少；其二，要求兑付清算日期在信托计划到期日期或之前，不得在之后；其三，要求确保兑付的信托产品是融资类信托产品，不包括证券投资产品。

这直接给投资者传递了一个信号：融资类的集合资金信托计划和银信理财合作产品没有风险。而出于声誉风险的考虑和监管要求，信托公司也愿意按照确保兑付的要求管理信托资产。至此，“刚性兑付”文化在信托业正式确立。

从要求确保兑付的前两个特点可以看出，监管层要求确保兑付的初衷是为了推动新业务（集合资金信托计划和银信理财合作产品），让投资者消除疑虑，维护金融和社会稳定，防止因信托投资亏损诱发的群体性事件发生。应该说，这些目的都达到了。以集合信托为例，在刚性兑付的规则下，投资者需求旺盛，业务实现了爆发式增长，2006年以来，成立规模和数量的年复合增长率为44.01%和63.72%。

（二）逻辑：信托变身类贷款

信托公司的最大优势在于其“全牌照”，可以投资于三大市场，资金运用方式灵活。这给了信托公司较大的选择权，也给了投资者较大的选择权：对于资质较好的项目，信托资金可以以股权、物权投资的形式介入项目，为受益人博取较高的收益。但在刚性兑付的思路下，无论是股权投资产品，还是物权投资产品，多数都被植入了回购条款，收益都是固定的。

按照信托原理，信托公司的收入只能是信托管理费和业绩报酬。而对信托产品的隐性担保要求信托公司提取更多的风险准备金，这要求信托公司必须获得高于正常信托管理费和业绩报酬的“超额收益”。

在实际业务中，信托公司通过控制投资者收益，将部分信托收益作为信托公司收入来源。融资方为融资支付的费用包括：信托收益（投资者的报酬）、信托公司管理费及业绩报酬、托管费用。为了快速融得资金，融资费用一般较高，而信托公司只需支付给投资者相对低廉的收益，其差额便是信托公司的“超额收益”。

一方面是投资者收益固定，由信托公司做隐性背书；另一方面是信托公司可获得管理费用之外的利润，这使信托产品类似于银行的存贷业务。信托产品贷款化是刚性兑付文化的直接结果，并诱发了一系列问题。

（三）影响：逆向选择及影响政策

1. 信托的格雷欣法则。由于“融资费”的存在，信托公司逐渐沦为资金需求方的融资平台。一般而言，在资金比较紧张和质量比较差的项目中，融资方更容易支付较高的融资费用，这使得信托公司一方面能获得更多的“超额收益”，另一方面能向客户支付更高的收益。由于刚性兑付，客户在选择信托产品时，只会比较产品的期限及预期收益率，而忽视信托产品以及其背后项目的风险（2012年媒体盛传的投资者“不看合同就打款”便是这种心态的直接表现）。按照这个逻辑，收益越高的信托产品越受投资者欢迎。信托公司为了迎合投资者，可能优先选择收益比较高的项目，久而久之，收益高、质量差的信托产品发行速度快，给信托公司带来的收益高，会对质量较好的项目产生一定的挤出，这便是信托的格雷欣（劣币驱逐良币）法则，是刚性兑付最严重的危害。

虽然到目前为止，风险较高的项目挤出效应还体现得不完全，但风险已经开始暴露。具体体现在部分信托公司放松了对项目的尽职调查及风险控制。目前出问题的信托产品，基本上都可以在尽职调查或之前阶段即发现风险，终止项目。

2. 政策传导机制受影响。在中国，许多行业受宏观调控影响较大，政策有如下传导机制：如果政府调控某个行业，预示着这个行业的风险加大，投资者会减少在这个行业的投资；相反，如果政府扶持某个行业，预示着会有行业税、信贷方面的优惠政策出台，投资者会增加在这个行业的投资。信托融资，从本质上来说是一种直接融资，和间接融资中金融机构承担投资风险不同，其风险由出资人直接承担。故银行存贷业务中，存款客户无法监控贷款流向，银行为了保持客户关系，对政策反应相对迟钝；而信托业务中，是否投资由委托人决定，对政策反应更为灵敏。

而现在，在刚性兑付的氛围下，投资者忽视风险，这个传导机制已经失灵。2011 年中央进行房地产调控，房地产信托成立数量本应下降，但在高收益的诱惑下，2011 年全年房地产信托成立数量和募集规模分别同比增长 96.22% 和 71.01%。又如，清理地方性融资平台近年来成为政府工作的一个重点，但在 2012 年，由于收益率较高，政信合作集合信托产品成立数量仍大幅增长。

（四）治理：不能一蹴而就

由此可见，刚性兑付的恶果不在于市场上传言的“信托多米诺骨牌”效应；而在于信托贷款化后，信托公司侵占投资者收益、投资者养成收益固定的习惯性思维以及项目选择出现劣币驱逐良币现象、政策传导受阻等。

从合规性上看，刚性兑付的思路与我国现行法律有明显抵触。《信托公司管理办法》第三十四条第三款规定，信托公司开展信托业务不得“承诺信托财产不受损失或者保证最低收益”；又如《信托公司集合资金信托计划管理办法》第八条规定，信托公司推介信托计划时，“不得以任何方式承诺信托资金不受损失，或者以任何方式承诺信托资金的最低收益”。由此看来，刚性兑付无法理依据。

不管监管层是否承认，目前信托市场中的确存在着刚性兑付的思路，必须治理。而治理这个问题，还不能粗暴地、单方面地要求“买者自负”了事，因为存量的信托产品中，存在信托公司未履行受托人责任的情况，采用一刀切的思路显然有失偏颇。应该看到，市场各方已经习惯这样的思路，治理应该是个较长的过程，不能一蹴而就。纠正刚性兑付，可从以下几点入手：

第一，要消除投资者和潜在投资者对信托刚性兑付的错误认识。刚性兑付本身就是信托公司对投资者的隐性担保，仅仅简单地告知投资者信托是代客理财，风险收益均由投资者承担，显然不能纠正投资者的认识。要真正树立买者自负的理念，需在加大投资者教育的基础上，严格按照《信托法》要求对待问题产品：对于信托公司尽到了信托义务的产品，严格实行买者自负，信托公司对投资损失不承担任何责任；对信托公司未尽到受托责任造成的亏损，应要求信托公司承担赔偿责任。

第二，要加大对项目及信托公司的审查，由注重事后控制转换为注重事前控制。目前，监管层对信托公司的监管，主要集中在事中控制和事后控制上，如在信托产品到期前要求信托公司注意兑付、在项目出现风险的时候要求控制风险，但在事前，对哪类项目能介入、风险控制措施是否到位监管得不够，实际上是放松了对“卖者有责”的监管，导致信托产品良莠不齐。应加大审查力度，特别是事前风险防范，坚决对不良项目说“不”，防止不法分子利用虚假项目骗取信托资金。

第三，要监控信托公司的收入。打破刚性兑付，让信托回归“得人之信，受人之托，履人之嘱，代人理财”的本质，还要将信托的收益扣除信托费用后完完整整地返还给客户。目前信托公司“额外收益”丰厚，在破除刚性兑付后，信托项目风险由投资者承担，信托公司再截留信托收益不妥。

第五节 2012 年集合信托展望

一、业务发展：从政策层面解读

2013 年，美国面临“财政悬崖”问题，虽然从实质上看，这仅仅是个政治问题，但也将给复苏的美国经济蒙上一层阴影；欧债问题依然悬而未决，欧洲将面临痛苦的私人部门去杠杆化和政府部门去杠杆化过程；世界经济将维持低速复苏，主要经济体货币政策可能持续宽松。

在这种背景下，中国经济发展势必受到影响。世界主要经济体宽松的货币政策将直接推动大宗商品的上扬，向中国输入通胀。在中国经济开始复苏，中央定位“要继续实施积极的财政政策和稳健的货币政策”的情况下，将使 CPI 重返 3 时代，这将有助于推动资金成本上升，从而拉高集合信托产品的收益率，预期收益率下降的趋势有望在 2013 年第 2 季度得到扭转。

中央经济工作会议对 2013 年宏观调控的总体布局是“加强和改善宏观调控，促进经济持续健康发展”，其要求为“尊重经济规律”、“推动经济持续健康发展”、“在不断转变经济发展方式、不断优化经济结构中实现增长”，相比以前的“平稳较快发展”有较大变动。可以预见，有扶有控的调整思路仍将继续，给信托带来结构性机会。

房地产领域，2013 年的定调为“继续坚持房地产市场调控政策不动摇”；在 2012 年末，房地产市场有回暖的趋势，不排除一旦房价再高速增长，有更严厉的政策出台。这会使市场对房价走势有稳定预期，减少地产商和购房者的观望行为，从而增加销量，房地产商的现金流情况会出现一定好转，融资需求有可能减弱。但存量项目，特别是以前融资方对市场有较乐观预期的项目会面临较大问题，监控存量项目风险依然是 2013 年各信托公司工作的重点。

工商企业领域，有扶有控的政策思路可能会将产能过剩行业和“两高”行业挡在银行门外，但这些行业的项目在财政政策不支持、行政审批从严的条件下，经营风险会有显著提高，如何选择项目、如何管理项目是各信托公司竞争的首要问题。

基础设施领域，2013 年会继续维持高速增长。这主要得益于“积极稳妥推进城镇化”。但是，中央政府可能加强对基础设施建设的督导和监管，特别是加强对地方政府融资的规范性约束。项目选择方面，政府偏向“打基础、利长远、惠民生、又不会造成重复建设的基础设施领域”；融资选择方面，应注重考核效率。

二、兑付问题：在艰难中消化

2012 年，集合信托风险暴露较多，这种情况可能延续到 2013 年，保兑付仍然是各信托公司短期内的主要任务。原因如下：第一，房地产信托兑付高峰尚未过去，在前期风险爆发较多的环境下，在房地产行业告别暴利时代的过程中，接盘资金会相对谨慎，这会加剧信托公司的兑付难度。第二，曾经被冠以创新光环而风控不严的另类信托、矿产信托 2013 年将集中到期，兑付存疑。第三，在未严格履行受托人义务的情况下，信托公司不可能强硬要求投资者“买者自负”；在“高收益无风险”成为集合信托产品销售的一大“利器”的现状下，没有信托公司会拿自身的声誉和业务发展前景作赌注，不会贸然打破刚性兑付的潜规则。

存量的风险项目将会在艰难中消化，而这个艰难消化的过程，会使信托公司甚至监管部门重新审视刚性兑付，合理评判其优劣，最终达成共识。

三、行业监管：制度红利再释放

2012年监管层对于信托公司的监管是明松暗紧，没有过多地发文指导业务，但对其他行业政策的放宽，实际上是给信托带上了政策"紧箍咒"。2012年底，监管层开始关注不当销售问题，也将会给部分信托公司带来较大影响。

2012年末，在中国信托业协会举办的行业峰会上，政府相关人员提及资产管理业务统一监管的问题，并再次提出解决信托税收和信托登记的问题。前一个问题有望通过监管部门间的协调得到暂时缓解，而后两个问题会正式纳入《信托法》的修订体系中，这将有助于信托公司充分发挥信托制度的优势。比如解决信托登记的问题，有助于建立信托收益权的二级市场，从而解决信托的流动性难题。

第五章　阳光私募市场

第一节　政策法规解析

2012 年监管机构出台的对阳光私募有重大影响的文件主要有两个：一是有关信托公司重新开启信托证券账户的文件——《关于信托产品开户与结算有关问题的通知》；二是取得市场广泛认同的征求意见稿——中国证券监督管理委员会《证券投资基金法（修订草案）》征求意见稿。

一、《关于信托产品开户与结算有关问题的通知》

2012 年 8 月 31 日，中国证券登记结算有限责任公司发布《关于信托产品开户与结算有关问题的通知》（以下简称《信托开户与结算通知》），明确信托产品开立和使用证券账户的具体要求和相关结算安排。

2009 年，监管部门为防止信托开设多个证券账户申购同只新股以增加中签概率，暂停了信托证券账户的开设。此次信托证券账号重启目的明显，即为 A 股市场引入资金，维持股市稳定，也为阳光私募发展提供新的机遇。

2011 年，阳光私募业绩大面积亏损，共有 207 只基金实行清盘，而至 2012 年上半年，新增 92 只阳光私募进入清盘潮。阳光私募基金的收入主要来源于“管理费用 + 业绩提成”。2012 年上证综指一路下挫，惨淡的股市令业绩报酬无望，信托证券账号愈炒愈热，2012 年上半年高达 300 万元，信托证券账号成为制约阳光私募发展的重要因素。

信托产品证券账号重新开放，既体现了国家对于阳光私募发展的扶持，为信托产品提供了公平参与证券市场的机会，也为营造规范有序、公平竞争的市场环境提供了保障。

《信托开户与结算通知》主要有如下看点：

首先，信托证券账号的重新开设体现了自主选择、公平对待的原则。信托公司可自行开立证券账户参与证券交易，或按照市场化原则，自主选择委托基金公司专户理财、证券公司定向资产管理计划参与证券交易，以发挥不同主体的资源优势，形成优势互补、合作共赢的局面。为便于信托产品参与证券交易，《信托开户与结算通知》规定：“一个信托产品每委托一家证券公司或基金管理公司进行资产管理，可以在沪、深市场各开立一个专用账户。”

其次，对信托产品证券账号开户的要件及流程更为明确具体。对信托产品开立证券公司定向资产管理专用证券账户、基金管理公司特定客户资产管理专用证券账户的申请主体、开户方式、申请文件、账户名称等方面都作了详尽的具体要求。

最后，对信托产品证券账号进行严格管理，规范使用。针对以前开设的多个信托证券账户用于申购新股的不公平竞争行为，《信托开户与结算通知》规定，信托公司应加强自律，不得为专门申购新股、炒作风险警示股票（ST股）的产品申请开立证券账户。中国证券登记结算有限责任公司按照监管部门的要求对信托产品证券账户开立及使用情况进行统计监测。

信托产品证券账号的重启，对于阳光私募基金的发展无疑是重大利好。我们认为，短期最明显的效果在于降低阳光私募信托管理费用，间接放低阳光私募的发行门槛，引入更多资金进入阳光私募基金行业，壮大机构投资者。长期来看，证券账号存量不再成为信托公司作为阳光私募基金管理人的竞争优势，从而有利于各信托公司之间的竞争，进而提升信托公司服务质量和风控水平；有利于阳光私募基金引入高端定制化产品，增加服务客户群体的覆盖率。

二、《中华人民共和国证券投资基金法》正式通过

《中华人民共和国证券投资基金法》修订案（以下简称“《基金法》修订草案”）征求意见历经三审后于2012年12月28日正式通过，《中华人民共和国证券投资基金法》（以下简称新《基金法》）将于2013年6月正式实行。早在2011年《基金法》修订草案征求意见稿已出台。与原《基金法》相比，征求意见稿新增了4章——基金组织形式、非公开募集基金的特别规定、基金业协会和公开募集基金的服务机构。私募基金的内容主要有三个部分：私募基金的规范、私募基金公司开展公募的条件、私募成立自律组织的规定。

第一，私募证券基金纳入监管，规范了行业的发展。新《基金法》第一章第二条规定：“在中华人民共和国境内，公开或者非公开募集资金设立证券投资基金（以下简称‘基金’），由基金管理人管理，基金托管人托管，为基金份额持有人的利益，进行证券投资活动，适用本法。”将非公开募集基金实行备案制并纳入监管，明确了非公开募集基金的法律地位。同时，第九十五条明确规定，非公开募集基金财产的证券投资，包括买卖公开发行的股份有限公司股票、债券、基金份额，以及国务院证券监督管理机构规定的其他证券及其衍生品种。因此，此次纳入监管的私募基金只限于私募证券基金。

第二，新《基金法》中对于私募公司的成立、注册以及经营都作出了明确规定，并且对于非公开募集基金的规模作出限制。第十章第八十八条列明，非公开募集基金应当向合格投资者募集，合格投资者累计不得超过200人。目前通过信托平台发行的阳光私募产品，100万～300万元之间认购限50人，300万元以上认购人数并不受限。此次对于合格投资者人数的限制可能会导制未来私募产品门槛的提高以及产品发行数量的增加。

第三，新《基金法》给私募基金的业务扩展留下空间。第十章第九十七条规定，专门从事非公开募集基金管理业务的基金管理人，其股东、高级管理人员、经营期限、管理的基金资产规模等符合规定条件的，经国务院证券监督管理机构核准，可以从事公开募集基金管理业务。这为私募机构发行公募产品在法律层面留下空间。

第四，在私募营销上，新《基金法》第九十二条表示，非公开募集基金，不得向合格投资者之外的单位和个人募集资金，不得通过报刊、电台、电视台、互联网等公众传播媒体或者讲座、报告会、分析会等方式向不特定对象宣传推介。由于私募基金本身没有固定的销售渠道，所以可能私募基金的推广以后更多需要依靠渠道银行、券商或第三方理财机构。

对于私募基金法律地位的确定，一方面有利于私募公司运用多种形式组织基金，节约基金成本；另一方面，有利于私募公司正规化运营，也有利于保护私募投资者利益和促进行业长期健康发展。

第二节　市场热点分析

延续私募阳光化发展的必然趋势，2012年阳光私募增势虽有小幅下降，但成立数量仍然破900款。对冲基金领衔主演，债券型私募、管理期货是市场关注的热点，同时基金销售渠道扩宽和私募阳光化通道多元、“公募一哥”转战私募也备受关注。本节就这些热点分别论述。

一、2012年阳光私募进入对冲时代

2012年股市行情持续看淡，沪深指数曾一路下跌破2000点，清盘潮再涌现，安全渡过2011年“大洗牌”的私募公司再遇危机时刻。在抵御系统风险，增强产品抗跌能力方面，对冲基金起到了举足轻重的作用。

（一）私募债券基金，杠杆效应成就稳定高收益

2012年，新阳光私募基金发行仍然是处在快车道（见图5－1），但由于2011年阳光私募的惨淡收场，公募和私募均只能保守前进。从产品的性质来看，债券类产品已成为2012年新成立阳光私募基金的主打类型。债券类阳光私募基金一直存在，但数量不多，而自2011年后此类产品增长迅速。2011年共有12家信托公司成立了44款债券型阳光私募基金。持续疲弱的A股市场成为私募债券基金发行的催化剂，发行数量井喷，成立数量创新高，29家信托公司成立了228款。债券型私募成为2012年阳光私募产品新亮点。从信托公司来看，平安信托和华宝信托均成立了31款，并列首位；中海信托成立了30款，次之；外贸信托成立了24款，排行第四。此外，山东信托等25家信托公司共成立了112款。

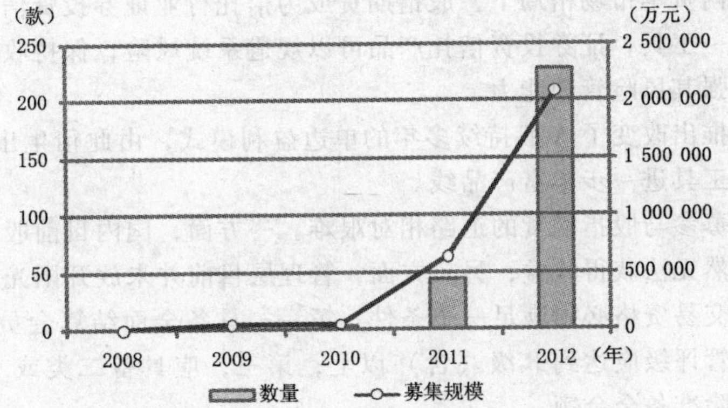

图5－1　2008～2012年阳光私募债券成立情况

资料来源：普益财富（数据截至2012年12月31日）。

股市偶尔间歇性反弹后就几近单边下跌，一边股票类私募基金近半大幅亏损，跌破止损线；另一边私募债券基金却坐稳收益。从收益率上看，公布收益率的产品中，收益率介于3%～5%的产品占主体部分，占比54.17%；相对收益率大于5%的产品以25.00%的比例居于次席。87.50%的产品获得正收益，其中以佑瑞持资产管理有限公司管理的“国投信托—佑瑞持1号”以10.29%的相对收益率居首位。2012年债券型阳光私募如火如荼的主要原因有：

第一，宏观经济低迷，A股市场持续疲弱走势。2012年的中国尚处于经济转型的阵痛中，持续低迷的企业业绩与不见放缓的扩容速度对股市产生多重压力，加上动荡不安的外围，股票市场恐慌情绪加剧，致使众多风险厌恶型投资者逐渐远离实体经济及股票市场投资，从而转向债市避险。2012

年，中国人民银行两度宣布降息，股市在宽松货币政策环境下继续下跌，债券则因固定利率优势迎来短期投资机会。

第二，私募债券本身的对冲效应迎来了需求。缺乏对冲和做空机制是国内阳光私募发展的一个巨大瓶颈，而债券私募正好满足了投资顾问在看低股市行情时的对冲需求。

第三，结构化私募债券产品，杠杆下的高收益效应已经呈现。2012 年共发行了 228 款债券阳光私募，其中结构化产品 175 款，非结构化产品 53 款。结构化私募基金通常采用杠杆操作，通过“受益层分级 + 质押式债券回购”放大资金倍数，也替投资顾问实现了可观的收益。

随着债市扩容，潜在违约风险可能发生，信用风险和利率风险加大。采用杠杆操作的债券私募已不再被视为固定收益类产品，杠杆操作在放大收益的同时也放大了风险。

（二）股指期货热门，御风险，保收益

2012 年 2 月 3 日，中国金融期货交易所发布《中国金融期货交易所套期保值与套利交易管理办法》，开始接受机构投资者及成熟个人投资者的套利交易编码申请。该办法明确规定，套利包括期现套利、跨期套利和跨品种套利等。套利编码的推出，为私募基金发行信托产品参与对冲操作打开了一条通道。

2012 年，从收益上来看，最耀眼的私募基金莫过于“颉昂商品对冲 1 期”。自 2012 年以来，“颉昂商品对冲 1 期”以高达 115.03% 的年收益率远远将其他私募甩在后面。2011 年 11 月 30 日，“颉昂商品对冲 1 期”于 2011 年 9 月 23 日正式成立，北京颉昂投资管理有限公司作为投资顾问，产品运用对冲投资策略，走商品期货道路，收益颇丰。

以前由于信托证券账号投资范围的限制，阳光私募无法参与股指期货的套利，但自 2011 年《信托公司参与股指期货交易业务指引》出台，华宝信托成为国内首家取得股指期货业务交易资格的信托公司。伴随着“砺石一号”对股指期货的试水，阳光私募慢慢步入股指期货领域。

阳光私募参与股指期货的优势主要有以下方面：

首先，在目前的国内资本市场格局下，股指期货成为信托行业证券投资信托业务有效的风险对冲工具。通过合理运用这一工具，证券投资信托产品可以规避系统风险，保持收益的稳定性，有利于改善产品的资源配置，加强其风险管理能力。

其次，股指期货的推出改变了 A 股持续多年的单边盈利模式，由此衍生出多种新型的投资策略，私募行业可以借助这一工具进一步丰富产品线。

但是，目前阳光私募参与股指期货的道路相对艰难。一方面，国内目前股指期货杠杆套利的成本太高，若操控不好，仍然无法获得收益；另一方面，管理层目前并未放开阳光私募投资股指期货，信托公司要取得股指期货交易资格必须满足三个条件：第一，具备全面结算会员或交易结算会员资格；第二，最近年度分类监管评级应达到 B 级（含）以上；第三，应具备二类或二类以上技术资格，有与业务规模相匹配的风险准备金余额。

二、销售渠道扩宽，第三方理财机构或成新伙伴

无自有销售渠道无疑是制约阳光私募发展和规模扩张的重要原因。长期以来，阳光私募一直通过携手银行，借用银行的销售渠道实行对新产品的推广和销售，但道路并不顺畅，特别是中小规模的阳光私募公司。

首先，银行的高收费让私募公司难以负担。据透露，银行等机构在日常销售非结构性产品中提取的费用比率相当之高，仅首次发行包括销售服务费（或代理销售费）、发行奖励、申购费等等。

其次，国内大银行自 2011 年开始对发展迅速的银行阳光私募基金理财业务进行整顿，圈定合作发行的阳光私募基金名单，中小阳光私募基金公司被边缘化，生存环境更加恶劣。

2012 年 2 月，好买、众禄、东财顾问和诺亚正行四家理财机构宣布获得中国证监会批准的独立

基金销售业务资格。基金第三方销售的正式开闸，对处于水深火热的阳光私募而言，短期虽未表现出巨大的机会，但长期而言，第三方理财机构与渠道银行的竞争将倒逼渠道银行改善服务，费率下降和专业服务得到提升。

三、券商私募新合作，打破信托私募阳光化垄断地位

2012 年 11 月 26 日，国内首款由券商与私募联名为“国泰君安君享·重阳阿尔法对冲一号”的券商集合理财产品正式发售；随后一款名为“国信鸿道对冲限额特定 1 号”的券商集合理财计划也迅速步入推广期。“私募 + 券商”的私募借道券商发行产品的合作模式在业内被快速复制。

自阳光私募基金发行以来，“私募 + 信托合作”是私募阳光化的主要模式。此次私募绕过信托，借券商通道，阳光化私募基金打破了信托私募阳光化的垄断地位。

私募撇开信托，选道券商合作，主要原因有：

第一，通道费用打响了信托、券商第一战。信托证券账号的高额管理费用让私募望而却步。尽管 2012 年 8 月中登公司重启信托产品证券账号，但就目前，相对信托证券账号一年耗资约 150 万元左右的成本而言，券商的“通道费”无疑是便宜的。

第二，双赢局面令私募、券商乐得其成。券商与阳光私募合作，券商通过营业部帮助券商探索传统经纪业务转型之路；同时，阳光私募也可通过与券商合作，拓展营销渠道，增长产品规模，取长补短，互助合作，实现双赢局面。

第三，券商在投资领域占有优势。对于投资者而言，品牌效应的影响是不可忽视的。相对信托公司，券商长期的投资经验让投资者更具信任感；对于私募公司而言，券商能为私募提供研究报告、安排调研上市公司等服务，这也是信托公司所不具备的。

第四，证券投资产品的多样化。“国信鸿道对冲限额特定 1 号”招募说明书显示，该集合计划的投资范围既包括股票、基金等权益类金融产品，也包括国债、央票、中小企业私募债等固定收益类产品。此外，银行理财计划、信托计划、券商专项资产管理计划、股指期货、利率互换等金融产品，也在该产品的投资范围之内。可以看到，相对当下私募借信托参与股指期货或采用对冲策略限制较多，与券商合作就简单多了。

目前，券商、私募合作的发展趋势和倾向是以券商提供交易通道，银行提供销售渠道，私募主导证券投资为合作模式开展。长期来看，券商与信托的竞争可降低阳光私募的费用，而且有效竞争下服务质量的提升将使阳光私募行业发展更为完善。

四、王亚伟——“公募一哥”相中私募

公募经理转战私募市场早已是见怪不怪的事了，自 2006 年以来，公募基金经理就掀起过数轮“私奔潮”。相对公募，一方面私募监管更少，操作更灵活，宽松的环境更适于公募经理大展拳脚；另一方面，私募行业的报酬更为丰厚。2012 年，“公募一哥”王亚伟的转战再次引起高度关注。

继辞去华夏基金副总经理职位后，王亚伟于 2012 年 9 月 28 日注册深圳千合资本管理有限公司（以下简称“千合资本”），公司经营范围为受托资产管理、股权投资、投资管理等，注册资本金 1 000万元人民币，王亚伟是唯一股东。

外贸信托·昀沣证券投资集合资金信托计划（以下简称“昀沣投资”），是“千合资本”的首款私募产品。其受托人是外贸信托，通过国信证券与招商银行发行。该产品投资门槛 2 000 万元，每月 30 日开放，投资范围为股票以及股指期货，股指期货上限为 20%。相对于普通高端理财产品 100 万元的投资门槛，昀沣投资将其理财客户定位为亿元身价的投资者。

王亚伟在业界的影响力以及其独到的投资理念都为其管理的第一只产品增加了无数亮点，昔日的“公募一哥”最终能否演绎王者归来，可以拭目以待。

五、对冲策略引领，投资策略多元化并存

投资策略往往是决定阳光私募业绩的重要因素。2012 年，私募行业以中性策略为主，对冲私募备受关注。自阳光私募发展以来，投资策略创新层出不穷，如风险缓冲型、目标回报型、TOT、行业私募、定向增发私募、对冲私募等等。表 5－1 对执行以上 6 种策略的私募基金的创新点及优劣势作了比较。

表 5－1　不同投资策略型私募基金创新点及优劣势比较

（1）风险缓冲型私募	
定义	风险缓冲型私募也称“安全垫”私募，其管理人投入一定比例的资金参与私募基金的运作，产品亏损时，投资顾问以认购资金为限对客户进行补偿，上涨时，管理人提取更高的业绩提成。
创新点	亏损时管理人以自有资金补贴投资者的亏损，盈利时有更高比例的收益提成。此类产品是否兜底，主要看有无向下清算条款或无限补偿条款，即部分私募约定跌破净值 0.7 元或 0.8 元时，基金将在偿还投资者本金后清算，或者管理人的跟投资金将做无限补偿，对投资者积累更厚“安全垫”，保证投资者不亏损。
优势	更紧密地捆绑管理人和投资者的利益，具备风险可控和收益不封顶的特性。
劣势	在上涨行情中，阳光私募一般会先行补贴“安全垫”亏空，再在创新高后提取比普通阳光私募 20% 明显更高的业绩提成比率。但在下跌行情中会首先侵蚀管理人的资金。譬如在管理人跟投 20% 的情况下，母基金亏损 20% 以内，投资者不亏损；母基金亏损超过 20%，投资者才可能面临亏损风险。
适宜人群	稳健型投资者。
（2）目标回报型私募	
定义	目标回报私募设有一些收益补贴条款，在规定时间内，如果该目标回报私募收益达不到设定的目标，投资顾问会将之前收取的部分业绩报酬补偿给投资者。同时，产品还设定风控目标，如果净值在某段时间内低于该目标，则大幅减少该段时间的管理费。
优势	不少目标回报私募目标设置比较诱人，比如重阳 9 期和重阳目标回报 1 期的目标是 3 年持有期，目标收益率是 50%。
劣势	该类产品并没有管理人对产品的跟投，捆绑不够紧密。譬如某产品约定净值翻番前不收管理费，但最终该产品以亏损 50% 遭到清盘。
适宜人群	对所选择私募基金经理有充分信心的投资者。
（3）TOT：单笔资金投资多只私募	
定义	TOT，Trust of Trust，通过将基金资产分散投资于多只私募而构建比投资单只私募更低的风险和更高的收益。
创新点	单笔资金可投资于多只私募产品。
优势	组合主动调整，分散风险。
劣势	双重收费，标的私募收一次管理费和业绩提成，TOT 管理人再一次收取管理费和业绩提成（通常是 1% 的管理费和 10% 的业绩提成）。
近年 TOT 产品连续跑输私募平均，以下两点可能是重要原因：一是关于管理人的择时操作。通常私募申购后会有半年到 1 年的封闭期、禁止赎回，但 TOT 主动管理通常要求一定的灵活性，在封闭期赎回高昂的赎回费下 TOT 管理人灵活调整不现实。二是关于管理人优选基金。目前 TOT 产品的组合篮子比较小，一般就 5 只左右，但部分私募的业绩稳定性差，过于集中投资使 TOT 整体面临较集中的投资风险。	
适宜人群	对阳光私募了解不多但又希望投资该领域偏稳健的投资者。

续表

（4）行业私募：能当工具型基金使用	
定义	主投某一行业股票的私募基金。
创新点	私募公司普遍人员较少，研究力量薄弱，将有限的投研资源投入到最擅长的领域，有利于产品为投资者创造超额收益。
优势	私募规模普遍不大，部分行业指数盘子较小，私募购买对该行业股票的流动性冲击不大；公募基金行业指数基金覆盖并不全面，私募基金是有利补充。
劣势	受板块轮动影响较大，业绩波动较大。
适宜人群	这类基金有医疗行业基金等，投资者可以将此类产品当成工具型产品，进行波段投资。
（5）定向增发私募	
定义	定向增发私募指特定参与股票定向增发的私募基金。
创新点	通过信托设计集合资金参与股票一二级市场套利，将之前只能由机构参与的投资让普通投资者也能参与。部分定增基金通过有限合伙嵌入信托的方式不只投资一只或几只股票，而是数十只定向增发股票，分散风险效果显著。
优势	能以较高的折价拿到定增项目（10%～30%），大宗交易的折价优势明显；历史统计数据显示定增股票整体表现优秀，定向增发股票基金能有更好的成长性。
劣势	定增折价空间走低（定增股票平均折扣率从2006年的24%、2007年的31%一路下滑到2011年的10%～15%左右）；股市低迷、定增破发频繁；定增私募仓位较高，净值随股价波动而波动剧烈；部分集中投资于2～3只定增股票的定增私募可能会撞上“黑天鹅”股票。
适宜人群	需要逢低买入，指数高位不盲目追高，适合风险承受能力较高的投资者。
（6）对冲私募	
定义	通过有限合伙嵌套信托，或者纯粹就是通过有限合伙，私募基金已经可以较大比例做空投资标的。目前市场上比较典型的对冲私募有两类：市场中性策略私募和期货套利策略私募。其中，市场中性策略基金一般通过做空股指期货，力求对冲投资组合中的系统性风险，以此赚取组合中个股超额收益的投资策略；而期货套利策略私募是期货基金经理根据量化模型，在期货市场的做多和做空两个方向上均建立头寸，取得套利收益。
创新	引入了平抑波动的做空机制。
风险收益特征：市场中性策略私募的对冲工具可以是股指期货，也可以是融券标的，此类产品的目标一般是年化10%～15%左右的稳定涨幅，和市场牛熊关系不大。期货套利策略私募通常在某个市场方向上有较大头寸，并可能通过杠杆手段放大头寸，因此部分此类阳光私募波动较大，只是由于主要投资期货市场，和主投股票的私募业绩相关性很小。	
适宜人群	市场中性策略私募适合低风险投资者，期货套利策略私募适合追求和股票市场低相关性的投资者。

资料来源：新浪财经。

任何一种投资策略都是随着市场形势应运而生，弱市环境下，对冲策略成为创新的主要方向。

六、产品创新

（一）MOM——管理人的管理人基金

MOM，即“管理人的管理人基金”，由MOM基金管理人通过长期跟踪、研究基金经理投资过程，挑选长期贯彻自身投资理念、投资风格稳定并取得超额回报的基金经理，以投资子账户委托形式让他们负责投资管理的一种投资模式。

2012年8月6日，平安罗素投资管理公司发行了国内的首只MOM产品——“平安罗素MOM一期”，发行规模为1.12亿元。随后，原民生证券副总裁、首席经济学家滕泰成立万博兄弟资产管理公司，确立以MOM为主要模式。

相对于国外比较成熟并且较为主流的MOM管理模式，“平安罗素MOM一期”客户群涵盖了机构投资者客户、个人高净值客户和机构客户，其中机构客户比例占80%。此次平安罗素发行MOM产品主要也将面对三类投资者：一是QFII；二是机构客户、企业年金、财务公司；三是面向个人发行的集合产品。

目前国内MOM产品的发展模式基本上是借鉴国外MOM的运行方式来开展，但相对而言，此次MOM产品的创新点和优势有：

首先，MOM产品结构类似伞形信托，一个账户下有多个投资顾问，但MOM组合核算与伞形信托的单独核算又相区别。其性质类似于TOT，都为组合管理；但是MOM观察管理人的业绩，委托进行直接管理。而TOT则是通过购买产品间接管理。相比TOT，MOM产品优势在于：一是可以按照自己的产品风格来匹配、筛选相关管理人，相较于TOT间接投资在管理上更加方便、自由和有针对性；二是通过同一个信托账号下的直接组合管理，可以避免TOT面临子信托在申购、赎回等非投资因素带来的投资误差；三是可以避免TOT的双重收费问题。

其次，MOM管理模式独特。一方面，通过对私募基金管理从性格、投资理念、投资风格、个人行为表现等方面进行深入研究，主动优选阳光私募基金投资顾问；另一方面，灵活地将投资者的不同需求、预期回报率与对应的投资产品相匹配的优势，形成优选和组合管理的主动管理，从一定角度和程度而言，MOM产品具备宽泛定制化功能。

以MOM模式发行产品，“精选管理人”成为发行前的首要任务，管理人对产品的投资能力绝对影响产品收益率。对于产品发行主体要求也相对更为严格，需要具备较强的调研能力、判断能力及管理能力。子基金的投资管理人需要区分自己的运作产品，保证产品的独立性以及增强风险规避能力都是发行主体需要重视的。

整体而言，MOM模式是对优秀人才资源的分类整合，实行高端产品定制化路径。但是目前证券账户的放开，私募基金公司本身也正在实现高端证券投资产品定制化，若MOM产品模式未能提供更好的资源与竞争优势，前途仍尚未明朗。

（二）多重对冲策略基金

2011年，股市的不景气连带九成阳光私募亏损，熊市缺乏做空机制及单一对冲策略的效果有限。2012年国内首只多重策略对冲基金——“莞香一号”，通过将对应资金配置于对应策略，通过不同策略之间的转换把握市场周期转换带来的机会。

莞香一号首期采用私募的方式召集投资者，共50个名额，投资金额不低于100万元。产品定位主打稳健，采取的计算机数学决策模型是按照量化对冲与趋势交易进行交易，追求稳定的收益率。

引入产品创新点即引入多重策略，将资产配置于不同投资策略当中，包括但不限于可转债套利、股票对冲、统计套利、并购套利等独特策略。好处是可以减少风险，平滑利润，减少波动以及降低资产类别和单一策略的风险。

（三）“分红型”阳光私募产品

2012年，上海理成资产管理有限公司通过华润信托发行了国内首只分红型阳光私募——“理成消费分红（转子6号）证券投资集合资金信托”［以下简称“理成消费分红（转子6号）”］。

“理成消费分红（转子6号）”主要是在产品设计上创新，在产品有盈利的情况下，采取按月分红，每次分红比例不低于信托计划收益的50%。获取收益方式可选择取得现金或转换为信托单位方式。与其他阳光私募产品区别在于：理成消费分红（转子6号）因信托利益分配而直接转化的信托单位而无封闭期和准封闭期，且无需另外缴纳费用。突破一般非分红型阳光私募产品需要对持有产品进行赎回才能获得收益的限制，也改变了产品在准封闭期间还需缴纳一定赎回费用的局限。

分红条款本身不会对私募基金收益产生直接影响，对基金经理的约束也有限。产品能否取得较高收益，关键还是要看私募机构的投研能力。

（四）“业绩补差型”阳光私募产品

2012 年 4 月 17 日，兴业信托发行的“长金·中科智 1 号证券投资集合资计划”，广州长金投资管理有限公司作为投资顾问，此产品首创了“业绩补差”的新模式。

该产品引入深圳中科智融资担保有限公司作为担保机构，并在产品合同中规定，对于持有该信托计划超过 3 年或产品到期、终止清算的投资者，若赎回时信托净值低于认购时的信托单位净值，担保公司、投资顾问、特定受益人以认购份额为限承诺补偿亏损部分。

对于作为投资顾问的阳光私募公司而言，在产品运作中途无收入，只在客户赎回时才可以分享业绩提成。对于客户而言，如果不满 3 年赎回该产品，可以获得收益部分的 50%。而持满 3 年赎回，则可以享受“业绩补差”：当产品收益在 0 ~ 15% 区间，收益 100% 由投资者获得；收益超过 15% 以上部分则 50% 归客户所有。也就是说，当客户持满 3 年后，收益需达 15% 以上阳光私募才有可能获得业绩分成。

七、产品评级体系创新

独立第三方私募基金评级机构深圳融智投资 2012 年首推对冲基金（阳光私募基金）分类体系。该分类体系按照基金的类型、策略以及特点三个维度进行划分。基金类型分类主要依据基金的结构和投资对象；基金策略分类主要是依据基金的投资策略，分主策略分类和子策略分类两个级别；基金特点分类主要根据基金的结构及其他方面区别于一般基金的特殊属性和特点。

中国私募行业仍在快速发展，前景会越来越广阔，新产品不断涌现，如 MOM、多重对冲策略基金。分类体系也需随着行业的发展而变化。这是中国首个针对阳光私募基金的分类体系，既有助于客观评价阳光私募业绩，也可以提升投资者对产品的判别能力。

第三节　2012 年阳光私募市场情况回顾

一、阳光私募成立情况

（一）股市持续疲弱，阳光私募成立数量小幅回落

2012 年，阳光私募成立数量不续 2011 年井喷之势，成立数量小幅回落（见图 5 - 2）。据普益财富统计，2012 年新成立的阳光私募 925 款，成立数量环比 2011 年（2011 年数据经补录后，阳光私募发行量达 975 款）减少 50 款，降幅 5.13%。但从成立规模看，2012 年成立的阳光私募集总募集规模为 546.89 亿元，较 2011 年发行规模增加 70.89 亿元，增幅 14.89%；平均每款产品成立规模为 0.59 亿元，环比上升 21.23%。截至 2012 年，阳光私募募集总规模达 2 621 106 亿元。

2012 年阳光私募月度成立数量和规模在走势上有较大区别（见图 5 - 3），成立数量以 5 月成立新产品最多达 102 款，1 月成立数量最少为 56 款。8 月底虽然中国证券登记结算有限责任公司对信托证券投资账号重启，但 9 月阳光私募产品成立数量并未有明显增长。此现象在一定程度上反映了阳光私募开始从简单的规模扩容向以收益为导向的目标转换。各月度间成立的阳光私募产品募集规模有一定差异，大体呈中间高、两端低的态势。其中，以 7 月募集规模最大，达 82.99 亿元；以 11 月募集规模最小，为 21.26 亿元。

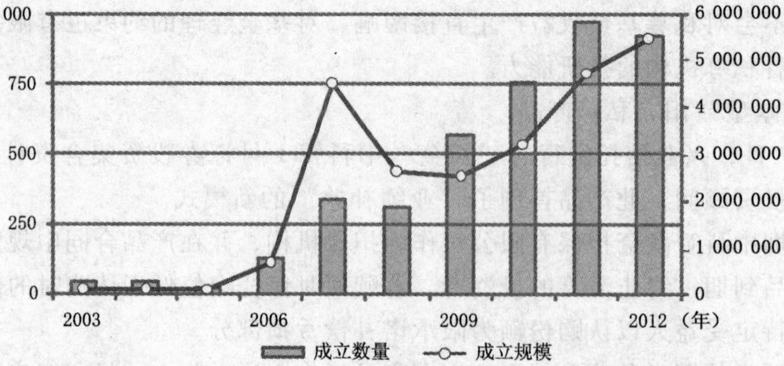

图 5－2　2003～2012 年阳光私募产品成立数量及规模

资料来源：普益财富（数据截至 2012 年 12 月 31 日）。

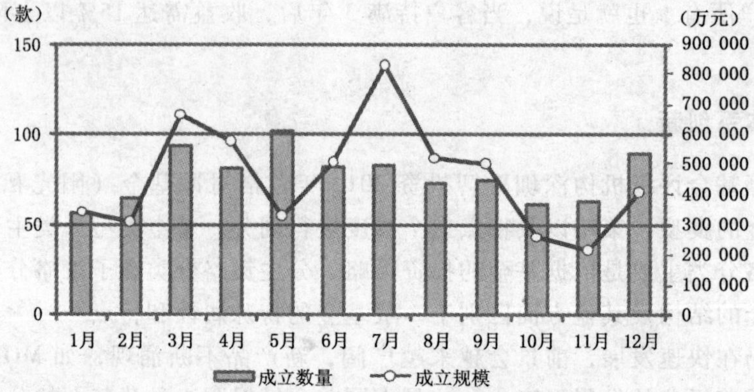

图 5－3　2012 年各月阳光私募产品成立数量及规模

资料来源：普益财富（数据截至 2012 年 12 月 31 日）。

（二）中长期产品占比上升，收益率不相上下

从期限结构上来看，63.03% 的产品公布了产品期限，其中 2～3 年（不含）期产品占比上升 2.07 个百分点至 4.99%，而 2 年内（不含）期和 3 年期以上产品占比则分别下降 0.34 个和 11.37 个百分点至 41.51% 和 29.16%。阳光私募产品以中长期为主（见图 5－4）。

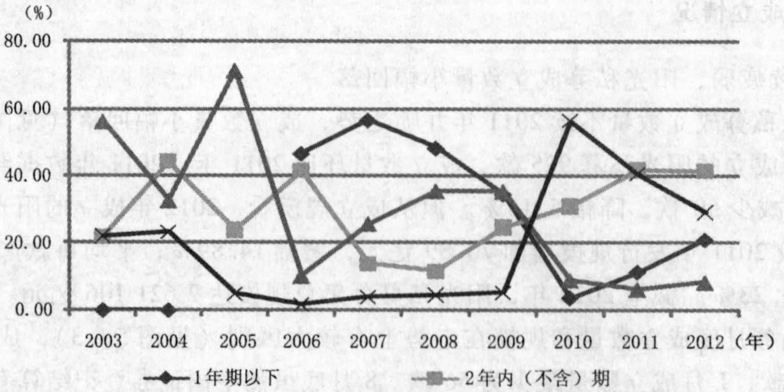

图 5－4　2003～2012 年成立的阳光私募产品各期限区间分布比率图

资料来源：普益财富（数据截至 2012 年 12 月 31 日）。

严格来讲，1 年期以下的信托集合产品均属于违规。但 2012 年，1 年期以下产品发行了 123 款，

环比增加45款，占比上升9.64个百分点至21.10%。违规产品成立数量的增加，一方面是基于市场的悲观预期，另一方面与投资者避险偏好的密切相关。

从预期收益率上看，2年内（不含）期阳光私募产品的平均收益率为7.07%；2~3年（不含）期阳光私募产品的平均收益率为6.93%；3年期以上阳光私募产品的平均收益率为7.76%，2年内（不含）期阳光私募产品平均预期收益率高出2~3年（不含）期产品平均预期收益率0.14个百分点。从各家信托公司来看，2年内（不含）期产品平均预期收益率最高的是四川信托和中融信托，平均预期收益率均为9.00%；2~3年（不含）期产品平均预期收益率最高的是华融信托，平均预期收益率为9.50%；3年期以上产品平均预期收益率最高的是华宝信托，平均预期收益率为10.00%（见表5-2）。

表5-2　2012年各信托公司成立阳光私募产品平均预期收益率

信托公司	2年内（不含）期	2~3年（不含）期	3年期以上
北京信托		—	5.20
长安信托	7.14	8.30	9.92
东莞信托	7.50	—	
粤财信托	7.83	—	—
华宝信托	7.25	—	10.00
华融信托	—	9.50	3.50
华润信托	5.50	7.31	
陆家嘴信托	5.30	—	—
山东信托	8.00	—	—
四川信托	9.00	—	—
天津信托	5.70	—	—
五矿信托	5.79	6.15	—
云南信托	8.02	4.60	6.87
中海信托	5.22	—	—
中航信托	6.40		—
中融信托	9.00	—	7.35
中信信托	7.01	7.75	6.76

资料来源：普益财富（数据截至2012年12月31日）。

（三）股票型基金占主导，债券型基金猛增

2012年，股票型基金继续引领阳光私募基金的投资类型。股票型产品成立572款，环比减少43款，占比增加1.24个百分点至61.84%，股市行情走弱可能是其成立数量减少的原因。值得注意的是，2012年债券型基金呈井喷发展之势，成立228款，环比增长184款，占比增加20.14个百分点至24.65%（见图5-5）。此外，其他类基金产品成立数量大幅下降，共成立125款，降幅60.44%。无混合型基金成立。

（四）结构化趋势明显，熊市下的主流地位基本确立

从产品分层类型来看，2012年阳光私募在产品结构上较往年实现了历史性转折，结构化产品超

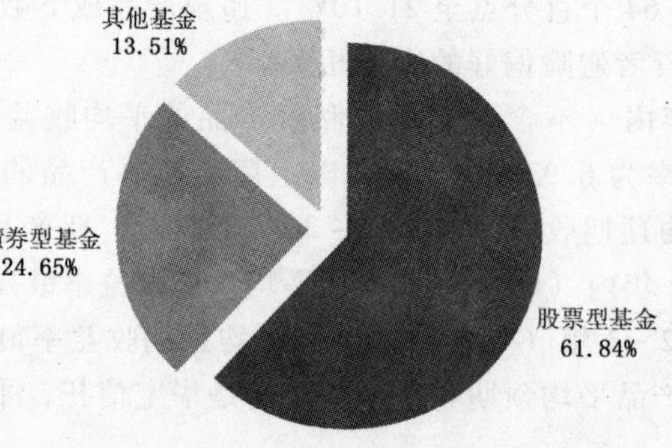

图5－5　2012年成立的阳光私募产品各投资策略分布图

资料来源：普益财富（数据截至2012年12月31日）。

过非结构化产品，成发行主流。2012年公布产品结构类型的产品中，结构化产品发行509款（见图5－6），环比上年增加133款，增幅为35.37%；非结构化产品发行369款，环比减少15款，降幅3.91%。此番主体地位的反转的原因有：一方面，股市长期疲弱与震荡及阳光私募机构的大幅清盘提高了投资者的风险敏感度，在熊市下获得稳定固定收益成为投资者的首选；另一方面，非结构产品的私募机构，特别是中小规模私募公司，虽然可以取得稳定管理费用，但长期的高额运营成本也可能令其入不敷出，结构化产品杠杆效应在放大风险的同时也成倍放大了效益。若私募机构能较好地运作某只阳光私募基金，结构化产品下带来的利润更具诱惑。

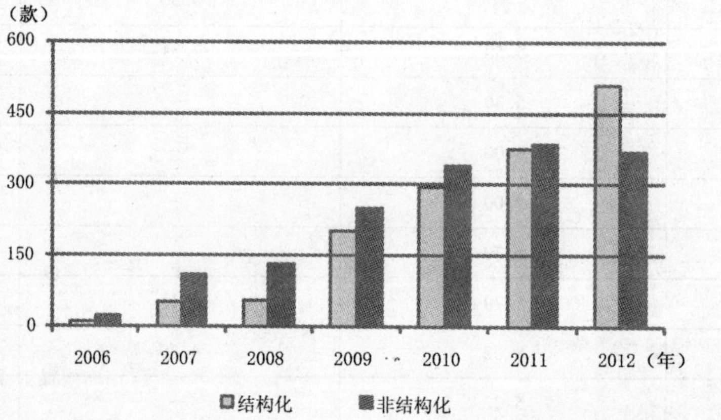

图5－6　2006～2012年各年成立的阳光私募产品结构类型分布情况

资料来源：普益财富（数据截至2012年12月31日）。

二、阳光私募——投资顾问

（一）行业洗牌再续，2012年新增9家投资顾问公司

据普益财富统计，2012年只新增9家投资顾问公司，成立数量环比下降40家，降幅83.33%。其中，“公募一哥”王亚伟亦转战私募，2012年9月26日注册深圳千合资本管理有限公司，成立首只私募基金“昀沣”，融资规模达20亿元。此外，业绩无疑是阳光私募投资顾问公司存续和发展的根本。在2007年股市牛市下，投资顾问公司如雨后春笋般成立，高达73家（见图5－7）。自2008年金融危机后，全球经济整体下滑，2010年再续欧债危机，宏观环境不容乐观，股市亦危机四伏。在逆环境下生存的投资顾问一般归为三大类：一是具有很深背景优势或是具备资金优势，或是原本就在自营业务方面有突出优势的券商型私募。该类私募的特点是人脉广阔，思路灵活。二是风格突出的私募公司。比如2012年异军突起的银帆投资，灵活操盘，找准定位。三是已形成品牌优势的私募

公司。

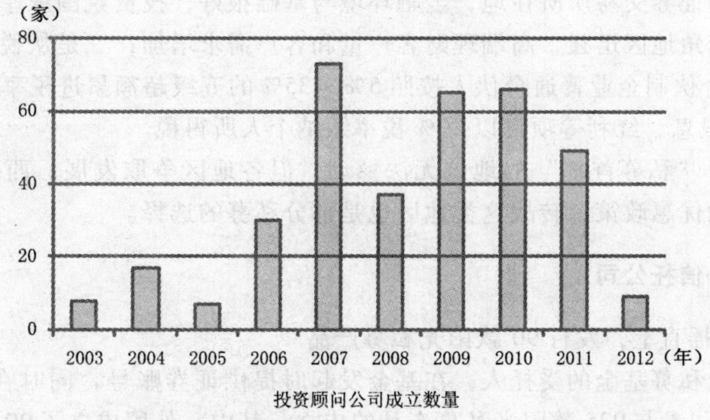

图5-7　2003~2012年各年度投资顾问公司成立情况

资料来源：普益财富（数据截至2012年12月31日）。

（二）淡水泉旗下38款产品，数量居首

数据统计显示，截至2012年12月30日，存续且有业绩记录的阳光私募产品共有1 824款，其中结构化产品308款，非结构化产品1 516款。产品总规模达2 332.81亿元。截至2012年，存续的阳光私募投资顾问公司共有511家。其中，只经营1款私募基金的公司高达291家，占比56.94%；旗下产品数量超过20款的投资顾问公司只有10家，以淡水泉旗下产品数量最多，为38款（见表5-3），其中2012年表现最好的为"中国机会二期"，2012年实现5.69%的收益率。

表5-3　淡水泉旗下阳光私募产品前10位的投资顾问公司

排名	公司名称	成立时间（年）	旗下产品数量（款）	核心人物
1	淡水泉（北京）投资管理有限公司	2007	38	赵军
2	上海尚雅投资管理有限公司	2007	37	石波
3	上海朱雀投资发展中心	2007	36	李华轮
4	北京市星石投资管理有限公司	2009	31	江晖
5	广东新价值投资有限公司	2007	30	罗伟广
6	上海重阳投资管理有限公司	2009	27	裘国根
7	上海从容投资管理有限公司	2009	25	吕俊
8	深圳市鼎诺投资管理有限公司	2007	24	程能红
9	北京佑瑞持投资管理有限公司	2010	24	刘宏
10	深圳市武当资产管理有限公司	2007	24	田荣华

资料来源：普益财富（数据截至2012年12月31日）。

（三）上海仍是私募宝地，投资顾问公司只增不减

据普益财富统计，上海、北京、广东成犄角之势，集聚了全国85.32%的投资顾问公司。例如，北京地区的和聚投资、龙赢富泽、星石投资、淡水泉、源乐晟；上海地区的尚雅投资、证大投资、朱雀投资、睿信投资、重阳投资、混沌投资、理成资产、泽熙投资、景林资产；广州地区的新价值投资、长金投资、斯达克投资；深圳地区的金中和投资、武当资产、同威资产、柏坊资产、开宝资产、合赢投资、东方港湾、新同方、龙腾资产、明达投资、景良资产等。

2012年新成立的9家投资顾问公司有5家注册地为上海。充裕的民间财富、良好的经营环境和

税收优惠政策，是阳光私募管理人选址的重要参考依据。上海具有明显的优势：一是上海作为国内金融中心，同时也是上海证券交易所所在地，金融环境与基础很好，投资氛围浓厚；二是近年长三角地区的发展趋势要比珠三角地区迅猛，高端理财客户量和客户需求增加；三是从税收来看，上海采取营业税40%财政补贴，合伙制企业普通合伙人按照5% ~35%的五级超额累进税率征收所得税，有限合伙人（LP）按利息、股息、红利等项目以20%税率缴纳个人所得税。

虽然目前上海作为“私募首都”的地位无法撼动，但各地区争取发展，西藏、重庆、武汉等地也打出力度较大的金融优惠政策，转战这类地区也是部分私募的选择。

三、阳光私募——信托公司

（一）外贸信托扶摇直上，发行90款阳光私募产品

信托公司作为阳光私募基金的受托人，在基金发起时提供证券账号，同时在基金存续提供监管。2012年有42家信托公司参与925款阳光私募产品的成立。其中，外贸成立了90款产品，成立数量居榜首；中海信托参与89款产品的发行，成立数量次之；平安信托发行80款，成立数量排列第三。此外，发行数量较多的还有长安信托，云南信托、华宝信托、华润信托及中融信托等。兴业信托2012年发行24款阳光私募产品，环比减少59款，降幅达71.08%，可能是信托证券账号的重新开闸对其影响较大（见图5－8）。

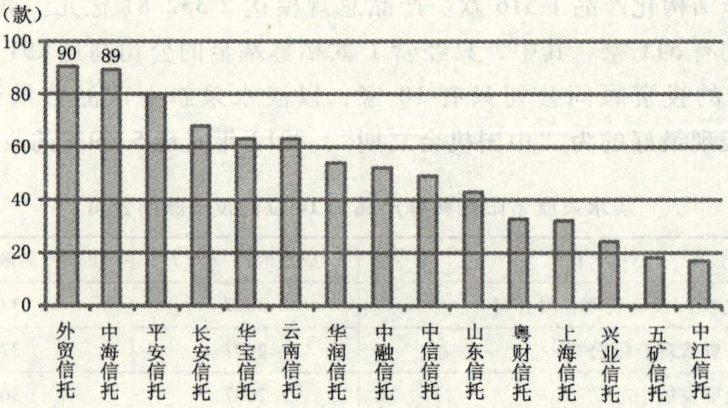

图5－8　2012年发行阳光私募产品数量靠前的信托公司情况

资料来源：普益财富（数据截至2012年12月31日）。

（二）11家信托公司发行总量超50款，中融信托居首位

据普益财富统计，截至2012年，中融信托共参与成立了202款阳光私募产品，成立数量居榜首（见图5－9）；华润信托参与成立了184款，次之；外贸信托2012年发行390款，管理存量达180款，坐稳第三位。从资产管理规模来看，外贸信托也以近80亿元的管理规模坐上冠军席。

四、阳光私募收益分析

（一）近四成亏损，整体跑输大盘

2012年股市虽不续2011年的几近单边下跌走势，但形势仍不容乐观，除去1、2月的小幅上涨和12月的反弹，沪深300单边下跌，最低跌破2000点；但至年关，沪深300似蓄势待发，12月以2136.70点开盘，最高冲至2522.95点，实现当月17.91%的涨幅，并挽回沪深300下跌局面，最终以7.55%的年涨幅收官。在公布2012年回报率的1 248款产品中，716款产品实现了正收益率，占57.37%，平均收益率为8.03%，其中取得10%以上收益的产品有214款。2012年呈现亏损状态的产品约占四成左右，亏损10%以上的产品有135款。2012年阳光私募亏损幅度较2011年虽有所缓解，但整体仍以1.32%的平均收益率跑输大盘（见图5－10）。

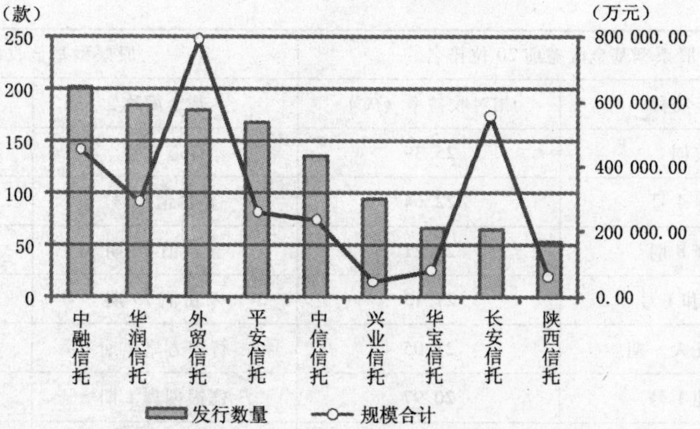

图5－9　截至2012年发行阳光私募产品总量靠前的信托公司情况

资料来源：普益财富（数据截至2012年12月31日）。

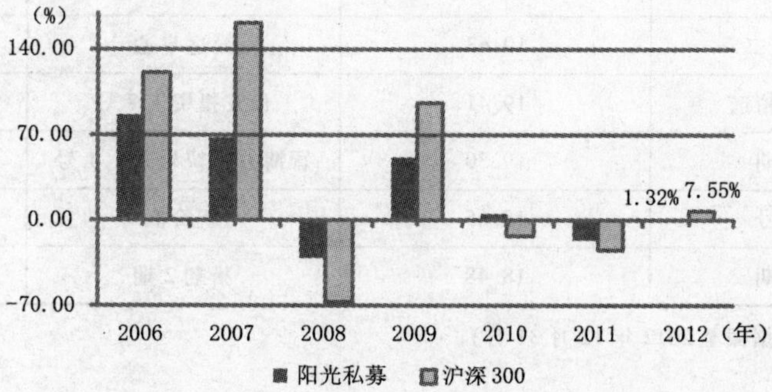

图5－10　2006～2012年阳光私募理财产品收益情况

资料来源：普益财富（数据截至2012年12月31日）。

（二）股票型基金平均涨幅1.32%，债券型基金平均涨幅4.44%

一直以来，阳光私募难以摆脱"靠天吃饭"的生存状态，股市走弱带动股票型基金2012年11月前整体呈现亏损，沪深300在12月冲击，带动2012年股票型基金实现年平均涨幅1.32%。按成立日期来看，在公布相对收益率的股票型基金里，仅2008年和2012年成立的股票型基金分别亏损0.42%和0.87%，其他年度里成立的股票型基金平均实现了正收益。2012年阳光私募产品"银帆3期"以48.72%的相对收益率排名第一，"新价值成长一期"以－45.53%的收益率居末位（见表5－4）。

表5－4　**2012年股票型基金收益排名前20位和后20位的阳光私募产品**

序号	股票型基金收益前20位排名		股票型基金收益后20位排名	
	基金简称	相对收益率（%）	基金简称	相对收益率（%）
1	银帆3期	48.72	新价值成长一期B	－45.53
2	云腾1期	47.86	新价值成长一期A	－45.53
3	呈瑞1期	38.41	新价值2期	－44.31
4	金石理财一期	35.05	新价值8号	－42.30
5	东源定增1期	32.70	亿信财富一期	－41.39
6	长安投资134号	25.74	新价值5号	－41.04

续表

序号	股票型基金收益前20位排名		股票型基金收益后20位排名	
	基金简称	相对收益率（%）	基金简称	相对收益率（%）
7	宏创	25.39	有道1号	-40.61
8	鼎锋4号	22.64	新价值4号	-40.49
9	鼎锋8期	22.21	新价值10期	-38.95
10	泽里和1号	21.15	新价值19期	-37.00
11	平安证大一期	21.05	智博方略2期	-34.04
12	混沌1号	20.97	德银创鑫1期	-32.95
13	未尔弗一期	20.14	亿方博二期	-31.58
14	德源安1期	20.14	亿信财富二期	-31.14
15	聚发（3）28号	20.12	中风投一号	-30.69
16	证大金龙二	19.63	简适亨通	-30.26
17	先机策略精选	19.41	长安投资127号	-29.64
18	赢隆1期	19.30	智博方略快乐人生1号	-28.74
19	创赢1号	18.65	新价值	-28.64
20	高恒1期	18.48	猎豹2期	-28.54

资料来源：私募排排网（数据截至2012年12月31日）。

债券型基金仍继续呈现正收益率，2012年实现平均收益率4.44%。其中，佑瑞持资产管理有限公司管理的"国投信托——佑瑞持1号"以10.29%的相对收益率居首位，天津民晟资产管理有限公司管理的"民晟盘马"以9.64%的相对收益率排名第2位，"光大阳光稳健添利"以8.75%的相对收益率排名第3位（见表5-5）。

表5-5　　2012年债券型基金收益排名前10位的阳光私募产品

序号	债券型基金简称	相对收益率（%）
1	佑瑞持1号	10.29
2	民晟盘马	9.64
3	光大阳光稳健添利	8.75
4	光大阳光5号	8.53
5	安信理财1号	8.40
6	佑瑞持2号	7.57
7	恒泰稳健回报	4.60
8	中信建投稳健增利	3.55
9	兴业金麒麟1号	3.16
10	申万宝鼎5期	2.62

资料来源：私募排排网（数据截至2012年12月31日）。

（三）结构化私募跑赢非结构，1%正收益的华丽逆袭

2007年，结构化基金产品以136.96%的收益率达到了巅峰，而非结构化基金产品则以近65%的

收益率屈居其下，对于结构化产品的收益放大效应向来不容置疑。虽然往年结构化产品比非结构化产品呈现出更大的盈利和抗跌能力，但 2012 年非结构化产品以 1.12% 回报率惨淡收场，结构化产品却以 2.94% 的正收益华丽转身。

（四）银帆 3 期夺冠险胜，超第 2 名近 0.86 个百分点

从业绩上单看，2012 年前 10 位阳光私募都获得了超过 20% 的收益率，其中"银帆 3 期"、"云腾 1 期"、"呈瑞 1 期"、"金石理财一期"、"东源定增 1 期"前 5 位私募都获得了超过 30% 以上的相对收益（见表 5-6）。

表 5-6　2012 年排名前 10 位阳光私募产品的具体信息

名次	简称	总回报（%）	结构化	投资顾问	投资经理	信托公司	托管人
1	银帆 3 期	48.72	否	西藏银帆	王　涛	长安信托	交通银行
2	云腾 1 期	47.86	否	上海云腾	王庆仁	联华信托	招商银行
3	呈瑞 1 期	38.41	否	上海呈瑞	芮　崑	联华信托	兴业银行
4	金石理财一期	35.05	否	深圳金石	姚鸿斌	甘肃信托	建设银行
5	东源定增 1 期	32.70	否	东源基金	王伟林	昆仑信托	中国银行
6	长安投资 134 号	25.74	是	中信万通证券	—	长安信托	中信银行
7	宏创	25.39	否	大连宏创		中融信托	工商银行
8	鼎锋 4 号	22.64	否	上海鼎锋	王小刚	华宝信托	平安银行
9	鼎锋 8 期	22.21	否	上海鼎锋	王小刚	陕西国托	平安银行
10	泽里和 1 号	21.15	否	浙江泽里和	周建新	长安信托	农业银行

资料来源：普益财富（数据截至 2012 年 12 月 31 日）。

部分过去取得不错业绩的产品 2012 年分化较大。"呈瑞 1 期"信托计划成立于 2010 年，是 2011 年熊市阳光私募冠军。2012 年，"呈瑞 1 期"再度跻身私募排名前 10 位，与"银帆 3 期"展开激烈的霸主争夺。但根据普益财富数据统计显示，阳光私募业绩排名的波动性高，前届的私募前 10 位往往近九成难以守住其地位。如 2009 年"中国最牛私募"罗伟广，旗下产品以 190% 的收益成为冠军；2012 年，除去有多只产品遭遇清盘外，存续产品排名亦垫底。相比之下，2011 年的私募冠军"呈瑞 1 期"2012 年继续挺进私募前 3 位。此番业绩，值得肯定。

2012 年最受众人瞩目的投资顾问当属西藏银帆，旗下持有"银帆 1 期"、"角帆 2 期"、"银帆 3 期"三款产品，"银帆 3 期"成立于 2011 年 7 月 27 日，2012 年开始崭露头角，以 47.72% 的收益率一举拿下阳光私募第一名。

五、清盘潮再续，行业洗牌有利于优胜劣汰

据《经济参考报》统计，截止到 2012 年 11 月，全国已经清算的阳光私募产品共有 331 只，其中提前清算的达到了 112 只。自 2011 年以来，全国共有 698 只阳光私募产品清算，其中到期清算 474 只，提前清算 224 只，比例约为 2∶1。

清盘潮涌现，但阳光私募却一直在挣扎。"三秦股王"阮杰所管理的"华润信托——鑫鹏 1 期"和叶飞管理的"中融信托——天星 2 号"净值虽跌至 0.2 元，但仍存续。按照清盘标准，若基金净值低于 0.7 元，即被视为濒临清盘危机。虽然私募是基于信托关系的理财行为，投资者的表决才真正决定止损线的有效性，但是作为私募基金本身，摆在首位的还应该是投资者的利益。此外，对于私募清盘也需形成正确的认知，产品的清盘潮其实正是行业优胜劣汰机制后的结果，

在股市疲弱的不利环境下，顶住压力，穿越周期，才能成就尖端水平的私募，也有利于促进整个阳光私募行业健康发展。

第四节 行业问题分析

一、“净值门”引爆监管散漫

2012年，某理财机构在管理某只私募基金时，因私募基金净值公布时亏损厉害，故未采用银行提供净值数据，通过自行编制数据，制造收益稳定假象，欺骗并误导投资者，造成投资者未能及时采取相应风险防范措施，亏损更甚。而早前，某银行也曾出现类似虚报净值的不诚信事件。

此事件的曝光，私募经理人自身职业道德素养低下为人诟病，但追究根源无疑剑指我国私募基金在监管上存在漏洞。虽然该私募采用有限合伙制量化投资，未借道信托走阳光化道路，但监管对于阳光私募而言也绝对是首要问题。此事件暴露出来的问题可能会在阳光私募中存在。新《基金法》将私募基金纳入监管，可能会解决类似的问题。

二、投资越位，“马甲”信托无视监管之责

“净值门”未完待续，上海丰润“马甲”信托上演。

“联华国际信托——新股申购3期”由上海丰润发起，受托人为兴业信托（原联华国际），投资顾问为上海丰润。根据双方签署的合同，上海丰润负责向兴业信托提交投资建议书，兴业信托对投资建议书审核后进行投资决策并实施操作。但实际运作中，兴业信托仅通过电子系统设定相关筛选条件，对于上海丰润发出的电子投资建议仅做形式上的审核。通常，上海丰润发出投资建议电子指令后可直接到达券商端进行下单操作。实则上海丰润操控9个资金账户，反复交易多只股票，多次构成举牌却瞒而不报。

负有监管之责的信托公司完全撒手，投资顾问完全主导了决策权，越位操作，扰乱股市。

三、内幕交易及私募冠军

2011年上半年，上海紫石投资有限公司董事长张超管理的“紫石一期”以43.48%的收益率居所有阳光私募产品榜首，全年以35.98%的高收益率惊艳整个基金业。

2012年张超的私募冠军称号因“内幕交易”四个字而一文不值，张超管理的产品交易记录与某公募基金高度重合，2012年其旗下的紫石超越和紫石超盈跌幅均超过10%。

阳光私募在引入了信托之后，尽管已“阳光化”了许多，但相对于公募基金，其监管还是比较弱的，理论上负有监管之责的信托公司受制于种种因素，未必能尽到应有的责任。私募基金正式纳入新《基金法》，一方面，可以解决私募身份尴尬的问题，有利于私募心态平和地做长期的事情；另一方面，可以实行明确监管，避免一些短视行为的出现。但总体而言，无论哪个行业，总有违反法律条例的行为存在，加强政府监管的同时，机构的自我约束能力也至关重要。

第五节　行　业　展　望

近年来，阳光私募一路扩容，无论是“清盘潮”或“行业洗牌”都难以抵制越来越多的阳光私募基金的新生。然而赚钱仍是生存之根本，生下来、存下去才是王道，优胜劣汰使私募行业将发展得更快，阳光私募将迎来机遇与挑战并重的时代。

从机遇来讲，私募基金的身份已经得到中国证监会的确认，在有法可依的环境下，私募公司迎来发展机遇。

第一，合作更多元化。从阳光私募行业的发展路径来看，传统的私募与信托合作模式已被打破，可以预见，信托与券商的通道业务将展开竞争，私募阳光化道路必将越走越宽。

第二，第三方理财机构作为阳光私募新的销售渠道将与渠道银行同台竞技，销售费用的压低让熊市下的阳光私募看到新一轮机会。

第三，管理层新一轮批准信托公司获得股指期货的交易资格在一定程度上说明了对阳光私募投向股指期货的支持，预计在股指期货投资经验更为丰富、发展更为成熟之后，信托公司取得股指期货交易资格的难度将降低，股指期货 20% 的做空限制也可能被放开。

从挑战上看，股市的疲弱将带来更为激烈的行业竞争。“鲤鱼跃龙门”的成功，不仅需要独特犀利的投资眼光，也需要雄厚的资金支撑，特别是对于中小规模的阳光私募机构来讲，更需要小心进入，谨慎把握。

第六章　基　金　市　场

第一节　2012 年基金市场概览

一、2012 年基金产品发行

（一）基金发行创纪录，公募基金迈入“千基时代”

2012 年，在我国股市低迷和国民理财意识继续高涨的大背景下，基金在与银行理财产品等多种财富管理工具的竞争中一举突围，凭借其与时俱进的多类创新产品与灵活多变的投资方式，获得了市场投资者的青睐。受益于市场对于固定收益类投资产品的需求，2012 年新基金成立数量、募集规模均创下新高，这同时得益于低风险产品的迅速扩容，以及 A 股市场长期不振强化了投资者对债券、货币以及短期理财基金的投资需求。截至 2012 年 12 月 31 日，2012 年 67 家基金公司共成立新基金 256 只（债券型基金 A/B 级、分级基金未分开计算，下同），较 2011 年的历史高位（207 只）增加 49 只，发行数量创单一年度新成立基金数之最；发行份额达到 6 426. 12 亿份，较 2011 年的 2 681. 53 亿份增长 139. 64%，同样创下新高；单只基金的平均募集规模为 25. 10 亿元，较 2011 年（12. 95 亿元）增加 12. 15 亿元。

2012 年基金发行数量、募集规模井喷和平均首募规模大幅增长（见图 6－1），与固定收益类产品阵容的急速扩容息息相关，其中又尤以 2012 年创新的短期理财基金的贡献最为突出。2012 年，大多数月份的基金发行数量都保持在 15 只以上。4 月新发基金 20 只，平均募集规模达到 39. 91 亿份；5 月随着短期理财债券型基金的登场，全月共募集资金 1 346. 79 亿元，成为月度新基金首发募资的最高峰；8 月共有 33 只新基金成立，总募集资金规模也超千亿元达 1 083. 09 亿元。

2012 年共有 67 家基金公司参与发行，比 2011 年增加 4 家。其中，华安基金发行产品数量最多，全年共推出 10 只基金；易方达旗下先后 9 只基金问世；嘉实、汇添富、国泰和中银 4 家基金公司均新成立 8 只基金。从单只基金的募集情况来看，2012 年成立的 256 只新基金中，首发募资金额最多的是成立于 2012 年 8 月底的工银瑞信 7 天理财基金，首发募集资金达 392. 53 亿元；多只基金首发募资规模在 100 亿元以上，如华泰柏瑞沪深 300、华安月月鑫、建信纯债、民生加银现金增利等。

（二）偏股基金持续遇冷，短期理财债券基金成黑马

2012 年，我国股市全年大部分时间都处于低迷行情中。受此影响偏股基金的发售持续遇冷。普益财富数据显示，截至 2012 年 12 月 31 日，94 只股票型基金和 10 只混合型基金共募集 1 184. 07 亿元，募集规模的市场占比从 2011 年的 45. 81% 大幅下降至 18. 43%，两类基金的平均募集规模为 11. 39 亿元。

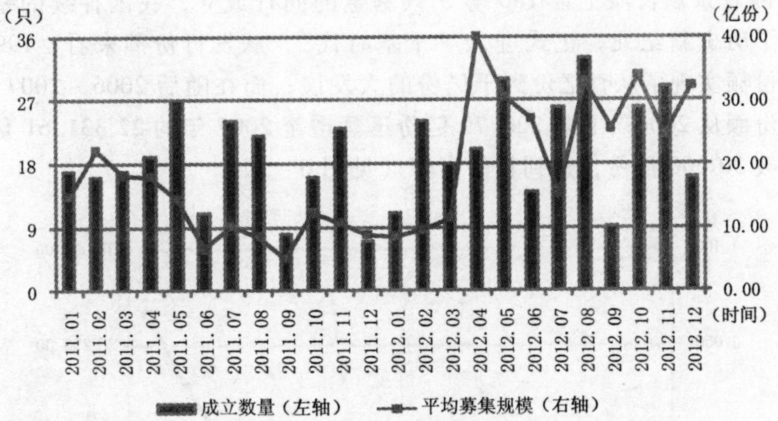

图6-1 2011~2012年基金成立数量和平均募集规模

资料来源：普益财富整理（数据截至2012年12月31日）。

创新频出的固定收益类产品是2012年基金市场上的亮点。截至2012年12月31日，包括债券型基金（含短期理财债券基金）和货币市场型基金在内的固定收益类基金共发行113只，同比增加68只；募集规模达到4 672.96亿元，贡献了2012年新基金募资总额的72.72%，较之2011年的873.32亿元增幅达到435.08%。固定收益类基金的平均首发规模也在2011年19.41亿元的基础上增长213%达到41.35亿元。其中，2012年的创新产品——短期理财债券基金成为基金市场中的一匹黑马。截至2012年12月31日，已经成立的29只短期理财债券基金发行规模共计2 495亿元，占市场总规模的41.77%，平均首募规模86.03亿元，远超其他类型基金。

受固定收益类基金挤出效应的影响，2012年保本型基金、封闭式基金和QDII基金的发行市场规模同比分别下降8.72、0.98和2.85个百分点，但同时受基金市场总规模扩容的影响，除保本型基金的平均发行份额下降2.06亿份之外，封闭式基金和QDII基金的平均发行份额同比分别上升6.53亿份和3.26亿份（见表6-1）。

表6-1　2012年各类基金发行数量和份额

基金类型	发行数量（只）	发行份额（亿份）	发行份额占比（%）	平均发行份额（亿份）
股票型基金	94	1 102.78	17.16	11.73
混合型基金	10	81.29	1.27	8.13
债券型基金	69	1 709.40	26.60	24.77
货币市场型基金	44	2 963.56	46.12	67.35
保本型基金	14	254.82	3.97	18.20
封闭式基金	9	154.29	2.40	17.14
QDII基金	16	159.97	2.49	10.00
合计	256	6 426.12	100.00	25.10

资料来源：普益财富整理（数据截至2012年12月31日）。

二、2012年基金运行情况

（一）市场总份额突破3万亿元，固定收益型基金大扩容

1998年，随着《证券投资基金管理暂行办法》的出台，我国第一只证券投资基金诞生。发展至今我国基金市场经历了各种机遇与挑战。1998~2003年，每年新成立的产品数量平稳增长，至2003年基金存续数量破百只；2003年以后，基金发行在保持稳健增长的同时明显提速，经过10年的发

展，2012 年 6 月，随着景顺长城上证 180 等 5 只基金的同日成立，我国存续的基金数量超过 1 000 只，公募基金迈入了历史新纪元，正式进入“千基时代”。从发行份额来看，1998 ~ 2002 年的 5 年间，我国基金市场份额实现了从百亿份到千亿份的大发展；而在随后 2006 ~ 2007 年基金市场大爆发的 2 年间，基金总份额从 2006 年的 6 220. 79 亿份迅猛增至 2007 年的 22 331. 61 亿份；至 2012 年 12 月，基金总份额突破 30 000 亿份，达到新的高峰（见图 6 - 2）。

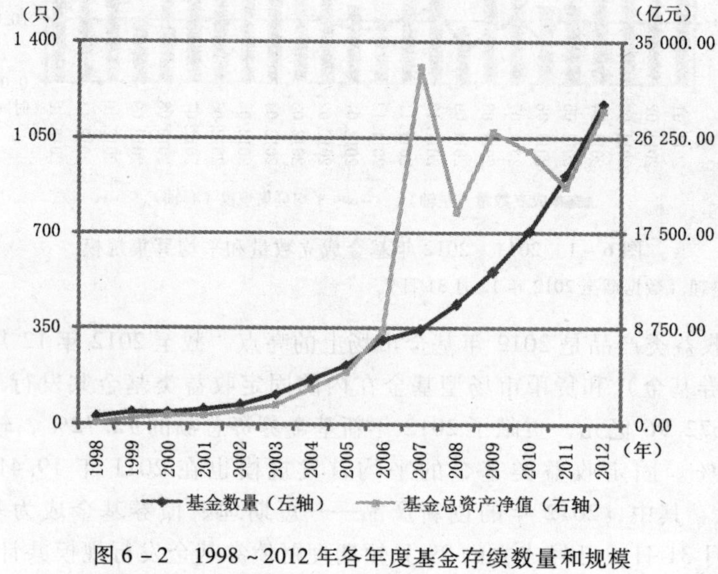

图 6 - 2　1998 ~2012 年各年度基金存续数量和规模

资料来源：普益财富整理（数据截至 2012 年 12 月 31 日）。

截至 2012 年 12 月 31 日，我国共有公募基金 1 235 只，基金总份额 31 548. 45 亿份，基金资产净值总额 28 667. 31 亿元。股票型基金（含 194 只指数型基金）共 532 只，仍是基金市场上数量和份额最大的一类基金。但受近两年我国股市行情不佳的影响，截至 2012 年 12 月 31 日，其市场份额占比降至 43% 左右，资产净值占比仅为 38. 06%，即平均单一份额的资产回报率为负，平均亏损 13. 77%，表现仅优于 QDII 基金（单一份额平均亏损 27. 78%）和混合型基金。混合型基金（其中，偏股混合型基金 145 只）单只基金的平均规模仅低于货币市场型基金，位居第二；但其受 A 股市场影响也较大，平均亏损 15. 55%。

基金数量排在第二位的债券型基金共 211 只，单只基金的平均规模较小（份额占比仅为 7. 85%），但单一份额平均资产净值达到 1. 03 元。同为固定收益率品种的货币市场基金，在 2012 年发展非常迅速，以 74. 47 亿元的单只基金平均规模领衔各类基金，其市场份额占比从 2011 年的 5. 16% 增至 2012 年末的 22. 42%，资产净值也从 1 265. 22 亿元大幅增长到 7 075. 41 亿元。由于 2012 年固定收益类基金的持续火爆，其他类型基金（保本型基金、封闭式基金、QDII 基金）的市场份额受到其挤占同比继续减少（见表 6 - 2）。

表 6 - 2　　2012 年 12 月各类基金存续数量及规模

基金类型	数量合计（只）	数量占比（%）	份额合计（亿份）	份额占比（%）	资产净值合计（亿元）	资产净值占比（%）
股票型基金	532	43. 08	12 652. 43	40. 10	10 909. 97	38. 06
混合型基金	189	15. 30	6 235. 58	19. 77	5 265. 66	18. 37
债券型基金	211	17. 09	2 476. 25	7. 85	2 560. 66	8. 93
货币市场型基金	95	7. 69	7 074. 63	22. 42	7 075. 41	24. 68
保本型基金	35	2. 83	554. 05	1. 76	637. 62	2. 22

续表

基金类型	数量合计（只）	数量占比（%）	份额合计（亿份）	份额占比（%）	资产净值合计（亿元）	资产净值占比（%）
封闭式基金	106	8.58	1 679.86	5.32	1 585.56	5.53
QDII 基金	67	5.43	875.65	2.78	632.43	2.21
合计	1 235	100.00	31 548.45	100.00	28 667.31	100.00

资料来源：普益财富整理（数据截至2012年12月31日）。

（二）基金分红意愿偏弱，分红总额创新低

2012年基金总数量超过千只，但由于2012年整体市场呈震荡探底态势，基金业绩表现不佳，分红动力明显不足，分红总额较上年同期大幅下降，创出自2006年以来同期基金分红总额的新低。截至2012年12月31日（以基金三季报发布的份额估算），53家基金公司旗下的176只基金共发放分红165.73亿元，加上已公告的在年内发放的分红8.42亿元，2012年全年分红总额共计174.15亿元，较2011年同比下降65.93%。2012年年内，基金共分红308次，较2011年同比减少12.00%；平均基金单位分红也延续此前趋势继续下降，全年平均基金单位分红0.047元/次，较2011年同比减少0.017元/次。

从分红规模来看，开放式偏股型基金仍然是基金分红的主力，2012年该类基金分红在全部基金分红总额中的占比为75.24%，与峰值2010年79.30%相比下降4.06个百分点。而从分红数量上看，固定收益类基金则是分红主力：173只分红的基金中有125只是固定收益类产品，占比达到72%。受债市牛市牵动、债券型基金强制分红契约约束等因素的影响，213只债券型基金中的100只在2012年集中分红，全年开放式债券型基金分红占全部基金分红总额的比重上升至16.41%，刷新2009年13.19%的历史峰值，创下新高（见图6-3）。在收益表现亮眼的2012年，“国泰纳斯达克100”、“华安标普全球石油”、“南方中国中小盘”等6只QDII基金也实施了每份0.02~0.04元不等的分红，大方派现。

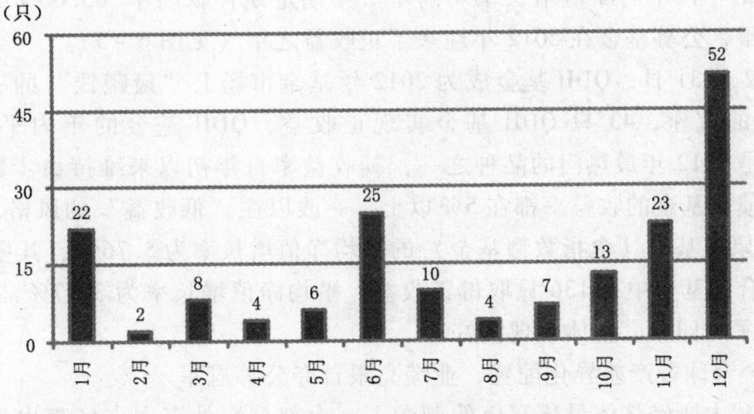

图6-3　2012年各月分红的基金数量

资料来源：普益财富整理（数据截至2012年12月31日）。

从历年各月的分红情况来看，年初、年中和年末是基金分红的集中期。这一方面是由于在年末、年初回报投资者，能提高其对基金的信心，有助于基金的市场营销；同时在市场机会不明显的时候进行分红，可以在一定程度上回避市场风险。另一方面，基金公司需要遵循基金契约和中国证监会的相关规定进行分红。

2012年分别有20只以上的基金选择在1月、6月、11月和12月分红；11月和12月共计分红

185 次，占全年分红总次数的 56.75%。61.36% 基金仅分红 1 次。分红 5 次及以上的基金 7 只，其中分红次数较多的有“嘉实超短债”（分红 11 次，合计分红 4 212.36 万元）、“国投瑞银双债增利 A”（分红 9 次，合计分红 5 355.38 万元）、“融通四季添利”（分红 8 次）和“信诚增强收益”（分红 8 次）。

129 只基金（占比 73.30%）分红金额在 0.05 元以下；5 只基金的分红金额达到 0.50 元以上，其中单位基金全年累计分红金额较多的有“华夏大盘精选”（单位累计分红 3.10 元，合计分红 14.50 亿元）、“兴业全球视野”（单位累计分红 1.11 元，合计分红 14.10 亿元）和“泰达宏利行业精选”（单位累计分红 0.84 元，合计分红 7.78 亿元）。有关资料见图 6－4。

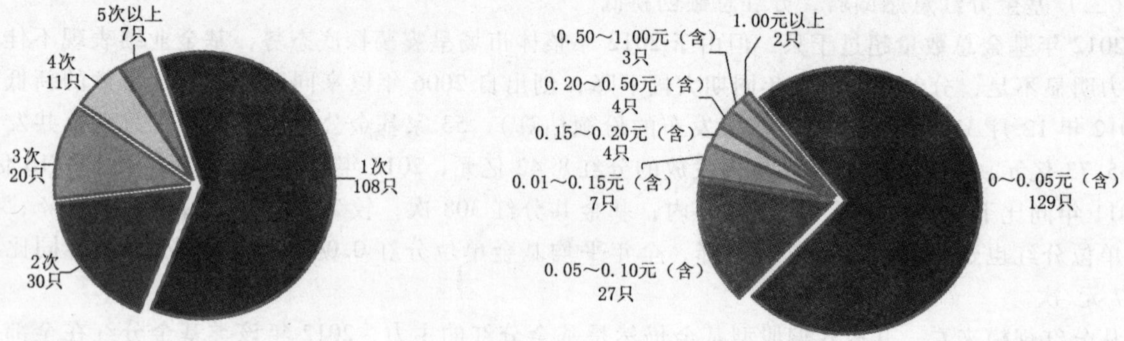

图 6－4 2012 年基金累计分红次数和数额的分布

资料来源：普益财富整理（数据截至 2012 年 12 月 31 日）。

三、2012 年基金业绩回顾：公募基金迎来正收益之年，QDII 表现抢眼

2012 年，我国债券市场承接 2011 年的牛市整体上涨；A 股市场全年大部分时间内表现偏弱，但 12 月在大盘蓝筹股的带动下上演“绝地反击”，上证综指最终实现 3.17% 的涨幅；从全球来看，海外市场整体收益优于内地，德国、中国香港、美国等股市表现上佳。受益于基础市场的良好表现，2012 年各类型基金的年内平均净值增长率均高于 1 年期定期存款利率（3.00%），其中 QDII 基金和债券型基金表现抢眼，公募基金在 2012 年迎来了正收益之年（见图 6－5）。

截至 2012 年 12 月 31 日，QDII 基金成为 2012 年基金市场上“最赚钱”的一类基金，首度问鼎年度基金收益冠军的宝座，43 只 QDII 基金实现正收益，QDII 基金的年内平均净值增长率达到 9.96%。债券基金是 2012 年最热门的品种之一，其收益率自年初以来维持稳步攀升态势，收益率全年上升，绝大多数债券基金的收益率都在 5% 以上，一改以往“低收益”的风格，年内平均净值增长率达到 7.06%。股票型基金（含指数型基金）的平均净值增长率为 5.76%，其中 347 只 2012 年以来实现净值增长；混合型基金中有 136 只取得正收益，平均净值增长率为 3.97%。货币型基金 2012 年以来取得 3.95% 的平均回报，整体表现良好。

（一）QDII 基金全球资产差异化配置，业绩亮眼首夺公募冠军

2012 年，在全球主要经济体量化宽松的刺激下，大部分海外资本市场都出现了较大幅度的反弹（见表 6－3）。2012 年第 4 季度新兴市场资产价格由于热钱的涌入而被推高，QDII 基金此前的良好业绩得以延续。与前几年的 QDII 相比，当前 QDII 产品线丰富了很多。从 2012 年新成立的 QDII 产品来看，有购买一篮子大宗商品 ETF 的国泰大宗商品、跟踪美国股指的博时标普 500 和以房地产为主题的 REITs 基金。此外有“港股直通车”之称的两只港股 ETF 也赚足了眼球。总体来说，目前 QDII 基金异彩纷呈，尤其是第二代 QDII，投资区域广、投资标的差异性明显，向国内投资者提供了多种海外资产的投资渠道。

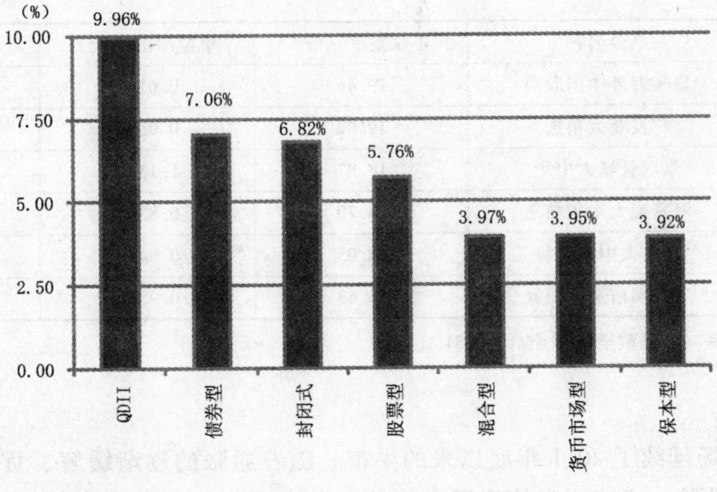

图 6－5　2012 年各类型基金平均净值增长水平

资料来源：普益财富整理（数据截至 2012 年 12 月 31 日）。

表 6－3　**2012 年全球主要股票市场指数表现**

指数名称	2011 年收市	2012 年收市	2012 年涨跌额	2012 年涨跌幅（%）
道琼斯工业指数	12217.56	13104.14	886.58	7.26
纳斯达克	2604.67	3019.51	414.84	15.93
标普 500	1257.60	1426.19	168.59	13.41
法国 CAC	3159.81	3641.07	481.26	15.23
德国 DAX	5898.35	7612.39	1714.04	29.06
英国富时 100	5572.28	5897.81	325.53	5.84
新加坡海峡时报	2646.35	3167.08	520.73	19.68
韩国汉城指数	1825.74	1997.05	171.31	9.38
俄罗斯 RTS	1381.35	1526.98	145.63	10.54
上证综指	2199.42	2269.13	69.71	3.17
深证成指	8918.82	9116.48	197.66	2.22
孟买 SENSEX30	15454.92	19426.71	3971.79	25.70
台湾加权指数	7072.08	7699.50	627.42	8.87
日经 225 指数	8455.35	10395.18	1939.83	22.94

资料来源：普益财富整理（数据截至 2012 年 12 月 31 日）。

截至 2012 年 12 月 31 日，QDII 基金以 9.96% 的年均净值增长率在各类型基金中排名第一位，共有 43 只 QDII 基金取得正收益，其中 29 只年收益率在 10% 以上，表现远远领先于其他类型的基金。“华宝兴业中国成长”全年上涨 25.97%，在所有 QDII 基金中排名首位（见表 6－4）。

表 6－4　**2012 年 QDII 基金收益前 10 名**

基金代码	基金名称	年收益率（%）	单位净值（元）	管理公司
241001. OF	华宝兴业中国成长	25.97	1.0720	华宝兴业基金
050015. OF	博时大中华亚太精选	25.59	1.0060	博时基金
161210. OF	国投瑞银新兴市场	22.93	1.0240	国投瑞银基金
378006. OF	上投摩根新兴市场	20.33	0.9530	上投摩根基金

续表

基金代码	基金名称	年收益率（%）	单位净值（元）	管理公司
070012. OF	嘉实海外中国股票	19.46	0.6140	嘉实基金
270023. OF	广发亚太精选	19.02	0.9510	广发基金
262001. OF	景顺长城大中华	18.87	1.1340	景顺长城
519602. OF	海富通大中华精选	18.70	0.8380	海富通基金
040021. OF	华安大中华升级	18.05	0.9420	华安基金
486001. OF	工银瑞信全球配置	16.63	0.9540	工银瑞信基金

资料来源：普益财富整理（数据截至2012年12月31日）。

（二）债券型基金

2012年的债券市场延续了2011年底以来的牛市。随着通胀的逐渐缓解、货币政策逐渐放松，资金面紧张的态势得以消除，而宏观经济迟迟未能见底也给债券市场带来了足够的上涨动力。中央国债登记结算有限责任公司统计数据显示，2012年前11个月，基金债券托管量累计增加6 647.47亿元，增加额仅次于商业银行1.22万亿元，远高于保险机构的420.29亿元。截至11月末，基金持债规模已超过保险机构，仅次于商业银行，成为债券市场第二大类投资主体。

在基金市场上，2012年债券类产品获得了颇为可观的收益（见表6－5），截至12月31日，开放式债券基金的平均收益率达到7.06%。在成立满1年的229只开放式债券型基金中，有34只收益率超过10%，其中收益率最高的开放式债券基金——天弘丰利分级的收益率达到16.74%。在不同类型的债券基金中，一级债券基金表现最佳，平均收益率达到7.83%；中长期纯债和短期纯债基金的平均收益率分别为5.18%和5.50%。在绝大部分债券基金业绩良好的情况下，也有部分债券基金出现了亏损，2012年共有5只债券型基金收益率为负，其中仅2只产品的亏损超过1%。

表6－5　2012年债券型基金收益前10名

基金代码	基金名称	年收益率（%）	单位净值（元）	管理公司
164208. OF	天弘丰利分级	16.74	1.1416	天弘基金
161908. OF	万家添利分级	16.56	1.1330	万家基金
350006. OF	天治稳健双盈	16.18	1.0960	天治基金
485114. OF	工银瑞信添颐 A	14.69	1.2020	工银瑞信基金
485014. OF	工银瑞信添颐 B	13.98	1.1900	工银瑞信基金
110008. OF	易方达稳健收益 B	13.93	1.1680	易方达基金
690002. OF	民生加银增强收益 A	13.74	1.1920	民生加银基金
110007. OF	易方达稳健收益 A	13.64	1.1602	易方达基金
160618. OF	鹏华丰泽分级	13.50	1.1050	鹏华基金
690202. OF	民生加银增强收益 C	13.20	1.1750	民生加银基金

资料来源：普益财富整理（数据截至2012年12月31日）。

（三）封闭式基金

截至2012年12月31日，封闭式基金平均年收益率为6.82%，74只此类基金收益为正。2012年封闭式基金业绩表现继续分化，年收益率最高的“富国汇利分级B”，年内收益率达37.41%，而表现最差的产品年内收益率为－38.25%（见表6－6）。

表 6-6　**2012 年封闭式基金收益前 10 名**

基金代码	基金名称	年收益率（%）	单位净值（元）	管理公司
150021. SZ	富国汇利分级 B	37.41	1.2930	富国基金
150045. SZ	海富通稳进增利 B	35.31	1.3910	海富通基金
150035. SZ	泰达宏利聚利 B	32.70	1.3270	泰达宏利基金
150046. SZ	天弘丰利分级 B	31.10	1.3388	天弘基金
150038. SZ	万家添利分级 B	30.70	1.2220	万家基金
150063. SZ	浦银安盛增利 B	27.77	1.2790	浦银安盛基金
150041. SZ	富国天盈分级 B	23.65	1.2550	富国基金
150061. SZ	鹏华丰泽分级 B	20.97	1.2230	鹏华基金
150027. SZ	天弘添利分级 B	17.86	1.1680	天弘基金
150013. SZ	国联安双禧 B 中证 100	16.26	0.8080	国联安基金

资料来源：普益财富整理（数据截至 2012 年 12 月 31 日）。

（四）股票型基金

2012 年 A 股市场三起两落，市场风格多次变换，在股指震荡探底与快速拉升的行情中，板块、个股出现了较多的结构性机会。伴随着年底指数的快速反弹，最终上证综指取得 3.17% 的收益。2012 年股票型基金的表现较 2011 年（平均年收益率 -25.84%）有很大提升。截至 2012 年 12 月 31 日，股票型基金年平均净值上涨 5.76%，347 只实现正收益，“景顺长城核心竞争力”、“中欧中小盘”、“新华行业周期轮换”等 11 只基金涨幅超过 20%，大幅超越上证综指表现，其中实现收益最高的是“景顺长城核心竞争力”（年度收益率 31.79%）。综合来看，中欧、新华、上投摩根、国富、国联安等基金公司旗下的股票型基金整体表现较好（见表 6-7）。

表 6-7　**2012 年股票型基金收益前 10 名**

基金代码	基金名称	年收益率（%）	单位净值（元）	管理公司
260116. OF	景顺长城核心竞争力	31.79	1.1480	景顺长城基金
166006. OF	中欧中小盘	29.34	0.9479	中欧基金
519095. OF	新华行业周期轮换	28.83	1.2600	新华基金
377240. OF	上投摩根新兴动力	27.73	1.1240	上投摩根基金
450009. OF	国富中小盘	24.97	1.0510	国海富兰克林基金
161211. OF	国投瑞银沪深 300 金融	22.43	0.8680	国投瑞银基金
510230. OF	国泰上证 180 金融 ETF	21.68	3.3900	国泰基金
257020. OF	国联安精选	21.33	0.8040	国联安基金
260112. OF	景顺长城能源基建	20.64	1.1280	景顺长城基金
270008. OF	广发核心精选	20.12	1.5760	广发基金

资料来源：普益财富整理（数据截至 2012 年 12 月 31 日）。

（五）混合型基金

截至 2012 年 12 月 31 日，混合型基金平均年净值上涨 3.97%，较 2011 年的 -20.83% 也有较大上升。其中，偏股混合型基金平均年收益率为 3.79%，偏债混合型基金为 3.74%，平衡混合型基金为 5.13%。在 136 只取得年内正收益的产品中，“华商领先企业”以 17.28% 的收益排名首位；业绩最差的几只混合型基金，年净值跌幅在 10% ~20% 之间（见表 6-8）。

表 6-8　2012 年混合型基金收益前 10 名

基金代码	基金名称	年收益率（%）	单位净值（元）	管理公司
630001.OF	华商领先企业	17.28	0.9875	华商基金
163804.OF	中银收益	16.02	0.9328	中银基金
519690.OF	交银稳健配置混合	15.29	1.3578	交银施罗德
519700.OF	交银主题优选	14.46	0.9260	交银施罗德
121006.OF	国投瑞银稳健增长	14.25	1.0180	国投瑞银
240008.OF	华宝兴业收益增长	14.00	2.9079	华宝兴业
160605.OF	鹏华中国 50	13.41	1.2260	鹏华基金
100022.OF	富国天瑞强势精选	13.01	0.7819	国富基金
540004.OF	汇丰晋信 2026	12.71	1.0949	汇丰晋信
519008.OF	汇添富优势精选	12.51	2.1841	汇添富基金

资料来源：普益财富整理（数据截至 2012 年 12 月 31 日）。

（六）货币型基金

由于货币型基金主要投资于货币市场上的短期货币工具，包括剩余期限在 397 天以内的债券、期限在 1 年以内的中央银行票据、债券回购、银行定期存款、大额存单、现金等，其收益率与市场资金面的紧张程度关联较大。与债券型基金类似，在 2012 年的债券牛市中，货币型基金也分到了一杯羹。截至 2012 年 12 月 31 日，货币型基金的平均收益率为 3.95%，其中收益最高的“长信利息收益 B”，年收益率达到 4.65%。在公布了收益的产品中，最低年收益率为 2.34%（见表 6-9）。

表 6-9　2012 年货币型基金收益前 10 名

基金代码	基金名称	年收益率（%）	管理公司
519998.OF	长信利息收益 B	4.65	长信基金
550011.OF	信诚货币 B	4.59	信诚基金
202302.OF	南方现金增利 B	4.57	南方基金
270014.OF	广发货币 B	4.50	广发基金
110016.OF	易方达货币 B	4.47	易方达基金
519508.OF	万家货币	4.46	万家基金
519999.OF	长信利息收益 A	4.40	长信基金
050003.OF	博时现金收益	4.40	博时基金
519517.OF	汇添富货币 B	4.37	汇添富基金
660107.OF	农银汇理货币 B	4.36	农银汇理基金

资料来源：普益财富整理（数据截至 2012 年 12 月 31 日）。

（七）保本型基金

截至 2012 年 12 月 31 日，保本型基金的年内平均收益率为 3.92%。年度收益率最高的“东方保本”，年内总回报达到 6.58%。保本型基金中的“南方避险增值”，2012 年内收益率为 3.22%，但该基金自 2003 年 6 月发行以来，累计单位净值达到 3.1011，成立以来的总回报为 269.30%（见表 6-10）。

表 6-10　**2012 年保本型基金收益前 10 名**

基金代码	基金名称	年收益率（%）	单位净值（元）	管理公司
400013. OF	东方保本	6.58	1.0690	东方基金
217020. OF	招商安达保本	6.47	1.1190	招商基金
020022. OF	国泰保本	5.95	1.0320	国泰基金
180028. OF	银华永祥保本	5.34	1.0850	银行基金
530012. OF	建信保本	5.06	1.0380	建信基金
519676. OF	银河保本	4.43	1.0600	银河基金
202212. OF	南方保本	4.12	1.0530	南方基金
210006. OF	金鹰保本	3.91	1.0620	金鹰基金
163411. OF	兴全保本	3.87	1.0236	兴业全球基金
487016. OF	工银瑞信保本	3.79	1.0410	工银瑞信基金

资料来源：普益财富整理（数据截至 2012 年 12 月 31 日）。

第二节　2012 年基金市场热点分析

一、政策法规

（一）《证券投资基金法》出炉，PE/VC 未入法

《证券投资基金法》的修订于 2009 年 7 月 23 日启动。全国人大财经委组建的基金法修改小组从保护投资人的利益、为基金管理人（包括公募基金和私募基金）创造公平竞争的环境、赋予私募基金合法地位、解决私募基金重复征税问题四个角度出发，对《证券投资基金法》的修订主要涉及：私募证券投资基金和股权投资基金是否应该纳入《证券投资基金法》的调整范围；契约制、公司制和合伙制三类基金治理结构如何保证投资者的利益；金融机构能否直接作为基金管理人；管理公募和专户理财等私募性质业务的基金管理人如何防止利益冲突；销售机构的权责利如何界定等。三年来，经过多方征求意见，《证券投资基金法》（修订草案）于 2012 年 6 月初次提交人大审议，并于 2012 年 10 月进行了二审。在监管部门和立法部门经过一系列博弈和妥协之后，2012 年 12 月 24 日，《证券投资基金法》（修订草案）三审（终审）结果报告出炉，于 12 月 28 日由全国人大常委会表决通过，并将于 2013 年 6 月起实施。

亮点一：允许从业人员买股票

此次《证券投资基金法》与公募基金相关的修订主要体现在拟允许员工持股、允许从业人员买卖证券等制度方面的放松。修订草案第 17 条规定："基金管理人的董事、监事、高级管理人员和其他从业人员，其本人、配偶、利害关系人买卖证券及其衍生品种的，基金管理人应当建立申报、登记、审查、处置等管理制度，避免与其管理基金的基金份额持有人发生利益冲突。"允许基金从业人员在备案制度下买卖股票，实质上放开了对从业人员买卖股票的限制。

修订草案第 15 条规定："基金公司实施员工持股计划，应当报经国务院证券监督管理机构批准，监管机构应在受理申请之日起 60 日内做出批准或不予批准的决定，不予批准的应当说明理由。"这对目前多数大型基金公司的高管来说是一大利好，站在行业管理者的角度来看，实施股权激励可能缓解优秀公募基金人才的流失。

亮点二：明确销售结算资金性质

在基金业发展进入第13个年头之时，市场上独立的基金销售和投资顾问机构逐渐发展起来。《证券投资基金法》修订草案单辟一章，对公开募集基金的服务机构（包括基金销售机构、销售支付机构、份额登记机构、估值服务机构、投资交易服务机构、投资顾问机构、基金评价机构等）进行规范。针对第三方销售，《证券投资基金法》的修订将以法律的方式明确基金销售结算资金的性质。修订草案规定，基金销售结算资金独立于基金销售机构、销售支付机构和份额登记机构的自有财产；上述机构破产或者清算时，基金销售结算资金或者基金份额不属于破产财产或者清算财产。

亮点三：公司型基金被放行

《证券投资基金法》修订草案将基金的组织形式扩大到三种——契约型、公司型、有限合伙型。目前我国基金全部属于契约型，而公司型基金是按照《公司法》，以发行股份的方式募集资金而组成的公司形态的基金，认购基金股份的投资者即为公司股东，凭其持有的股份依法享有投资收益。因此，公司型基金在法律上是具有独立“法人”地位的股份投资公司。公司型基金依据基金公司章程设立，基金投资者是基金公司的股东，享有股东权，按所持有的股份承担有限责任、分享投资收益。有限合伙型基金主要针对非公开募集基金。修订草案规定：“有限合伙型基金的拟任基金管理人应当认购基金份额，担任基金的普通合伙人，负责基金日常管理运作事务。”目前非公开募集的基金主要有私募基金和公募基金的专户业务。

亮点四：PE/VC未纳入新《证券投资基金法》

《证券投资基金法》于2012年6月正式进入三审程序，2012年12月24日，中共十一届全国人大常委会第三十次会议举行第一次全体会议，此次《证券投资基金法》修订最大争议——关于PE投资基金是否纳入该法已经有了结果：三审版本中新增“公开发行”四个字，令新《证券投资基金法》变成了一部与PE/VC无关的法律。

在三审版本中，《证券投资基金法》修订草案中关于非公开募集基金一章的第107条：“非公开募集基金财产的证券投资，包括买卖或持有股票、债券或者国务院证券监督管理机构规定的其他证券及其衍生品种”被修改为“非公开募集基金财产的证券投资，包括买卖或持有公开发行的股票、债券或者国务院证券监督管理机构规定的其他证券及其衍生品种”。上述区别在于：将股票限定为“公开发行”的股票，将使投资于未上市股份有限公司的股票以及有限责任公司的股份的PE（私募股权基金）/VC（风险投资）们被该法排除。而与之相关的第171条：“公开或者非公开募集资金，设立公司或者合伙企业，其资产由第三人管理，进行证券投资活动，其资金募集、注册管理、登记备案、信息披露、监督管理等，参照适用本法。”（二审中将“参照”二字删掉）因前述“证券投资”不再包括投资于未上市企业的股票或股份，因此也将与目前市场上以合伙企业形式存在并将资产交由第三人管理的PE/VC们失去关联。

亮点五：私募证券基金入法

新《证券投资基金法》的一大贡献在于将私募证券基金纳入了该法的监管，承认了私募证券基金的法律地位，并为其提供了一种新的可选择的机构组织形式。新《证券投资基金法》按机构的不同类型划分了监管范围：基金型的私募证券基金将由中国证监会监管；公司制和合伙制的私募股权基金则维持目前在国家发展和改革委员会进行备案的格局。

未来新《证券投资基金法》生效后，原登记为公司、合伙企业或者依据信托法设立的阳光私募机构，将可以按照新《证券投资基金法》规定的程序和组织形式进行调整，之前的合伙关系和公司关系可以通过基金合同约定，到中国基金业协会或者中国证监会注册、备案、登记，纳入新法监管。这在某种程度上意味着私募证券基金将可以在公司制、合伙制、信托制以及新法生效后的基金制这四种不同的组织形式中进行选择。虽然基金制的税负较公司制和合伙制要少，但预计基金制的门槛会相对更高，在监管及信息披露方面也会更加严格。

亮点六：基金持有人大会将决定基金管理费率

基金公司不管盈亏照收管理费的模式一直被市场所诟病，本次新《证券投资基金法》三审草案规定，基金的管理费由持有人大会决定。《证券投资基金法》修订草案第50条第四项规定被修改为“基金份额持有人大会有权决定调整基金管理人、基金托管人的报酬标准”，即自此以后基金份额持有人大会有权决定提高或者降低基金管理人、基金托管人的报酬标准。

此外，《证券投资基金法》修订草案的三审草案维持了“非公开募集基金财产的证券投资，包括……或者国务院证券监督管理机构规定的其他证券及其衍生品种”这一表述，即维持了中国证监会在界定证券方面的权力，这为未来中国证监会介入对艺术品投资、矿权投资、红酒投资等领域的监管提供了法律依据。

（二）《基金管理公司特定客户资产管理业务试点办法》（证监会令第83号）

2012年9月26日，中国证券监督管理委员会正式发布《基金管理公司特定客户资产管理业务试点办法》（证监会令第83号，简称《试点办法》）及其配套规则，于2012年11月1日起正式施行。

《试点办法》自2007年11月发布后，中国证监会不断完善业务规则，从单一客户业务发展到单一和一对多业务并存，从单一公司试点发展为基金公司的常规私募业务。截至2012年6月底，已经成立的73家基金公司中，共有72家取得特定资产管理业务的资格，48家已经正式开展业务，管理账户554个，管理资产1 047亿元。虽然特定资产管理业务在我国已经起步，但其在满足客户需求、服务实体经济方面的作用还没有很好发挥出来，存在着行业分割严重、基金公司内部限制过多、内控不严等问题。此次修订的内容集中在适当降低基金公司准入门槛和业务管制、优化股权结构、完善公司治理、加强业务规范、丰富监管手段几个方面。下一步中国证监会还将在此基础上继续坚持市场化方向，提高基金公司核心竞争力，推动基金公司加快向现代财富管理机构转型，使基金公司真正承担起作为财富管理行业和国民大众理财主力军的重任。此次修订主要涉及：

一是拓宽基金公司资产管理计划的投资范围。根据《试点办法》的规定，专项资产管理计划资产可以投资于未通过证券交易所转让的股权、债权和其他财产权利以及中国证监会认可的其他资产，并允许基金公司通过设立专项资产管理计划开展专项资产管理业务，将投资范围中的“短期融资券”调整为“非金融企业债务融资工具”。

二是进一步放松管制，为基金管理公司开展特定资产管理业务创造相对宽松和公平的监管环境。《试点办法》允许基金公司采用子公司的形式开展特定资产管理业务；取消关于费率管制的规定，给予特定资产管理业务较为宽松的监管环境；优化申购赎回频率的安排；借鉴信托行业的做法，放松特定多个客户资产管理业务的人数限制，但对单只一对多资产管理计划设定规模上限，以降低单只产品的系统重要性；进一步简化备案程序，专户产品由事前备案改为事后备案。

三是取消投资比例限制，提升基金管理公司服务实体经济的能力。原《试点办法》规定，资产管理计划投资单只股票不得超过计划资产投资净值的20%，投资于一家公司发行的证券不得超过该证券的10%，该限制在修订后取消。

四是保留强制托管制度，但对托管机构不再做具体要求。《试点办法》允许资产管理计划份额通过大宗交易平台转让，以增加流动性。

五是加强风险控制，有效防范风险。包括严格风险隔离、明确基金管理公司子公司开展特定资产管理业务的条件等。

（三）《证券投资基金管理公司管理办法》（证监会令第84号）

2012年9月20日，中国证券监督管理委员会发布了修订后的《证券投资基金管理公司管理办法》（证监会令第84号）和《关于实施〈证券投资基金管理公司管理办法〉有关问题的规定》（简称《实施规定》）。此次修订的《证券投资基金管理公司管理办法》适当降低了基金公司准入门槛，放松业务管制，优化股权结构。下一步，中国证监会将继续坚持市场化改革方向，推动基金公司加快向现代财富管理机构转型。

一是关于持股50%以上控股股东同业竞争限制的问题，《证券投资基金管理公司管理办法》调整了同业竞争的限制范围等内容，将同业竞争限定在“公募或者类似公募的证券资产管理业务”范围内。

二是关于控股股东关联董事的认定问题，《实施规定》作了限制控股股东关联董事的制度安排，但在具体操作上适当放宽了对关联董事的界定；借鉴了证券公司、期货公司的监管经验，进一步明确了持股5%以下股东报备的各项要求。

（四）《证券投资基金管理公司子公司管理暂行规定》

2012年10月29日，中国证券监督管理委员会正式发布修订后的《证券投资基金管理公司子公司管理暂行规定》（简称《暂行规定》），自11月1日起施行。这是继《证券投资基金管理公司管理办法》对基金公司设立子公司作出原则性规定，及《基金管理公司特定客户资产管理业务试点办法》（简称《试点办法》）允许基金公司采用专业子公司形式开展特定资产管理业务后，中国证监会再度对子公司管理发文。

1. 制度安排加强管控子公司。《暂行规定》共4章，主要从以下几个方面对基金公司子公司的管理作出规定：

一是明确了子公司的界定。考虑到基金公司设立子公司尚处于起步阶段，《暂行规定》将子公司定义为“由一家基金管理公司控股50%以上，经营特定客户资产管理、基金销售以及中国证监会许可其他业务的有限责任公司”。

二是规定了子公司的设立条件和申请材料。基金公司可以设立全资子公司，也可以与其他合作伙伴共同出资设立子公司。对其他合作伙伴的类型、性质、主营业务等均不作限制，其他合作伙伴可以是法人，也可以是自然人；可以是境内机构，也可以是境外机构；可以是国有企业，也可以是民营企业。

三是完善子公司的公司治理。为了规范基金公司从业人员参股子公司或者在子公司兼任职务、领薪行为，提高基金公司透明度，强化公众监督，防范潜在的利益输送，《暂行规定》要求基金公司应当在有关报告中详细说明从业人员参股子公司、在子公司兼任职务或者领薪的情况，并对外公开披露。

四是加强子公司的管控。鉴于子公司与基金公司之间既互相独立，又紧密联系的实际情况，《暂行规定》从隔离制度和业务协同两个方面分别作了制度安排。

隔离制度主要包括：避免同业竞争，基金公司与其子公司、受同一基金公司控制的子公司之间不得经营存在利益冲突或者竞争关系的同类业务；建立隔离墙制度，基金公司与其子公司、受同一基金公司控制的子公司之间要建立有效的风险隔离墙制度，防止可能出现的风险传递和利益冲突；规范关联交易，要求基金公司建立与子公司间的关联交易管理制度，规范母子公司间的关联交易以及基金公司管理的投资组合与子公司管理的投资组合之间的交易行为。发生关联交易的，应当履行必要的内部程序并在相关信息披露文件中及时进行详细披露。禁止交叉持股，避免母子公司、子公司与子公司相互持股带来的虚增资本等问题。

业务协同方面主要包括：基金公司要加强母子公司间的业务协同，建立覆盖母子公司整体的风险管理和内部审计体系，提高整体运营效率和风险防范能力。允许基金公司依照有关规定或者合同的约定，为子公司的研究、风险控制、监察稽核、人力资源管理、信息技术和运营服务等方面提供支持和服务，有效发挥集团化经营优势，共享资源、节约成本。

五是明确了子公司的日常监管和法律责任。中国证监会仅对“子公司设立”一项进行行政审批，对日常运营的监管以报告、非现场检查、现场检查、事后追究法律责任为主。

2. 基金从业人员或可参股基金子公司。基于目前的《证券投资基金法》，基金公司从业人员无法获得基金公司股权。由于缺少长期激励机制，基金高管频频“出走”，国内基金业遭遇人才流失之痛。基金经理在行业内高频快速跳槽，对基金管理的连续性造成影响，并将进一步影响基金的收益表现。

2012年4月，监管层表示5%以下的基金业股权激励或员工持股可能会放开，中国证监会将不会对此设门槛。《暂行规定》规定，子公司50%以内股权不做股东限制；基金公司的其他合作伙伴可以是法人，也可以是自然人，可以是境内机构，也可以是境外机构，可以是国有企业，也可以是民营企业，子公司其他股东的多样性为基金从业人员参股基金公司打开了政策空间。

根据《试点办法》，基金公司设立的子公司可以投资于未通过证券交易所转让的股权、债券及其他财产权利以及中国证监会认可的其他资产，并允许基金管理公司通过设立专项资产管理计划开展资产管理业务。这意味着基金公司通过设立子公司进入了更为广阔的投资领域，其盈利模式将更加多样化。

二、创新短期理财基金抢滩短期理财市场，基金财富管理实现全周期覆盖

短期理财债券型基金是一种收益稳定、风险较低、具有一定封闭期的定期开放式纯债基金，其主要投资于货币市场工具和协议存款，收益高于活期存款和同期限定期存款，是2012年顺应短期理财市场需求而兴起的一种创新型基金产品。2011年国庆前夕，中国银监会开始规范各大商业银行此前热衷发行的超短期、高收益银行理财产品，从防止银行利用这些产品变相高息揽储以调节监管指标的角度出发，叫停了30天以内期限的超短期银行理财产品的发行，市场上强烈的短期理财需求失去了能与之对接的投资产品。而基金公司对火爆的短期理财市场垂涎已久，此时监管层对超短期银行理财产品的限制正好给予了其切入此市场的最佳时机。在这一市场供给的“真空”时期，2012年上半年，基金公司在原有货币基金和债券基金的产品分类之外，顺应投资者短期理财需求，迅速对产品进行创新，开发出短期理财债券型基金抢滩短期理财市场，其投资运作期限通常为7天、14天、28天、30天、60天或90天不等，意图替代市场需求巨大的银行超短期理财产品，实现基金财富管理业务在投资期限上的“全周期”覆盖。

（一）首款短期理财基金

2012年5月2日，汇添富基金的“汇添富理财30天债券”和华安基金的“华安月月鑫短期理财债券”同时开始募集，拉开了短期理财基金的发展序幕。短期理财基金一经推出便广受市场追捧。5月10日，这2款产品发布合同生效公告：汇添富理财30天债券A净认购金额为215.35亿元，债券B募集29.05亿元，算上募集期间产生的利息，共计244.41亿元；华安月月鑫短期理财债券A净认购金额为160.62亿元，债券B募集21.59亿元，期间产生利息81.31万元转入基金份额，共计182.22亿元。两只产品共募集426.63亿元，双双刷新低风险基金首募纪录。

2012年6月11日，汇添富理财30天产品迎来首个运作期到期，汇添富理财30天A的首个到期年化收益率达到4.022%，汇添富理财30天B则达到了4.302%；华安月月鑫短期理财产品收益率也在预定3.00%~4.00%。这一业绩是在存准率和基准利率双降的背景下实现的，明显超越了1年期定期存款和同期限的银行理财产品，也基本超越了同期的货币基金平均水平。在当时银行间资金利率不断下降的背景下，相较于传统的银行理财产品，短期理财基金在收益方面的优势已逐渐显现。从长期来看，随着债券市场慢牛行情展开，债券投资为理财基金收益贡献力度将有所提升，有明确固定期限又可不间断滚动投资的理财基金其收益率优势将会愈加凸显。

（二）短期理财基金的特点

自第一只短期理财基金产品成立以来的半年多时间，短期理财基金热度不减，总规模连连创出高点。虽然货币基金在流动性方面拥有绝对的优势，但就基金的发行与持续规模而言，短期理财基金受市场欢迎的程度远远高于货币基金。截至2012年12月13日，已经成立的29只短期理财基金首发规

模 2 495 亿元，占全年新基金规模 41.53%，平均规模 86 亿元。

从产品定位来看，短期理财基金实质上填补了当前已有的货币基金与债券基金之间的市场空缺，充分利用债券的利率期限结构理论，完善固定收益类基金的生命周期，满足基于流动性偏好、市场预期和期限偏好差异的各类投资需求。其借鉴了货币基金按期分红的收益分配模式，又引入了债券基金封闭运作的投资模式。在短期理财基金的运作管理中，基金公司通过进行客户持有特征和日常赎回预估的调研，能实现对自动续期、到期赎回出现概率及敏感诱因的跟踪分析，有助于判断基金的客户结构和其未来资产的稳定性，帮助基金经理更好地管理头寸和流动性。

从产品投资对象的范围上看，以货币基金为比较对象，两者均投资于货币市场工具或固定收益类资产。但相较于货币基金只可投资信用等级在 AAA 级及以上的企业债券，目前短期理财基金允许投资的信用级别更宽泛（可投资于信用等级在 A+级及以上的企业债券），还可以投资于资产支持证券和中期票据，且无比例限制；相较于货币基金仅限于银行间市场进行回购交易，短期理财基金可在银行间市场和交易所市场两处进行回购交易，其可操作的杠杆倍数更高。因此，短期理财基金是介于债券基金和货币基金之间的创新品种。

从产品设计上来看，汇添富基金的产品每日都可以购买，基金公司面临主动管理资金的压力较大，其流动性风险也很大。而华安基金的产品，其协议存款与基金每期的运作时间是可以匹配的。由于设计上采取定期打开申赎的方式，因此流动性风险相对小一些。

表 6－11　短期理财基金的特点

低投资门槛	1 000 元起买，适合小金额的普通投资者
购买零费用	没有认申购和赎回手续费；有管理费、托管费和销售服务费 平均年费率为 0.36%
申赎自由	汇添富模式：打开申购之后，任一交易日可购买，运作期结束后打开赎回通道 华安模式：定期开放申购和赎回
定期开放赎回	运作期限包括 7 天、14 天、28 天、30 天、60 天、90 天等
自动滚存、假期有收益	到期未赎回的本息自动变成理财基金份额，无收益空白期 主要投资于货币市场，假日也有收益
产品风险低	对投资品种和久期的限制非常严格，不能投资于 A 股和可转债；只能投向 397 天以内的中国人民银行票据、短期融资券、协议存款等期限短、安全性高的投资工具
收益率不可准确预期	确切收益表现在基金实际投资运作之后才可体现，预期收益率仅作为参考
单位净值固定	采用摊余成本法进行估值，单位净值始终为 1 元，收益每日计算、按期结转
运作透明	每天公布基金的 7 日年化收益率等收益率数据

资料来源：普益财富。

（三）短期理财基金运作中的流动性风险不可忽视

较之银行理财产品，短期理财基金产品最大的优势在于其流动性。但由于短期理财基金主要投资于银行大额定期存款等固定收益类资产，而产品本身的流动性属性非常强，协议存款的流动性风险和基金赎回带来的流动性压力，使产品自身的流动性风险成为基金运行中最需重视的一环。

流动性风险首先体现在基金投资方面。由于基金对债券、协议存款等的投资比例主要体现在期限结构上，因此如果投资组合结构配置不恰当，如配置了过多的债券，久期较长，就会增大流动性风险；而在债券配置中，使用的杠杆过大也会使产品存在较大的流动性风险。2011 年 10 月，中国证监会向各基金公司下发《关于加强货币市场基金风险控制有关问题的通知》，取消了货币市场基金投资协议存款不得高于 30% 的上限。政策松绑之后，2012 年以来，货币基金投资协议存款的比例大幅提升。借助协议存款的高配置，货币基金收益率节节攀升，但随着市场预期的提高，为了追求更高的收益率，基金经理不断加大对协议存款的配置，非常容易忽视其中的风险因素。而短期理财基金对协议存款的配置比例更高，如在华安月月鑫首期运作方案中，投资于银行定期存款的比例达到了99.93%，而一般货币基金投资银行定期存款很少超过95%。

其次，基金赎回也会给基金管理带来流动性风险。当基金面临大量赎回时，协议存款就会出现较大的流动性风险。同时，协议存款的利率风险也会对产品运行造成影响。当市场利率上行时，协议存款利率的优势降低，投资者机会成本的提高可能会加快基金的赎回。为了应对赎回，基金公司只能提前支取定存，从而导致利息损失，给仍持有该基金的投资者带来亏损，引发了进一步的赎回，陷入恶性循环。

（四）基金触角深入超短期理财

2012年6月1日，中国人民银行发布的《2011中国区域金融运行报告》显示，2011年存款明显呈活期化态势，这种趋势迫使投资者急需提高日常闲置资金的效益，大幅拓宽了超短期理财产品的市场空间。在成功运作30天、60天期限的短期理财基金产品后，基金公司将触角伸入了30天以内的超短期理财产品领域。2012年6月26日，“汇添富理财14天”产品正式获批，正式拉开了超短期理财基金入市的大幕，意味着短期理财基金在真正意义上切入了短期银行理财产品被叫停所留下的市场空白。随着中国银监会监管力度的加大，30天以内期限银行理财产品数量急剧缩水，银行逐步淡出超短期理财市场，超短期理财基金的生存土壤不断肥沃。

“汇添富理财14天”依然沿袭了此前理财基金1 000元起买、打开申购后天天可买、认购及申赎费用为零的特色，使超短期理财基金相较于银行理财产品的优势得以保留。这类超短期基金理财产品期限短且能滚动投资，便于投资者灵活安排资金或者有其他投资机会可以及时抽离腾挪，因此受到众多银行渠道和客户的关注。

基金公司在短期理财产品领域精耕细作，推出充分满足投资者流动性偏好、市场预期和期限偏好等各类需求的产品，将短期理财产品的期限扩展到7天、14天、28天、30天、60天、90天等，形成了富有特色的不同期限的短期理财产品线，再结合其他品种的基金产品，使基金财富管理真正实现了全周期覆盖。

三、基金产品创新涌现，为市场规模扩容添动力

2012年，基金理财市场上最炙手可热的话题莫过于创新。各家基金公司都将产品研发置于更重要的位置，不断创新产品功能以满足投资者需求，跨市场ETF、跨境ETF、发起式基金纷纷面世。这些基金创新产品不仅为投资者创造了更加宽裕的选择空间，也为基金市场规模扩容提供了动力。由于基金产品创新已越来越具有细分市场的特点，并非每一种创新产品都适合所有投资者，因此除了基金业绩，产品的适销性也成为衡量其创新成功与否的重要标准。

（一）跨市场ETF起步，沪深300ETF完美对接股市期市

为股指期货的期现套利交易提供对应的现货工具，是ETF诞生发展的基础。2012年4月5日，作为我国内地市场首批跨市场ETF、嘉实沪深300ETF基金和华泰柏瑞沪深300ETF基金正式发售，意味着在我国沪深300股指期货面世即将满2年之时，与之配套的最佳现货工具——沪深300ETF基金终于从梦想走进现实。2012年5月4日，两只基金宣告成立，合计募资超过500亿元。随着跨市场沪深300ETF的推出，该产品为市场提供了与指数完全拟合、流动性好、折/溢价幅度低、交易活跃的现货工具，我国股指期货配套现货的空白得到了有效填补。

在申购赎回的运作方式上，这两只基金采用了两种不同的模式。嘉实沪深300ETF全部采用“实物申赎”模式。实物申赎是海外ETF主流的运作模式，其结算和运作风险可控、交收环节简单、套利机制可行，交易成本在执行交易时实时确定，且完全由投资者自己掌握。投资者用沪深300指数一

篮子成分股申购，可有效减小 ETF 基金净值与指数的差距；产品同时引入做市商机制，在一定程度上解决了 T+2 不方便套利、二级市场交易价格和基金净值间折/溢价率较大的问题。华泰柏瑞沪深 300ETF 则采用“场内实物加部分现金替代”模式，其创新实现的跨市场 T+0 申赎机制，使股指期货套利者不再需要测算各成分股以及各种 ETF 的配置比例，有效提高了期现套利效率。

作为一种基础金融工具，跨市场 ETF 打通了沪市、深市以及股指期货三大市场。一方面，为个人和机构投资者提供了价格低廉、交易便捷的长期配置及波段操作的工具型产品；另一方面，作为与股指期货拟合度更好的现货产品，跨市场 ETF 基金能有效强化股指期货的套期保值、价格发现等功能，进一步完善我国资本市场投资工具。此外，沪深 300ETF 推出后，结合期现套利、融资融券等对冲交易，有望进一步激活我国蓝筹股的活跃性，进而对市场估值体系形成有利影响，因此跨市场 ETF 在构建“蓝筹市场”、加速市场创新等方面也具有积极意义。

跨市场 ETF 产品实现了沪、深两市证券交易及登记结算系统联合运作，使股市与期市“完美”对接。它的推出填补了股指期货投资配套工具的空白，其背后打开的创新和市场空间更值得关注。如在沪深 300ETF 的基础上，结合股指期货可以开发更为多样的衍生金融产品，为投资者提供更加个性化的选择；同时也为债券 ETF、商品 ETF 等金融产品的创新提供了借鉴。随着沪、深证券交易市场的打通，将来推出更多跨市场、跨品种金融产品的可能大大提升，投资者的交易策略和空间将得到扩展，因此沪深 300ETF 基金是此类创新的一个起步。

（二）完善 ETF 产品格局，跨境 ETF 推动资本市场国际化

跨境 ETF 是标的指数所在国家或地区与基金上市交易的交易所所在国家或地区不同的 ETF 基金，具有“覆盖全球、实时交易、实时价格、资金高效回转”等优点，分为自主设立、交叉挂牌和连接基金三种设立模式。在跨市场 ETF 成功推出后，2012 年 6 月 29 日，中国证监会核准两只恒生指数 ETF 分别在深圳和上海证券交易所挂牌交易，香港证监会宣布认可全球首只人民币合格境外机构投资者（RQFII）A 股 ETF 在香港交易所上市，三只跨境 ETF 在沪、深、港三地正式亮相。

2012 年 8 月，首批跨境 ETF 结束募集，华夏旗下的恒生 ETF 首募规模逾 35 亿元，以机构客户为主；易方达旗下的恒生中国企业 ETF 募资约 20 亿～30 亿元，两只基金共计募集逾 55 亿元的资金。在此之前，国内 ETF 仅仅局限于投资国内单一市场，总规模保持在 800 亿～1 000 亿元之间。2012 年 4 月跨市场沪深 300ETF 推出后，两只产品发行规模超过 500 亿元，一举使国内 ETF 总规模突破 1 000 亿元大关。而作为国内投资海外市场重要窗口的跨境 ETF 的出现，为 ETF 的发展开辟出另一个新天地，有望带动 ETF 市场再次腾飞。此后，我国内地 ETF 市场将逐渐形成内地单一市场 ETF、内地跨市场 ETF 和跨境 ETF 三大类股票 ETF 产品的分布格局。

1. 易方达 H 股 ETF。易方达 H 股 ETF 和华夏恒生 ETF 向内地投资者募集资金，投资于香港股票指数，基金份额在内地交易所挂牌交易，相当于将香港证券市场的一篮子股票组合“打包”在境内交易所上市。首批跨境 ETF 以香港市场为标的，首先是看重其良好的投资价值，能够与 A 股形成资产配置的有效互补；其次，由于港股的定价模式、收益结构与 A 股风格迥异，两个市场的相关性较低，因此以港股指数为标的，有助于分散投资者的境内理财风险；最后，相较于欧美市场，内地投资者对香港市场更加熟悉，在操作运用港股 ETF 时更游刃有余。

易方达基金在上海证券交易所上市的“易方达恒生中国企业 ETF（简称易方达 H 股 ETF）及联接基金”，其标的为恒生中国企业指数。产品是以完全被动复制方式跟踪恒生中国企业指数（又称 H 股指数）的指数型基金。H 股指数是香港市场主流核心指数之一，近几年该指数回报率高、波动性较大，适合投资者进行波段投资操作，以此指数作为标的有利于提高 ETF 交易的活跃度。

2. 华夏恒生 ETF。在深圳证券交易所上市的“华夏恒生 ETF 及联接基金”于 7 月 9 日正式发行，其联接基金是境内第一只可以用美元进行日常交易的基金产品。恒生指数是最能代表香港市场表现的指数，其市场覆盖面广，一半左右的成分股为香港本地龙头企业，有中国内地背景的成分股比例也较

高；加之通过投资恒生指数进行港股资产配置是境外投资者普遍认可的模式（挂钩恒生指数的金融衍生产品超过300只，指数基金资产规模超过700亿港币），因此华夏基金选用了恒生指数作为港股ETF的投资标的。该产品在设计方面有如下创新：

一是“现金替代+代理买卖”的申购赎回模式。产品的申购为全部现金替代。华夏基金作为基金管理人在T日实时代理买卖恒指成分股组合，并根据实时代理买卖价格计算投资者的申购赎回价格，投资人实时锁定申购赎回价格有助于降低交易价格波动风险；同时由于ETF产品存在双向一、二级市场套利机制，华夏基金引入多家做市商活跃交易，使产品维持较高的流动性和较低的折溢价率，为投资人提供了短线操作和套利交易的有效工具。

二是可实现变相T+0交易。华夏恒生ETF可以通过买入加赎回进行日内T+0交易（投资者用现金申购跨境ETF时，当天即可得到跨境ETF份额，当天就可以卖出跨境ETF，从而实现变相T+0交易）；恒生ETF开通融券业务后，可以借助融券进行日内T+0甚至是卖空交易。

三是联接基金新增美元买卖。华夏恒生ETF联接基金的一大创新是同时支持人民币和美元的双币种购买。以美元买入联接基金，赎回时仍然获得美元，美元认购、申购和赎回的方法与人民币类似，对价为美元折算净值，实际上就是以人民币计价的基金净值按照申购赎回当日的汇率换算得到的美元金额。

跨境ETF和联接基金的面世，有利于加强内地与香港的联系，推动香港资本市场的发展。对内地投资者而言，该类产品开拓了人民币资金直接投资香港市场的渠道，“小型港股直通车”为投资者全球化资产配置提供了便捷通道，使国内资金能够“走出去”参与国际市场，这是我国资本市场国际化进程中的重要一步。

（三）发起式基金主攻债市，强化发行人和投资人利益捆绑

发起式基金即基金管理人及高管作为基金发起人，认购基金一定数额方式发起设立的基金。2012年6月20日，中国证监会发布《关于修改〈证券投资基金运作管理办法〉第六条及第十二条的决定》，明确基金公司在募集资金时，使用公司股东资金等资金自购的基金金额不少于1 000万元，持有期限不少于3年，募集金额不低于5 000万元，基金份额持有人不少于200人，符合以上条件的就可以成立发起式基金（见表6－12）。2012年6月24日，中国证监会向各基金管理公司、基金托管银行正式下发《关于增设发起式基金审核通道有关问题的通知》《关于增设发起式基金审核通道有关问题的说明》两份文件，增设发起式基金审核通道，简化审核程序并予以优先审核，1个月后我国首款发起式基金面世（见表6－13）。

表6－12　**发起式基金与普通基金比较**

	发起式基金	普通基金
基金份额持有人	基金公司在募集资金时，使用公司股东资金、公司固有资金、公司高级管理人员和基金经理等人员的资金认购的基金金额不少于1 000万元，持有期限不少于3年	无限制
基金成立规模限制	募集份额不少于5 000万份 募集金额不低于5 000万元	募集资金不少于2亿元
基金成立审核流程	优先审核	正常程序
基金份额持有人数量	基金份额持有人不少于200人	基金份额持有人不少于200人
清盘条件	基金合同生效3年后，若基金资产规模低于2亿元的，基金合同自动终止	连续60日基金资产净值低于5 000万元，或者连续60日基金份额持有人数量达不到100人的

资料来源：普益财富整理。

表6－13　　我国首只发起式基金

	首只债券型发起式基金	首只权益类发起式基金
基金名称	天弘债券型发起式基金（二级债基）	国鑫灵活配置
发行时间	2012年7月	2012年8月13日
发行公司	天弘基金	国金通用
发起资金	公司固有资金1 000万元	股东认购1 000万元加公司员工全员认购
募集情况	共募资33.5亿元 （其中A类5.8亿元，B类27.6亿元）	共募资1.79亿元

资料来源：普益财富整理。

在低迷的发行市场下，5 000万元的成立规模有助于缓解基金公司的发行压力。发起式基金对于清盘的规定比传统基金更加严格：发起式基金合同生效3年后，若基金资产规模低于2亿元的，基金合同自动终止，同时不得通过召开持有人大会的方式延续。开放式基金的清盘条款为：当基金持有人数量连续60个工作日达不到100人或资产净值低于5 000万元时，终止基金，而这可以通过寻找帮忙资金来避免清盘，因此到目前为止开放式基金尚无清盘实例。随着发起式基金的不断增加，第一只清盘的公募基金或将在发起式基金中诞生。

自天弘、国金通用率先申报后，华夏、华安、安信、富国、诺安、中海、建信、交银施罗德等众多基金公司纷纷开始申报发起式基金，产品类型涵盖债券型、混合型、债券指数型、短期理财债券型和行业ETF。但由于市场长期在低位盘整，这些发起式基金以固定收益类为主，多数是低风险产品（如债券基金、短期理财产品基金）。8月13日，国内首只权益类发起式基金——国鑫灵活配置上柜发行，股票型发起式基金出现的意义远大于在固定收益类品种中的尝试，基金公司真正开始在主动型权益类投资品种中探索“风险共担”的模式。截至2012年12月31日，已成立的发起式基金无一为负收益。其中，天弘债券A净值增长率为1.70%，天弘债券B净值增长率为1.50%。

发起式基金的本质是利益捆绑，其以明确的基金组织方式，有效地将基金管理人和投资者的利益绑定，从而实现风险共担和利益共享。这不仅体现了对投资者权益的维护，有助于重树投资者对公募的信心，也有利于基金强化管理人的责任心，增加其投资积极性，并促进基金投资行为长期化。同时，发起式基金降低了基金募集规模的门槛，有利于基金公司产品的发行，为未来实施基金的注册制做好准备。但从基金公司的角度来看，由于相关规定的限制，这类基金规模做不大，对管理费收入会有一定影响。这是发起式基金的劣势。

发起式基金是一种小众型、补充型的产品，更有利于中小基金公司和新设立的公司发展自身品牌。发起式基金降低了募集规模要求，并可以动用自有资金，有利于缺乏知名度的新公司设立产品；通过绑定持有人和管理人利益，引导持有人追求长期投资业绩，有助于新公司培育客户、培育品牌和增强投研力量。此外，随着监管政策的松绑，投资领域逐渐放开，发起式基金也可以方便新基金公司尝试各种新类型的投资。大型基金公司则主要通过发行这种小而精的基金产品丰富自身产品线，实施公司产品战略布局。

四、现金管理成创新突破点，公募基金开打货币战争

货币基金因其稳健性和流动性优势与投资者日常理财需求十分吻合，一直有“现金管理大王”之称，其灵活性接近银行活期存款，但收益能达到活期存款的数倍，在投资理财领域可作为活期存款的替代者参与资产配置。货币基金自2003年在我国产生以来，凭借其风险低、流动性高、收益稳定、投资门槛低等特点受到市场投资者的追捧。随着2013年货币基金的一系列创新，其功能得到了进一步扩充，在基金市场上获得了更加广阔的发展空间。截至2012年12月31日，货币基金资产净值达

到 7 075.41 亿元，占基金市场资产净值总额的 24.68%。

为了在竞争日益激烈的财富管理市场中成功突围，货币基金的不断升级创新成为基金公司内生动力推动的自发行为。货币基金“货币化”是其创新方向所在。2012 年以来，货币基金创新集中于缩短赎回时间、提升产品流动性、提高资金使用的便捷度等方面，创新产品衔接了投资和消费领域，涉及银行、基金和券商等机构，涵盖了保证金和活期储蓄市场。随着货币基金多元化转型渐入佳境，其传统功能正在被颠覆，电子支付、保证金市场等领域成为货币基金创新升级的主战场，这都将为投资者的投资理财和资金使用带来更多的便捷。预计 2013 年，货币基金仍将成为公募基金重点创新的领域之一。

（一）货币基金 T+0 赎回，提升资金效率

货币基金具有收益稳定、可每日申购赎回等特点，购买门槛仅为 1 000 元，因此颇受风险承受能力较差的小额投资者青睐，而对流动性要求较高的投资者，T+2 日的资金到账时间仍显得不够高效。2012 年，随着上海证券交易所业务平台的发展和中登（上海）登记、资金登记清算手段和效率的不断升级和创新，货币基金实现场内实时申赎的障碍被扫清，货币基金网上直销 T+0 赎回业务应运而生。货币基金网上直销 T+0 赎回业务，即投资者在业务开放时间，通过基金公司电子直销平台将持有的货币基金实时赎回，资金可立即到账。

2012 年 10 月，南方基金、国泰基金和汇添富 3 家基金公司“官网直销货币基金 T+0 赎回方案”业务获批，自此货币基金实现了当日赎回、当日到账、即时取现的功能，具备了相当于活期存款的高流动性，其作为现金管理工具的投资价值再次得到提升。货币基金 T+0 赎回机制的出炉，不仅实现了交易制度上的技术创新，更打通了货币基金的支付功能，投资者可以将货币基金即时赎回、即时到账的资金用于信用卡还款、支付消费账单等。同时，此项业务的开通，使货币基金与活期存款在流动性方面的差距进一步缩小，货币基金投资者可以在享受接近甚至高于定存的收益率同时拥有媲美活期存款的流动性，资金利用的效率得到了有效提高，这对习惯持币等待的活期储户和市场上的低风险理财资金有较大吸引力，有望在一定程度上分流体量巨大的储蓄资金，助力货币基金规模的扩充。

业务获批之后，汇添富基金于 2012 年 10 月 11 日开通货币基金网上直销 T+0 赎回业务，首次实现货币基金赎回实时到账，且打破基金赎回时间限制，投资者在每个自然日的 24 小时均可进行货币基金赎回并即时取现，货币基金的支付功能取得了突破性的拓展。随后，南方、华夏、国泰、民生加银等多家基金公司积极跟进，也推出了货币基金实时赎回业务。

1. 货币基金 T+0 赎回运作模式。在 T+0 放开之后，投资者赎回货币基金将更加便捷，但对基金公司而言，基金赎回时间、额度的不确定性进一步加大，如何应对流动性风险将成为一大挑战。在货币基金 T+0 赎回业务的运作层面，赎回资金的偿付有两种模式：一是汇添富基金采用的银行授信模式；二是南方基金和其他基金公司采用的自有资金先行垫付模式。这两种运作模式各有利弊，其流动性风险都需要基金公司重点监控。

采用银行授信模式，基金公司首先需要向银行提供抵押物，但向银行贷款的抵押物有限，存单质押贷款是其较为普遍采用的方式，但存贷款之间的利差会带来较大的成本压力；其次，贷款规模需与基金公司存款规模相匹配。因此，多数基金公司为降低自身资金成本而倾向于选择自有资金垫付模式。在此偿付模式下，一旦基金规模提升，其自有资金能否应对极端流动性风险的发生，也是一个难以预估的问题。目前，基金公司大多通过对单日单笔赎回额和最高赎回额度设限来控制产品流动性风险。

2. 代销平台短期内难以实现货币基金 T+0 赎回。目前，货币基金 T+0 赎回采用的均为抵押模式。银行授信模式是基金公司抵押基金份额向银行贷款，将贷款所得资金付给投资者，最后卖掉基金返还贷款；资金先行垫付模式是将投资者的份额抵押给自己公司，以自有资金进行垫付，然后卖掉基金补充自有资金。在银行参与意愿不高的情况下，大多数基金公司选择了自由资金先行垫付模式。由

于直销平台的基金销售量较小，能将基金公司垫资额度控制在较小范围内，其流动性风险更容易控制。因此，目前所有基金公司在推行 T+0 赎回时，无一例外选择了直销平台。代销平台要实现旧有货币基金的 T+0 赎回，需要先由托管行垫资，但我国目前尚无相关法律条款进行规范，因此代销渠道的T+0还有很多瓶颈待突破。基于当前法律法规以及垫资难题，目前货币基金 T+0 赎回业务只能进行直销渠道突破，代销渠道短期内恐难实现。

（二）上市交易型货币基金面世，保证金理财再添新军

在货币基金 T+0 赎回业务放开，吸引到储蓄资金之后，基金公司又将目光投向了场内巨额的证券保证金市场。2012 年 9 月末，银华、华宝兴业先后上报交易型货币基金，"货币版 ETF" 产品创新进入实质阶段。目前，券商客户保证金余额超过 7 000 亿元，9 月 27 日所有货币基金的平均 7 日年化收益率达到 3.466%，为活期存款的近 10 倍。由于场内的现金管理工具相对匮乏，巨量资金目前仅能享受 0.35% 的活期存款利率，保证金的资金使用效率极其低下。上市交易性货币基金的出现，为场内投资者提供了便捷的现金管理工具，巨额的券商保证金多了一个收益大为提高的增值途径。

2012 年 12 月 17 日，国内首只上市交易型货币基金——华宝兴业现金添益交易型货币市场基金获得中国证监会批文即将发行。该产品首次将货币基金纳入证券市场交易范畴，货币基金可通过股市的一级市场进行申购、赎回，也可通过股市的二级市场买入、卖出。该基金的申赎和买卖，均是通过场内渠道进行，只要拥有上海 A 股账户或上海证券交易所场内基金账户的投资者都能参与。交易型货币基金的出现，实现了股票与货币基金的无缝对接，投资者卖出股票当日所得资金即刻就能在二级市场买入该货币基金，在不影响正常股票市场投资的前提下，使投资者间接投资货币市场工具，获取更高回报。

此后，汇添富收益快线货币市场基金、大成现金宝场内实时申赎货基、工银瑞信安心增利场内实时申赎货币基金、易方达保证金收益货币基金等产品相继上报，均旨在通过在股票、保证金以及货币基金之间的无缝对接，分羹保证金市场。对于场内 T+0 货币基金而言，由于有望提高闲置资金的利用率，其目标不仅是超过 7 000 亿元现有保证金市场，将存量超过 7 万亿元的银行理财产品资金引入场内市场，也是基金公司赋予其未来的使命。

在产品运作过程中，流动性风险是上市交易型货币基金首要的风险。由于货币基金 T+0 赎回只是一项增值服务，而场内 T+0 货币基金则是一只有明确定位的产品，因此一旦发生流动性风险，责任将比前者更大。在资产配置方面，基金经理须在全面管理、充分防范流动性风险的基础上进行投资，而这可能会在一定程度上影响基金的投资收益率。

（三）支付功能升级，货币基金直接当"钱"花

自货币基金 T+0 推出之后，各基金公司就不断围绕货币基金推出各种创新业务，如广发基金"钱袋子"推出的货币基金车贷房贷还款功能，可实现跨行、跨地区的信用卡还款，附加的类似于定期赎回服务功能可实现还房贷、车贷等操作。这些创新虽然实现了赎回到账时间的提速，但都无法避开"赎回"这一环节——这是货币基金与活期存款的距离。虽然只是一个简单的环节，却是货币基金"货币化"道路上的一道鸿沟。2012 年，基金公司在将赎回时限尽量缩短之后，货币基金的支付功能也成为了一大创新点。

12 月 3 日，华安基金开通"货币通"业务，首次将消费与投资相衔接，使用货币基金直接在网上购物成为现实。投资者只需通过网上直销平台申购华安现金富利货币基金，并开通"电子支付"功能，随后在京东商城等合作电子商务网站上购物，就可选择直接使用其持有的华安现金富利基金份额进行消费款项的实时支付。商户收到的不再是现金，而是华安现金富利基金份额，但商户可随时将其赎回变现，目前到账时间为 T+1。该业务全天候受理，商家实时确认订单并发货，投资者不会产生额外费用，目前单个账户每日累计支付限额为 5 万份。虽然华安货币通仅能用于网络购物付款，但却是国内首个免去赎回环节的货币基金，货币基金首次直接担当支付功能，其向"货币"又迈进了

一步。

从电子支付的角度来看，货币基金份额直接用于支付，打破了现有消费支付的惯性思维，使投资工具首次有望直接成为支付工具，从而打破与银行活期储蓄“博弈”的僵局。随着投资者用货币基金进行电子支付习惯的逐步形成，此产品创新或可引入近40万亿元的居民储蓄存款，为货币基金带来万亿规模的增长空间。

第三节 2013年基金行业问题

一、基金资产配置不平衡，利益绑定机制不足

（一）积极推动产品创新，解决基金资产配置不平衡问题

我国基金市场中的股票型基金（含指数型基金）和混合型基金主要投向股票市场。从整个基金市场的存续数量和规模来看，截至2012年12月31日，这两类基金共计721只（数量占比58.38%），共发行基金份额18 888.01亿份（份额占比59.87%），投向股票市场等权益类标的的基金资产很多；同时，由于我国允许债券型基金打新股，并允许其将20%的资产投资于股票，因此211只债券型基金（基金份额2 476.25亿份）中也有相当一部分资产投向了股票市场。这二者共同造成了我国基金资产配置不平衡的偏股格局，整个基金行业投向股市的资产占比很高，也是基金行业业绩“靠天吃饭”问题的源头。

这两年基金亏损严重的现象很大程度上与我国由偏股型基金占主导的格局相关。受近两年股市行情不佳的影响，截至2012年12月31日，股票型基金和混合型基金的资产净值占比为56.43%，低于其59.87%的市场份额占比，即平均单一份额的资产回报率为负。

据国际证监会组织对25个新兴市场的调查数据，固定收益类基金占整个基金管理规模的47%，其中美国为46%，而我国只占20%。要解决我国基金资产配置不平衡的问题，一是要大力推进债券类产品创新、加大固定收益类资产的配置比例；同时重点发展ETF，推进我国EFT品种的创新，如债券ETF、大宗商品ETF等。二是在基金的投资层面，未来基金应向个性化、精细化方向发展，如债券型基金专注投资于债券，货币市场基金专注投资于流动性好的金融资产，股票基金专注投资于股票等权益类资产。三是逐步扩大投资标的，投资标的市场的增加能够降低基金资产投资的集中度，降低资产相关性进而降低整体投资风险、提高基金整体投资回报，同时丰富的产品线也将更好地满足市场投资者需求。

（二）建立利益绑定机制，提高投资约束和投资水平

由于我国基金从业人员，基金份额持有人的利益捆绑机制不完善，二者利益在一定程度上不一致，导致了部分管理人为了自身利益而对长期投资理念不够遵守、直接损害投资者利益现象的出现，长此下去对基金行业的整体发展造成负面影响。针对此问题，中国证监会2012年4月20日发布《关于基金从业人员投资证券投资基金有关事项的规定（征求意见稿）》，鼓励基金经理等购买本公司或本人管理的基金，同时放宽基金从业人员投资限制，意在从制度层面推动基金行业自觉建立从业人员与基金份额持有人的利益绑定机制，提高从业人员的投资约束和投资水平。

目前，在基金公司与持有人利益绑定方面，不少公司已作出有益尝试。借鉴境外市场上将基金经理奖金的一部分用于购买其自己管理的基金、将股东收益的一部分转换为基金份额等“利益绑定”的具体做法，目前，国内部分基金公司也已着手将股东分红的一部分转换为公司管理的基金，作为奖金发放给从业人员，而从业人员对公司贡献的重要性程度、基金产品的类型等则成为发放的指标和

依据。

二、基金行业人才问题引关注，积极探索长效激励机制

在我国基金行业发展的十余年中，人才储备不足和人员的高流动性问题（包括基金经理、高管、市场营销人员）一直是被关注和热议的焦点。形成这些问题因素很多，如行业自身的特点、整体的监管环境、资本市场人才本身储备不足、地域等。行业性人才储备不足，单纯依靠市场机制解决会比较慢，需要从整个行业的层面，系统全面、有计划、有重点地解决。2012 年 3 月 22 日，中国证监会发布《中国证券期货行业人才队伍建设发展规划》，明确提出要参照国际惯例，积极探索实施高管和员工持股、期权、企业年金与经营业绩相挂钩的长效激励机制，增加行业经营机构核心员工的稳定性，这将有助于解决行业的流动性和流失率问题。

（一）基金经理变更频繁，基金公司频换帅

截至 2012 年 12 月 31 日，全年共有 59 家基金公司旗下的 252 只基金发布基金经理变更公告（不包括新基金经理上任），延续近几年的频繁变更态势。这 252 只基金历任基金经理的平均人数为 3. 64 人，人均任职年限为 1. 49 年。华夏、博时、银华、国投瑞银和易方达 5 家基金公司旗下变更基金经理的产品数量在 10 只以上（见图 6 -6）。

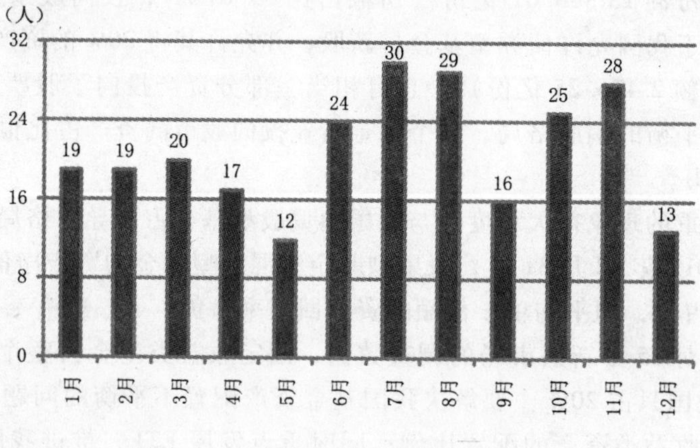

图 6 -6　2012 年各月基金经理变更数量

资料来源：普益财富整理（数据截至 2012 年 12 月 31 日）。

相较于基金经理的频繁变更，2012 年市场更加关注的是基金公司总经理的批量离职。自 2012 年 4 月 10 日长安基金曹阳离职之后，基金公司总经理离职潮便持续发酵，截至 12 月 31 日，全年共有 14 位基金公司总经理离职（长安、中银、东方、华夏、方正富邦、万家、国金通用、浦银安盛、申万菱信、东吴、泰信、国投瑞银、汇丰晋信和信达澳银），占有产品发行的 70 家基金公司的 20%。

基金公司总经理离职，一是与基金业绩与规模等考核有关。近两年股市行情低迷，基金公司经营环境恶化，老基金公司亏损，新基金公司“烧钱”，总经理出于业绩压力离职，而股东也希望通过更换高管来重寻增长。二是其他基金公司或资产管理行业的崛起需要人才，总经理出于自身原因而跳槽。三是源于公募基金公司治理结构的不完善，以及管理层及员工激励机制的缺失。总经理的离职会在一定时期内影响公司业务的连续性，对公司的发展造成影响。

（二）股权激励或可解决

基金业是轻资产行业，人才在其中发挥着决定性作用，健全的激励与保障机制是吸引人才和稳定团队的核心。2012 年，在监管层意图推进建立长效激励机制的同时，政策方面，新《证券投资基金法》也将为公募基金行业股权激励问题提供法律依据。目前，监管层正在公司内部制衡机制方面积极探索：一方面，鼓励基金公司高管、基金经理投资并长期持有本公司或自己管理的基金产品，推动

与基金持有人利益绑定机制的建立；另一方面，研究推动专业人士持有基金公司股权，发挥专业人士在公司治理中的积极作用。在基金公司层面，当前我国基金公司激励工具单一，缺乏灵活性和与长期业绩的关联，因此基金公司未来在激励方案的设计上，可给予较高的灵活性和可行性，并对业绩条件作出明确的规定。通过丰富激励政策，提升基金行业人才的稳定性，推动基金长期的业绩发展，为投资人提供长期、稳定的业绩回报，最终使整个基金行业的发展进入更加良性的轨道。

第四节　2013 年基金市场展望

一、基金审核制度改革，产品持续密集发行

2012 年以来，中国证监会多次给基金行业“松绑”，无论是机构准入还是产品创新，都坚持降低门槛、弱化审批、加强监管的总体思路。中国证监会基金监管部 2012 年 12 月 13 日发布实施《关于深化基金审核制度改革有关问题的通知》，主要内容包括：从 2013 年 1 月 1 日起，全面改革基金产品审核制度，取消产品审核通道，基金公司可以根据市场需求自行决定上报数量和类型。缩短产品审核期限，对常规普通产品按照简易程序在 20 个工作日内完成审核；只有对分级基金、理财基金、跨市场（境）ETF 等较为复杂的产品，仍按原来程序在 6 个月内审核完成。实行基金产品网上申报与审核。

原有通道审批制的优点是加强了风险控制，但是其流程比较长，从上报产品到审核发行往往需要经历数月，有可能使基金错失最佳发行时点。从 2013 年开始，基金发行新政缩短了常规产品审核期限，将使新基金的发行节奏更加灵活；基金公司可自主规划申报产品数量和类型，这种准备案制有利于基金公司根据自己对市场的判断以及客户的实际需求，推出更加适合市场投资者的产品，而不同阶段市场上的产品也将更加多元化。

随着 2013 年新基金发行“备案制”的实施，以及新基金公司获批速度的加快，新基金密集发行的态势仍将持续。加之 2012 年年末 A 股市场强劲反弹，预计 2013 年新基金的发行数量和密度将大幅提升，基金发行市场竞争将进一步加剧，同时基金产品创新也将继续涌现。

二、混业竞争压力加剧，基金公司转型现代财富管理机构

（一）财富管理时代来临，基金公司转型迫在眉睫

2012 年，各金融机构财富管理业务纷纷起航。2012 年 10 月，中国证监会发布新的《证券公司客户资产管理业务管理办法》及配套实施细则；中国保监会也于 10 月发布《关于保险资产管理公司资产管理业务的相关通知》，拓宽了保险资金的投资范围和保险资产管理公司的业务范围；2012 年 11 月底，国泰君安、广发期货等 18 家期货公司获得首批资产管理资格，期货业的资产管理业务除可投资于期货、期权及其他金融衍生品外，还可以投资于股票、债券、证券投资基金、集合资产管理计划、中国人民银行票据等。基金公司面临激烈外部竞争的同时，行业内部竞争也在加剧。2012 年 12 月 17 日，第二批基金子公司获批。至此，基金公司子公司数量已增加至 6 家。根据相关规定，基金子公司可以投资于资产证券化、基础设施、私募股权等领域。面对基金公司数量的不断增多和业务的进一步多元化，基金行业必将经历更加激烈的竞争。

当前基金公司正面临着一个全新的竞争环境，与银行、证券公司、保险公司、投行、信托及私募等机构共同进军资产管理领域，我国金融行业的混业经营时代已经来临。基金公司在拥有更多自由空间的同时，亟需定位自身特色，加快步伐向现代财富管理机构转型，应对前所未有的巨大挑战。

（二）创新差异化竞争，推进基金向财富管理转型

“转型”是2012年基金行业中重要的关键词之一。随着新《证券投资基金法》的出炉，基金公司在业务范围及投资标的等方面有了较大突破，基金行业的转型具备了良好的法律基础，由此推动基金行业的转型或将加速。

在基金行业向财富管理行业转型的过程中，负责资源优化配置的基金投资业务面临从传统公募基金产品投资向全面资产管理业务转型；负责集中社会资本的基金销售业务面临从产品通道向以投资人为中心的多产品理财配置的投资顾问业务转型。随着基金产品审核通道制的取消和资产管理业务的全面放开，未来投资人更需要依赖专业投资顾问为其量身订做理财解决方案。因此，作为基金公司与基金投资人之间中介的基金销售机构，需要从基金管理机构的代理人这一卖方角色，向基金投资人的投资顾问这一买方角色进行战略转型。

当前我国基金行业大多是同质化竞争，这是整个行业的一个隐忧。在今后的发展中，以市场为导向、以客户需求为中心创新产品和服务，是基金公司谋求转型的关键。未来基金公司应从规模优势、市场细分、投资领域、人才，以及基金公司的价值观、社会责任等方面，着力培养其在财富管理时代的竞争优势，通过产品和服务创新实现差异化竞争，抓住财富管理这一历史机遇，从产品创新、产品业绩和销售能力三个方面推进行业发展。

三、2013年基金投资策略

展望2013年，我们认为A股市场下跌空间有限，股票市场有望震荡向上，在政策利好的前提下热点板块和个股将不断涌现，结构性投资机会仍然较多，因此偏股型基金可能有较好的表现。对中长期投资者而言，当前市场主要指数的市盈率都处于历史底部区域，投资者可以适当配置标的指数行业分布较为均匀、成长性较好的指数基金。

债券市场方面，随着经济的缓慢复苏，2013年资金面将延续目前态势，不会呈现2011年那样的紧张局面，实际利率将处于下行通道。预计2013年上半年债券市场或将继续平稳走高；下半年随着通货膨胀的回升，债券市场可能会面临一些压力，但总体形势仍将较为乐观。因此，2013年债券基金可能会有较好的表现，尤其是配置了高票息、中等评级信用债较多的债券型基金。货币市场基金的表现与资金面是否紧张的关联度最大，由于2013年资金面不会再出现趋势性收紧的局面，该类基金的投资机会可能会少于2012年，但在节假日、季末、年末等资金面趋于紧张的时间段，货币市场基金的收益仍然会有很大的竞争力。

从2012年各国股市的表现来看，在宽松货币政策和不断推出的经济救助计划的刺激下，欧美市场强势上扬，新兴市场国家股指涨幅相对较小。2013年美国将继续维持低利率水平刺激经济，美国股市仍可能在全球投资者寻求资金避风港的意图驱动下缓慢上扬；欧洲仍面临欧债危机的发酵，欧洲经济的不确定性仍将导致其资本市场出现较大的波动。在QDII基金的选择方面，投资者应继续立足于资产配置的思路，以持有成熟市场QDII为主，尽量选择与国内相关性较低的QDII基金产品。

第七章　证券公司集合理财市场

第一节　证券公司集合理财市场概况

一、2012 年证券公司集合理财市场综述

根据普益财富数据显示，2012 年共有 464 只证券公司集合理财产品在运行并公布净值，分别由 77 家证券公司管理，其中历年成立并仍在运行的产品有 270 只，194 只为 2012 年成立的产品。截至 2012 年 12 月 31 日，证券公司合计管理资产规模约为 1 915.92 亿元，其中货币型产品约为 480.38 亿元，债券型产品约为 451.60 亿元，股票型产品约为 170.28 亿元，混合型产品约为 644.10 亿元，FOF 型产品约为 164.69 亿元，QDII 型产品约为 4.87 亿元。2012 年新成立的产品资产规模约为 847.66 亿元。

截至 2012 年 12 月 31 日，2012 年以前成立并仍在运行的 270 只产品年平均收益率为 1.15%，年收益为正的产品有 155 只，占比为 57.41%。其中，兴业证券的“兴业玉麒麟 2 号”以 27.24% 的年收益率在所有产品中排名第一；而东海证券的“东海精选 2 号”以 -23.60% 排名倒数第一。分产品类型来看，270 只产品中有 8 只货币型产品，其平均年收益率为 4.09%；37 只债券型产品，其平均年收益率为 6.55%；31 只股票型产品，其平均年收益率为 0.34%；149 只混合型产品，其平均年收益率为 0.25%；41 只 FOF 型产品，其平均年收益率为 -0.29%；4 只 QDII 型产品，其平均年收益率为 3.45%。

二、2012 年证券公司集合理财产品发行概况

2012 年证券公司集合理财产品发行呈前冷后热的态势，上半年证券公司共发行集合理财产品 42 只，而下半年产品发行开始加速，特别是在《证券公司客户资产管理业务管理办法》及其配置细则发布之后，证券公司集合理财产品发行呈爆发式增长，下半年共发行 152 只，其中 11 月和 12 月共发行 105 只。2012 年全年共有 64 家证券公司的 194 只集合理财产品发行成立并公布净值（见图 7-1）。其中，33 只为货币型产品，77 只为债券型产品，9 只为股票型产品，73 只为混合型产品，FOF 型和 QDII 型产品各 1 只。

2012 年股市表现不佳，证券公司纷纷将目光瞄准固定收益类资产，货币型产品和债券型产品发行量大增，其中债券型产品的发行量超过了历年发行并正在运行产品的总和，股票型产品发行遇冷，全年仅发行 9 只。

在 64 家证券公司中，国泰君安发行的产品最多，共发行 12 只产品；其次是中信证券和大通证

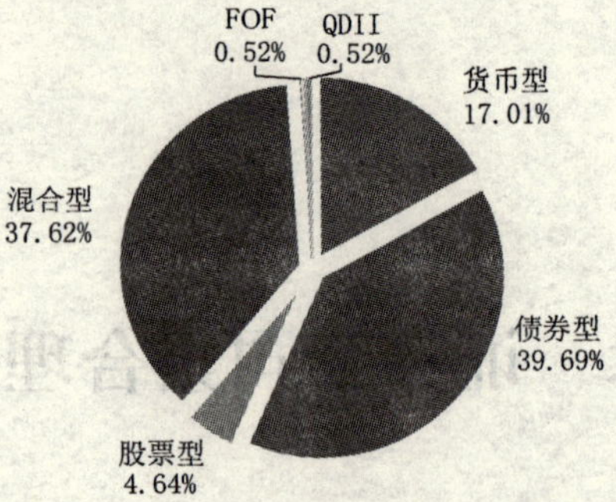

图7－1 2012年新成立证券公司集合产品类型数量分布

资料来源：普益财富（数据截至2012年12月31日）。

券，其产品发行数量均为11只，其中大通证券目前一共管理12只产品，而有11只产品是其2012年下半年集中发行的。

2012年新成立的产品中，有62只为小集合产品，其中2只为货币型产品，19只为债券型产品，5只为股票型产品，35只为混合型产品，1只为FOF型产品。

三、2012年证券公司集合理财产品运行概况

根据普益财富数据显示，截至2012年12月31日，共有464只证券公司集合理财产品在运行并公布净值，其中历年成立并仍在运行的产品有270只，194只为2012年新成立的产品。在投资类型方面（见图7－2），464只正在运行并有净值公布的产品中，41只为货币型产品，其中33只为新成立产品；114只为债券型产品，其中77只为新成立产品；40只为股票型产品，其中9只为新成立产品；222只为混合型产品，其中73只为新成立产品；42只为FOF型产品，其中1只为新成立产品；5只为QDII型产品，其中1只为新成立产品。

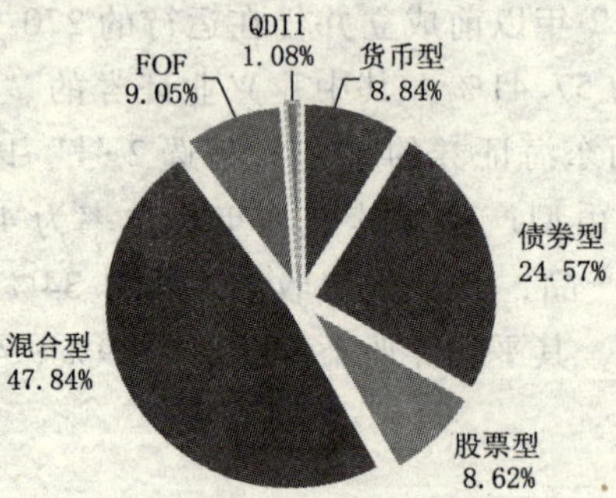

图7－2 2012年证券公司集合在运行产品类型分布

资料来源：普益财富（数据截至2012年12月31日）。

截至2012年12月31日，证券公司合计管理资产规模约为1 915.92亿元。其中，货币型产品约为480.38亿元，债券型产品约为451.60亿元，股票型产品约为170.28亿元，混合型产品约为644.10亿元，FOF型产品约为164.69亿元，QDII型产品约为4.87亿元（见图7－3）。

在管理人方面，多数管理人管理资产规模较小，管理规模在100亿元以上的仅有5家，在50亿元至100亿元的有4家。管理规模最大的3家证券公司分别是国泰君安、中信证券和东方证券，截至2012年12月31日，其产品净值规模分别为200.45亿元、142.30亿元和124.61亿元（见表7－1）。上述三家公司资产管理规模占整个行业规模的近1/4。相比之下，天风证券、上海证券、财富证券、华龙证券、西部证券、英大证券、联讯证券、日信证券、国盛证券、瑞银证券和湘财证券等10余家证券公司只有1只集合理财产品存续，管理规模多在10亿元以下。

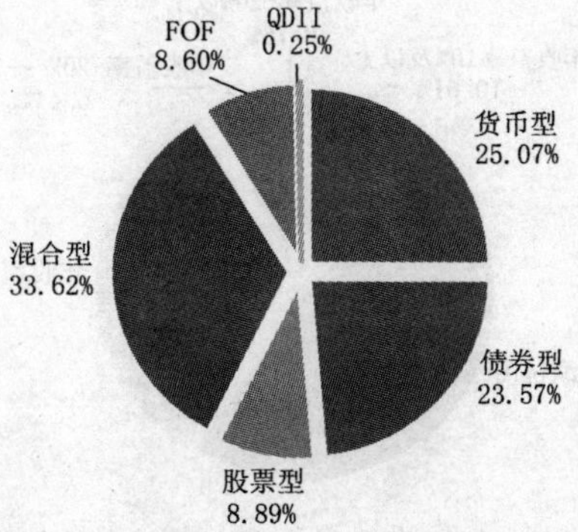

图 7-3　2012 年证券公司集合在运行产品资产净额分布

资料来源：普益财富（数据截至 2012 年 12 月 31 日）。

表 7-1　2012 年各主要证券公司运行产品概况

证券公司名称	发行量（只）		年末资产净额（亿元）	货币型（只）	债券型（只）	股票型（只）	混合型（只）	FOF 型（只）	QDII 型（只）
	运行总量	新发行							
国泰君安资管	31	12	200.45	3	7	8	9	3	1
中信证券	30	11	142.30	2	10	4	13	1	0
东方证券资管	27	9	124.61	1	3	2	20	1	0
光大证券资管	22	8	101.90	1	9	0	10	1	1
华泰证券	20	8	116.46	3	8	3	3	2	1
海通证券资管	15	8	41.21	2	6	0	6	1	0
长江证券	14	3	43.17	1	2	0	10	1	0
第一创业证券	14	7	68.02	0	8	0	6	0	0
大通证券	12	11	22.42	1	9	0	2	0	0
国信证券	12	5	36.44	2	1	2	5	1	1
安信证券	11	7	38.78	1	2	0	7	1	0
招商证券	11	4	95.39	2	1	3	4	1	0
中国银河证券	11	6	31.73	2	1	2	5	1	0
东海证券	10	0	42.90	0	1	2	6	1	0
申银万国证券	10	6	28.41	4	1	0	4	1	0
兴业证券	10	3	43.90	0	2	2	5	1	0
浙商证券	10	2	29.51	0	1	0	8	1	0
中信建投	10	7	28.59	1	4	0	5	0	0

资料来源：普益财富（数据截至 2012 年 12 月 31 日）。

四、2012 年证券公司集合理财产品业绩回顾

截至 2012 年 12 月 31 日，2012 年以前成立并仍在运行的 270 只产品平均年收益率为 1.15%，年收益为正的产品有 155 只，占比为 57.41%；2012 年以后成立的 194 只产品成立以来的平均收益率为 0.59%，有 126 只产品获得正收益，但由于其中大多数产品运行时间较短，还不能充分体现其收益实现能力。在成立满 1 年的 270 只产品中，有 2 只亏损超过 20%；亏损在 -10% ~ -20% 以内的有 17 只；亏损在 -10% ~0 以内的有 87 只；收益率在 0 ~ 10% 以内的有 130 只；收益率在 10% 及以上的有 28 只（见图 7-4）。

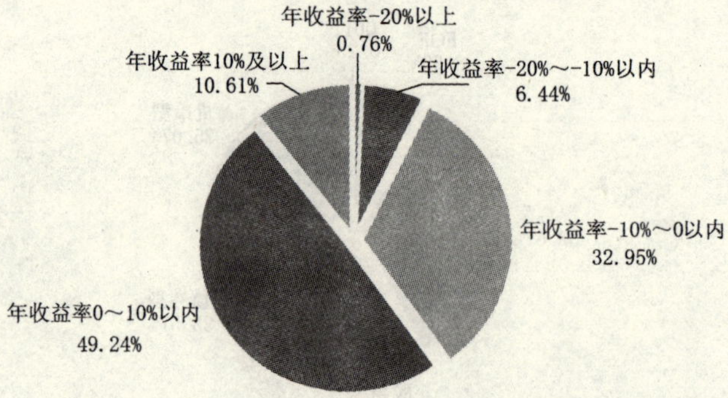

图 7－4　2012 年证券公司集合在运行产品年收益率分布

资料来源：普益财富（数据截至 2012 年 12 月 31 日）。

其中，东海证券的“东海精选 2 号”以－23.60% 的年收益率排名倒数第一位，东莞证券的“东莞旗峰 2 号”和广发证券的“广发理财 5 号”分别以－21.05% 和－18.09% 排名倒数第二位和第三位。在年收益率为正的产品中，兴业证券的“兴业玉麒麟 2 号”以 27.24% 的年收益率位列第一，中银国际的“中银国际中国红 1 号”和华泰证券的“华泰紫金龙大中华”分别以 19.56% 和 18.10% 列于第二位和第三位。

从产品类型来看，270 只产品中有 8 只货币型产品，其平均年收益率为 4.09%；37 只债券型产品，其平均收益率为 6.55%；31 只股票型产品，其平均年收益率为 0.34%；149 只混合型产品，其平均年收益率为 0.25%；41 只 FOF 型产品，其平均年收益率为－0.29%；4 只 QDII 型产品，其平均年收益率为 3.42%（见图 7－5）。

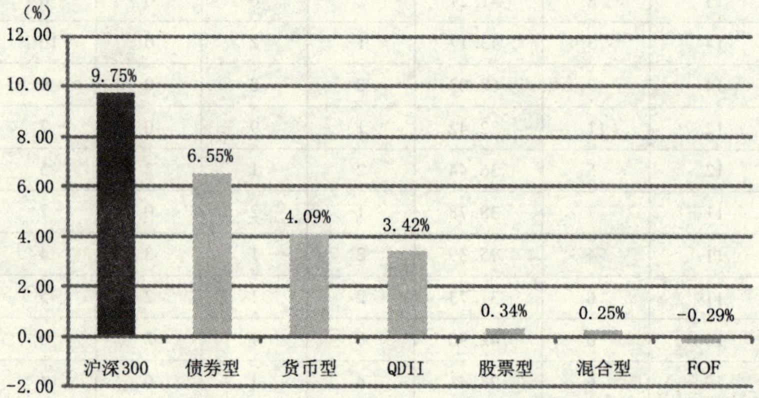

图 7－5　2012 年各类型产品年平均收益率

资料来源：普益财富（数据截至 2012 年 12 月 31 日）。

（一）货币型产品业绩表现

2012 年共有 41 只货币型券商集合理财产品在运行，其中仅有 8 只产品运行满 1 年，有 33 只产品为 2012 年新成立的产品。8 只运行满 1 年产品的平均年收益率为 4.09%，其中华泰证券的“华泰紫金现金管家”以 5.95% 的年收益率排名第一位，信达证券的“信达现金宝”则未获得收益，排名垫底（见表 7－2）。

表 7－2　2012 年货币型产品年收益率列表

证券公司	产品	单位净值（元）	年收益率（%）
华泰证券	华泰紫金现金管家	1.0774	5.95
华泰证券资管	华泰理财一号	1.0000	4.75

续表

证券公司	产品	单位净值（元）	年收益率（%）
齐鲁证券	齐鲁锦泉	1.0348	4.60
中银国际证券	中银国际中国红货币宝	1.0000	4.54
国泰君安资管	国泰君安君得利1号	1.0000	4.53
国泰君安资管	国泰君安君得利2号	1.0000	4.19
招商证券	招商现金牛货币	1.0000	4.16
信达证券	信达现金宝	1.0000	0.00

资料来源：普益财富（数据截至2012年12月31日）。

（二）债券型产品业绩表现

2012年共有114只债券型券商集合理财产品正在运行，其中77只为2012年新成立的产品。37只运行满1年的产品平均年收益率为6.55%。债券型产品因为投资标的为风险较小且流动性较好的金融资产，因而产品业绩表现也相对稳定。在所有债券型产品中，光大证券的“光大阳光5号”以14.21%的年收益率排名第一位，安信证券的“安信理财1号”和“光大阳光稳健添利”分别以14.15%和12.32%的年收益率排名第二位和第三位（见表7-3）。此外，兴业证券的“兴业金麒麟1号”和恒泰证券的“恒泰稳健回报”的年收益率也都超过10%，分别达到10.72%和10.33%。

表7-3　　2012年年收益率前10位的债券型产品列表

证券公司	产品	单位净值（元）	年收益率（%）
光大证券资管	光大阳光5号	1.1910	14.21
安信证券	安信理财1号	1.0130	14.15
光大证券资管	光大阳光稳健添利	1.1068	12.32
兴业证券	兴业金麒麟1号	1.0868	10.72
恒泰证券	恒泰稳健回报	1.0662	10.33
申银万国证券	申银万国宝鼎5期	1.0914	8.34
国泰君安资管	国泰君安君得惠债券	1.0210	7.68
长江证券	长江超越理财增强债券	1.0288	7.40
华安证券	华安理财1号	1.0198	7.16
中信证券	中信债券优化	1.0937	7.14

资料来源：普益财富（数据截至2012年12月31日）。

（三）股票型产品业绩表现

2012年共有40只股票型券商集合理财产品正在运行，其中9只为2012年新成立。31只运行满1年的股票型产品平均年收益率为0.34%。兴业证券的“兴业金麒麟2号”年收益率为17.09%，在同类型产品中排名第一位（见表7-4）；中国银河证券的“银河金星1号”以-14.71%的年收益率排名倒数第一位。

表7-4　　2012年年收益率前10位的股票型产品列表

证券公司	产品	单位净值（元）	年收益率（%）
兴业证券	兴业金麒麟2号	1.0334	17.09
兴业证券	兴业玉麒麟1号	1.0370	15.22

续表

证券公司	产品	单位净值（元）	年收益率（%）
国泰君安资管	国泰君安君得鑫股票	0.8890	13.54
中国银河证券	银河99指数	0.9360	12.50
中信证券	中信股票精选	0.8968	12.30
高华证券	高华证券盛享1号	1.0086	6.03
中信证券	中信红利价值	1.0525	4.96
国泰君安资管	国泰君安明星价值	0.8549	3.71
国泰君安资管	国泰君安君享富利	0.8078	2.09
中金公司	中金股票精选	0.6557	1.93

资料来源：普益财富（数据截至2012年12月31日）。

（四）混合型产品业绩表现

2012年共有222只混合型券商集合理财产品正在运行，其中149只产品运行满1年，平均年收益率为0.25%，其中72只产品收益为正。兴业银行的“兴业玉麒麟2号”以27.24%的年收益率排名第一；中银国际证券的“中银国际中国红1号”和兴业证券的“兴业金麒麟5号”则分别以19.56%和18.00%的年收益率分列第二、第三位（见表7-5）。此外，还有13只混合型产品的年收益率也超过了10%。东海证券的“东海精选2号”则以-23.60%的年收益率垫底。

表7-5　　2012年年收益率前10位的混合型产品列表

证券公司	产品	单位净值（元）	年收益率（%）
兴业证券	兴业玉麒麟2号	1.0650	27.24
中银国际证券	中银国际中国红1号	1.0069	19.56
兴业证券	兴业金麒麟5号	1.1340	18.00
中国中投证券	中投汇盈核心优选	0.7837	17.83
浙商证券	浙商金惠1号	1.1206	16.99
浙商证券	浙商金惠引航	1.0230	16.84
第一创业证券	创业创金价值成长2期	1.0182	15.38
第一创业证券	创业创金灵活成长1期	1.0724	15.21
东方证券资管	东方红2号	1.0994	15.18
兴业证券	兴业金麒麟消费升级	1.0880	14.39

资料来源：普益财富（数据截至2012年12月31日）。

（五）FOF型和QDII型产品业绩表现

2012年共有42只FOF型券商集合理财产品正在运行，其中1只为2012年新成立的产品。41只运行满1年的产品平均年收益率为-0.29%。其中，浙商证券的“浙商汇金1号”以10.66%的年收益率排名第一，国泰君安的“国泰君安上证央企50”和申银万国证券的“申银万国3号基金宝”分别以9.90%和9.52%的年收益率位列第二、第三位，财富证券的“财富证券财富1号”以-17.59%的年收益率排最后一名。

对于QDII型券商集合理财产品而言，证券公司历年来发行的该类产品总数较少，2012年正在运行的该类产品共有5只，其中1只为2012年新成立的产品。在运行满1年的4只产品中，产品年收益率分化严重。华泰证券的“华泰紫金龙大中华”年收益率为18.10%，排名第一位；而国泰君安的

"国泰君安君富香江"排名垫底，年收益率为-9.23%。另外2只产品为上海光大证券资产管理的"光大全球灵活配置"和中金证券的"中金大中华股票配置"，其年收益率分别为4.09%和0.83%。

（六）小集合理财产品业绩表现

截至2012年12月31日，正在运行的小集合产品共有120只，其中62只为2012年新成立的产品。在所有证券公司中，国泰君安的小集合产品数量最多，达到17只；其次东方证券管理13只；光大证券和中信证券各管理10只。从收益情况来看，58只运行满1年的小集合产品的平均年收益率为1.50%。兴业证券的"兴业玉麒麟2号"以27.24%的年收益率排名第一位（见表7-6）；由东海证券管理的"东海精选2号"则排在最后，年收益率为-23.60%。

表7-6　**2012年年收益率前10位的小集合产品列表**

证券公司	产品	单位净值（元）	年收益率（%）
兴业证券	兴业玉麒麟2号	1.0650	27.24
浙商证券	浙商金惠1号	1.1206	16.99
浙商证券	浙商金惠引航	1.0230	16.84
兴业证券	兴业玉麒麟1号	1.0370	15.22
第一创业证券	创业创金灵活成长1期	1.0724	15.21
中信建投	中信建投稳健增利	1.0271	9.27
申银万国证券	申银万国宝鼎5期	1.0914	8.34
东方证券资管	东方红先锋4号	0.8267	7.94
国泰君安资管	国泰君安君享套利2号	1.0910	7.70
国泰君安资管	国泰君安君享套利1号	1.0950	7.57

资料来源：普益财富（数据截至2012年12月31日）。

（七）2012年清盘集合理财产品分析

2012年共有20只券商集合理财产品终止清算，其中，"东北证券1号""国泰君安君得益优选基金"和"申银万国宝鼎2期"3只产品因到期进行清算；"国信金理财限额特定1号""长江超越理财宝2号"和"第一创业金益求金"等17只产品因为资产净值连续20个交易日低于1亿元人民币而被迫清盘。17只产品中，有11只产品累计投资收益率为正，"上海证券理财2号"以13.66%的累计收益率排名第一；6只产品自成立以来累计亏损，其中"国海收益精选"累计亏损最多，达到25.63%。17只产品中，10只产品存续时间不足1年，其中4只产品为2012新成立的产品，分别为"国信金理财中性量化""申银万国5号""浙商汇金新经济"和"东吴财富3号"，其中"浙商汇金新经济"存续时间最短，仅存续4个多月，截止到产品终止时，其累计投资收益率为6.20%。

从投资类型来看（见表7-7），17只被迫清盘的产品中，10只为混合型产品；3只为债券型产品；另外，货币型产品、股票型产品、FOF型产品和QDII型产品各1只，分别为"申银万国5号"、"长江超越理财宝2号"、"中金基金优选"和"招商海外宝"。

表7-7　**2012年被迫终止集合理财产品列表**

证券公司	产品	成立时间	终止时间	累计收益率（%）
上海证券	上海证券理财2号	2009年11月3日	2012年7月9日	13.66
招商证券	招商海外宝	2011年5月18日	2012年3月12日	6.52
平安证券	平安年年红债券宝	2009年1月21日	2012年4月23日	6.27
浙商证券	浙商汇金新经济	2012年3月12日	2012年7月16日	6.20

续表

证券公司	产品	成立时间	终止时间	累计收益率（%）
申银万国证券	申银万国5号	2012年5月7日	2012年11月6日	2.84（7日年化）
长江证券	长江超越理财稳健增利	2009年12月2日	2012年4月26日	1.88
华泰证券	华泰紫金套利宝	2011年8月9日	2012年9月6日	1.79
华泰证券	华泰紫金策略优选	2010年2月9日	2012年2月24日	1.73
第一创业证券	第一创业金益求金	2011年8月26日	2012年2月7日	1.51
国信证券	国信金理财中性量化	2012年3月6日	2012年10月11日	1.20
东吴证券	东吴财富3号	2012年4月10日	2012年8月7日	0.49
长江证券	长江超越理财宝2号	2010年12月20日	2012年1月19日	-1.47
平安证券	平安稳健增值一期	2011年5月31日	2012年4月19日	-9.88
国泰君安资管	国泰君安君享节能	2011年9月9日	2012年6月25日	-10.13
国信证券	国信金理财限额特定1号	2010年9月16日	2012年1月17日	-10.20
中金公司	中金基金优选	2010年1月29日	2012年8月21日	-15.21
国海证券	国海收益精选	2010年10月29日	2012年11月23日	-25.63

资料来源：普益财富（数据截至2012年12月31日）。

第二节 2012年证券公司集合理财相关政策法规解读

一、证券公司创新发展研讨会召开，业务松绑在即

2012年5月初，证券公司创新发展研讨会在北京举行，该研讨会由中国证券业协会与上海证券交易所、深圳证券交易所、中国证券登记结算有限责任公司、中国证券投资者保护基金有限责任公司共同举办。来自中国证监会相关部门，中国证监会派出机构，沪、深证券交易所，证券登记结算公司，投资者保护基金公司，中国上市公司协会，中国期货业协会，证券金融公司等单位的代表、协会咨询委员会及各专业委员会和证券公司等相关人士齐聚一堂，共谋证券公司创新发展新阶段。

中国证监会主席郭树清指出，证券行业在过去20多年经历了“野蛮发展”、“清理整顿”和“规范发展”三个阶段，并希望从这次会议开始，证券行业进入创新发展阶段。他还指出，目前金融创新迎来了最好的历史时期，鼓励证券公司创新，并强调创新特别需要理解和包容，使得证券行业为之振奋。

会后，中国证监会下发《关于推进证券公司改革开放、创新发展的思路与措施（征求意见稿）》（以下简称《思路与措施》），指出证券行业当前突出的问题为与银行、信托等金融同业和国际先进投行相比，不可替代的核心竞争力尚未完全形成。2011年以来市场低迷，证券公司传统业务盈利水平大幅下滑，而银行、信托的理财业务和投资银行业务快速增长，证券公司专业服务能力不足、不能适应市场需求及时有效推出新产品新服务的问题充分暴露。其中，最受关注的是《思路与措施》提出的11条推动证券公司创新的举措，包括提高证券公司理财类产品创新能力，加快新业务新产品创新进程，放宽业务范围和投资方式限制，扩大证券公司代销金融产品范围等。其中，多举措鼓励证券公司进行资产管理业务创新，如：

关于提高证券公司理财类产品创新能力。《思路与措施》指出，支持证券公司以维护和强化资本

市场中介属性为基点，以客户需求为导向，积极开展理财产品创新活动。在坚持信息真实披露、风险充分揭示、投资者适当性、客户资产第三方托管等基本要求的同时，扩大投资范围，允许产品分级，降低投资门槛，减少相关限制。

关于加快新业务新产品创新进程。《思路与措施》表示，中国证监会已报请国务院审改办取消集合资产管理计划审批项目，审批取消后改为备案制，过渡期内集合资产管理计划的审批采取简易程序。创新过程中，对简单业务和产品不搞评审和试点；对比较复杂、风险较高的业务和产品，必须进行评审和试点的，尽量缩短评审和试点期限；适当加快试点扩大周期，试点成功的及时转入常规；已转入常规的业务、产品，尽量依靠自律、内控机制；依法必须审批的，简化手续，提高审批效率。

由于《思路与措施》已经提及对证券公司资产管理业务进行松绑的相关措施，被视为监管层发布券商资管新政的前奏，市场静待政策落实。

二、资管新政发布，券商资管业务正式松绑

2012 年 8 月 22 日，中国证监会下发关于就修订《证券公司客户资产管理业务试行办法》及配套实施细则征求意见的通知，就拟对《证券公司客户资产管理业务试行办法》及其配套实施细则进行修改，以进一步推动证券公司资产管理业务的规范、健康发展，向社会公开征求意见。在该通知发布不到两个月后，中国证监会于 2012 年 10 月 18 日正式公布《证券公司客户资产管理业务管理办法》（证监会令第 87 号）及配套实施细则，从多个方面放松对证券公司资产管理业务限制。

（一）将集合资产管理计划由审批制改为备案制

在备案制下，证券公司仅需在发起设立集合资产管理计划后 5 个工作日内，将集合资产管理计划的发起设立情况报中国证券业协会备案，并抄送证券公司住所地、资产管理分公司所在地中国证监会派出机构。此举可以大大增加集合资产管理计划的发行速度及效率，有利于集合资产管理产品数量及业务规模的增长，做大市场份额。

（二）扩大资产管理计划的投资范围和资产运用方式

对于一般集合计划，投资范围增加中期票据、保证收益及保本浮动商业银行理财计划；对于面向高端客户的限额特定资产管理计划，在一般集合计划投资范围基础上，增加商品期货等证券期货交易所交易的投资品种，利率远期、利率互换等银行间市场交易的投资品种，证券公司专项资产管理计划、商业银行理财计划、集合资金信托计划等金融监管部门批准或备案发行的金融产品以及中国证监会认可的其他投资品种；对于定向资产管理计划，允许由客户和证券公司自愿协商，通过合同约定投资范围。

在扩大管理资产运用方式上，允许集合和定向资产管理计划参与融资融券交易，也可以将持有的证券作为融券标的证券借给证券金融公司。允许集合和定向资产管理计划参与融资融券交易，有利于更多客户通过集合和定向资产管理计划参与融资融券交易，扩大融资融券的市场覆盖面，健全融资融券市场机制。允许集合和定向资产管理计划将其持有的证券作为融券标的证券出借给证券金融公司，则有利于集合和定向资产管理计划获取低风险利息收入，实现资产增值，也有利于增加融券标的来源，缓解融券标的短缺，促进融资融券业务发展。

此外，取消集合资产管理计划不得用于回购的限制，不仅能丰富集合计划流动性管理手段，也有利于提高集合计划的收益水平。但单只集合计划参与证券回购融入资金余额不得超过该计划资产净值的 40%（中国证监会另有规定的除外）。

（三）取消限额特定资产管理计划和指数化集合计划的双 10% 投资限制

限额特定资产管理计划和指数化集合计划不再受以下限制：单个集合计划持有一家公司发行的证券不得超过集合计划资产净值的 10%；证券公司将其管理的集合计划资产投资于一家公司发行的证券，不得超过该证券发行总量的 10%。对于限额特定资产管理计划，取消“双 10%”限制便于证券

公司根据产品特点和投资者需求设计更为灵活的产品；而对于指数化集合计划，则可以增加其跟踪基准指数的精准度，减小跟踪误差，利于保护投资者权益。

（四）允许集合计划份额分级以及在投资者之间转让

《证券公司客户资产管理业务管理办法》第二十五条规定，证券公司应当将集合资产管理计划设定为均等份额，并可以根据风险收益特征划分为不同种类。同一种类的集合资产管理计划份额，享有同等权益，承担同等风险。允许对集合计划进行分级，有利于证券公司根据客户风险偏好、风险承受能力，以及预期收益目标，设计集合理财产品，丰富产品类型，满足不同层次投资者的需求。

在集合计划存续期间，符合资质要求的投资者可以通过证券交易所等中国证监会认可的交易平台进行集合计划份额转让。此举不仅增加了投资者的退出机制，也有利于减少因大量退出导致的集合计划投资大幅波动，以保持集合计划份额的稳定。

（五）调整集合计划强制清盘的相关规定

取消理财产品连续20个交易日资产净值低于1亿元人民币应终止的强制清盘要求，一方面可以减少集合理财产品面临的清盘风险；另一方面也更加尊重客户的选择权，将理财产品是否因资产净值低于一定下限而终止的问题交由投资者和市场自主决定。投资者对集合理财产品表现不满意，可以采取“用脚投票”的方式来表达自己的意愿。

（六）调整自有资金参与集合计划的比例

取消证券公司自有资金参与单个集合计划绝对数额不得超过2亿元的限制，并将自有资金参与单个集合计划的比例由“不得超过成立规模的5%”调整为“不超过集合总份额的20%”。同时，取消证券公司参与多个集合计划的自有资金总额不得超过其净资本15%的限制。放松对证券公司以自有资金参与集合计划的限制，给予证券公司更多以自有资金参与集合计划的主动权，不仅为解决极端情况下理财产品的流动性风险留足了空间，也有利于在集合理财产品中建立证券公司与投资者风险共担的机制，以及证券公司以自有资金对投资损失进行有限补偿、保护投资者利益的机制。

三、《证券公司代销金融产品管理规定》助力资产管理业务

随着我国经济快速增长，企业和居民的财富不断积累，对投资理财的需求日益增长，而证券公司提供的理财产品相对比较单一，越来越难以满足投资者多元化的需求，在此背景下，中国证监会2012年11月12日发布《证券公司代销金融产品管理规定》（证监会公告［2012］34号），规定证券公司可以代销在境内发行，并经国家有关部门或者其授权机构批准或者备案的各类金融产品，开启了证券公司全面代销金融产品的时代，证券公司理财产品、证券投资基金、商业银行理财产品、信托公司信托计划以及保险产品等金融产品均能进入证券公司销售渠道。

证券公司代销金融产品，可以在多个方面促进其资产管理业务的开展。证券公司通过代销金融产品，可以构建金融产品超市，使得其为客户提供“一站式”的金融理财服务成为可能，并在此过程中提升自身的服务水平和能力。此外，不同的金融投资理财产品在风险性、流动性和收益性上有着各自显著的特点，可以满足投资者多样化的需求，证券公司可以通过代销金融产品，与更广泛的客户群体建立联系，并在此基础上开发和巩固自身资产管理业务客户，促进资产管理业务发展。

与此同时，代销金融产品增加了证券公司与其他金融机构交流合作的机会，有利于同业的深化合作，便于证券公司学习其他金融机构的资产管理经验，增强自身业务能力。这点已经在证券公司和商业银行之间的合作中体现出来，在券商资管新政的背景下，证券公司资产管理产品与银行理财产品已经互为投资对象，而且越来越多的券商集合理财产品也逐渐开始有了几分银行理财产品的特点，如缩短产品投资周期，为产品设定预期收益率等。

第三节 2012 年创新型证券公司集合理财产品评述

一、对冲量化产品渐起，首只统计套利产品诞生

2010 年股指期货的推出，催生了国内证券市场的量化套利交易，量化型证券公司集合理财产品也相继诞生。第一创业证券在 2010 年 12 月发行了国内首只证券公司对冲量化产品——“第一创业金益求金集合资产管理计划”。而在 2011 年，采用量化投资策略的证券公司集合理财产品则迎来了发行的高潮。其中，国泰君安发行的该类产品最多，并于 2012 年初发行了国内首只统计套利产品——“国泰君安君享成长限额特定集合资产管理计划”。

统计套利，是指将套利建立在对历史数据进行统计分析的基础之上，估计相关变量的概率分布，并结合基本面数据进行分析用以指导套利交易。相比于无风险套利，统计套利少量增加了一些风险，但是由此可获得的套利机会却数倍于无风险套利。统计套利的基本思路是运用统计分析工具对一组相关联的价格之间的关系的历史数据进行研究分析，研究该关系在历史上的稳定性，并估计其概率分布，确定该分布中的极端区域，即否定域。当真实市场上的价格关系进入否定域时，则认为该种价格关系不可长久维持，套利者有较高成功概率进场套利。

该产品的投资范围包括国内依法公开发行上市的股票、权证、基金、各种固定收益产品、股指期货，以及法律法规允许集合计划投资的其他金融工具。而在投资策略上则以自上而下的资产配置与自下而上的个股精选相结合为基本投资策略，平衡估值、趋势等多种因素，灵活配置，并运用量化投资策略管理风险暴露，根据数量化模型动态判断股票市场的风险程度和收益特征，进行动态风险对冲操作。其中，量化投资策略则是根据多因子风险模型和组合优化算法严格管理风险，多因子风险模型对各类风险因子进行辨别和检验，除了 Alpha 驱动因子给组合带来波动性外，其他因素，包括市场、规模、行业以及各类风格因子等都是影响组合波动的因子。通过组合优化算法，严格管理各类风险因子的暴露，并在最大化收益和最小化交易成本之间适当平衡，根据数量化模型动态判断股票市场的风险程度和收益特征进行动态对冲操作，参与股指期货的投资。

相较于非量化的产品而言，该类产品具有获得更高潜在投资回报的机会，但也面临更多的风险，除与非量化产品一样需要面对市场风险、信用风险、流动性风险、管理风险和操作风险等，还面临模型风险。量化资策略依赖各种量化投资模型，而模型并不能完全刻画市场运行中的真实状况，模型在测算、评估时存在的误差（因为历史表现并不能保证未来表现），模型中的参数估计存在的误差，或者市场条件突然发生改变等因素，将影响数量模型的可靠性从而对投资组合的收益产生影响，因而量化型产品对管理人的资产管理能力也提出了更高的要求。

二、类保本型产品陆续问世，多种方式保障本金安全

2012 年以来证券公司集合理财产品涨少跌多，收益不佳，令市场及投资者对证券公司集合理财产品大失所望，为稳定投资者信心，证券公司积极思变，陆续推出类保本型集合理财产品，保障投资者的本金安全。

东莞证券于 2012 年 9 月发行的“旗峰避险增值集合资产管理计划”，资金全部投向固定收益类资产和现金类资产，包括中国境内依法公开发行的债券、债券型基金、银行存款及中国证监会允许投资的其他金融工具，而不允许投资于股票、权证等权益类资产。对于该集合理财产品，东莞证券以自有资金参与投资，参与比例为集合计划成立日募集资金规模（不含管理人自有资金参与部分）的

5%，参与资金的上限为5 000万元人民币，并承诺在集合计划存续期内不退出，并以投入的自有资金为限对推广期或开放期参与并持有满3年及以上的份额本金亏损部分提供有限补偿。除此之外，该集合理财产品还引入广汇科技融资担保股份有限公司和广东华鸿融资担保有限公司设立不可撤销的连带责任担保，对推广期或开放期参与并持有满3年及以上的持有人提供本金保障，在东莞证券自有资金赔付完后，担保机构将启动担保人资金进行赔付，增强投资者本金的安全性。这也是证券公司集合理财产品首次引入第三方担保机制。

"德邦心连心2号债券精选集合资产管理计划"是德邦证券于2012年10月发行的限定型集合资产管理产品。该产品资金主要投向固定收益类资产，将不多于20%的资金投向权益类资产，权益类资产的配置比例与产品累计净值挂钩，累计净值越大，比例越大；累计净值越小，配置比例越小。当产品累计净值跌至0.95元时，其所持有的权益类资产的配置比例将降为0，从而减少了净值进一步下跌的风险。

此外，德邦证券用自有资金购买产品份额，与投资者共担风险，并用自有参与资金对投资者进行有限补偿。该产品在说明书中表示，德邦证券在推广期内购买集合计划成立规模（含管理人自有资金参与部分）的5%且不超过5 000万元，并保证在成品存续期内不提前退出本金。对于在推广期认购该集合计划并连续持有满2年的委托人份额，在计划成立后存续满2年时如果计划份额的累计净值小于计划份额面值，则管理人以自有资金认购参与的份额为限对委托人份额的差额损失进行补偿，直至委托人份额的差额损失全部弥补或管理人认购参与的份额补偿完毕为止。以自有资金参与和有限补偿条款，结合根据净值调整权益类资产持有比例的风险管理机制，为投资者的本金安全提供了保障。

从这2只产品的设计来看，这2只产品仅对满足条件的投资者提供有限的补偿，并不能做到保证所有投资者的本金安全，因而仅能称为"类保本产品"，但是增加如以自有资金参与并对投资者进行有限赔偿，以及第三方担保等机制，为投资者资金安全又增加了一道保护措施，能进一步降低产品风险，增加投资者信心。

三、股市持续不振，证券公司集合理财瞄准债市

2012年1月4日上证指数收于2169.39点，并在1月和2月维持了稳定的上涨态势，但在经历了3～5月的过山车行情后，股指便开始一路向下，并在12月初跌至1946.46的低位。股市持续不振，令大多证券公司集合理财产品承压不小，证券公司进而将目光瞄准债市，并发行多只创新型的债券投资集合理财产品。

广发证券于2012年7月发行首只可投资中小企业私募债的集合理财产品——"广发金管家弘利债券集合资产管理计划"。该产品说明书显示，其投资范围包括中小企业私募债，但是投资比例有严格限制，其主动投资于中小企业私募债的投资比例不高于集合资产的30%，主动投资于单只中小企业私募债的投资比例不高于集合资产的3%（因规模缩水导致的被动超比例可不受限制）。随后发行的"民族金港湾1号集合资产管理计划"和"浙商汇金增强聚利集合资产管理计划"等也都将中小企业私募债纳入投资范围。

中小企业私募债是指中小微型企业在中国境内以非公开方式发行和转让，约定在一定期限还本付息的公司债券。个人投资者要参与认购中小企业私募债，其名下各类证券账户、资金账户、资产管理账户的资产总额不得低于人民币500万元，并且具有两年以上的证券投资经验。证券公司集合理财产品将中小企业私募债纳入投资范围，为个人投资者提供了参与中小企业私募债投资的新渠道，但也对证券公司的资产管理能力提出了更高要求。中小企业私募债的收益较高，但是风险也比在公开市场发行的债券高，其核心在于信用风险，即到期不能足额还本付息的风险，为保证投资安全，证券公司必须花费大量精力做调研，以了解其风险状况，这对证券公司的投研体系和债券评估能力提出了更高的要求。此外，私募债不能通过交易所竞价系统交易，而且对投资者资质和数量有限制性规定，因而其

流动性风险也高于其他债券品种，证券公司必须采取有效措施保证账户总体的流动性。

中信证券2012年9月发行首只纯债集合理财产品——“中信证券季季增利纯债集合资产管理计划”。该产品仅投资于固定收益类资产和现金类资产，不投资二级股票市场、权证等权益类资产，也不参与一级市场新股申购和增发，强调收益的安全性与稳定性。具体的投资组合比例为，固定收益类资产0~95%，其中，中小企业私募债不超过集合计划资产总值的30%；现金类资产在开放日不低于5%。此外，该产品没有参与费和退出费，在满足分红条件的情况下，每季分红。由于股票市场持续低迷，证券公司减少了整个股票型产品的发行，对于具体的产品而言也在资产配置时减少了权益类资产的配置比例。该只券商集合理财产品就是在这种背景下诞生的，纯债型的产品投资收益率完全与股市的表现脱离了关系，相较于一般的债券型产品而言，产品更加稳健，风险水平更低。在已有的产品分类基础上，进一步丰富了产品类型，使得券商集合理财产品涵盖的风险收益特征范围更加广泛，有利于满足更加广泛客户群体的投资需求。

国泰君安证券资产管理公司2012年11月发行首只分级债券产品——“国泰君安君得丰一号债券分级集合资产管理计划”。该产品首次在证券公司集合理财产品中引入分级概念，将产品分为优先级份额和次级份额，份额之比不超过9∶1。其中，优先级份额面向风险承受能力较低、资产流动性需求不高的投资者，投资门槛为人民币5万元，按照预期收益率优先享有收益分配权力，每6个月开放一次；次级份额面向能够承受一定本金损失、资产流动性需求不高、熟悉债券市场的个人高端客户或具有资产配置需求的机构投资者，投资门槛为人民币100万元，享有该产品计划的剩余收益，产品存续期间不设开放期。另外，该产品还首次在证券公司集合理财产品中提出了预期收益率概念。该产品合同书显示，推广期参与的客户首个封闭期内优先级份额的年化预期收益率为4.6%，使得优先级份额多了几分银行理财产品的特性。此外，产品分级有利于满足投资者的不同风险偏好以及流动性需求，为不同类型的投资者提供适合的投资方式。

四、短期银行理财产品发行受限，证券公司集合理财产品迅速补位

2011年9月中国银监会下发《进一步加强商业银行理财业务风险管理有关问题的通知》，要求商业银行不得发行短期和超短期、高收益的理财产品变相高息揽储，在月末、季末变相调节存贷比等监管指标，进行监管套利，特别强调对期限在1个月内的理财产品的监管。由此，1个月以内的银行理财产品发行量应声下跌。

短期银行理财产品的发行受限，却使证券公司从中嗅到了市场的契机。证券公司开始瞄准短期理财市场，申银万国证券分别于2012年9月和10月发行两只短期集合理财产品，分别为“申银万国灵通快利14天集合资产管理计划”和“申银万国灵通快利7天集合资产管理计划”。这两只产品在运作机制上与银行的滚动式理财产品类似，没有固定的存续期限，两只产品分别以14天和7天为一投资周期，投资收益按现金方式每投资周期分配。不过与银行滚动式理财产品不同的是，这两只产品每一投资周期结束后，会由管理人自动发起赎回，而不是自动进入下一个投资周期，在产品持续投资方面没有银行滚动式理财产品便捷。此外，与银行理财产品相似，这两只产品每期发行时都会给出预期收益率，两只产品首期发行的预期年化收益率分别为4.20%和3.60%。

华泰证券于2012年发行一只节假日短期理财产品——“元旦14天理财”。该产品的投资周期为2012年12月26日至2013年1月8日，总共14天；在产品到期后，管理人将自动赎回所有选择“自动退出”的份额，并将退出款项转入委托人资金账户。该产品也是首只利用节假日概念进行营销的证券公司集合理财产品，而这种做法往往常见于银行理财产品，商业银行经常利用节假日或者特殊事件等概念发行特供产品，以此吸引投资者。从这两只产品来看，证券公司集合理财产品在运作模式上不断向银行理财产品取经，并侵入传统的银行理财领域。

五、设定投资收益目标，为投资者减负，给自己施压

投资者投资证券公司集合理财产品一般面临参与费、退出费和管理费用等投资成本，使得无论产品的表现如何，证券公司都能“旱涝保收”，拥有稳定的收入来源。在产品表现不佳的情况下，这一模式广受投资者诟病。为此，证券公司开始积极谋变，推出创新型产品，通过设定投资收益目标，取消相关费用等方式，为投资者减负，给自己施压。

第一创业证券2012年5月发行的“创金季享收益集合资产管理计划”，是一只限定性集合理财产品，投资范围包括固定收益类资产、现金类资产、一级市场新股申购、持有可转债转股所得股票、因持股票所派发的权证以及因投资可分离交易可转债而产生的权证，但不直接从二级市场上买入股票和权证。产品存续期2年，在达到分红条件下，每季度分红一次。该产品的创新之处在于，产品取消了参与费、赎回费和管理费，并设定目标投资收益率，仅当产品的年化收益率达到5.8%以上（不含）时才收取一定比例的业绩报酬，否则管理人颗粒无收。此外，产品的终止条件规定，在产品存续满1年的最后一个工作日，产品累计单位净值若低于1.058元时，产品自动终止。可见，在该产品中，第一创业证券给产品设定了年化5.8%的投资收益目标，自己要获得收入必须首先保证投资者的收入，并且如果在产品存续满一年的最后一个工作日当日没达到这一目标，则终止产品，大有“不成功便成仁”的意味，不过这种让利投资者的做法值得借鉴和鼓励。

华泰证券2012年7月发行的“华泰紫金天天发集合资产管理计划”，是华泰证券基于客户交易结算账户留存资金及其波动特点，在保证投资者资产安全性和流动性的前提下，为提高投资者资产收益率，实现投资者资产保值、增值而推出的一只创新型现金管理集合理财产品。如果仅作为现金管理类集合理财产品，该只产品已算不得创新，因为信达证券在2011年10月已率先发行了首只该类产品——“信达现金宝集合资产管理计划”，但信达现金宝仍然保留了收取固定费率管理费的模式，这毫无疑问会稀释现金类产品本已微薄的收益率。而紫金天天发则全面取消了参与费、退出费和管理费，仅在投资收益达到当期活期存款利率的150%以上（不含）时，才提取业绩报酬。该产品一经推出便受到市场追捧，首发募集金额达到41.91亿元，并于2012年9月21日进行了产品成立1个月后的首次分红，分红金额为5 725 610.84元。此后，该产品的浮动七日收益率一直维持在4.00%左右，收益稳定。

作为现金类集合理财产品，资金安全是产品首要关注的问题之一，因而该产品也设计了多项保证资金安全的措施。该产品将用华泰证券自有参与资金和风险准备金对产品存续期间任一工作日的收益亏损进行有限补偿，其中，华泰证券自有资金参与比例为推广期结束日该集合计划总份额（不含该集合计划管理人自有资金参与集合计划份额）的5%，但最高金额不超过2亿元人民币；而风险准备金则提取自业绩报酬，按照每季度产品平均资产规模的0.3%提取，且最低不少于500万元。

可见，该产品在维护投资者利益方面下足了功夫。首先是取消参与费、退出费和管理费，减轻投资者负担，同时给产品设定基准业绩，在保证了投资者收益后，才提取业绩报酬；而在每季度末，产品产生的业绩报酬又将首先用于提取风险准备金，直到满足季度平均资产规模的0.3%且绝对额不少于500万元之后，管理人方可支取业绩报酬。如果季度产品表现不佳，证券公司则可能连可支取的业绩报酬都没有，这无疑增加了证券公司的产品管理压力。

此外，华泰证券还在对该产品进行持续创新，在资管新政允许证券公司集合理财产品分级的背景下，华泰证券于2012年11月29日对该产品进行了分级，原来产品份额变为A份额，为1天期，同时新增7天期的B份额和14天期的C份额。其中，B份额业绩报酬基准为“当期活期存款利率×250%”，C份额业绩报酬基准为“当期活期存款利率×300%”。产品的分级使得原来的一只产品变为投资周期不同的三只产品，产品的流动性安排进一步丰富，能更好地满足投资者不同的投资期限需求，便于投资者更加灵活的配置流动资金，实现收益最大化。

六、证券公司联手阳光私募，首推跨界集合理财产品

证券公司集合理财产品一般由证券公司独自发起并管理，而国泰君安于2012年11月发行的“国泰君安君享重阳阿尔法对冲一号限额特定集合资产管理计划”则打破这一惯例，引入阳光私募作为研究顾问。该产品的研究顾问是阳光私募界有名的上海重阳投资管理公司。该产品的投资策略为通过自上而下的资产配置与自下而上的权益类及固定收益类证券精选相结合的基本投资策略；同时，审慎、适时、灵活地运用股指期货等工具进行系统性风险的对冲操作，以降低投资组合的波动性并获取中长期稳定的阿尔法收益。由此可以看出，该产品引入重阳投资作为研究顾问，就是看重其丰富的投资经验、良好的选股能力以及突出的阿尔法挖掘能力。

该产品不仅对于今后证券公司发行该类集合理财产品具有示范作用，对阳光私募改道与证券公司合作也具有借鉴意义。业界人士指出，二者在资产管理业务方面进行合作能够实现共赢。一方面，证券公司能够为私募提供规范、高效、稳健的后台支持以及强大的研究销售服务；另一方面，证券公司也能获得更加丰富、更具竞争力的产品配置，促进证券公司资产管理业务投研能力的提高。

第四节　证券公司集合理财业务存在的不足

一、清盘危机频现，证券公司投资管理能力待提升

2011年证券公司集合理财产品频频因连续20个交易日计划资产净值低于1亿元，而被迫清盘。进入2012年证券公司集合理财产品清盘危机的阴云仍挥之不去，全年共有17只集合理财产品被迫清盘。第一创业证券发行的“金益求金”，作为国内首只量化对冲证券公司集合理财产品，曾一度引起市场广泛关注。该产品成立于2011年1月21日，首次募集规模2.36亿元。1年之后该产品再次引起市场关注，其首个开放期即遭遇巨额赎回，面临清盘危机，并于1月4日发布首个产品可能提前终止的提示性公告，最终于2012年2月7日正式终止。产品计划存续3年，实际存续1年。该产品遭遇赎回危机的主要原因是投资收益不佳，其首个封闭期最后一日的净值仅为1.0130元，较成立时增长1.30%，投资收益率与时值3.5%的银行一年期定期存款利率相比，逊色不少。该产品终止时的净值也仅为1.0151元。

2012年新年伊始，另外还有两只产品被迫清盘，分别是国信证券发行的“‘金理财’限额特定1号”和长江证券发行的“超越理财宝2号”。两只产品分别于1月17日和1月19日提前终止，累计收益率分别为-10.50%和-1.47%。两只产品清盘的原因同样都是投资收益不佳，遭遇客户大量赎回，使得产品净值规模连续低于法定额度而被迫终止。

此外，2012年证券公司集合理财产品还刷新了最短存续期记录，由浙商证券发行的“汇金新经济”成立于2012年3月12日，计划存续7年，但因6月18日~7月16日期间资产净值连续20个交易日低于1亿元人民币而于7月16日正式终止，产品实际存续4个月，成为史上存续时间最短的证券公司集合理财产品。作为一只大集合产品，首发募集规模却不足3亿元，与50亿元的计划募集规模相去甚远，或许已经暗示了其不那么光明的前途。不过该产品与上述几只产品不同的是，该产品的投资收益率并不差，截至产品终止日，其成立以来的投资收益率为6.20%。该产品是股票型产品，由于证券市场持续低迷，投资者对市场缺乏信心，而该产品的投资收益率较好，投资者进而选择了及时退出锁定收益，使得产品在首个开放期后，净值规模低于1亿元。

从近两年被迫清盘的证券公司集合理财产品来看，都是因为客户大量赎回，使得产品净值连续

20 个交易日低于 1 亿元人民币。中国证监会在 2012 年 10 月发布的《证券公司集合资产管理业务实施细则》（证监会公告［2012］29 号）中，取消了集合理财产品连续 20 个交易日资产净值低于 1 亿元人民币应当终止的规定，大大减少了证券公司集合理财产品在运作过程中因资产净值低于一定下限而被迫清盘的压力。但是这并不能从根本上杜绝被迫清盘事件的再次发生，从上述产品来看，极少有产品会像“汇金新经济”因为投资收益率较高，投资者为锁定收益而赎回。绝大部分产品遭遇投资者大量赎回，是因为产品的投资收益率不佳，甚至持续亏损，终其原因在于证券公司自身的投资管理能力不强，未能给投资者带来满意的投资收益率，因而投资者选择了“用脚投票”。

目前，证券公司集合理财产品的外部监管环境已经大为宽松，证券公司现在要做的是加强内功修炼，不断进行产品创新，提高产品的投资管理运作能力。

二、通道业务增长迅速，业务面临不确定性

得益于银信合作业务的受限和证券公司资管业务的松绑，银证合作开始起步，并快速增长。而银证合作与银信合作类似，在本质上是通道业务，其合作方式就是证券公司通过设立集合资产管理计划或者定向资产管理计划，承接银行理财资金。对于银行而言，此举增加了银行理财资金的投资渠道；而对于证券公司而言，由于不负责产品销售和产品设计，只是收取一定的通道费用，大大增加了利润来源，可谓皆大欢喜。

银证合作虽然能给证券公司带来业务规模和利润的增长，但是却面临较大的不确定性。一个重要的原因就是，在银证合作业务中，证券公司参与了银行票据业务，银行用理财资金购买证券公司资产管理计划，而证券公司的资产管理计划再买断购买属于表内资产的银行承兑汇票，使得证券公司资产管理业务成为银行信贷资金表内转表外的通道，而这正是银信合作受到严格限制的业务，因为把表内业务转移到表外，信贷规模监控失效，增加了银行资产风险，监管层对于这一业务基本持否定态度。2010 年 8 月中国银监会下发《关于规范银信理财合作业务有关事项》，明确规定“信托公司在开展银信理财合作业务过程中，应该持自主管理原则，严格履行项目选择、尽职调查、投资决策、后续管理等主要职责，不得开展通道类业务”。

由于信托通道的受阻，加之证券公司资产管理业务的松绑，银行转而通过证券公司资产管理业务开展同类业务，因而银证合作基本上是在复制之前银信合作的发展模式。这种业务模式面临很大不确定性，监管层是否容忍这种监管套利的存在，是否会像关闭信托通道一样关闭证券公司通道，都是值得整个行业思考的问题。因而对于证券公司资产管理业务而言，主动管理型业务才是其正确的发展方向。

第五节　2013 年证券公司集合理财市场展望

一、业务限制放松，市场规模将快速增长

2012 年 10 月中旬，中国证监会发布的《证券公司客户资产管理业务管理办法》及其配套实施细则，对证券公司资产管理业务的限制大幅放松。其中，取消证券公司集合资产管理计划行政审批并改为备案管理，以及扩大资产管理业务投资范围对证券公司资产管理业务市场规模的快速增长有重大实质影响。

《证券公司客户资产管理业务管理办法》第十八条规定，证券公司发起设立集合资产管理计划后 5 个工作日内，应当将集合资产管理计划的发起设立情况报中国证券业协会备案，同时抄送证券公司

住所地、资产管理分公司所在地中国证监会派出机构。从此结束了证券公司集合理财产品需要经过监管层审批的历史，证券公司在产品发行方面的灵活性将大大提高，产品的发行效率也大大提高。此前，证券公司同一时间一般只能申报同一类型的产品，而从申报到正式批准往往需要经历较长的时间，在这期间市场可能已经发生了重大变化，与产品设计的初衷相悖。这严重限制了证券公司的投资管理能力，降低了证券公司设计发行产品的积极性。将审批制改为备案制后，可以将证券公司被压抑的动力释放出来，未来证券公司集合理财产品的发行数量或将快速增长。

由于产品发行更加灵活，以及产品投资范围的扩大，使得其他理财机构也看到了与证券公司展开合作的广阔前景，商业银行、阳光私募以及第三方理财机构等，纷纷开始与证券公司在理财领域进行合作，从另一个方面促进了证券公司资产管理业务规模的快速增长。在各种理财机构中，商业银行与证券公司的合作最为密切，目前已有多家商业银行对银行理财产品的投资对象进行了调整，将证券公司定向或者集合资产管理计划纳入银行理财产品的投资范围。如招商银行的“招银进宝系列之睿远理财计划”，该系列产品的投资对象包括固定收益类资产和证券类资产。之前证券类资产仅包括证券投资类集合资金信托计划，而2012年11月14日发行的该系列产品的第三期，已将证券投资类证券公司定向和集合资产管理计划纳入其证券类资产投资范围；工商银行的“‘工银财富’资产管理组合投资型人民币理财产品（CFXT)”，在2012年10月15日后发行的该系列产品明确将证券公司定向和集合资产管理计划列为投资对象；龙江银行自2012年9月17日起调整其发行的“‘小龙人理财’合盛系列龙通”系列产品的投资范围，自该系列产品的第9期起，将证券公司定向和集合资产管理计划列为投资对象。

证券公司资产管理业务规模的快速增长，在2012年第3季度已经有所显现。中国证券业协会统计数据显示，2011年证券公司受托管理资金本额为2 818.68亿元，而2012年上半年、2012年前3个季度及2012年全年，这一数据分别为4 802.07亿元、9 295.96亿元和18 900亿元。可见，从2012年第3季度开始证券公司资产管理业务呈加速增长之势，第4季度业务规模更是在前3个季度的基础上增长1倍有余。这种快速增长的趋势或将在2013年延续，证券公司或将成为理财市场的有力竞争者。

二、创新型产品不断涌现，产品线将更加完善

自2005年开闸以来，证券公司资产管理业务发展缓慢，在总规模上远远小于公募基金，更是被银行理财业务远远甩在身后。其中一个重要原因就是，证券公司集合理财产品类型相对单一，各个证券公司发行的产品同质化严重。如与银行理财产品相比，投资门槛同为5万元的大集合理财产品，在产品丰富性上远远不及银行理财产品，不能广泛满足各类投资者的不同需求，对投资者的吸引力大打折扣。

而这一局面在2012年下半年开始好转，在2013年将持续改善。一方面，得益于监管层对于业务创新的松绑。在2012年5月的证券公司创新发展研讨会上，中国证监会主席郭树清明确指出证券业要进入创新发展阶段，并指出创新特别需要理解和包容。这是监管层鼓励证券公司创新的积极信号。此外，10月颁布的《证券公司客户资产管理业务管理办法》及其配套实施细则，也意在放松业务限制，推动证券公司资产管理业务发展。监管层对于业务创新的鼓励以及对业务限制的放松，给证券公司集合理财业务留足了创新的政策空间。另一方面，迫于市场竞争的压力，证券公司不得不积极思变创新。2012年6月中国保监会下发《保险资金委托投资管理暂行办法》及《保险资产配置管理暂行管理办法》，拓展保险资产的投资范围和委托投资。8月，中国证监会下发《期货公司资产管理业务试点办法》，期货公司资产管理业务开闸。各类金融机构正在发力资产管理领域，因而证券公司资产管理业务在面临更为宽松的监管环境的同时，也面临更为激烈的市场竞争环境，而这两方面的因素都将促使证券公司加快创新的步伐。

2012年以来创新型的产品已经陆续面市，包括短期产品、保本产品和分级产品等，但相对于整个证券公司集合理财市场来说，创新型的产品依然较少，没有形成规模效应。2013年我们或将看到更多的创新型集合理财产品的出现，证券公司集合理财的产品线将更加丰富，在投资期限、风险水平、投资范围和资产运作方式等方面出现多元化的趋势，满足投资者的不同需求。

三、证券公司收入结构调整，资产管理业务收入占比上升

证券公司的业务包括经纪业务、投资银行业务、固定收入业务、资产管理业务和研究业务，多年以来证券公司一直以实现全牌照业务模式为目标，事实上我国九成证券公司实现了这个目标，但是在这种大而全的业务模式下，证券公司业务过度同质化，失去了各自的特色。

而对于一个成熟的证券市场，各个证券公司应该是在各个业务模块中选择业务侧重点，精细化管理和专业化经营是证券公司发展壮大的必经之路。2012年股票市场的持续不振以及IPO减速，使得证券公司经纪业务和投资银行业务遭遇“寒流”，进而资产管理业务的地位逐渐凸显。加之近年来全社会财富管理需求与日俱增，不少证券公司开始将资产管理业务作为重点发展业务。

事实上对于不少证券公司而言，资产管理业务的收入贡献度呈现逐年递增的趋势。如在资产管理业务领域可圈可点的国泰君安证券，中国证券业协会公布的证券公司财务指标排名显示，其受托客户资产管理业务净收入占营业收入的比例在2009年仅为0.45%，而2010年上升为1.72%，2011年进一步上升为3.13%。这种趋势或将在更多证券公司的收入结构上体现出来。

第八章 保 险 市 场

第一节 市 场 概 况

一、保险行业保费收入稳步增长，寿险、财险同比增速差距显著

中国保监会公布的统计数据显示，2012 年，我国保险行业共实现原保险保费收入 15 487.93 亿元，较上年度增长 8.01%，同比增速与上年度相比几乎持平（见图 8－1）。总的来说，我国保险行业仍处于稳步发展阶段。

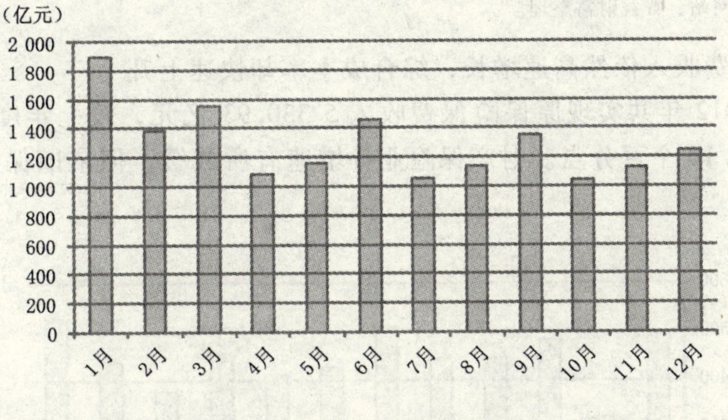

图 8－1 2012 年全国保险业原保险保费收入月度走势

资料来源：中国保监会网站，普益财富整理。

（一）人身保险保费收入增速趋缓，产品结构及销售渠道调整是主因

人身保险方面，2012 年共实现原保险保费收入 10 157.00 亿元，较上年度增长 4.48%。其中，寿险保费收入 8 908.06 亿元，较上年度增长 2.44%；健康险保费收入 862.76 亿元，较上年度增长 24.73%；人身意外伤害险保费收入 386.18 亿元，较上年度增长 15.58%。

我国人身保险的保费收入增速较过往呈现趋缓态势，究其原因，可以总结为 2012 年以来人身保险产品结构以及销售渠道均有所调整（见图 8－2）。

我国保险行业在过去十余年持续表现为突飞猛进的发展势头，但这种一味追求保费规模的增长是无法长久下去的。因此，从 2011 年开始各大保险公司以及监管层均有对产品结构进行优化调整的思想。2012 年市场呈现出来的情形是，保险公司正在逐步将各自产品从趸缴转向期缴、从短期转向长期、从重投资转向重保障。这种产品结构的调整使得过去一次性大额投保投资型险种的情况有所弱化，从而必然在短时间内影响整个人身保险市场的保费收入规模。投资型险种销售减弱的另一个原因

则是包括银行理财产品在内的新型投资品种的替代效应。

人身保险行业的销售渠道也出现了一定程度的变化。受银行保险新规及产品结构调整的影响，2012 年各家保险公司银保渠道的保费收入普遍出现下滑，部分公司的同比降幅超过 20%，而代理人渠道的保费收入则有所增长。这同样是受到了长期限期缴保障性产品增多的影响。这类产品因其复杂性而更加适合代理人渠道进行销售。

除此而外，人身保险新单保费收入整体出现下降，但续期保费收入则呈增长态势，二者相互抵消后表现为续期保费收入的增幅略高于新单保费收入的降幅，使得总体保费收入小幅增长。行业监管方面也对人身保险业务的拓展造成一定减缓效应，主要原因在于中国保监会对寿险行业加大了销售误导的治理力度，同时暂缓审批部分寿险公司分支机构的设立申请。

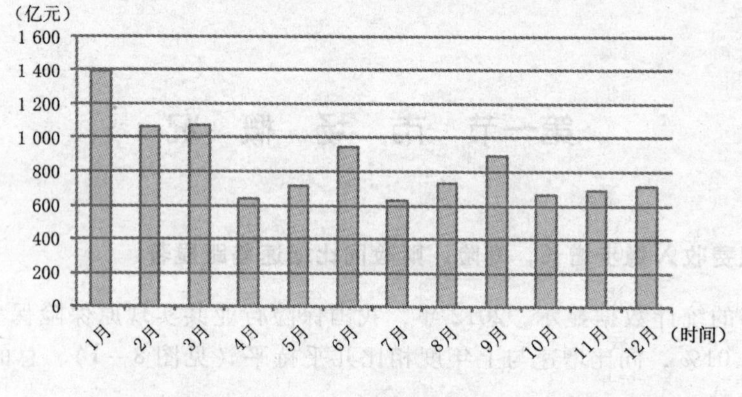

图 8 – 2　2012 年全国人身保险原保险保费收入月度走势

资料来源：中国保监会网站，普益财富整理。

（二）财产保险保费收入依然高速增长，综合成本率却快速上升

财产保险方面，2012 年共实现原保险保费收入 5 330.93 亿元，较上年度增长 15.44%，同比增速与上年度相比下降 3.10 个百分点。财产保险业务增速有所放缓，但依旧保持在两位数的高速增长态势（见图 8 – 3）。

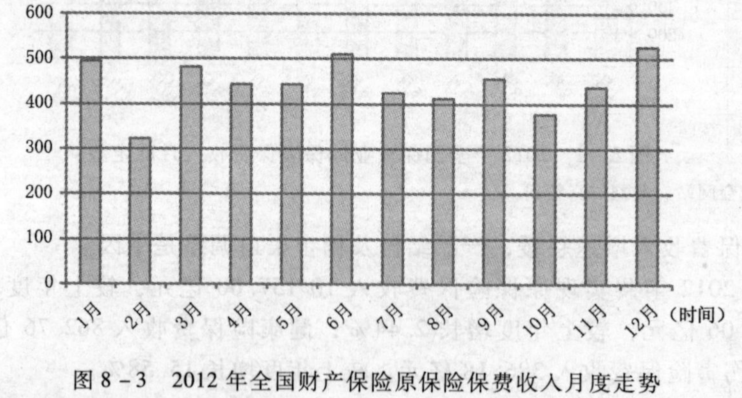

图 8 – 3　2012 年全国财产保险原保险保费收入月度走势

资料来源：中国保监会网站，普益财富整理。

由于财产保险业务中车险占据了七成比例，因此汽车行业的景气程度与财产保险保费收入有着较大关系。据中国汽车工业协会的统计分析，2012 年，我国汽车销售总量为 1 930.64 万辆，同比增幅为 4.33%，该数值与上年度同期相比较增加 1.88 个百分点。另据国家统计局网站公布的 2012 年统计公报显示，截至 2012 年底，我国民用汽车保有量达 1.21 亿辆，与上年末相比增幅达 14.3%，同时增速呈逐月上升态势。汽车销售量及保有量数据显示了汽车行业的景气程度较上年度微幅提升，对财产

保险保费收入持续增长起着较大支撑作用。

虽然财产保险保费收入增速依然较大，但是整个行业的综合成本率却在上升。截至2012年底，财产保险行业的综合成本率估计已经从上年度末的90% ~91%上升至95%左右，导致行业盈利水平整体下降，部分财险公司甚至发生亏损。

综合成本率快速上升的主要原因有二：第一，财险公司为了保持或者扩大市场份额，不惜掷出非理性竞争手段，最明显的是部分公司出现了用高费用激励政策冲规模的激进行为，这也非常不利于行业秩序的稳定；第二，财产保险的赔付水平有所增加，2012年财产保险原保险赔付支出为2 816.33亿元，同比增幅高达28.78%。这是受到了汽车零配件等物价水平的上涨以及自然灾害引发的大型赔付案件频发的影响。

为了遏制非理性竞争行为，中国保监会于2012年5月8日下发了《关于进一步加大力度规范财产保险市场秩序有关问题的通知》。该通知严禁财险公司通过高费用激励政策鼓励分支机构冲保费规模、保市场份额，严厉查处虚假应收、虚假批退以及违规打折等违法违规事件。这些措施将有助于减缓综合成本率的过快上涨。

二、股市低迷债市焕发，稳健型投连险投资账户整体表现最优

2012年，A股市场的走势可以描述为上半年震荡盘整，下半年后开始逐渐下跌，而12月出现强劲反弹。全年度各主要股票指数涨跌不一，总体来看主板市场表现优于中小板和创业板（见表8－1）。债券市场则受中国人民银行两次降息及两次下调金融机构存款准备金率的影响而有所上涨，全年走势可以描述为上半年稳步上行，下半年震荡攀升。分债券类型来看，信用债表现强于利率债。

表8－1　2012年主要股票指数及债券指数表现情况

指数名称	2011年12月30日指数价格	2012年12月31日指数价格	涨幅（%）
上证指数	2 199.42	2 269.13	3.17
深证成指	8 918.82	9 116.48	2.22
沪深300	2 345.74	2 522.95	7.55
中小板指数	4 295.86	4 236.60	-1.38
创业板指数	729.50	713.86	-2.14
上证国债指数	131.39	135.79	3.35
上证企债指数	148.48	159.60	7.49

资料来源：东方财富通金融终端，普益财富整理。

截至2012年12月31日，在运行的投连险投资账户共计171个[①]。其中，2012年内新成立的投连险投资账户仅1个，即为汇丰人寿的汇锋进取账户。该投资账户属于进取型，成立于2012年5月22日，初始单位净值为1元，至2012年12月31日净值下跌幅度为3.11%。

170个全年度均在运行的投连险投资账户中，进取型投资账户共计67个。受股票市场表现低迷的影响，该类型投资账户全年度平均收益率为2.37%，表现最好的投资账户的收益率为20.35%（见表8－2），表现最差的投资账户的收益率为－22.01%。其中，收益率为正的投资账户共有51个，收益率为负的投资账户共有16个。

① 友邦保险的各类型投资账户在上海、北京、江苏、深圳、东莞的5个分支机构分别计价，但收益表现相差不大，因此这里统计的友邦保险投连险投资账户仅包括上海地区账户；中美大都会人寿和联泰大都会人寿于2011年合并成中美联泰大都会人寿，因此这里仅统计中美联泰大都会人寿官方网站上的投连险投资账户。

表8-2　　2012年进取型投连险投资账户收益表现前10位

账户名称	保险公司	起始日期	起始净值（元）	终止日期	终止净值（元）	收益率（%）
智选动力增长账户	太平人寿	2011年12月29日	2.4111	2012年12月27日	2.9018	20.35
积极成长型投资账户	泰康人寿	2011年12月30日	1.2277	2012年12月31日	1.4334	16.75
平安精选权益投资账户	平安人寿	2011年12月30日	0.6385	2012年12月31日	0.7104	11.26
进取型投资账户	光大永明	2011年12月30日	2.2890	2012年12月31日	2.5275	10.42
进取型投资账户	华泰人寿	2011年12月30日	0.8065	2012年12月31日	0.8861	9.87
主动积极型投资账户	建信人寿	2011年12月31日	0.7106	2012年12月31日	0.7755	9.13
光大策略投资账户	光大永明	2011年12月30日	1.0009	2012年12月31日	1.0858	8.48
成长型账户	招商信诺	2011年12月31日	0.7870	2012年12月31日	0.8496	7.95
基金精选投资账户	泰康人寿	2011年12月30日	1.0362	2012年12月31日	1.1102	7.14
指数成长型投资账户	建信人寿	2011年12月31日	0.5140	2012年12月31日	0.5478	6.58

资料来源：保险公司官方网站，普益财富整理。

平衡型投资账户共计36个。该类型投资账户的投资兼具股票市场和债券市场，风险程度适中，全年度平均收益率略低于进取型投资账户为1.94%，表现最好的投资账户的收益率为10.34%（见表8-3），表现最差的投资账户的收益率为-12.89%。其中，收益率为正的投资账户共有27个，收益率为负的投资账户共有9个。

表8-3　　2012年平衡型投连险投资账户收益表现前10位

账户名称	保险公司	起始日期	起始净值（元）	终止日期	终止净值（元）	收益率（%）
平衡型投资账户	华泰人寿	2011年12月30日	0.9778	2012年12月31日	1.0789	10.34
平衡型投资账户	瑞泰人寿	2011年12月30日	37.392551	2012年12月31日	40.4108	8.07
财智平衡投资账户	瑞泰人寿	2011年12月30日	11.204712	2012年12月31日	12.0087	7.18
平衡账户	招商信诺	2011年12月31日	2.1344	2012年12月31日	2.2744	6.56
国泰平衡型投资账户	国泰人寿	2011年12月30日	1.0976	2012年12月31日	1.1686	6.47
平衡配置型投资账户	泰康人寿	2011年12月30日	1.3421	2012年12月31日	1.4271	6.33
灵动A型账户	招商信诺	2011年12月31日	0.9755	2012年12月31日	1.0368	6.28
增长理财账户	中意人寿	2011年12月31日	1.7341	2012年12月31日	1.8400	6.11
5545平衡型投资账户	中美联泰大都会	2011年12月30日	0.8490	2012年12月31日	0.8961	5.55
混合偏债型投资账户	中美联泰大都会	2011年12月30日	0.9335	2012年12月31日	0.9815	5.14

资料来源：保险公司官方网站，普益财富整理。

稳健型投资账户共计44个。受益于债券市场的上涨走势，该类型投资账户全年度平均收益率为5.02%。其中，表现最好的投资账户的收益率为11.52%（见表8-4），表现最差的投资账户的收益率为-13.25%。其中，收益率为正的投资账户共有42个，收益率为负的投资账户共有2个。

表 8－4　　2012 年稳健型投连险投资账户收益表现前 10 位

账户名称	保险公司	起始日期	起始净值（元）	终止日期	终止净值（元）	收益率（%）
海康稳健型投资账户	海康人寿	2011 年 12 月 30 日	0.9152	2012 年 12 月 31 日	1.0206	11.52
增强货币型投资账户	生命人寿	2011 年 12 月 30 日	1.0213	2012 年 12 月 31 日	1.1202	9.68
五年定期保证收益账户	泰康人寿	2011 年 12 月 30 日	1.9362	2012 年 12 月 31 日	2.1037	8.65
稳健收益型投资账户	泰康人寿	2011 年 12 月 30 日	1.3497	2012 年 12 月 31 日	1.4645	8.51
稳健Ⅰ账户	生命人寿	2011 年 12 月 30 日	1.1805	2012 年 12 月 31 日	1.2785	8.30
稳健Ⅱ账户	生命人寿	2011 年 12 月 30 日	1.1098	2012 年 12 月 31 日	1.2016	8.27
阳光债券型投资连结账户	阳光人寿	2011 年 12 月 31 日	1.0258	2012 年 12 月 28 日	1.0997	7.20
稳健理财账户	中意人寿	2011 年 12 月 31 日	1.4175	2012 年 12 月 31 日	1.5191	7.17
稳健型投资账户	北大方正人寿	2011 年 12 月 31 日	1.0914	2012 年 12 月 31 日	1.1647	6.72
安逸稳健理财账户	中意人寿	2011 年 12 月 31 日	1.1003	2012 年 12 月 31 日	1.1737	6.67

资料来源：保险公司官方网站，普益财富整理。

保守型投资账户共计 23 个。该类型投资账户的投资标的主要为货币市场工具，风险程度较低，因此所有投资账户的收益率均为正，全年度平均收益率为 3.66%。其中，表现最好的投资账户的收益率为 6.06%（见表 8－5），表现最差的投资账户的收益率为 2.50%。

表 8－5　　2012 年保守型投连险投资账户收益表现前 10 位

账户名称	保险公司	起始日期	起始净值（元）	终止日期	终止净值（元）	收益率（%）
货币避险型投资账户	泰康人寿	2011 年 12 月 30 日	1.08439	2012 年 12 月 31 日	1.1501	6.06
货币市场投资账户	光大永明	2011 年 12 月 30 日	1.0813	2012 年 12 月 31 日	1.1326	4.74
安益避险型账户	太平人寿	2011 年 12 月 30 日	1.0859	2012 年 12 月 31 日	1.1336	4.39
现金型账户	恒安标准	2011 年 12 月 30 日	1.0981	2012 年 12 月 31 日	1.1441	4.18
现金增值账户	招商信诺	2011 年 12 月 31 日	1.1236	2012 年 12 月 31 日	1.1698	4.11
平安货币投资账户	平安人寿	2011 年 12 月 30 日	1.1248	2012 年 12 月 31 日	1.1705	4.06
保证收益投资账户	平安人寿	2011 年 12 月 30 日	1.4415	2012 年 12 月 31 日	1.4991	4.00
避险型投资账户	瑞泰人寿	2011 年 12 月 30 日	11.653874	2012 年 12 月 31 日	12.0946	3.78
货币 A 型账户	招商信诺	2011 年 12 月 31 日	1.1152	2012 年 12 月 31 日	1.1573	3.78
货币 B 型账户	招商信诺	2011 年 12 月 31 日	1.0967	2012 年 12 月 31 日	1.1380	3.77

资料来源：保险公司官方网站，普益财富整理。

第二节　市　场　热　点

一、保险资金运用相关政策接连推出，险资投资渠道放宽

金融业发展和改革“十二五”规划于 2012 年 9 月出炉，其中对于保险业最大的规划主题要数保险资金投资渠道的放宽，并且在政策上将长期进行鼓励和支持。保险资金投资渠道的放宽可以说是贯穿 2012 年全年的一项重大政策导向，监管层在年初的监管工作会议上就已经明确将积极鼓励和促进新型渠道的创新。

2011 年，中国保监会就已经开始积极调研市场形势，为投资政策的出台做相应的准备工作。

2012年6月中旬，中国保监会拟定了一整套政策组合，向各大保险公司下发了《保险资金运用拟发布规章及规范性文件（征求意见稿）》，其中包括13个规章及规范性文件：

（1）《保险资金投资债券暂行办法（征求意见稿）》（已发正式文件）

（2）《关于调整基础设施债权计划有关规定的通知（征求意见稿）》（已发正式文件）

（3）《关于保险资金投资股权和不动产有关问题的通知（征求意见稿）》（已发正式文件）

（4）《保险资金境外投资管理暂行办法实施细则（征求意见稿）》（已发正式文件）

（5）《保险机构融资融券管理暂行办法（征求意见稿）》

（6）《保险资金参与金融衍生品产品交易暂行办法（征求意见稿）》（已发正式文件）

（7）《保险资金参与股指期货交易监管规定（征求意见稿）》（已发正式文件）

（8）《关于拓宽保险资产管理范围的通知（征求意见稿）》（已发正式文件）

（9）《保险资金委托投资管理暂行办法（征求意见稿）》（已发正式文件）

（10）《保险资产管理产品暂行办法（征求意见稿）》

（11）《保险资产配置管理暂行办法（征求意见稿）》（已发正式文件）

（12）《保险资产托管管理暂行办法（征求意见稿）》

（13）《关于加强保险资金公平交易防范利益输送的通知（征求意见稿）》

其中，（1）～（8）文件涉及保险资金投资渠道问题，（9）～（13）文件为保险资产管理的模式及相关管理规范。这些新政策主要涉及保险资金投资渠道的拓展以及保险资产管理模式的创新，标志着保险资金运用体制改革得到实质性推动，目的在于规范保险资金运用的同时给予保险公司灵活的投资操作自主权。2012年下半年，中国保监会陆续正式发布了各规章及规范性文件，截至2012年12月31日已有9个关于投资政策的正式文件公开发布。

（一）债券投资品种范围扩大，投资总额及投资比例限制放松

2012年7月16日，中国保监会发布《保险资金投资债券暂行办法》，对之前的债券投资相关文件进行了修订。该办法将保险资金可投资的债券品种范围进一步扩大，增加了混合资本债和可转换债券，品种几乎覆盖市场公开发行的所有类别（见表8－6）。另外，取消了非金融企业（公司）债券发债机构的盈利要求，同时无担保非金融企业（公司）债券的信用等级有所降低，但对于其偿付能力有一定要求。

表8－6　保险资金可投资债券品种

债券品种	具体规定
政府债券	包括中央政府债券和省级政府债券。另外，中央银行票据、财政部代理省级政府发行并代办兑付的债券比照中央政府债券的投资规定执行
准政府债券	指经国务院或国务院有关部门批准，由特定机构发行的、信用水平与中央政府债券相当的债券。另外，政策性银行发行的金融债券和次级债券、国务院批准特定机构发行的特别机构债券比照准政府债券的投资规定执行
金融企业债券——商业银行债券	包括商业银行可转换债券、混合资本债券、次级债券以及金融债券。要求：发行人最新经审计的净资产不低于100亿元人民币；核心资本充足率不低于6%；国内信用评级机构评定的A级或者相当于A级以上的长期信用级别；境外上市并免于国内信用评级的，国际信用评级机构评定的BB级或者相当于BB级以上的长期信用级别。但商业银行混合资本债券纳入无担保非金融企业（公司）债券管理
金融企业债券——证券公司债券	发行人最新经审计的净资产不低于20亿元人民币；国内信用评级评定的AA级或者相当于AA级以上的长期信用级别；境外上市并免于国内信用评级的，国际信用评级机构评定的BBB级或者相当于BBB级以上的长期信用级别

续表

债券品种	具体规定
金融企业债券——保险公司债券	包括保险公司可转换债券、混合资本债券、次级定期债券和公司债券
金融企业债券——国际开发机构人民币债券	发行人最新审计净资产达到50亿美元；国内信用评级AA级或以上，国际BBB级或以上
非金融企业债券——有担保非金融企业(公司)债券	国内信用评级机构评定的AA级或者相当于AA级以上的长期信用级别；担保金额应当持续不低于债券待偿还本息总额
非金融企业债券——无担保非金融企业（公司）债券	国内信用评级机构评定的AA级或者相当于AA级以上的长期信用级别。其中，短期融资券具有国内信用评级机构评定的A－1级。同时，该债券应当采用公开招标发行方式或者簿记建档发行方式 另外，上季末偿付能力充足率低于120%的保险公司则不得投资，已经持有的不得增持并需适时减持；偿付能力介于120%～150%的应严格控制对该品种的投资

资料来源：中国保监会网站，普益财富整理。

债券品种的投资总额以及投资于同一期品种的投资比例的限制有所放松。其中，最重要的是无担保的非金融企业（公司）债券投资余额从不超过总资产的15%提升到不超过总资产的50%。另外，对于同一期单品种，各类债券的投资比例均有所提升；同时，还规定同一保险集团的保险公司投资同一期单品种企业（公司）债券的份额合计不超过该期单品种发行额的60%。

表8－7　债券投资总额及投资比例

债券品种	投资总额	投资比例
政府债券	自主确定投资总额	自主确定投资比例
准政府债券	自主确定投资总额	自主确定投资比例
金融企业债券	自主确定投资总额	不超过该期单品种发行额的40%
有担保非金融企业（公司）债券	自主确定投资总额	不超过该期单品种发行额的40%
无担保非金融企业（公司）债券	不超过该保险公司上季末总资产的50%	不超过该期单品种发行额的20%

资料来源：中国保监会网站，普益财富整理。

保险资金运用中，债券投资历来都占据了绝对份额。该办法放宽了保险资金债券投资，将刺激保险资金进一步提升债券投资规模，扩大投资操作空间，尤其是无担保企业（公司）债券品种的投资增加，将使得保险公司获取更多的信用利差，增强保险资金运用效益。

（二）非保险系金融机构产品纳入保险投资范围，产品属性定位于固定收益类

根据中国保监会于2012年10月22日发布的《关于保险资金投资有关金融产品的通知》，保险资金未来可投资的金融产品包括商业银行理财产品、银行业金融机构信贷资产支持证券、信托公司集合资金信托计划、证券公司专项资产管理计划、保险资产管理公司基础设施投资计划、不动产投资计划和项目资产支持计划等等。

此次新政较以往增加了非保险系金融机构发行的投资产品，即银行、信托公司和证券公司的金融产品。这些金融产品主要为固定收益类投资品种。它们的投资期限趋于长期化，均表现出资产证券化特征，且同时这些产品会有资产或者类资产支持，另外具有保本性质或者有担保方担保，因此产品具有稳定的现金流来源，保值功能明显。

银行理财产品的投资范围定位于境内市场的信贷资产、存款、货币市场工具及公开发行且评级在

投资级以上的债券，且基础资产由发行银行独立负责投资管理，自主风险评级处于风险水平最低的一级至三级。这些投资标的的风险属性均较低，产品几乎均能兑付预期收益率。2012 年这类银行理财产品的收益率普遍在4%～5%之间。可见，产品具备保值功能。此外，该通知还要求所投资的产品发行银行上年末经审计的净资产不得低于300 亿元人民币或者为境内外主板上市商业银行，信用等级不低于国内信用评级机构评定的A 级，或者国外信用评级机构评定的BB 级。优质的发行银行实质上对产品隐性提供了本息保障。

对于信贷资产支持证券，新规要求入池基础资产限于五级分类为正常类和关注类的贷款，产品信用等级不低于国内信用评级机构评定的A 级。另外，对发起银行的要求与银行理财产品一致。所谓信贷资产支持证券，就是银行业金融机构作为发起机构，将多笔信贷资产打包信托给受托机构，由受托机构以资产支持证券的形式向市场发行受益证券，以信贷资产所产生的现金支付证券本息的一种金融产品。2005 年以来，我国出台了一系列信贷资产证券化的专项法规。此后，建设银行、国家开发银行、工商银行、兴业银行等机构开始向银行间市场发售信贷资产支持证券。截至2008 年共计发行10 余只，发行总额超过400 亿元。但金融危机爆发后，我国信贷资产证券化中止。2012 年，中国人民银行、中央银监会、财政部联合下发了《关于进一步扩大信贷资产证券化试点有关事项的通知》，标志着信贷资产证券化重启。随后，国家开发银行和交通银行各发行了一只信贷资产支持证券，各档票息水平在4%～5%不等。

保险资金能够投资集合资金信托计划，信托计划基础资产须为融资类资产和风险可控的非上市权益类资产，且由受托人自主管理，其中固定收益类信托计划的信用等级应不低于国内信用评级机构评定的A 级。另外，信托计划发行机构的上年末净资产应不低于30 亿元人民币。2012 年发行的集合资金信托计划投资期限普遍在1～2 年之间，收益率位于8%～10%区间。由于这类产品具有“刚性兑付”的市场规律，产品保值功能较强。

证券公司的专项资产管理计划也纳入了保险投资范围，其信用等级应不低于国内信用评级机构评定的A 级。另外，担任计划管理人的证券公司上年末净资产应不低于60 亿元人民币，证券资产管理公司上年末净资产应不低于10 亿元人民币。专项资产管理计划是证券公司对企业资产证券化的特殊目的载体，其基础资产是能够在未来产生稳定现金流的企业资产，比如应收账款、租赁资产、公路收费收益权等等。2005 年8 月，中金公司设立的中国联通CDMA 网络租赁费收益计划为我国首单券商主导的资产证券化产品，之后招商证券、申银万国、中信证券等多家券商也发行了此类产品，截至2012 年末产品合计募集规模达到300 亿元。2012 年，中信证券推出的南京公用控股污水处理收费收益权专项资产管理计划的各档期限位于1～5 年，收益率在6%～7%；中信证券推出的欢乐谷主题公园入园凭证专项资产管理计划的各档期限同样位于1～5 年期间，收益率在5.5%～6%区间。

（三）基础设施债权投资计划发行增长，挂钩此类计划的保险产品问世

保险资金可以投资基础设施债权投资计划。该类投资计划是指保险资产管理公司等专业管理机构作为受托人，面向委托人发行受益凭证募集资金，以债权方式投资基础设施项目，并按照约定支付预期收益同时兑付本金的金融产品。

早在2006 年3 月，中国保监会就颁布了《保险资金间接投资基础设施项目试点管理办法》。当年，中国平安的保险资金就参与投资了山西高速公路项目。2007 年和2009 年又出台了基础设施债券投资计划的相关管理指引以及产品设立指引。泰康、国寿、人保等保险资产管理公司陆续推出交通、水务等基础设施项目投资产品。2012 年10 月，中国保监会发布了《基础设施债权投资计划管理暂行规定》。该文件对基础设施项目的偿债主体、项目资质以及信用增级方式等相关要素作出了明确要求（见表8－8）。

表 8-8　基础设施债权投资计划的相关项目要素要求

项目要素	具体要求
项目偿债主体	应当是项目方或其母公司（实际控制人），同时满足：经工商行政管理机关（或主管机关）核准登记，具备担任融资和偿债主体的法定资质；具备持续经营能力和良好发展前景，具有稳定可靠的收入和现金流，财务状况良好；信用状况良好，无违约等不良记录；还款来源明确、真实可靠，能够覆盖债权投资计划的本金和预期收益；与专业管理机构不存在关联关系
投资项目资质	项目具有较高经济价值和良好社会影响，符合国家和地区发展规划及产业、土地、环保、节能等相关政策；项目立项、开发、建设、运营等履行法定程序；项目方资本金不低于项目总预算的30%或者符合国家有关资本金比例的规定；在建项目自筹资金不低于项目总预算的60%；一组项目的子项目，应当分别开立财务账户，确定对应资产，不得相互占用资金
信用增级方式	A类增级方式：国家专项基金、政策性银行、上一年度信用评级AA级及以上的国有商业银行或者股份制商业银行，提供本息全额无条件不可撤销连带责任保证担保 B类增级方式：在中国境内依法注册成立的企业（公司），提供本息全额无条件不可撤销连带责任保证担保 C类增级方式：以流动性较高、公允价值不低于债务价值2倍，且具有完全处置权的上市公司无限售流通股份提供质押担保，或者以依法可以转让的收费权提供质押担保，或者以依法有权处分且未有任何他项权利附着的、具有增值潜力且易于变现的实物资产提供抵押担保

资料来源：中国保监会网站，普益财富整理。

基础设施债权投资计划主要投资的是符合国家产业政策的交通、能源、通讯、市政、环保等项目。一般情况下，在建项目需要由国家发展和改革委员会批准，已建成项目需要由省级以上政府批准。这些项目通常需要由国家专项基金、政策性银行、国有控股银行、股份制商业银行或者大型优质企业提供保证担保。从实际情况来看，目前这些债权投资计划的发行规模通常在10亿~100亿元之间，投资期限多在5年以上的较长期限，投资收益率位于6%~8%区间。可见，这些产品有很明显的固定收益特征，符合保险资金运用基本要求。

最近几年，各大保险资产公司陆续推出的基础设施债权投资计划中，太平资产的南水北调债权投资计划的发行规模最大。该款产品于2011年年底发行，规模达到400亿元，其以债权方式为国务院南水北调工程建设委员会办公室提供融资，还款来源列入中央财政预算的全国重大水利工程建设基金等中央预算内财政收入。2012年伴随着政策的出台，基础设施债权投资计划的发行频率及发行量更进一步，投资领域主要集中在能源、交通及保障房建设方面（见表8-9）。

表 8-9　近年来保险资金投资的基础设施债权投资计划（部分）

债权投资计划名称	发行机构	发行时间	发行规模
开泰铁路债权投资计划	泰康资产	2007年4月	100亿元
申通债权投资计划	国寿资产	2007年7月	25亿元
上海水务债权投资计划	泰康资产	2007年9月	20亿元
天津城投债权投资计划	国寿资产	2008年8月	100亿元
天津滨海新区交通项目债权投资计划	人保资产	2009年4月	100亿元
上海世博会债权投资计划	太保资产	2009年6月	40亿元
上海崇明越江通道工程债权投资计划	太保资产	2009年8月	20亿元
赣铁集团保险资金债权投资计划	平安资产	2010年9月	19亿元
浦东建设债权投资计划	国寿资产	2010年10月	30亿元

续表

债权投资计划名称	发行机构	发行时间	发行规模
北京轨道交通债权投资计划	国寿资产	2011年1月	100亿元
上海公共租赁房项目债权投资计划	太保资产	2011年3月	40亿元
泰州长江大桥债权投资计划	太保资产	2011年3月	30亿元
重庆轨道交通债权投资计划	泰康资产	2011年5月	30亿元
城投控股保障性住房项目债权投资计划	平安资产	2011年5月	30亿元
南水北调债权投资计划	太平资产	2011年12月	400亿元
晋煤能源项目债权投资计划	华泰资产	2012年3月	26亿元
粤高速债权投资计划	太保资产	2012年5月	15亿元
武汉城市圈城际铁路债权投资计划	平安资产	2012年9月	50亿元
中广核核电项目债权投资计划	太平资产	2012年10月	50亿元
湖南国省干线公路债权投资计划	泰康资产	2012年10月	30亿元
天津公共租赁房债权投资计划	太保资产	2012年10月	100亿元

资料来源：媒体及公开资料，普益财富整理。

与此同时，市场上也出现了挂钩于单款基础设施债权投资计划的保险产品。太平人寿于2012年8月发行的“太平盛世金享·南水一号全能保险计划”是由一款分红保险并附加一款万能保险所组成的，其附加的万能险就是将一半以上比例的资金投资于南水北调债权投资计划。债权投资计划纳入保险产品投资范围，能够在原有债券投资的基础上直接增厚产品收益，从而提升产品竞争力。

相信未来更为丰富的投资渠道能够使保险资金运用的回报率有所增长，也将为保险产品创新设计提供有力支持。

（四）股权及不动产投资限制放松，险企竞相涉足养老地产领域

2012年7月16日，中国保监会向各大保险公司下发了《关于保险资金投资股权和不动产有关问题的通知》，在之前已有的股权或不动产投资相关法规的基础上，放松了部分投资限制，增强了投资风险控制要求。

保险资金投资股权方面，新规适度降低了保险公司准入资质，扩大了直接投资股权的范围，对投资资金来源和投资比例的限制均有所放宽。另外，对于投资股权投资基金，调整了发起设立并管理该基金的投资机构的资本要求，确立了可投资股权投资基金的投资标的类型，主要包括成长基金、并购基金以及新兴战略产业基金（见表8－10）。

表8－10　　保险资金投资股权新旧规定对比

要素	新规要求	旧规要求
保险公司资质	· 不再执行上一会计年度盈利的规定； · 上一会计年度净资产不低于1亿元人民币； · 上季度末偿付能力充足率不低于120%	· 上一会计年度盈利； · 上一会计年度净资产不低于10亿元人民币； · 上一会计年度末及上季度末偿付能力充足率不低于150%
直接投资股权范围	增加能源企业、资源企业和与保险业务相关的现代农业企业、新型商贸流通企业的股权	仅限于保险类企业、非保险类金融企业和与保险业务相关的养老、医疗、汽车服务等企业的股权
股权投资基金的资本要求	注册资本或者认缴资本不低于1亿元人民币	注册资本不低于1亿元人民币

续表

要素	新规要求	旧规要求
资金来源	保险公司重大股权投资，除使用资本金外，还可以使用资本公积金、未分配利润等自有资金。保险公司非重大股权投资，可以运用自有资金、责任准备金及其他资金	保险公司投资企业股权实现控股的股权投资，应当运用资本金；其他直接投资股权，可以运用资本金或者与投资资产期限相匹配的责任准备金；间接投资股权，可以运用资本金和保险产品的责任准备金
投资比例	· 投资未上市企业股权、股权投资基金等相关金融产品，可以自主确定投资方式，账面余额由两项合计不高于本公司上季末总资产为 10%； · 增加“保险集团（控股）公司及其保险子公司，投资同一股权投资基金的账面余额，合计不高于该基金发行规模的 60%”	· 投资未上市企业股权、股权投资基金的账面余额，不高于本公司上季末总资产的 5%； · 投资同一投资基金的账面余额，不超过该基金发行规模的 20%

资料来源：中国保监会网站，普益财富整理。

保险资金投资不动产方面，新规同样降低了保险公司准入资质，放松了投资自用性不动产的人员人数及工作年限的具体要求，对投资资金来源和投资比例的限制均有所放宽（见表 8－11）。近年来，保险公司在保障房和养老地产领域已有多笔投资案例。特别是养老地产，其投资规模较大、回收周期较长同时兼具公益和商业价值，比较适合追求长期投资回报的保险资金涉足其中。自 2010 年以来，合众人寿、中国人寿、中国平安、泰康人寿等保险公司已先后投资并建立起了养老社区或者健康养生基地。2012 年 7 月，太平人寿全资控股的养老产业投资公司注册成立，随后投资约 20 亿元在上海周浦建立太平养老社区。2012 年 2 月，新华保险成立延庆养老项目公司和密云养老项目公司，前者为新华保险独资设立，后者由新华保险持股 95%，二者共投资 14.4 亿元以启动养老产业链项目；12 月，新华保险与广州市政府签订战略合作协议，将在养老、健康产业以及医疗卫生等多个领域展开紧密合作，其中养老领域方面则将在位于天河区的广州金融城内拿地建设健康中心和办公大楼。另外，2012 年末人保集团旗下的投资控股公司计划将与中信医疗健康产业集团有限公司设立规模 300 亿元的不动产投资基金，专投养老项目。

表 8－11　保险资金投资不动产新旧规定对比

要素	新规要求	旧规要求
保险公司资质	· 不再执行上一会计年度盈利的规定； · 上一会计年度净资产不低于 1 亿元人民币； · 上季度末偿付能力充足率不低于 120%	· 上一会计年度盈利； · 上一会计年度净资产不低于 1 亿元人民币； · 上一会计年度末及上季度末偿付能力充足率不低于 150%
投资自用性不动产的人员要求	资产管理部门应当配备具有不动产投资和相关经验的专业人员	资产管理部门拥有不少于 8 名具有不动产投资和相关经验的专业人员，其中具有 5 年以上相关经验的不少于 3 名，具有 3 年以上相关经验的不少于 3 名
资金来源	保险公司购置自用性不动产，除使用资本金外，还可以使用资本公积金、未分配利润等自有资金。保险公司非自用性不动产投资，可以运用自有资金、责任准备金及其他资金	保险公司投资购置办公用房、培训中心、后援中心、灾备中心等自用性不动产，应当运用资本金

续表

要素	新规要求	旧规要求
投资比例	·投资非自用性不动产、基础设施债权投资计划及不动产相关金融产品，可以自主确定投资标的，账面余额合计不高于本公司上季末总资产的20%。其中，投资非自用性不动产的账面余额，不高于本公司上季末总资产的15%；投资基础设施债权投资计划和不动产相关金融产品的账面余额，合计不高于本公司上季末总资产的20%。 ·增加“保险集团（控股）公司及其保险子公司，投资同一基础设施债权投资计划或者不动产相关金融产品的账面余额，合计不高于该计划（产品）行规模的60%”	·投资不动产及不动产相关金融产品的账面余额，合计不高于本公司上季度末总资产的10%，其中：投资不动产的账面余额，不高于本公司上季度末总资产的10%；投资不动产相关金融产品的账面余额，不高于本公司上季度末总资产的3%。 ·投资单一不动产投资计划的账面余额，不高于该计划发行规模的50%，投资其他不动产相关金融产品的，不高于该产品发行规模的20%

资料来源：中国保监会网站，普益财富整理。

截至2012年底，中国平安、中国人寿、中国太保、新华保险、太平人寿、泰康人寿等多家大型保险公司已经获得了股权投资和不动产投资牌照。相信未来投资牌照的发放将有所提速，保险公司的资产配置空间将有所扩展，有利于分散投资风险，并可能提升保险资金的投资收益。

（五）保险资金委托投资机构扩容，证券公司、基金公司将加入竞争行列

2012年7月23日，中国保监会发布《保险资金委托投资管理暂行办法》，允许保险公司将保险资金委托给符合条件的投资管理人，开展定向资产管理、专项资产管理或者特定客户资产管理等投资业务。投资管理人过去只能是保险资产管理公司。该办法增加了证券公司、证券资产管理公司、证券投资基金管理公司及其子公司等专业投资管理机构（见表8－12）。

表8－12　保险资金委托投资相关机构要求

机构类型	角色	具体要求
保险公司	委托人	具有完善的公司治理、决策流程和内控机制；具有健全的资产管理体制和明确的资产配置计划；财务状况良好，资产配置能力符合中国保监会有关规定；建立委托投资管理制度，包括投资管理人选聘、监督、评价、考核等制度，并覆盖委托投资全部过程；建立委托资产托管机制，资金运作透明规范；最近三年未发现重大违法违规行为
保险资产管理公司	受托人	注册资本不低于1亿元；管理资产余额不低于100亿元；具有1年以上受托投资经验
证券公司或证券资产管理公司	受托人	取得客户资产管理业务资格3年以上；最近一年客户资产管理业务管理资产余额（含全国社保基金和企业年金）不低于100亿元，或者集合资产管理业务受托资金余额不低于50亿元
基金管理公司或其子公司	受托人	取得特定客户资产管理业务资格3年以上；最近一年管理非货币类证券投资基金余额不低于100亿元

资料来源：中国保监会网站，普益财富整理。

截至2012年末，已有10余家证券公司和30余家基金公司满足投资管理人要求。保险公司与证券公司、基金公司的合作将带来双赢局面，保险公司可以借助证券公司、基金公司的投资渠道以及它们在证券市场上的丰富投资经验来提升保险资金投资回报，证券公司、基金公司则有可能开辟一条有重大发展潜力的资产管理业务模块。

保险资产管理公司作为最主要的保险资金委托投资机构，目前正处于扩张状态（见表8－13）。

近两年，政策层面逐步推动符合条件的中小保险公司设立保险资产管理公司。随着安邦资产、生命资产等公司开业，“9+1”的保险资产管理格局被打破，2012年又有5家新公司成立或者获批筹建。保险公司设立资产管理公司能够完善自身金融服务平台，提升产业链联动深度。相信未来将会有越来越多的保险资产管理公司加入市场竞争，这将有助于增强保险资金运用的灵活性和专业性，稳步提高保险资产的长期投资回报。

表8-13　保险资产管理公司一览

公司名称	设立时间	注册资本
中国人寿资产管理有限公司	2003年11月	10亿元
中国人保资产管理股份有限公司	2003年7月	8亿元
平安资产管理有限责任公司	2005年5月	5亿元
中再资产管理股份有限公司	2005年2月	2亿元
华泰资产管理有限公司	2005年1月	3亿元
友邦中国资产管理中心	2006年1月	—
泰康资产管理有限责任公司	2006年2月	1.5亿元
太平洋资产管理有限责任公司	2006年6月	5亿元
新华资产管理股份有限公司	2006年6月	1亿元
太平资产管理有限公司	2006年9月	1亿元
安邦资产管理有限责任公司	2011年5月	3亿元
生命保险资产管理有限公司	2011年7月	1亿元
光大永明资产管理公司	2012年4月	1亿元
合众资产管理股份有限公司	2012年6月	1亿元
中英益利资产管理有限公司	2012年6月（获批筹建）	1亿元
民生通惠资产管理有限公司	2012年10月（批复开业）	1亿元
阳光资产管理股份有限公司	2012年12月（批复开业）	1亿元

资料来源：中国保监会网站及相关新闻，普益财富整理。

二、我国人口老龄化问题突显，个人税收递延型养老保险有望尽快试点

我国正在成为全世界人口老龄化速度最快的国家之一。我国第六次人口普查数据显示，2010年末全国60岁及以上人口总计1.78亿人，占据总人口的13.26%。这一比重相比较2000年上升了2.93个百分点。早在1982年，联合国提出发展中国家60岁以上人口超过10%，即可定义为老年型国家，按照这一说法，目前我国社会已经进入老年型阶段。未来20年间，我国人口老龄化形势将会愈演愈烈，主要原因在于1952~1965年我国迎来第一波人口生育高峰，当时出生的人将在2012~2025年成为60岁及以上的老年人。鉴于这样一种增长态势，预计2050年超过60岁的人口将占据全国总人口的30%，这一比例将是目前数值的两倍左右。因此，可以预见，不久以后人口红利将逐渐转化为人口负利，导致人口老龄化问题突显，不断缩减的劳动人口将负担越来越多的退休人口，从而给我国养老保险体系带来巨大的挑战。

我国养老保险体系可划分为三大支柱。第一支柱是社会基本养老保险，是由政府组织统筹面向全社会提供的，税前列支；第二支柱是企业年金，即补充养老保险，是由企业及职工自愿建立的具有企业福利性质的养老计划，具有较弱的税收优惠政策，仅对企业缴纳部分进行一定比例的税前列支，个人缴纳部分则没有税收优惠；第三支柱是个人商业养老保险，由个人自愿缴纳。

目前来看，我国养老保险体系明显向第一支柱倾斜，老百姓退休后的收入主要来自于政府提供的

社会基本养老保险。但是，以“现收现付”这样一种模式来维持我国养老金账户的支出是无法应对未来人口老龄化问题的，因此需要增大第二支柱和第三支柱的比例，以分担第一支柱的压力。

关于养老保险，2012年的热门话题之一可以定位在个人税收递延型养老保险的试点工作上。所谓个人税收递延型养老保险，即指投保人在税前列支保费、在领取保险金时再缴纳税款的商业养老保险。它实质上是国家在政策上给予购买保险产品个人的税收优惠，原因在于退休时的边际所得税率通常较就业时要低。因此，该险种既能降低个人税负，又能鼓励老百姓主动购买养老保险。

欧美主要国家现在已经拥有了较为完善的税延型养老保险系统，其征税模式几乎大同小异。可将征税阶段分为三个部分，分别是养老保险缴费、取得的投资收入、退休后支付的养老金。多数国家允许个人向养老保险的缴费支出从个人应税所得中扣除，即第一部分不征税，第二部分取得的投资收入也不征税，而只对第三部分从养老金支付中征税。如果以字母“E”代表免税和字母“T”代表征税来标识以上三个部分情况，那么多数国家采取的就是EET模式。这种政府支持下的税收优惠模式是个人积极购买商业养老保险的主要因素。

早在2009年，上海就已经开始了个人税收递延型养老保险的试点准备工作，随后北京、天津等城市也先后提出发展税延型养老保险产品。可见，地方政府对此热情高涨。截至2012年6月，该险种相关政策起草和产品创新准备阶段已基本完成，上海市政府向财政部递交了个人税收递延型养老保险试点方案。财政部在收到方案后，会同国税总局及人社部一同对方案进行最终论证并作进一步修改。保险公司方面，为了更好地推出税延型养老保险，目前太保控股的长江养老、平安旗下的养老保险等公司已完成了税延型养老保险的系统开发工作，只等税收优惠政策的出台。业界认为有望在2012年年末或2013年年初在上海正式实施试点工作，并在此后推广至全国各地。

上海方案将个人税延型养老保险产品定位为契约型，产品形式为万能型或分红型保险；税收递延模式采取“税基递延”型，即在缴费及收益阶段免税，领取阶段再根据当期税率表缴税；缴费限额为每月1 000元，其中700元用于个人养老保险免税，300元用于企业年金免税。

个人税收递延型养老保险能够缓解老龄化问题带来的养老财政压力，弥补养老资金的缺口。我国养老保险产品几乎没有税收优势，在很大程度上造成了我国保险市场渗透率低下的现状。税收优惠的养老保险推出势必在短期内造成个税收入的下降，也可能产生收入分配的不利效果，比如高收入人群会享受更多的税收优惠。然而，该险种正式推出后，税收优惠的特性必然会促使更多老百姓投保，这样保险公司的业务量和营业额也会大幅度增长，上缴的营业税和所得税也会大比例增长。可见，税延型养老保险的实施可以间接通过保险公司所增加的税款来弥补个税减少的那一部分。因此，税延型养老保险有望打破我国养老保险体系基本养老“独大”的不平衡发展现状，改变第三支柱短板的问题，缓解日益增长的养老财政压力，对社会和政府都有着利好影响。

此外，个人税收递延型养老保险的正式推出必然引起我国有关商业养老保险税制的改革和调整。该险种是参照欧美国家的已有案例，但欧美国家在实施税延型养老保险时已经建立起了比较完善的税收体制，老百姓购买保险时是先暂时采取税前列支的工资来缴纳保费，未来领取养老金时再缴税，而我国目前在给付保险金时没有纳入个人收入系统，无需缴纳个税。所以一旦该险种正式推出，就需要我国尽快建立起完善的税收体制，以便将来老百姓领取养老金时顺利准确地缴税。可见，该险种对弥补没有专门面向商业养老保险的税收政策这一空白有着积极意义。

三、大病医保将引入商业保险公司，健康保险领域有望迎来重大发展机遇

2012年以来，有关大病医保的医疗体制改革政策纷纷出台。为了提高重特大疾病的保障水平，弥补社会医疗保障体系中的短板，国家发改委、卫生部、财政部、人社部、民政部、中国保监会6部委于8月底联合发布了《关于开展城乡居民大病保险工作的指导意见》。开展城乡居民大病保险工作的主要目的在于解决人民群众因病致贫、因病返贫的重大问题。该指导意见明确了采取向商业保险机

构购买大病保险的方式，并逐步在全国范围内建立大病保险制度，标志着商业保险机构参与社会医疗保障体系建设开始进入实际操作阶段。此政策一出，市场普遍认为其将给商业健康保险领域带来发展机会。

目前，我国商业健康保险市场的发展也不能说是一帆风顺。中国保监会公布的数据显示，2012年健康险产品的原保险保费收入为862.76亿元，与达到万亿元的人身险总保费收入相比，占比仅为8.49%，这一比例远远低于欧美发达经济体的30%。在投保率低下的同时，我国健康保险市场的综合赔付率却较高。经营健康保险的公司在近些年的综合赔付率多位于80%以上，甚至有部分公司超过了100%，加之各种经营费用，这些公司面临很难盈利的窘境。可以说过高的综合赔付率已经较大程度地影响了健康保险市场的发展。

另外，我国健康保险通常以附加险的形式依附于人寿保险之上，这也是该险种保费收入规模较小的原因之一。从产品定价层面来看，人寿保险的定价基础为死亡率和利息率，健康保险的定价基础为疾病发生率和医疗费用率。显然，后者相比前者更具有不稳定性质，比如医疗费用的不断攀升意味着依据过往经验计算的保险费率可能出现较大偏差，因此健康保险的定价工作相对要困难一些。再加上保险公司与医疗机构合作不密切的现状，导致保险公司用于产品定价的医疗基础数据缺失，从而更进一步加大了健康保险的经营风险，阻碍了该险种的正常发展。

可见，我国商业健康保险市场亟待冲出困境。此次出台的新政允许商业保险公司进入社会大病医疗保障体系，有可能成为健康保险领域的一次重大发展机遇。

根据指导意见中的定义，城乡居民大病保险是指在基本医疗保障的基础上，对大病患者发生的高额医疗费用给予进一步保障的一项制度性安排，可进一步放大保障效用，是基本医疗保障制度的拓展和延伸，是对基本医疗保障的有益补充。

此次新政将商业保险公司引入社会基本医疗保障体系中来，其合作模式就是从城镇居民医保基金和新农合基金中划出一定比例或额度作为大病保险资金，向保险公司购买商业保险，最终由保险公司向医疗机构支付医疗费用。其中筹资标准根据地区的不同而不同，各地应结合当地经济社会发展水平、医疗保险筹资能力、患大病发生高额医疗费用的情况、基本医疗保险补偿水平以及大病保险保障水平等因素，科学合理确定地区筹资标准。城镇居民医保和新农合基金有结余的地区，利用结余筹集大病保险资金；结余不足或没有结余的地区，在城镇居民医保、新农合年度提高筹资时统筹解决资金来源，逐步完善城镇居民医保、新农合多渠道筹资机制。大病医保的保障对象为城镇居民医保、新农合的参保人。其保障内容是在城镇居民医保、新农合按照政策规定提供基本医疗保障的基础之上，对参保人不幸罹患大病并发生高额医疗费用时，针对城镇居民医保、新农合补偿后需个人负担的合规医疗费用给予保障。

大病医保的合作模式参照了近些年我国实施的城镇基本医疗和新农合试点中的“湛江模式”和“太仓模式”，即保险合同模式。该模式下，参保居民为被保险人，政府为投保人，商业保险公司为保险人，三方的权利与义务均由签订的保险合同来约定。比如“湛江模式”中，政府将城乡居民基本医疗保险个人缴费部分的15%提取出来用于投保人保健康的大额补充医疗保险产品，使得居民的医疗保险金额大幅度提升；同时，人保健康还要对基本医疗和补充医疗提供管理服务，并且与定点医院签订合作协议，以便监督医疗机构服务质量和审核参保居民的赔付案件。“太仓模式”下，由太仓市人社局按照职工每人每年50元、居民每人每年20元的标准，从基本医保统筹基金中划出一部分资金，委托商业保险公司作为承保机构，由保险公司按照招标确定的保险方案、服务标准以及资源投入标准等提供大病保险经办服务并承担盈亏风险，对个人在一年内单次或累计住院自付医疗费用超过1万元的参保人提供累进比例补偿，个人自付费用越高，补偿比例越高，最低的是1万~2万元报53%，最高的是50万元以上则报82%。这样一来，就形成了以商业保险公司经营与管理相结合的大病医疗保障体系。

商业保险公司一旦参与大病医保项目，能够帮助其自身收集到大量医疗基础数据，当积累到足够多的经验数据之后，其未来在健康保险的产品定价上将会更加精准。除此之外，保险公司可与医疗机构建立持久良好的合作关系，有利于未来在自主管理的健康保险领域与医疗机构进行深度合作。保险公司与医疗机构本着“风险共担、利益共享”的合作机制，二者形成利益共同体。在此情况下，保险公司能够更好地把控赔付环节，有助于降低其综合赔付率，也可以提高医疗服务效率和服务质量，树立良好的市场口碑。

四、销售误导仍是寿险行业一大顽疾，监管层继续加强治理力度

近年来，我国寿险行业在快速发展的同时，销售误导问题一直存在，历来是监管层规范市场秩序的重点。所谓销售误导，是指人身保险公司、保险代理机构以及办理保险销售业务的人员，在人身保险业务活动中，违反《保险法》等法律、行政法规和中国保监会的有关规定，通过欺骗、隐瞒或者诱导等方式，对有关保险产品的情况作引人误解的宣传或者说明的行为。

寿险行业销售误导问题主要集中在个人渠道及代理中介机构渠道上，主要体现在销售人员故意或恶意性地向客户告知不准确、不真实、不全面的信息，使得客户出现盲目投保或错误投保的情况。具体来看，有以下三种表现形式：

第一，概念混淆。为了吸引客户，增强说服力，销售人员将保险与其他类型金融产品概念相混淆，蒙蔽视听，这在银保渠道上表现得比较明显。部分银行或者邮政网点的保险销售人员将保险产品介绍成“理财产品”，甚至还有销售人员将销售的保险产品宣传成“银行存款”或者“基金产品”，将保险期内返还的生存金及红利宣传成“利息”或者“投资收益”，从而以欺骗的手段吸引客户购买保险。

第二，夸大宣传。保险公司通过产品说明会、客户联谊会、宣传资料、营销员面对面推销、电视电话营销等多种形式，向客户夸张性地宣传保险产品信息，令消费者形成错误认识，进而发生盲目投保行为。例如，有的销售人员将自家保险产品与同业类似产品或其他类型金融产品进行片面比较，夸大自己，自我抬高，让客户无法准确了解产品优劣势；对于新型寿险产品，销售人员在介绍产品时，只按高档利率预测分红水平而不演示低档和中档红利收益，只按公司以往投资收益描述分红情况而不如实告知分红的不确定性，只介绍产品的投资收益功能而对有关费用扣除、退保损失、投资风险等情况不明确提示，致使客户无法全面真实掌握新型产品的风险特性。

第三，不当销售。此问题主要出现在新型寿险产品上。由于新型寿险产品精算过程复杂、风险不确定等特点，本应销售给具有一定金融保险知识的人群，但是一些销售人员故意将此类产品卖给不适宜人群，特别是将投连险、万能险等投资型保险产品销售给专业知识欠缺的老人和农民。

追溯发生销售误导的根源，主要在于客户与销售人员双方的信息不对称。销售人员具有客户不具备的保险条款、保险实务、专业知识、产品信息等方面的信息资源。这种信息不对称，导致一些销售人员在销售保险产品时为使自身收益最大化而产生故意隐藏信息或不充分披露信息等行为的可能。这种行为的发生也与我国保险销售人员整体素质不高、诚信动力不足有较大关系。另外，保险公司一味追求保费收入规模的经营策略。目前首年佣金比例较高而续佣比例较低的佣金体制使得销售人员注重新拓展客户，但忽视售后服务，加之保险公司对销售人员的管理约束不善，日常注重销售技巧培训而缺乏道德教育，这些情况都将引发销售误导的出现。

寿险销售误导容易引发大规模的退保潮。统计数据显示，2012 年上半年保险公司的退保金额同比增幅超过 20%，也是我国寿险业保费收入规模增长呈颓势的一大原因。因此，监管机构仍然将解决寿险销售误导问题作为全年工作重点，采取了健全监管制度、加大监管力度、强化责任追究等一系列措施，督促各人身保险公司切实做好综合治理销售误导工作。2012 年 7 月 27 日，中国保监会综合治理销售误导工作总结会上公布的数据显示，上半年各保监局对 15 家保险公司的 29 家分支机构实施了行政处罚，合计罚款 252.5 万元，对 40 名相关责任人处以警告、罚款，合计罚款 55.8 万元；同时，各人身保险公司也依照内部管理规定处罚各类销售人员 4 万余人次，并对 397 名中支以上层级的高管进行了责任追究。另外，上半年合计暗访兼业代理网点 6.9 万个、产品说明会 3.1 万场，对 9.1 万名营销员和 344.9 万件保单进行了抽查，共发现内控缺陷 2 747 项，存在各类销售瑕疵的保单 43 万件，涉及销售误导问题的营销员 2.6 万人次，存在销售误导问题的产品说明会 851 场。

监管政策方面也有动作。2012 年 10 月 23 日，中国保监会发布《人身保险公司销售误导责任追究指导意见》。该文件根据销售误导问题严重程度不同划分出几大情形，不同情形所对应的责任追究不同。该文件采取逐级追究的方式对保险公司直接和间接责任人进行责任追究，追究的方式包括纪律处分、组织处理和经济处分等多种方式，情节严重的保险公司直接责任人将被开除。

销售误导问题的治理虽然在短期内对保费收入规模的增长有抑制作用，但是相信能够逐步改善保险行业形象，有利于我国保险行业长期可持续的健康发展。

第三节　未来展望

一、固定收益类投资品种松绑，保险资产投资收益率将实质性提升

保险资金运用新政于 2012 年下半年密集发布，大幅放松了对保险资金投资渠道的管制，同时各种新的投资品种进入保险资产配置范畴。

债券投资方面，无担保企业债券投资获得重大突破，债券信用评级要求从 AAA 级降低至 AA 级，更为重要的是可投资债券的发行方式增加了簿记建档种类。由于我国无担保企业债中，除了石油、电网、铁路等行业企业采取招标方式发行债券而外，其余一大半比例的债券均采用簿记建档方式发行，因此无担保企业债品种的拓展将改变过去利率债为主的格局。这些信用债相比较利率债的利差普遍在 200BP 以上，所以在信用债可配置比例有所提高的情况下，保险债券投资收益率有望提升。

除债券投资外，还有各种金融产品形式的固定收益类投资品种获得松绑，包括银行理财产品、银行业金融机构信贷资产支持证券、信托公司集合资金信托计划、证券公司专项资产管理计划、保险资产管理公司基础设施投资计划等等。这些金融产品的投资收益率通常都能够达到 5% 以上，也同样高于利率债收益水平，从而有益于提高保险资产收益率。

权益投资方面也有多个投资品种纳入保险资产投资范围或者管制有所放松。股权和不动产投资的资金来源得到拓展以及投资比例限制放宽，包括股指期货、融资融券在内的各种境内金融衍生品成为保险可投资资产，境外市场的股票、未上市企业股权、不动产等直接投资标的以及证券投资基金、股权投资基金、房地产信托投资基金（REITs）等金融投资产品也被纳入未来保险资产配置范围。择时选择投资权益类资产将可能拉升整个保险资产的投资收益水平。

基于保险资产投资的稳健性原则，预计未来保险资金运用领域仍然集中在固定收益类投资品种上，但信用债以及各种金融机构发行的投资产品将逐渐在保险资产配置中占据越来越多的比例，从而实质性地提高保险行业的资产收益率。2013 年保险业资产收益率有望达到 5% 以上。

二、保险营销体制改革，网络营销和社区服务有望成为新渠道的开拓重点

我国现行的保险营销体制是由友邦保险于 1992 年登陆上海时，所引进的保险营销个人代理模式。这种被称为“基本法”的保险营销基本管理模式的本质是营销人员佣金制度，即以展业绩效为基础，上不封顶，下不保底。这种模式出自于欧美保险业发展成熟的国家，是建立在社会诚信体系和监管政

策法规完善的基础之上。虽然该模式引入我国后保费收入规模突飞猛进，但是目前保险营销员管理体制关系不顺、管理粗放、队伍不稳、素质不高等问题日益突出，已经无法适应保险行业转变发展方式的需要，无法适应经济社会协调发展的时代要求，无法适应客户多样化的保险需求。过去靠扩大代理人团队的手段来增加保费收入规模的做法也遇到了瓶颈。最近几年代理人佣金收入增速缓慢，使得代理人团队一方面增员困难，另一方面人员流失率较高。

2012年10月，中国保监会发布《关于坚定不移推进保险营销员管理体制改革的意见》，继续坚定不移地推进保险营销员管理体制改革。改革的最大目标是改变保险营销管理粗放、队伍不稳、素质不高的现状，稳步提升营销队伍素质，改善保险营销职业形象。改革措施重点在于改善营销人员的待遇和保障，规范营销激励机制，从而达到提升营销人员素质的目的。例如，2012年末建信人寿正在筹划营销人员双重合约模式，对通过业务能力和综合素质评定选拔出来的优秀营销主管，将从营销人员层级的代理制合同升级为代理制与一小时合同制混合的合约体制，保险公司将提供“五险一金”的社会保障。改革的另一大目标是拓展保险营销新渠道以及新模式，具体表现为鼓励保险公司拓展专业中介、网销、社区门店、交叉销售等销售渠道，走多元化营销道路。例如，中国人寿江苏分公司试点中的社区服务模式就是将营销人员从过去的单兵作战展业转变为社区驻点服务。

未来，在监管层的政策引导下，将会有更多保险公司加入到保险营销人员体系转型中来。在营销人员增长乏力的情况下，通过提高营销人员的待遇和保障来增强其对于保险公司的归属感，从而促进其改善自身服务质量，这样也有利于维系老客户和开拓新客户，对于保险公司则会降低营销人员的流失率以及吸引新的人力资源。另外，网络营销和社区服务将是未来新渠道的开拓重点。网络营销可节约大量人力成本，使得客户购买到性价比更高的保险产品。社区服务则可以提升客户的安全感，信任必将带来签单量的增长，有益于保费收入规模的进一步提高。

后　记

本次年度报告的撰写凝聚了编写人员的巨大努力与心血，在严格控制整体进度的情况下，编写人员同心协力、加班加点，初稿、审核、排版、终审，每一个流程都按照进度一丝不苟地完成，最终圆满完成本次年度报告的撰写工作。

参与本报告编写的人员：第一章：王鹏；第二章：戴娟、李国峰、李洁怡、梁大伟、刘小腊、罗继东、梅非奇、彭向东、任军、谢伟、许明、张海涛、张旭阳、章张海、赵瑞安；第三章：叶林峰、肖芳；第四章：范杰；第五章：肖红英、邱凯；第六章：曾韵佼；第七章：吴泞江；第八章：方瑞。全书由翟立宏、战松、孙从海负责策划、总纂和审阅。在此，我们也向为本报告的撰写提供大量资料及数据支撑的金融机构的朋友们表示衷心的感谢。

感谢为本报告编写提供资料和指导的业界前辈和朋友，感谢中国财政经济出版社的同仁们为本报告编撰和出版提供的全方位支持。

由于水平有限，本报告的数据、方法和分析结论难免存在偏差，敬请业界朋友斧正，让我们共同促进中国理财市场更加健康地发展。

西南财经大学信托与理财研究所

普益财富

2013 年 4 月